JN271130

ミルトン・H・エリクソン書簡集

ジェフリー・K・ザイク／ブレント・B・ギアリー 編

田中由美子 訳

THE LETTERS OF MILTON H. ERICKSON
JEFFREY K. ZEIG, PH.D. & BRENT B. GEARY, PH.D.

二瓶社

The Letters of Milton H. Erickson
edited by Jeffrey K. Zeig and Brent B. Geary.
Copyright © 2000 by Zeig, Tucker & Theisen, Inc.
Japanese translation rights arranged with Zeig, Tucker & Theisen, Inc.

日本語版まえがき

　論理は嫌いである。論理には直線の味がある。直線は自然界を拒絶し分断する。「鎌倉や、御仏なれど釈迦牟尼は、美男におわす、夏木立かな」の歌が好きになれなかった。「……なれど」が論理のことばなので、拒否反応が起こったのである。「鎌倉や、美男大仏、夏木立」と改作して、悦に入っていた。しばらくして気づいた。元歌では、大仏を見上げて「あら、いい男ね」と思い、すぐに「まあ、わたしって罰当たりだわ、仏さまなのに、ゴメンナサイ」くすっと肩をすくめ、右手の日傘を左に持ち替え、襟元の汗を布巾で拭いながら、涼しげな夏木立に視線を移す、与謝野晶子の夏衣姿が浮かんでくる。改作では、人けが少なくなり静かな、一枚の絵柄が湧くだけである。元歌では、論理のことばが「喚起」の作用をしている。
　論理のことばを、「喚起」の手段として用いる典型は、メタファーである。それは洋の東西を問わない。だが、日本語の言い回しでは、論理みたいなことば遣いに、微妙で複雑な働きかけを含める用法がある。晶子の歌はその用例である。日本語が論述に向かないと言われるのはそれゆえである。他方、英語圏に留学した心理治療者がしばしば、彼の地の心理療法の実態を「粗い」と感じたり、逆に、彼の地の心理療法に習熟して帰国した人の治療が「素っ気ない」と評されるのも同じ理由からである。
　ひとは論理で考え、感じているわけではない。少なくとも、表出された論理がこころに湧いた原初の思考ではない。表出されたものが論理の形をとっていればいるほど、それは原初に湧いた思考を取りまとめた形である。ミルトン・H・エリクソンはひとの論理から原初に湧いた思考や想念を読み取り、それに働きかけて動きを起こすべく、論理のことばの形で、相手のことばの楽屋内へ思考や想念を送り込む。起こった動きは当然、言語・非言語の総合物の形で表出されるが、ここでもおそらくミルトン・H・エリクソンは、表出された言動の楽屋内に注意を凝らす。その際、自身の内側に湧いた想念を手がかりにするのであろう。「小話」の活用も同じ姿勢から繰り出される。催眠と覚醒状態とを連続した世界として関わる方法とはそのようなものであろう。臨床現場におけるミルトン・H・エリクソンのこの姿勢をわが身のものとすることなく、理論的に解説された「操作」や「催眠技法」を使おうとしても、ギクシャクするばかりであろう。
　関わりの「姿勢」は言語化になじまない。学ぶには実地に関わるか陪席しかない。映像が次善の策である。いまひとつ、書簡集という分野があることは気がつかな

かった。この往復書簡の中に頻出する論理風の文言の楽屋内を想像しながら、ミルトン・H・エリクソンが何を想像し、どの方向を目指して論理のことばを送り出しているか、を想像しながら読み進むと、想像の中の彼の想定と、純粋にわたくし自身の連想とが絡み合って、脳が苦しいほどに忙しくなる。読者各自の楽屋内次第で、無限の「喚起」の可能性がある。

　ことばに複数の仕事をさせるミルトン・H・エリクソンの邦訳は難事である。しかし、日本語はあいまい性・自在性に優れているから、逆の翻訳よりも有利であろう。それに、訳者の田中由美子さんは、すでに『アンコモンセラピー』（二瓶社、2001年刊）の邦訳に参加されており、自身も臨床家であるので、エリクソンの世界に肉薄しようと努めてこられた人である。訳注の「……訳者の文才では注とカッコで説明するしかありません」との文章に自負が表われている。まさか「役者の分際」の駄洒落じゃないよね。

　催眠に関心のない、臨床家にこそ読んでもらいたいと思う。臨床の要は働きかけにはなく、「目と・耳と・思考と・たましい」とを使った観察にある。それを「理解」と言い替えてもよい。

神田橋　條治
伊敷病院精神科医

目　次

日本語版まえがき ……………………………………………… iii
編集者のことば …………………………………………………… vii
まえがき …………………………………………………………… ix

第Ⅰ章　マーガレット・ミード ……………………………………… 1
第Ⅱ章　グレゴリー・ベイトソン、ジェイ・ヘイリー、
　　　　ジョン・ウィークランド ……………………………… 59
第Ⅲ章　精神分析家：ルイス・ウォルバーグ、ローレンス・
　　　　キュビー、アイヴズ・ヘンドリック ………………… 105
第Ⅳ章　催眠界の重要人物：レスリー・ルクロンとアンドレ・
　　　　ワイツェンホッファー ……………………………… 177
第Ⅴ章　催眠と反社会的行為をめぐって：ジョージ・
　　　　エスタブルックス、ロイド・ローランド、
　　　　ジョン・ラーソン、ジェイコブ・コン、
　　　　ウェスリー・ウェルズ、フィリップ・エイメント … 241
第Ⅵ章　さまざまな文通相手：専門家およびその他の人々 … 285

むすび ……………………………………………………………… 465
References ………………………………………………………… 469
訳者あとがき ……………………………………………………… 475

編集者のことば

　本書において意図したのは、ミルトン・エリクソンとその文通相手の手紙に自ら語らせ、読者が自分なりの結論を引き出せるようにすることである。したがって、タイプの打ち損じや明らかな綴り間違いを訂正したことと、段落や句読点を整えたことを除けば、手紙文そのものには編集を加えていない。また、読者がまぎらわしい思いをされることのないよう、書き手による加筆訂正はなかに組み入れた（繰り返しを避けるために、すべての手紙で書き手の住所や所属は省略させていただく）。

　エリクソンは文才を駆使して書いている。彼は、なにを伝えるにも正確であろうと努める、技巧に富んだ書き手であった。われわれは、背景を説明したり個々の参照事項や状況を明確にするために、編集上のコメントを入れただけである。

まえがき

> 「手紙には、書き手の魂があらわになっている」
> ——サミュエル・ジョンソン（Samuel Johnson, 1777）

はじめに

　ミルトン・H・エリクソン医学博士（Milton H. Erickson, M.D.）とは何者だったのか——そしてどんなことをした人だったのか？

　簡単に言えば、ミルトン・エリクソン（1901-1980）は、臨床催眠の使い方に関して20世紀随一の権威であった。そして20世紀随一の心理療法家であったと言う人も多い。エリクソンが治療の実践面につけ加えたものは、ジークムント・フロイト（Sigmund Freud）が理論面に寄与したものに匹敵する。さらに、フロイトが精神医学の文献でわずかに片手で数えられるほどの症例で代表されているのにひきかえ、エリクソンは300以上もの症例を詳述している（O'Hanlon & Hexum, 1990）。

傷を負った治療者

　しかし、エリクソンは、学術文献に並外れた貢献をした人というだけではとうてい言い足りない——彼の人生そのものが、勇気とはなにかを見せてくれるもの、われわれを奮い立たせてくれるものであった。「傷を負った治療者」元型[※1]である彼は、多くの病を患い、そして克服した。なかでも彼をひどく蝕んだのは進行し続けるポリオの影響だったが、この病にかかったの

は10代後半であった。

　ポリオ後症候群のために、エリクソンの晩年の15年間は車椅子の生活であった。筋肉の衰えによって身体の自由を失ったのである。晩年は、足はほとんど役に立たず、腕も限られた範囲でしか使えなくなっていた。物を書くには右手を左手で導いて書いた。同じように、食事をするときも左手を使って右手を支えてやらなければならなかった。そのうえ、視力も聴力もますます低下していった。そして亡くなるころには、横隔膜の半分と二、三の肋間筋だけで呼吸していた。

　エリクソンは絶えず痛みに苦しんでいた。彼のもとを訪れた患者は、仮説に基づいてではなく、自分の経験から物を言うカウンセラーに出会った。人生を、痛みがあるにもかかわらず——あるいは痛みがあるからこそ——楽しむことについて語るとき、彼はありのままの気持ちを言っていた。ただ生きてあることに喜びを感じるのだと断言するのに、痛みを「再構成」リフレイム※2 して、冗談にこう言ったものだ。「痛みは気にならないね。それに代わるものよりはましだからね」エリクソンにとって、痛みとは、まだ生きている人々の仲間であることを裏づけてくれるありがたいものなのだった。痛みからの解放は、死とともにのみ訪れる、というわけだった。(詳しくはZeig, 1985bを参照)

　分裂病であれ、癌の侵襲であれ、生活を制約するどのような問題を抱えてエリクソンを訪れた患者も、少なくとも自分と同じくらいに苦しんでいる人を目の当たりにした。しかも、その人はそれでもなお明らかに生きることを楽しんでいたのだ。

学術的貢献

　エリクソンは多くの論文を書き、教えるためにあちこちへ旅行した。140以上の学術論文を書いたが、その大部分は、アーネスト・L・ロッシ（Ernest L. Rossi）が編集した、『ミルトン・H・エリクソン全集（*Collected Papers of Milton H. Erickson on Hypnosis*）』（Erickson & Rossi, 1980、邦訳：第2巻『感覚、知覚および心理生理学的過程の催眠性変容』、二瓶社、2005年刊）に収められている。エリクソンの心理療法に関する、あるいはそれに関連のある本は100冊以上あり、新しい著作が途切れることなく出版されている。

彼はアメリカ臨床催眠学会（The American Society of Clinical Hypnosis）の共同創設者であり、その機関誌、『アメリカ臨床催眠学雑誌（*The American Journal of Clinical Hypnosis*）』を創刊し、最初の10年間、編集長を務めた。

エリクソンの業績を讃え発展させるために、1979年にミルトン・H・エリクソン財団が設立された。財団は専門家を対象にトレーニング・プログラムを計画しており、心理療法の発展、短期療法（ブリーフセラピー）、性と性交渉、催眠と心理療法へのエリクソン流アプローチというようなテーマで、毎年会議を主催している。現在、世界中の80以上の研究機関が財団と提携している。

エリクソンの学術的貢献は、さまざまなレンズを通して調べられてきた。ジェイ・ヘイリー（Jay Haley）は、1973年に、エリクソンについて書かれた特に重要な本の1つ、『アンコモンセラピー（*Uncommon Therapy*）』（邦訳：二瓶社、2001年刊）を書いた。この本で、彼はエリクソンの「戦略的な」心理療法に焦点を当てて、治療者が具体的な目標を達成するために努力するとき、その治療法は戦略的である、と述べている。

エリクソンの催眠について書かれた数多くの著書のなかでも注目に値するのは、エリクソンとロッシによる4巻シリーズ、すなわち、『催眠の現実（*Hypnotic Realities*）』（1976）、『催眠療法——探究実例集（*Hypnotherapy, an Exploratory Case Book*）』（1979）、『催眠を体験する（*Experiencing Hypnosis*）』（1981）、『2月のおじさん（*The February Man*）』（1989）[※3]である。

スティーヴンとキャロル・ランクトン（Stephen and Carol Lankton）の『内なる答え（*The Answer Within*）』（1983）、スティーヴン・ギリガン（Stephen Gilligan）の『治療的トランス（*Therapeutic Trance*）』（1986）など、専門家のためにエリクソンの方法を解説する教科書を書いた弟子たちもいる。『ミルトン・エリクソンの心理療法セミナー（*A Teaching Seminar with Milton H. Erickson*）』（Zeig, 1980　邦訳：星和書店、1984年刊）では、エリクソンの型にはまらない教授法が詳しく紹介されている。

治療者としてのエリクソンと、彼の方法について書かれた上記のような教科書をひもとけば、心理療法の歴史において特に革新的な臨床家の1人であった人の非凡な専門的才能の真価がわかる。そしていっそうよく理解することができる。

卓越性を身近に見る

　しかし、彼によってあるいは彼について書かれた多くの出版物以上に、ミルトン・エリクソンの手紙は、彼の人生の今まで公にされていなかった側面を明かしてくれる。ここに、われわれは人間エリクソンについて知る——臨床家として、研究者として、理論家として、とりわけ一個人としての彼の独自性への新たな洞察が得られるような形で。

　読者は、エリクソンと交流のあった、精神医学の分野の著名人や人類学のような関連分野の著名人と出会うだろう。エリクソンが有名な精神分析家たちと症例について協議し、傑出した人類学者であるグレゴリー・ベイトソン（Gregory Bateson）やマーガレット・ミード（Margaret Mead）と催眠について意見を交わし、スタンリー・ミルグラム（Stanley Milgram）のような専門家と研究の成果について話し合うとき、その場に居合わすだろう。また、患者や専門家仲間や弟子たちに与える助言を、彼の語り口そのままに読むこともできるだろう。

　明らかにエリクソンは、臨床的貢献はもちろんのこと、人としてのあり方についても研究されるべき人物である。手紙を読むと、彼の物の考え方や、考えの及ぶ範囲がよくわかる。本書は、自分自身の人間的成長や発展に関心のある一般の読者はもとより、臨床家や歴史家や研究者にとっても大きな価値があるはずだ。

ミルトン・エリクソン——簡単な伝記

　ミルトン・H・エリクソンは、1901年12月5日、ネヴァダ州オーラムの、土間になっている丸太小屋で生まれた。その後一家は幌馬車で東へ行き、彼はウィスコンシン州ビーヴァーダム近郊の農場で、9人兄弟の1人として育った。

　日曜日ごとに教会に通う中西部の農民であった家族のなかで、エリクソンは、ごく幼いころから並外れた知力で飛び抜けていた。家族のなかで大学院へ進んだのは彼1人で、ほかには姉妹の1人が大学に通ったにすぎなかった。

少年時代の彼は言葉に早熟な関心を示し、単語や単語の意味に習熟するために辞書を読みふけった。

ミルトン・エリクソンは、1920年代に、ウィスコンシン大学で本式に催眠の研究を始めた。20世紀前半に特に強い影響力を持っていた心理学者の1人、クラーク・ハル（Clark Hull）の教えるゼミに入ったときのことである。ハルはひたむきな研究者で、とりわけ学習理論に打ち込んでいたが、催眠を科学的に扱った初期の教科書の1つである、『催眠と被暗示性――実験的アプローチ（*Hypnosis and Suggestibility: An Experimental Approach*）』(1933)を著した。

エリクソンは、1928年にウィスコンシン大学で医学士号を取得したあと、ロードアイランド州とコロラド州で訓練を受けた。その後、ミシガン州デトロイトにあるエロイーズ州立病院の研究主任となった。1948年にデトロイトを去ってアリゾナ州フィーニクスに移り、アリゾナ州立病院に職を得た。1年ほど勤務したのちに、ウェスト・サイプレス通り32番地の自宅で個人開業するために職を辞したが、1970年にはイースト・ヘイワード街1201番地に転居した。自宅に診療所を構えたことによって、障害に対処しやすくなったし、家族といっそう密な交流を持てるようになった。

ミルトン・エリクソンは、1980年3月15日に死去した。遺族は、4人の娘と4人の息子、26人の孫、そして妻エリザベスだった。エリクソンの学術的研究に一役買うことの多かった彼女は、今もフィーニクスの自宅に健在で、エリクソン財団の理事会のメンバーである。

エリクソンを受け継ぐ6つの流れ

ミルトン・エリクソンは多くの継承者を生み、新世代の心理療法家にも影響を与え続けている。心理学に対する彼の貢献には、6つの主要な流れがあると言われている。

1．戦略的心理療法

ジェイ・ヘイリーは、グレゴリー・ベイトソンの率いる、コミュニケーシ

ョンに関する研究プロジェクトのジュニア・メンバーとしてパロアルトにいたときに、エリクソンと会った。著名な人類学者にして生物学者、哲学者でもあったベイトソンは、それに先立つこと数年前、マーガレット・ミードと結婚していた当時にエリクソンと会っていた。

　ヘイリーと、共同研究者のジョン・ウィークランド（John Weakland）は、何度となくエリクソンを訪れた。そのときに録音された対話の一部は、ヘイリーの編集した『ミルトン・H・エリクソンとの会話（*Conversations with Milton H. Erickson, M.D.*）』Ⅰ-Ⅲ巻（1985、邦訳：第2巻『ミルトン・エリクソン　子どもと家族を語る』、金剛出版、2001年刊）に再現されている。

　部分的にはエリクソンとの作業の成果として、ヘイリーは戦略的心理療法を生み出したが、この治療法は、ヘイリーやクロエ・マダネス（Cloe Madanes）の著作で記述されている。戦略的心理療法は、主として家族とシステムをもとにしたアプローチである。催眠自体にはあまり重点を置かず、自然の流れを活かした手法を好む。すなわち、催眠技法は用いるが、型どおりのトランス誘導はおこなわない。
（ナチュラリスティック）

2．メンタル・リサーチ・インスティチュート（MRI）

　ドン・ジャクソン（Don Jackson）がパロアルトに設立したこの研究所から、相互作用アプローチが生まれ、ポール・ワツラウィック（Paul Watzlawick）、ジョン・ウィークランド、リチャード・フィッシュ（Richard Fisch）が発展させた。MRIブリーフセラピー計画[*4]は、エリクソンが開発し自家薬籠中のものとしていた諸方法の副産物を検証するために始められた。

3．解決重視療法（Solution-focused Therapy）

　ウィスコンシン州ミルウォーキーにあるブリーフセラピー・センターのスティーヴン・ディ・シェイザー（Stephen de Shazer）と共同研究者たちは、解決重視療法と呼ばれるものを発展させた。このきわめて肯定的なエリクソン流アプローチは、患者の問題点よりむしろ患者が適切におこなっていることを重要視する。精神病理を基盤としておらず、患者の力を引き出すことをねらいとしている。

4．アーネスト・ロッシの精神生物学的アプローチ

　ロッシは、エリクソンにとってボズウェル（訳注：『サミュエル・ジョンソン伝』を書いた伝記作家）のごとき存在だった。エリクソンを綿密に研究し、『ミルトン・H・エリクソン全集』を始めとする、エリクソンによってあるいはエリクソンについて書かれた数々の重要な本を共同執筆し、編集した。エリクソン－ロッシの催眠に関する4部作（1980a-d[※5]）は、大部分が、催眠技法をいかにおこなうかについて、エリクソンがロッシに授けたレッスンを記述している。ロッシはまた、エリクソンがおこなったセミナーの録音記録をもとにしたシリーズ[※6]も編集した。著作のなかで、ロッシはエリクソンが心理療法で用いた数々の戦術的・言語的アプローチを詳しく説明している。のちに、心－身のコミュニケーションに関する独自の理論を生み出し、精神神経免疫学の専門家として知られるようになった。

5．神経言語プログラミング

　リチャード・バンドラー（Richard Bandler）とジョン・グリンダー（John Grinder：ノウアム・チョムスキーの革命的な研究を応用した言語学者）は、『ミルトン・H・エリクソンの催眠技法のパターン（*Patterns of the Hypnotic Techniques of Milton H. Erickson*）』（1975）において、エリクソンの方法の言語学的・意味論的要素を割り出した。

6．新エリクソン派

　新エリクソン派には、スティーヴンとキャロル・ランクトン、マイケル・ヤプコ（Michael Yapco）、スティーヴン・ギリガン、ジェフリー・ザイク（Jeffrey Zeig）らがいる。この世代の治療者は、最晩年のエリクソンとともに研究した。彼らの研究は、エリクソンの催眠の使い方に重点を置く傾向があるが、これはほかの学派ではあまり重視されていない側面である。さらに近年になって、ギリガン（1997）は自己間関係理論を生み出したが、これがエリクソン流アプローチの第7の潮流になっていくのかもしれない。

　要するに、エリクソンの遺産は、個人療法、夫婦療法、家族療法の分野に多大な貢献をした人々に影響を与えてきたのである。この遺産は今もなお朽

ちることなく、彼の考え方は認知行動療法などの大きな流れに組み入れられつつある。さらに、今日の治療としては時間を制限した手法が必要とされており、エリクソンは多くの人々からブリーフセラピーの父と目されている。

治療の特質

エリクソンが治療において発揮した力は、単に方法論の特質に帰せられるものではなく、個人的なありようにも根ざしていた。われわれが思うに、彼の治療者としての技能と社会的人格(ペルソナ)を分けるのは不可能である。次の7つの「方法」は、エリクソンのパーソナリティが生み出したと考えられるが、手紙の至るところで何度も使われている。その7つとは、利用すること、方向づけすること、経験を尊重すること、ドラマを使うこと、治療を個々の患者に合わせること、未来を志向すること、そして無意識を信頼することである。

利用（Utilization）

利用(ユーティライゼイション)は、単なる技法ではない。哲学なのだ。利用がおこなわれるということは、患者や家族が面接の場に持ちこむどんなものも、治療の成果を上げるために活用されうるということだ。この視野に立てば、問題、資質、野心といったようなものは、分析の臼で挽かれる「穀物」とはみなされない。それは、患者が別の軌道に乗るのを援助するために使われる「ロケット燃料」なのである（Zeig, 1992）。

利用という考え方の実例は、妻のアルコール依存症という問題を抱えてエリクソンのもとを訪れた夫婦に見ることができる（ザイク，1997）。夫は、妻が「くだらない趣味」を持っていると苦々しそうに訴えた。週末、妻は庭いじりをして過ごし、土を掘ったり雑草を抜いたりする合間に隠してある酒瓶を傾けるのだが、夫はどうしてもその酒瓶を見つけられなかった。妻の健康にとっても2人の関係にとってもよくないという意味のことを言って、その行動について忠告し、対決し、なだめすかした。それでも妻は変わらなかった。

妻にも苦情があった。夫だって「くだらない趣味」を持っている。「汚らしい古ぼけた本や、汚らしい古ぼけた雑誌や、汚らしい古ぼけた新聞」を読んで週末を過ごすのだから。夫の健康にとっても2人の関係にとってもよくないという意味のことを言って、その行動について忠告し、対決し、なだめすかした。それでも夫は変わらなかった。

初回面接で、エリクソンは、夫婦がキャンピング・カーを持っていて、キャンプは好きなのに久しく使用していないことを知った。しかし、2人とも、アウトドアで大嫌いなのは魚釣りに行くことだと激しく主張した。

エリクソンが最初にした介入は、利用法のよい例である。彼は妻に向かって、ウィスキーを買ってきて家のなかに隠すようにと言った。夫は仕事から帰ってきたら、隠された瓶を一定時間内に捜し出さなければならない。もし見つけ出せなかったら、妻はおとがめなしに飲んでよい——ただし家のなかでだけ。妻はこの課題を喜んだ。だれも制限時間内に見つけ出せそうにない場所にウィスキーを隠すことができたのだ。しかし2、3日もすると、こんな手順を踏むのにうんざりしてしまった。

夫婦がふたたびエリクソンのもとを訪れると、今度は「魚釣りに行きなさい」と命じられた。2人は抗議したが、エリクソンは魚釣りに行く必要があると言って、忠告し、対決し、なだめすかし続けた。2人は「魚釣りは大嫌い」だったので、反論し続けた。しまいに、どうして魚釣りに行かなければならないのかとたずねた。エリクソンはこう説明した。「あなた方には、それが唯一適切な治療法だからですよ。ご主人、小さなボートに乗って湖のまんなかにいたら、汚らしい古ぼけた本や、汚らしい古ぼけた雑誌や、汚らしい古ぼけた新聞を手にしようがないでしょ。奥さん、ボートに乗って湖のまんなかにいたら、ウィスキーの瓶を隠せる場所なんてどこにもないでしょ。魚釣りにお行きなさい」

夫婦はこれに対してもう一度反論したが、キャンピング・カーの塵を払い、アリゾナをもっと見てまわるために旅に出かけた。そうしているうちに、自分たちがほんとうにキャンプを楽しんでいることにあらためて気づいた——そして2人で過ごす楽しさも再発見した。その後、妻は夫ともども、「くだらない趣味」を「自発的に」放棄した。エリクソンがしたのは、彼らが出発点にできる「文脈」を設定することだけであった。

この症例は利用の例に満ちている。エリクソンは隠すというパターンを利用した。夫婦の抵抗を利用した。彼らは反抗の対象となるものを必要としているように見えた。エリクソンは自分自身を差し出した。彼らは、エリクソンに反抗することに自分たちなりの治癒への道を見いだしたのである。

エリクソン流の治療法にとって、利用は、精神分析にとっての解釈、行動療法にとっての脱感作である（Zeig, 1992）。それは単に技法とみなすべきではない。利用を治療の哲学にするとき、有効な治療をおこなうのに格好の状況が新たに生まれうるということは、何人(なんぴと)も否定できない。

エリクソンは幼いころから利用の概念に精通していた。彼の育った貧しい家庭では、それは欠かすことのできない対処機制であった。つまり、彼にとっては単なる方法ではなくて、ライフスタイルだったのである。エリクソンの利用哲学を示す実例は、手紙のなかにいくつも見いだされるだろう。

方向づけする（Orienting Toward）

エリクソンは、逸話やメタファーやほのめかしを使う間接的なスタイルで有名であった。彼のコミュニケーションは多重的で、しばしば1つのメッセージで複数の意味を伝えた。この方法は、専門的には間接的方法（indirection）と呼ぶこともできるが、われわれとしてはむしろ「方向づけ」と考えたい。エリクソンの逸話を使うスタイルは、生まれ育った家庭からそのまま受け継いだものであった。エリクソンの父親は、カウボーイや農夫をしていたときの体験を語り聞かせるのが好きで、近所の子どもたちはよく、その話を聞きに集まった。

手紙を書くとき、人はとかく単刀直入になりがちなものだが、エリクソンの手紙を読むと、逸話方式をとっているのがわかる。彼が物語を語るのは心理療法に限ったことではなかった。それは、彼という人間全体の切り離すことのできない一部であった。

間接的であることの目的の1つは、考えを相手に押しつけるのではなく、相手から引き出すことにある。方向づけ法を使うことによって、治療者は文脈や情緒的背景を作り上げる。すると、患者はそれまでとは違った考え方をするようにしむけられ、それによって自分の行動を変えることができるのだ。

経験尊重主義（being experiential）

　エリクソンは根っから経験を重んじる治療者であった。治療はなまの体験との出会いを通しておこなわれる、と考えていた。彼の治療の仕方は、教え諭したり分析したりするようなものではなかった。エリクソンはしばしば、治療を相談室の外に、患者の生活に持ち込んだ。また、催眠その他の技法を、患者が建設的な内的体験をするのを援助するために用いた。人は「洗いざらいぶちまける」ことによってではなく、なにかをおこなうことによって、もっともよく学ぶ、と確信していた。

　物理学は講義を聞いて学ぶことができるが、幸福であることは経験を通して学ばねばならない。手紙にも現われているとおり、エリクソンの経験を尊重する方法もまた、治療に限ったことではなかった。

ドラマを利用する

　多くの場合、治療における重要な要素は、治療者がなにを言うかではなく、そのメッセージの伝え方にある。エリクソンには劇的な演出をする才能があった。単純な考えも、まるで劇作家のようなやり方で提示することによって生き生きしたものにした。考えを匂わせ、少しずつ発展させ、さらにクライマックスや大団円へと導いていくのだった。彼のドラマの使い方は手紙にもよく表われている。

治療を個々の患者に合わせる

　1980年の12月に、エリクソンの功績を讃えるために「催眠と心理療法へのエリクソン流アプローチに関する第1回国際会議」が開かれることになり、1978年、本書のシニア編集者（ザイク）は、会議への呼びかけに使えるような文を書いてほしいとエリクソンに依頼した。エリクソンはこう書いた。「人はそれぞれが、独自の人間なのです。ですから、心理療法は、人間行動に関する仮説的理論というプロクルステスの寝台[※7]に人をむりやり合わせるのではなく、その人独自の必要に合わせて組み立てられるべきなので

す」エリクソンの創刊した（彼はまたアメリカ臨床催眠学会の創設者でもあった）『アメリカ臨床催眠学雑誌』に掲載された、彼の75歳の誕生日に寄せる賛辞のなかで、マーガレット・ミード（1977）は、エリクソンの他に類を見ない特質とは、個々の患者に合わせて新しい治療法を作り出す能力である、と書いた。

エリクソンは、患者の物事に対する姿勢や、スタイルや、感情や、思考過程や、行動といったものの独自の本質を理解しようと努めた。彼の治療は、患者の眠っている資質に訴えかけるという過程であった。そしてこの資質とはきわめて個人的なものであるだけに、一人ひとりに合わせた治療法は効果が増すのである。手紙には、文通相手の個性に語りかけるときの彼の柔軟さ・自在さを示す実例が、いくつも含まれている。

未来を志向する

人生とは、現在を生き、未来に向かうものである。よりよく生きるためには過去の教訓に留意しなければならないが、過去は本来、変わりえないものなのだ。

多くの分析的なアプローチが、変化を起こすおもな方法としてその人の個人的な歴史に頼るのとは対照的に、エリクソンは、建設的な未来をもたらすことのできる、現在の心身構造を活かそうと努めた。彼は、旅の道連れというよりはむしろツアーガイドだった。地形を熟知していて、人々を肥沃な地に行き着かせるにはどうするのがいちばんいいかを知っていた。「埋もれた財宝」を捜し求める考古学者ではなかった。

エリクソンの未来志向は、手紙にも表われているとおり、彼のライフスタイルの基本であった。彼は目標をめざす人間であり、目標をめざす治療者であり、目標をめざす文通相手であった。治療がそうであったように、彼の手紙もまた、将来の指針について今までとは違った考え方をするようにさりげなく相手を導く、影響力のある伝達手段であった。

無意識を信頼する

　エリクソンにとって、無意識とは、生理的・心理的に学習したものの貯蔵庫であった。柔軟性のなさや近視眼的な物の見方を、心理社会的障害の元凶とみなしていた。資質は無意識のなかに潜んでいて、それが引き出されるとき、ときとしてあっと驚くような結果がもたらされる、と主張した。

　効果的な治療は、治療者と患者双方の、自然発生的なものと修練によって得たものとを合体させる。どちらの側も無意識の知恵の恩恵をこうむることができる。

　エリクソンのもとを訪れた弟子たちは、「あなたの無意識を信頼しなさい」というメッセージをしっかりと心に刻みこまれて帰った。この警句には禅めいたところがあって、可能性と発見に通じる「初心者の心」を培うように促されるのだった。

　無意識を信頼するのは安易にできることではない。「無意識」のパターンは治療が必要になるような問題を引き起こすことも多いが、たいていの無意識の作用は建設的である。思いがけず生産的なパターンが引き出されて、当の本人が驚き喜ぶこともある。

　エリクソンがこの無意識の作用の持つ力に寄せていた信頼も、手紙の随所に見いだすことができる。

おわりに

　ミルトン・エリクソンは、その時々の治療の主力であったばかりでなく、仕事においても、生活においても、周囲の人々を触発する人物であった。言ってみれば、われわれは彼の双肩に支えられて、自分独自の視野を広げることができるのだ。

　エリクソンは開拓者であった。人間の反応性の未踏の側面を発見するために──あるいはあらわにするために、人間コミュニケーションのジャングルに分け入る探検家であった。手紙は彼の歩んだ道を照らし出す。読者の歩む道をも照らし出してくれることを、われわれは願っている。

訳 注

※１：ユングの取り上げた元型の１つで、健康と病という対立物の化合物を表わす。ロッシもまた、エリクソンは「傷ついた医者」元型の生きた実例であり、「汝自身を癒せ、しかるのちにその癒しのすべを人に教えよ」というメッセージが、エリクソンとともに研究した者にとっては、いつも非常に個人的なレベルで伝わってくる基本的なメッセージだった、と述べている。("*The Seminars, Workshops, and Lectures of Milton H. Erickson*" II, 1984)

※２：準拠枠（frame of reference）を変える（reframe）こと。体験の意味は、どのような枠組みで捉えるかで左右される。枠組みが変われば体験の意味や状況に対する理解が変わり、それにつれて反応や行動も変わるだろう。ロッシ（同上）によれば、リフレイミングの概念は、エリクソンのおこなったセミナーやワークショップや講演を本にまとめる作業のなかで偶然記述された。

※３：奇異な表題だが、年令退行による恐怖症の治療の逐語録で、幼少期に愛情剥奪を体験した患者の過去に、エリクソンが２月になると訪れるやさしいおじさんとして参与し、新たなアイデンティティを構築していくというもの。エリクソン自身がこれを「２月のおじさんアプローチ」と呼んでいた。第Ⅱ章、ヘイリー宛の 1971 年４月 10 日付の手紙を参照。『アンコモンセラピー』の５章にこのアプローチの例が収められており、おそらくそれがこの手紙で言及されている症例であろう。

※４：すべての症例に対して１日１時間、２週間おきに 10 回以内のセッションで終結できる治療法の開発研究計画で、1967 年に着手され、その成果は『変化の原理』『変化の技法』などとしてまとめられた。

※５：内容から見てこれは誤記で、正しくは**学術的貢献**の節で述べられている「エリクソンとロッシによる４巻シリーズ」を指すものと思われる。

※６："*The Seminars, Workshops, and Lectures of Milton H. Erickson*" I-IV 巻

※７：プロクルステスは、ギリシアの英雄テーセウスの退治した悪者で、旅人を捕まえては自分の持っている鉄の寝台に縛りつけ、寝台の長さに合わせて、それより短い人は手足を引き伸ばし、それより長い人ははみ出した部分を切ったという。

第Ⅰ章
マーガレット・ミード

「ミルトン・エリクソンの仕事で魅力的なところは、
彼の独創性が、人と違うことを試みるのではなく、
自分自身の研究のなかで新しいものを追求することによって発揮される、
という点にほかならない」
――マーガレット・ミード（1977）

　1939年にミルトン・エリクソンに手紙を書いたとき、マーガレット・ミードは、人類学において果たした貢献ですでによく知られていた。『サモアの思春期（*Coming of Age in Samoa*）』（1928）、『ニューギニアで成長すること（*Growing Up in New Guinea*）』（1930）、『3つの未開社会における性と気質（*Sex and Temperament in Three Primitive Societies*）』（1939）を著しており、サモア（1925-26、1928-29）、ニューギニア（1931-33）、バリ島、そしてもう一度ニューギニア（1936-39）へ現地調査旅行をしていた。当時、ニューヨークにあるアメリカ自然史博物館民族学部門の副部長であった。
　ミードとグレゴリー・ベイトソンは、1932年、ニューギニアで人類学の研究に携わっていたときに出会った。彼らは1936年に結婚し、1939年に一人っ子、キャサリンをもうけた。バリ島でいっしょに研究したあと、『バリ島人の性格（*Balinese Character*）』（1942）を共同執筆した。
　夫妻はメイシー会議の設立に力を貸したが、この会議は、1942年に「脳の抑制」（催眠術の体裁をよくした表現）に関する会合の場で発足した。一同が会議の基本的性格を確立しようとしたその最初の集まりで、エリクソン

は重要な役割を果たし、研究対象にもなったが、彼が出席することになっていたのはその回だけであった。

　第2次大戦中、会議は散発的に開かれていたが、戦後は定期的に予定が組まれるようになった。1947年から1953年にかけての会議はたいへん生産的で、サイバネティックス理論が生み出されたのもこの時期のことであった。

　何年ものあいだに参加した著名人のなかには、ミルトン・エリクソンのほかにも、エリクソンと論文を共同執筆した精神分析学者ローレンス・キュビー（Lawrence Kubie）、1947年のメイシー会議に初めて出席し研究成果の一部を記録した構造主義哲学者、ハインツ・フォン・フォースター（Heinz von Foerster）、実験心理学者のクルト・レヴィン（Kurt Lewin）、メイシー財団のローレンス・フランク（Lawrence Frank）、サイバネティックスの創始者として広く知られているノーバート・ウィーナー（Norbert Weiner）などがいた。サイバネティックスに関する最初の重要な論文である、『行動と目的と目的論（Behavior, Purpose and Teleology）』は、ローゼンブルース（Rosenbluth）とウィーナーとビゲロー（Bigelow）によって書かれ、1943年、『科学哲学（Philosophy of Science）』に発表された。（メイシー会議についてさらに知りたい方は、『季刊相互進化（CoEvolution Quarterly）』1976年夏号掲載のベイトソン、ミードのインタビューを参照されたい）

―――――――

　ミードからエリクソンに宛てた1939年5月23日付の最初の手紙は、明らかに手動タイプライターで自らタイプしたものである。オリジナルには打ち損じが多数あり、ミードの直筆で訂正が加えられているが、ここではすべて手紙文のなかに組み入れてある。この手紙が書かれた当時、ミードもエリクソンもともに37歳であった。

マーガレット・ミードより
1939年5月23日

親愛なるエリクソン博士
　マズロー博士[※1]があなたの資料をいくつか見せてくださり、夫グレゴリー・

ベイトソンとわたしはたいへん興味をそそられました。わたしたちは、あなたのご研究とバリの宗教的トランスの問題との関連にとりわけ関心があるのですが、この問題は、わたしどもが最近2回のバリ島遠征で時間を割き、共同研究者のジェイン・ビーロー（Jane Belo）さんがずっと取り組んでいるものです。マズロー博士は、ビーローさんの撮った映画を見たあと真っ先に、あなたの研究成果のなかにバリのトランスに当てはまるものがあることに気づいたのです。ビーローさんは現在バリ島にいて、トランサー[※2]のパーソナリティに関して特別な追跡調査をしています。この手紙を書いておりますのも、今すぐに現地で適用できるようなご示唆をいただいて、彼女に送ってやりたいと考えてのことなのです。

　わたしどもが特にあなたの助けを必要としておりますのは、「深いトランス」状態と「夢遊」状態を見分ける基準、という問題です。[※3]

　バリで見られるさまざまな形態のトランスの場合、ある種の完全な発作によって「入る」のですが、その発作は、ぐったりして意識を失ったようになるとか、身体の動きが制御できなくなって小刻みな痙攣発作のようなものを起こすとか、突然泣き出すなどの形で表われます。

　これに続いて、もっと穏やかで制御の利いている段階がきます。個々のトランサーは、このときもなお「トランス状態」にあるとされているのですが、高度に様式化された手順に従って、大なり小なり形式化された一連の行為をおこないます。たとえば、歌の調べや文句で与えられる合図にステップや所作を合わせて踊るとか、所定の神に扮する（これには性の逆転が含まれることもあり、特殊な語彙を用いるとか、ほかの人々との関連において決められたとおりに役割を果たすといったことが含まれます）とか、極度の興奮狂乱状態と休止状態を交互に繰り返しながら、クリス（訳注：マライ人の用いる短剣）をわが身に突きたてるとか、供物を捧げたり複雑な儀式の用具を扱う、などです。

　この段階では、トランサーは**ほとんどずっと**自分の身体を制御していますが、この制御は多少不安定なように見えます。たとえば、少女のトランス・ダンサーは、ときどきぐったりくずおれて群衆のなかに倒れ込みます。あるいは、わが身にクリスを突きたてていた男性が痙攣状態で倒れることもあります。あるいは、仮面をつけている男性が突然倒れ、トランスから覚まされ

るまで、長いあいだ完全に硬直したままになっていることもあります。

　もっとも、このような例外はありつつもトランサーは役割を演じ、音楽、歌、仮面をつけた人物の登場、首を切り落とされることになっている生きた鶏のひなの奉納、ほかの祭式執行者（少女のダンサー）からの自分たちを肩にかつげという要請、演じられている神の意志を問う祈願者からの質問、収拾しなければならない儀式のミス、儀式の諸段階などのような、関連のある刺激に手際よく対応するのです。

　しかし、彼らは無関係な刺激には注意を払いません。わたしどもの限られた実験の機会から言えるかぎりでは、無関係な刺激は見たり聞いたりしていないようなのです。（たとえば、『劇団が来るぞ』という叫び声が聞こえると、少女のトランス・ダンサー目当ての観衆でいっぱいだった寺院は空になってしまいますが、ダンサーたちのほうはまったく注意を払わないか、一瞬リズムを変えるだけです。あるいは真っ赤に燃えている炭が偶然足の上に落ちてきたり、**トランスに入ったあとで**やってきた見知らぬヨーロッパ人たちがその場にいても、注意を払いません）

　彼らの注意は、決まりきった一連の刺激に限定されているわけではありません。トランスの文脈において解釈できるものであれば、彼らが臨時の筋書きに参加させたい人が群衆のなかにいるとか、危険があるかもしれないとかの新しい状況にも反応できるのです。たとえば、爆竹が1束いっぺんに破裂しても、少女のトランス・ダンサーたちは目に見えるような反応をしませんが、**それなのに爆発が終わったあと**、まるで不発の爆竹を踏まないために場所を確認するかのように、目を開いて爆発の起こった方角を見るのです。

　また、別のときのことですが、寺院の中庭に雨が降ったとき、少女のダンサーは――トランス状態で――わたしどものダイニングルームまで自分たちを抱えていって、そこで踊らせるよう強く要求しました。これは前例のないことで、a．雨、b．前の晩に劇団がダイニングルームで踊ったこと、に対する反応として持ち出されたものです。

　トランス状態で型どおりのパフォーマンスを滞りなくこなすには、数分（荒々しいものの場合）から数時間（ただ踊るだけの少女ダンサーたちの場合）かかりますが、この段階が終わると、トランサーたちは、香をたく、聖水を振りまく、聖水を飲ませる、特別な歌を歌う、2人の人間がなかに入った大

きな動物の仮面が登場するなどの、定められた儀式によって「トランスから出され」ます。つねにではないにしろ多くの場合、トランスから出すためのこれらの儀式は、トランスに入れるための儀式と同じではなく、またつねにではないにしろ多くの場合、「トランスから出る」のに、「入る」際に見られる発作や失神等に相当するものがともなうことはありません。

　ところでわたしどもには、その「入る」段階というのが、あなたの場合で言えば、被験者に夢遊状態のあいだに実行するべきことを伝える最初の深いトランスに当たり、「トランス状態で演じる」段階というのが、被験者が特定の種類の刺激以外はすべて無視して、あなたの設定しておかれた非常に複雑な役割を演じる、夢遊状態の段階に当たるように思えるのです。

　しかし、わたしが資料を理解したところでは、あなたの被験者は、通常の状態に戻る前にもう一度深いトランスに入る必要がありました。わたしどもの被験者の多くは、ある刺激を与えられると、あるいは自分の手を1回打ち鳴らすとか聖水を一口飲むというような、ごく簡単な手順を踏むと、いっぺんに覚醒します。それですと、両者は同じとはみなせないでしょうか？　荒々しい発作、あるいは脱力や意識喪失に見える状態で始まるトランス状態と、人々が歌うなかで香をかぎ、2、3回の短い痙攣や痙攣状の震えをきたすだけで簡単にあっというまに入ってしまうトランス状態とは、かならずしも同等視できないとお考えになりますか？

　そして、なにより重要なことは、これらのトランス状態のどれが夢遊状態に当たり、どれが当たらないかを判定する基準を教えていただきたいのです。マズロー博士はトランサーを催眠に入れてみてはどうかと申しておりますが、バリの文化事情や接触状況では、そのような方法は、政府当局や原住民文化保護政策からうさんくさく思われるでしょうから、現在のところ不可能です。そのうえ、それによってトランサーが催眠に入れるかどうかはわかっても、型どおりの文化的に様式化されたトランスに入っているときの彼らの状態がどういうものかということはわからないでしょう。

　ビーローさんはまもなくバリを去ることになっておりますので、とり急ぎお返事をいただければたいへんありがたく存じます。

敬具
マーガレット・ミード

マーガレット・ミードへ
1939年5月31日

親愛なるミード博士

　ご質問のお手紙はたいへんおもしろく読ませていただきましたが、どれだけお力になれるか心もとなく思います。でも、バリのダンサーに関連してあなたが述べておられるような行動に対応する、あるいはそれを例証する、さまざまな催眠現象についてお話ししてみましょう。そして、それをあなたの問題にどう適用するかはそちらにお任せすることにしましょう。

　最初にお断りしておいたほうがいいと思いますが、わたしが論文のなかで述べている実験法は、つねに特定の目的にかなうように練り上げられているので、ほかの行動形態には一般的にしか適用できません。

　深いトランスと夢遊状態とを見分ける基準についてのご質問に関しては、要するに後者は前者が発展したものにすぎない、と申し上げてよろしいかと思います。外的手段によって被験者の行動プロセスや行動パターンを制限し狭めていけば、深いトランスを引き起こすことができます。その結果、被験者に内的な抑制が生じ、今度はこれが完全な行動制止状態に発展し、受動的反応性という状態が行動に取って代わります。この受動的に反応する状態を利用すれば、こちらが望む行動形態を作り上げることができます——それが被験者に受け入れられるものであればですが。しかしまた、この状態を有効に利用できるのは、催眠者の暗示が、反応のプロセスを始動し方向づけるような形で与えられた場合にかぎります。しかもその反応は、被験者自身が経験によって習得したものに全面的に依拠した反応のパターンや、形態や、性質を備えていなければなりません。要するに、確かな行動をうまく引き出すためには、催眠者の与える暗示が行動の引き金となる必要があるのですが、その行動がどのような形で起こり展開するかを決めるのは、被験者の役目だということです。

　いったん深いトランスあるいは受動的に反応する状態になってしまえば、夢遊状態、聾、色盲など、いろいろなものを暗示することができますが、それは深いトランスを利用する手段にすぎません。ですから、2つの状態を区別する必要はないと思います。

通常、この受動的反応性という状態は、催眠者と被験者という特殊な関係において生じるものですが、つねにそうであるとはかぎりません。というのは、あらかじめ決められた状況との関係において起こることもあるからです。たとえば、わたしが多くの実験で協力してもらっていた被験者は、自分自身がある実験をしてみたいと思うようになり、いい機会が訪れ次第、それを実行に移そうと決心しました。本人も、いい機会とはどのような機会なのか、はっきりわかっていたわけではありませんが、自分の行動に対するわたしの強い関心をおあつらえ向きの心理的背景として役立てるためには、深いトランスに入っている必要があることはわかっていました。数週間のあいだ、実験セッションは何度も繰り返されましたが、われわれの作業になんら変わったことは起こりませんでした。ところがある晩、わたしの実験は、彼の驚くべき、不可解な、複雑な行動によって中断されてしまったのです。やがてはそれも収まって、わたしは自分の研究を完成することができたのですが。
　数日後、彼の行動に当惑していたわたしは、曖昧に間接的に質問してみましたが、本人はまったくその出来事を知らないということがわかっただけでした。質問を続けるうちに、彼は、自分の立案した実験の概要を記したノートを、わたしが盗み見したのではないかと疑い始めました。お互いに質問し合った結果、彼がノートに書いた概要よりさらに詳しい部分まで実験をおこなったこと、自分ではそうしたのを知らなかったこと、トランス状態でおこなったことが計画よりもはるかに完璧であったのを知って驚いていること、意識の上ではまだ解決していなかったさまざまな面もうまく処理し、計画していた方法の一部をもっと効果的なものに変更していたことが明らかになりました。こうして情報交換をしたにもかかわらず、自分のしたことをすべて思い出させるには、深いトランスに入れなければなりませんでした。そのようにして初めて、わたしとのトランス場面のなかにあったどのような心理的諸要素によって、その実験を実行に移すタイミングをとらえたのか、またどのような予想外の要素によって、実験計画の修正を余儀なくされたのかを見きわめさせることができたのでした。
　ところで、その被験者は深いトランスに入っていたのであって、夢遊状態を引き起こす努力など一切していませんでした。にもかかわらず彼の行動は夢遊的なものであり、あらかじめ決定された態度と意図に全面的に従ってい

たのです。

　もう1つ例を挙げましょう。深いトランスと夢遊状態の、どちらについてもよく訓練されている被験者を使って、小集団の前でさまざまな催眠現象のデモンストレーションをおこなったのですが、その最中に、彼は自分のパフォーマンスの細かな点まで気にして、確かなものではないと主張しました。そこでいろいろ質問してみると、覚醒状態の彼も、トランス状態の彼も、人が聾や盲になったり、外界からの刺激に反応しなくなることなどありえない、と固く信じていることが明らかになりました。ていねいな質問によってわかったのですが、彼は一座のなかのある人が見えないと断言しているときでさえ、あくまでも視覚的に反応しようとするのでした。また、ふつう夢遊状態の被験者は、周囲の環境のうち、催眠者が特定した部分とだけ接触しているものですが、この被験者は、あとから入ってきた人にもすぐに気づいて反応し、デモンストレーションがおこなわれている部屋のなかで起きているすべてのことに、いつでも完全に気づけることを示しました。それに反することを暗示するのは不可能でした。そうこうするうちに、デトロイトから予期せぬ訪問者があり、デモンストレーションのおこなわれている部屋に入ってきました。まったく思いがけない来訪であったのに、被験者はすぐにその人に目をやりました。わたしは、被験者が夢遊状態にあることを100パーセント確信していたので、この反応をどう説明したものか、途方に暮れてしまいました。被験者はデトロイトの人が時折わたしを訪ねてくることを知っていたので、夢遊状態に向けてあらかじめ決定された態度のなかにその可能性を含めることができたのだ、ということでなんとかこれを説明しようとしました。この少々苦しい（とわたしには思えました）説明をしようとしているところに、完全に予想外の訪問者が姿を現わしました。被験者は、シカゴからきたこの人物には会ったことがありませんでした。結果的に、被験者の夢遊状態が確かなもので、外界の刺激に反応する能力がまぎれもなく制約されていることを示す、みごとなデモンストレーションになりました。というのは、シカゴからの訪問者は、精一杯努力したにもかかわらず、被験者といかなる接触も確立できなかったからです。わたしが直接暗示によってその接触を確立しようとすると、被験者はわたしの意図を、シカゴからの訪問者の幻覚を見るように命じているものと誤解しました。自分にはそんなことをやってのけ

る能力はない、自分のパフォーマンスは心理的事実に合わないし、弱々しい視覚イメージにしかならない、と言いました。あの訪問者を見なさいと執拗に指示すると、現実の訪問者の存在に影響されることも助けられることもないまま、やっとかすかな幻覚を見て反応しました。つまり、あらかじめ決定された心的態度によって、その夢遊状態では、特定の条件にかなっている現実だけが知覚され、そうでない現実は一切知覚されなくなっていたのです。また、その後の実験で証明されたとおり、被験者がシカゴからきた男性の幻覚を見ることができなかったのも、あらかじめ決定された心的態度のもう1つの面にすぎなかったのです。

　関連のありそうなもう1つの例は、以前とても感動した映画、「ラスプーチン」を見るということを追体験させた被験者に関わるものです。わたしは、われわれが映画館にいるという幻覚を作り上げてから、幻覚で映画を見させました。視覚化していることを十分に証明してもらったあとで、そのプロセスを中断しようとしたのですが、彼はこれに腹を立てて、「ぼくは続きを見るんだ、それだけでなく次の上映時間も残るつもりだ」と宣言し、「あなたはいつでも映画館を出ていけばいいじゃないか」と言いました。おまけに、どうしてもこの態度を変えさせることはできませんでした——映写機の調子がおかしい、フィルムが早送りになる、ちぎれてしまう、と暗示する手を思いつくまでは。わたしは、彼の過去の経験のなかにあるものを導入することによって、状況を統制する力を取り戻したのでした。

　夢遊状態の被験者をいったん深いトランスに戻すこととの関連で言えば、これは本質的には実験手続きの一段階でした。わたしは、夢遊状態でしたことの健忘を引き起こすための補足的手段として、この方法を使ったのです。かくして、実験は始まり、何事もなかったかのように心が白紙の状態で終わった、というわけです。このような事情のもとででなければ、即座に覚醒させるには、夢遊状態の現実に適合する一定の合図や刺激を前もって決めておくだけでよいのです。しかし時折、特に非常に複雑な実験をおこなったあとなど、深いトランスや夢遊状態から覚醒時の現実に見当識を戻すプロセスが、苦痛なほど深いところで精神を建て直す作業になる被験者もおり、そういう人たちの場合、このような特殊な事情のもとでは覚醒のための儀式が必要です。また、多くの被験者はこの見当識の回復を即座にやってのけるように見

えますが、よくよく観察してみれば、しばらくは行動として表われる反応に一定の限界のあることがわかるでしょう。

さて、お手紙にあった諸点、とりわけそちらの被験者の、導入部といいますか、前段階の発作について申し上げましょう。ふつう催眠被験者は、催眠者からよけいな干渉を受けずにトランスに入った場合、かなり硬直した、非常に様式化された運動パターンを起こします。わたし自身は、硬直した運動行動パターンへの要求に十分見合うような、観念運動反応の技法を慎重に作り上げることによって、この傾向を利用してまいりました。たとえば、被験者によっては独特の呼吸リズムを示しますが、頭をうなずかせる人もあれば、腕や肩をぴくぴくさせたり、いろいろな種類の震えを示す人もいます。催眠者が、これらの徴候を読み違えることなく——たいていは不快感や不安などの証と受け取ってしまうのですが——じゃませずに起こるがままにしておけば、最初のトランスの開始は少し遅くなるものの、そのあとのトランス誘導は格段に楽になります。大勢の未経験の被験者を首尾よく集団ごと催眠に入れた場合など、最初の被験者たちの運動行動にならって、さまざまなパターンが形成されるのが見られます。同じように、被験者自身の自然な傾向に任せておけば、覚醒するためにふつう非常に硬直した運動行動パターンを起こしますが、このパターンもまた、ほかの被験者の覚醒行動を見ることで変化をこうむりやすいのです。

しかし、これらの運動行動パターンは、長いこと経験し続けた場合や、決まった合図に置き替えられた場合には、消えてしまう傾向があります。その合図は、催眠者があてがったものでも、被験者があらかじめ決めておいたものやトランス状態で選んだものでも同じです。

ダンサーは「ほとんどずっと」自分の身体を制御している、と述べておられますね。そこには、過去の観察や経験に基づいた模倣の問題があるのではないかと思います。もっとも催眠被験者、とりわけ知能の低い被験者や極度に神経症的な被験者では、これと同じように催眠状態でおこなっていた活動が停止してしまい、現実場面はもとより催眠者にもまったく反応しなくなるというのは、かなり頻繁に起こることではあるのですが。しかし、わたしの経験では、しばしばたいへん困難をともなうとはいえ、技法をいろいろに変えれば被験者に対する統制力を取り戻すのは可能です。

トランスに入ったあとで到着した見知らぬ人にダンサーは反応しない、と述べておられますが、この点はさきほど述べたことと符合しています。ただし、トランス状態にある催眠被験者は、その場にいる人々（オブザーバー）に紹介されて、周囲と完全に接触を持っているように見えても、あとからやってきた新しい人には気づかないだろう、とつけ加えましょう。

　爆竹に対する反応は、踊りを踊るように教示された催眠被験者なら当然そうするだろうと思うとおりの反応です。その教示は踊るという行為の保護を暗に意味するでしょうし、したがって、爆発に対して直接反応することはなくても、どこかの方角から、なにかはわからないが踊りを脅かすものがきた、という認識が遅れて生じるでしょう。続いて一般的な回避反応と、脅威の正体に関する不完全な知的認識が生じるでしょうが、踊り自体をちゃんと保護するだけの理解はあるでしょう。

　ダイニングルームで踊るという主張は、さきほど例証したとおり、過去の経験から学習したものを利用することと完全に符号します。

　熱い炭に反応しないこともむりなく符号します。わたしは、催眠被験者に自分が夢遊状態でしている活動に深い関心を持たせて、感覚消失を誘導してもいないのに、その場にいることを被験者に知られていない人物が火のついたタバコを被験者の手のそばに置いても、気づかないでいるようにさせたことがあります。

　最後のパラグラフのご質問に関しては、もうすべてに、少なくとも部分的にはお答えしたと思いますが、強調する意味で具体的にお答えしたほうがいいかもしれません。わたしが被験者を深いトランスに戻したのは、本質的には実験を守るための措置だったのです。じかに覚醒させることもできたでしょうが、そうしたら実験結果に影響が出てしまったかもしれません。わたしの被験者の大部分は、特殊な事情のもとに置かれた場合は別として、鋭い観察者にもわからないくらいのかすかな合図で覚醒するように訓練されています。かすかな身ぶりや抑揚の変化といったような、ちょっとしたものしか必要ありません。わたしはよく被験者自身に覚醒刺激を選ばせます。

　荒々しい発作で始まるトランス状態と単純な行為で始まるトランス状態は、同じと考えてよいのです。たとえば、わたしの姉妹の1人は、初めてトランスに入ったとき激しい身震いを起こしましたが、もう1人のほうはそっと3

回うなずいただけでした。のちにわたしは身震いを起こしたほうの行動を変えましたが、どちらで入った場合もトランスの質は同じでしたし、このような例ならいくらでも挙げられます。トランス前段階での行動は、完全に個性と過去の経験の問題だと思います。

　バリのトランスが催眠トランスと同等視できることを実証するための基準に関してですが、催眠に入ることを望んでおり、かつすみやかに入ることのできる被験者を選ぶ場合に、わたしが注意して見る事柄をいくつか列挙するのがいちばんかもしれません。たとえば、初めて会った人々のなかから見込みのありそうな被験者を選ぶにあたって、わたしは次のようなことに留意します。

（1）注意の範囲が狭まっている。（被験者は、わたしまたはなにかを一心に見つめていて、それ以外は、通常なら気をとられるようなものにも注意を払わなくなってきているか？）
（2）催眠に入るというプロセスが、もっとも重要な関心の的になっている。（被験者は自分が催眠に入るという考えにますます強い関心を示し、催眠に関する一般的な話題のほうにはますます関心を失いつつあるか？）
（3）運動および精神活動全般が制限されている。（つまり、身体の活動性全般が低下し、混み合ってきて人に押されても、それに応じて自然に座席を詰めることをせず、同席者に話しかけられても注意を払わない）
（4）筋肉運動がなにか1つの限定的な運動に集中している。（観念運動反応が起こる。独特の運動リズムが現われ、妨害されても持続する）
（5）つかのまの相容れない感情の表出によって、表情がすばやく変化する。あるいは硬く固定した表情になる。
（6）気をそらそうとしても反応しない。（反応性の消失を確かめる手段として、わたしはよく一般的な話をしながら、タバコの箱や鉛筆を落としたり、灰皿をひっくり返すといったようなことをします）
（7）通常の運動反応の遅れ。（有望な被験者は、人に押されてもゆっくりとしか席を詰めません。あるいは、別の席へ移動するよう求められても、行動を起こすまでに非常にはっきりとした間があきます）
（8）通常の知的反応の遅れ。（被験者は、こちらの言葉をゆっくり復唱し

たり、繰り返したりし、こちらの言っていることを理解した様子はゆっくりとしか現われません。わたしにかぎらず、同席者に言われたことを理解するのにも時間がかかります)

　有望そうな被験者を選んだら、今度はすぐに、その人の示しているおおよそのパターンの強化にとりかかり、その人が自分の運動パターンを発展させるのを助けたり、気を散らすものや、たまたま始めた行動を無視するのを手伝ってやります。
　トランス状態の基準は次のとおりです。

（１）活動が一意専心である。被験者のしていることがなんであれ、大体はそれに没入している。
（２）情緒反応が本質的に純粋かつ強力で、相容れない情緒反応の導入は困難である。(役者、それもうまい役者は優秀な催眠被験者です)
（３）トランス場面に侵入してきた異質な刺激を認めたり、反応したりするのが遅れる。(被験者に部屋の向こう側まで歩いて行くように指示しておいて、通り道に椅子を押し出すと、これに適切に反応するのに明らかに時間がかかることがわかります)
（４）侵入してきた相容れないものに対する知的な対処の仕方が不完全である。(部屋の向こう側まで歩いていくように指示された被験者は、通り道に椅子を押し出されると、その椅子をどかすという適切な判断ができないかもしれません。あるいは、歩き始めたときとは違う向きからでも部屋の向こう側に行けることには気づかないと見え、椅子を迂回して最初に目指したとおりの道を進もうとするでしょう)
（５）トランス場面の構成要素となっていないものは、わざわざ回避させたり備えさせたりしなくても、完全に無視して反応しない。
（６）時間の経過は、それが活動の本質的部分をなしている場合以外は、正確に認識されない。

　トランスから出るときの標準的特徴は次のとおりです。

（1）完全に当初の場面に即した見当識が復活してきて、そのため見当識が全般的に混乱する傾向がある。
（2）トランスから出たあと少しのあいだ、すべての感覚反応において反応の遅れが持続する。
（3）筋緊張と動作の硬さが明らかに変化する。特に筋緊張の変化は、増大したものが比較的ゆっくりとゆるむ形で見られる。
（4）トランス状態のときにとっていた行動の運動パターンが再構築されたり、特徴的な姿勢が再現されたりすると、トランス状態に戻る傾向がある。（たとえば、トランス状態で幻覚の音楽に合わせて拍子をとっていた場合、覚醒直後に、紙を照明の前にかざして同じリズムで左右に動かすという課題を与えると、たいていトランス状態に戻ります。あるいは、トランス状態のとき独特の姿勢で座っていた場合、覚醒直後になにげない方法で同じ姿勢をとらせれば、たいていトランス状態に戻ります。これはわたしがトランスの再誘導によく使う方法です）
（5）そのトランス状態に特有の外的刺激が再構築されると、トランスに戻る傾向がある。（本質的には条件づけということで、わたしはよく被験者が眠っているあいだメトロノームを鳴らしておいて、これを利用します。そうすれば、またメトロノームを鳴らし始めるだけで次のトランスを誘導できます）

　さらにこう申し上げてもよいかと思いますが、未開民族の儀式や祭式についての説明を拝読していて、多くの場合、未開民族のトランス状態と催眠トランスは実際に同一ではないにしても、非常によく似ているという確信を持ちました。また、彼らがトランス状態で示す運動行動について述べておられることは、わたし自身、被験者のトランス誘導や催眠行動を促進するのに一度ならず利用したことがあります。
　以上の内容がお役に立てば幸いです。さらにご質問があれば喜んでお答えいたします。
　お仲間の研究者の方に送りたいと思われるかもしれませんから、この手紙のカーボンコピーを1通同封いたします。
　お手紙をいただいてとても感謝しております。

敬具

ミルトン・H・エリクソン, M.D.

編集者注：エリクソンの手紙の保存用コピーには、秘書の手で次のような覚え書きが加えられている。

「次の手紙で、研究者を優秀な催眠被験者に養成すれば、原住民に催眠を使えるのではないかと提案すること」

―――――――

　ミードの5月23日付の手紙に対するエリクソンの返信は、行間を空けて（ダブルスペースで）14ページにわたっており、秘書の手でタイプされている。カーボンコピーに記された秘書の覚え書きから見て、明らかにエリクソンは、この手紙が何度も交わされるやりとりの最初の1通になることを予想していたのだ。

　エリクソンが誘導より喚起を強調していることに注目してほしい。「誘導」という言葉は2回しか使っておらず、しかも2回目はトランス状態自体の誘導ではなく、感覚消失という特定の現象のことを言うのに使われている。

　1939年というむかしに、エリクソンは、催眠の過程とは「受動的な」被験者に強制的にトランス状態を引き起こすものであり、催眠者がその過程の要である、とする趨勢に強く反対していた。彼は、催眠行動を通常の行動の延長と考えた。つまり、催眠者は、被験者独自の連想や経験や生理機能や学習や反応傾向に訴えかけることによって、催眠を引き出すのである。その場合も、彼が特に重点的に用いたのは利用であった。治療者は、被験者の反応を活かしてトランスを引き起こすのだ。催眠は強制されるものではない。催眠体験を引き出すために、自然に生起してくる行動がはっきりした形にまとめられる、というわけだった。

　ミードの伝達様式が客観的であるのに較べて、エリクソンのほうは物語（ナラティヴ）ふうであることに注目してほしい。彼は実例を使って自分の考えを伝え、理解をつなぎ合わせていった。このモザイク的方式に加えて、じかに理解を伝える方法も用いたが、特に重点的に用いたのは逸話であった。

　ミードは、1940年、バリのトランスの映画を携えて、ミシガン州エロイーズにエリクソンを訪ねた。原住民のダンサーのトランス行動における特徴をいっそうよく見きわめ

るために、エリクソン夫人が催眠に入ってトランス状態で映画を見た。そのあと、エリクソンはエロイーズ病院の職員にとってもこの映画がためになると考え、ミードは立ち会わなかったが、夫人が職員に映画の紹介と上映をおこなった。

　エリクソン一家がフィーニクスに引っ越すと、ミードは彼らのつつましい家庭を何度も訪ねた。ある訪問の折に娘たちの寝室に泊まり、足元に置かれた籠のなかのネズミたちのたてる物音で目が覚めたと言っていたことを、エリクソン夫人は記憶している。夫人によると、ミードは家族の生活習慣にすんなり溶けこむ気兼ねの要らない客であった。それどころか、夫人に姉はいないのだが、姉のように思えたという。（1997年8月28日付の私信による）

マーガレット・ミードから
1939年6月8日

親愛なるエリクソン博士
　たいへん有益なお手紙と、カーボンコピーまでお送りくださったご配慮に深く感謝申し上げます。わたしどもが必要としているのは、まさにこのような資料でございます。ビーローさんに送らせていただきます。現地にいられるうちに、彼女がこれをどのように利用できるかはともかくといたしまして、ベイトソン氏とわたしにとりましては、トランスに関する資料をまとめるうえで大いに役立つことでしょう。
　ニューヨークにお越しの節は、ぜひ西102番街253番地の拙宅にお立ち寄りくださいませ。それから、あなたの論文の別刷り希望者リストにわたしも載せていただけるでしょうか？
　ご多幸をお祈り申し上げます。

敬具
マーガレット・ミード

―――――――

　エリクソンの長い手紙に対し、マーガレット・ミードはごく短く答えている。ミードは彼を二度ニューヨークに招いたが、これがその一度目であろう。エリクソンは彼女の興味

をかきたて、催眠や彼の研究についてもっと知りたいという気持ちにさせたのである。

マーガレット・ミードへ
1939年6月15日

　お送りした資料を喜んでいただけたとのお便り、ありがとうございました。お役に立ちそうだとうかがってうれしく思います。
　前の手紙をさしあげて以来、あなた方の問題を念頭に置いて自分の資料を検討していたのですが、将来、ビーローさんがなさっているような種類の研究をおこなう際に、かなり役に立ちそうな提案があります。簡単に申し上げますと、フィールドワークの準備のなかに、研究者自身が十分な訓練を受けた催眠被験者になる体験を加えてはどうか、ということです。そのような準備自体は少しも骨の折れることではありませんし、2つの重要な目的にかなうでしょう。1つには、意識ではどうしても見逃してしまいがちな、無意識の意味や理解への糸口に鋭敏に気づくようになること、もう1つは、政府機関からの制約等々を受けることなく、直接催眠を使って調査中の問題に取り組めるようになることです。
　これらを明確にするために資料となる実例を提示しようと思いますが、その前に申し上げておきたいのは、これらの考えは、何年間も同様のやり方で催眠を使ってきたわたし自身の経験に基づくものだ、ということです。また、精神分析家が分析について思うのと同じくらいにわたしが催眠体験について思っていることがありまして、それは、催眠現象を探りあて、理解し、十二分に見きわめるうえで、自分の体験というものがなによりも大切だということです。わたしの場合、催眠について幅広く研究してきたにもかかわらず、催眠被験者としての経験のなさが明らかなハンディキャップになることがよくあり、なんらかの顕現を理解しようとして途方に暮れてしまうこともしばしばです。しかし、よく訓練された被験者なら、わたしのような専門的な訓練など全然受けていなくても、聞けばすぐにそのとおりだとわかり、実験で検証できるような説明をためらいなくしてくれるでしょう。特殊な洞察力が増大しているとかいったようなことではないのです。催眠被験者は、自分の経験のおかげで、催眠の実態を構成している要素を選び出し見分けること

ができ、それゆえに催眠そのものの姿をとらえることができるのです。一方、被験者体験のない人が観察する場合は、催眠と意識の両方の要素から構成されている全体像を観察するので、催眠被験者の注意の領域が著しく狭まっているのとは対照的に、広い範囲に注意が向いているものですから、本質的な要素を探りあてることができなくなってしまうのですが、指摘されればすぐに気づけるわけです。

　この点をもっともよく実証しているのは、『季刊精神分析（*Psychoanalytic Quarterly*）』に掲載される、現在印刷中のL・S・キュビーとわたしの論文かもしれません〔Erickson & Kubie, 1940〕。この論文は、本質的なデータ（わたしにとってはまったく無意味なもの）をすべて与えられた催眠被験者が、別の被験者が自動書記で書いた意味不明の文章を解読し、その後それが細部に至るまで正確だと確かめられたことを報告しているものです。もし興味がおありでしたら、原稿の写しをお送りしてもよろしいです。おそらく９月までは出版されないでしょうから。

　でも、いちばんいいのは、ここで事例を提示して、さきほど申し上げた可能性に関してあなたご自身に結論を出していただくことかもしれません。やや詳しく述べますが、お読みいただくのがあまりたいへんでなければよいのですが……。

＊＊＊＊

　ある医学生が催眠被験者に志願してきたのですが、いざ催眠に入れようとすると、表面上は協力的であるにもかかわらず、とても抵抗が強くて、少しも先へ進めませんでした。よく訓練された優秀な被験者の１人が、強い関心を持ってわたしを見守っていました。懸命の努力が徒労に終わると、わたしを脇に呼んで、あの医学生を催眠に入れる方法をお教えできます、と言いました。彼は催眠者役をしたことがなかったので、どういうことかとたずねますと、「説明はできません。単なる『共感』の問題なんです。あなたの努力と医学生の行動を真剣に見ていたんですが、ぼく自身、催眠の体験があるせいで、言葉にはできなくても、確かに医学生の行動が理解できたし、見きわめがついたような気がするんです」と言うのでした。

　被験者の提案した方法はこうでした。わたしが彼を催眠に入れる。彼は、

トランスに入ったら、わたしがもっとよく理解できるような形で医学生の行動をていねいに再現する。そして、彼がトランス状態で医学生の行動を再現しているあいだに、わたしはそれについて説明を求め、その状況に合わせるには暗示をどのように変えたらいいか、指示してもらう。

すぐさまこの提案を受け入れて、医学生におこなったのと同じ催眠の手順をほどこすと、彼はわたしの直面している困難をわかりやすく実演してみせてくれたうえ、あれこれと指示したり説明したり訂正したりしてくれて、最後に、あなたはもう十分に準備ができています、と宣言しました。

そこで、彼を覚醒させて、いっしょに医学生が待っている部屋に戻り、最初と同じやり方で医学生をトランスに入れようとしてみました。今度もだめでした。そこですぐ彼の提案した方法を使うと、たちまち申し分のないトランスに入りました。トランス体験を健忘させてから、覚醒させて、もう一度いつものやり方でトランスに入れようとしてみました。今度もだめでしたが、彼が教えてくれた方法を使うと、またもや医学生はたちどころに深いトランスに入ったのでした。

このことがあってから、催眠被験者の抵抗にぶつかったとき、その心的過程や心的態度を理解するのを助けてもらうために、わたしはよく訓練された催眠被験者を利用していますが、いつもとても助かっています。

言うまでもなく、今述べたような場面では、きわめて知能の高い被験者に頼る必要があります。特別才能に恵まれていない催眠被験者であっても、多くの人は、ほかの被験者の行動に対して非常に明確な洞察や理解を見せるものではありますが。

その後あるとき、わたしはまたもや抵抗の強い被験者でたいへん苦労していました。さっぱり進展がないどころか、抵抗は増すばかりでした。たまたま、先のよく訓練された被験者がふらりと訪ねてきたので、前のように代理ではなく、わたしに代わって直接やってみないかと提案しました。彼はとてもためらっていましたが、ようやく承知して、わたしのあとを引継ぐと、まず被験者の抵抗をさらに強化し、次に1つのことに集中させました。その直後、やすやすと深いトランスを誘導してしまいました。それがすむと、直接抵抗を攻めることはしないで、さまざまな暗示を与えて「抵抗をきれいさっぱり洗い流し」にかかり、最後に被験者を覚醒させると、もうあの被験者で

苦労なさることはありません、と耳打ちしました。そのとおりでした！

彼の説明はなんの役にも立ちませんでした。というのも、「催眠の体験があると、これでいいんだとか、このテンポだとか、なんとなくぴったりくるという感覚が持てるようになるんです。自分のよく知っているものは見分けがつくので、いろんなことに『共感』できるんです」としか説明できなかったのです。

＊＊＊＊

上記の話と多少似ているのが、非常に知能が高く、心理学の修士号を持っていた別の催眠被験者での経験です。この若い女性に催眠の訓練をしようと長時間ねばったのですが、わたしの努力はみじめな失敗に終わりました。せいぜい軽いトランスしか誘導できなかったからです。とうとうわたしは、彼女が軽いトランスに入っているときに、深いトランスに入れない理由を説明してほしいと求めました。彼女は、ひどくためらって遠慮しながら、ありのままの評価をしたら怒るかとたずねました。その点について安心させてやり、率直に話すよう促しました。

するとすぐに、軽いトランスに入ったまま、わたしのやり方についてあれこれと批判し始めました。彼女の人となりに訴えるような暗示をしていないし、彼女の示したいいろいろな情緒反応を活かしていない。話し方のリズムが全然なってなくて、速すぎるかと思えば遅すぎる。そして、彼女が提案するとおりの言葉づかいやリズムや関係性で暗示すれば、わたしの技法はきっと効果があるはずだというのでした。

そこでわたしは、へたな暗示をしたときはさえぎって訂正し、もっと効果を上げるにはどうするべきだったか説明するように指示しました。こうして、本人の助けを借りて非常に深いトランスに入れることができ、そのあと、かなり手続きの厳密な実験に使わせてもらいました。

本人はこのことをなにも覚えておらず、それからだいぶんたって、あのセッションのことを想起しなさい、という催眠教示を与えられて初めて思い出しました。わたしに指図しようとした無分別を詫びましたが、以前からわたしが人を催眠に入れるところを見ていて、技法の「荒さ」にあきれることがよくあり、暗示のまずさが引き起こした被験者の抵抗感を感じ取ることもし

ばしばだった、と話してくれました。

　さらに、わたしがまあまあの成果しか上げられなかったある被験者のことを思い出して、その被験者に対するやり方をたいへん手厳しく検討し始め、改めるべき点を実にいろいろと示唆してくれて、これらの点を改めればまったく申し分のないトランスを誘導できるはずだ、と言いました。示唆されたとおりにその被験者にやってみたところ、彼女の主張が完全に正しかったことが証明されました。

　しかし、高い知能を持ち、心理学の訓練を受けていたにもかかわらず、彼女も自分の理解したことを言葉にして表現できず、どうしようもなく次のような言明をするばかりでした。それは本質的に質の問題であって量や多様性の問題ではない。無意識にいちばん影響を及ぼすのは、意識より無意識のほうに通じやすいある質を備えた刺激であり、その質が備わっている場合は無意識が反応するが、欠けている場合はただ意識の協力と反応があるのみだ、と。

＊＊＊＊

　もう1つの例は被験者Hに関わるものです。この女性は催眠に入りたいと強く望んでいましたが、同時に、催眠に入るという主観的体験にきわめて強い好奇心を持っていたため、好奇心がじゃまをして、うまく催眠暗示を受け入れることができませんでした。数時間に及ぶわたしの懸命な努力ののち、被験者は、好奇心が妨げになって眠りに入れないのだが、どうすれば入れられるようになるか、いくつか提案できることがある、と言いました。

　聞いてみると、こういうアイデアを持っていることがわかりました。ゆっくりと、次第に効果を高めながら、Hが部屋の向こう側にある椅子に座って、若い女性が催眠トランスに入るさまを見守っている、と暗示するというのです。そして、この幻視を生み出す方法についても細かく指示してくれました。指示に従って求められたとおりにやり始めると、被験者はたちまち深いトランスに入りました。さまざまな催眠現象のデモンストレーションをおこなったあとで、唐突にわたしをさえぎって、だれかが本を読んでいなくてはならない、と言い出しました。でも、それがだれかということは本人にもわかりませんでした。わたしはじっくり考えたすえに、本をとってきて部屋の向こう側のその椅子に置き、だれかが本を読んでいる、それもものすごく夢中に

なっていて、いつまでも読み続けるだろう、と暗示しました。すると、被験者はとてもほっとしたようでした。そしてすぐに、若いころのきわめて外傷的な体験について話し始めましたが、その体験にまつわるすべての記憶を蘇らせて洞察や理解を得たい、適切な心理療法を受けたい、と望んでいたのです。わたしは少しずつ事の一部始終を聞き出し、いずれ意識のうえで想起するときのために、被験者のなかに望ましい治療的背景を築きました。

覚醒させたあと、なにげない会話になりましたが、被験者はふいに話の腰を折って、前の晩に読んでいた本について詳しく語り始めました。その本にすっかり夢中になって、周囲のことを忘れ、そのとき抱えていた数々の悩みもどこかへ行ってしまったというのでした。もっとも、本人の説明によると、悩みといってもかなり曖昧で漠然としたもので、わけもなくただみじめで気が滅入って悶々としていたのですが、その本が身辺のことから気をそらしてくれるのをありがたく思って、これはあとで確認したことですが、時のたつのも忘れて遅くまで読みふけっていたのでした。

その後のセッションで、問題の外傷的体験を意識に蘇らせて、すばらしい治療成果を上げることができました。

この例では、催眠場面において、未経験の被験者が、効果的なトランス誘導法ばかりか効果的な心理療法のやり方の概要までも、もののみごとに教えてくれたわけですが、意識されないままに彼女の行動に潜んでいた動機に思いをいたすとき、これはさらに瞠目すべきことです。本人がその意味を知ったのはずっとのちのことで、それも意識のうえでたいへんな苦痛や苦悩を味わって初めて可能になったのでした。

* * * *

わたしは、ある精神神経症の患者を治療するのに催眠を使いました。やってみると優秀な催眠被験者であることがわかりましたが、治療に対する抵抗は催眠トランスにおいてさえ持続し、どんな暗示を与えても、すり抜けたり、抵抗したり、誤解したり、歪曲したりしがちで、そのためいつも効果がありませんでした。それでいて患者自身は、それも抵抗パターンの一部だったのでしょうが、最大限に協力していると思い込んでおり、トランス状態で、自分のまったき従順さを大いに自慢していました。

過去の経験から、このやっかいな事態には次のようなやり方で対処できるのではないかと思われました。患者の許可を得て、訓練された被験者に彼のトランス行動を観察してもらうことにしたのですが、それをする際、被験者はなんの心構えもできておらず、実際のところ、つき合わされるのは迷惑なのだということが患者にわかるようなやり方でした。そんなわけで、被験者はどうしても立ち会ってほしいとせがまれて、礼儀正しくはあれ不承不承にという形で応じてくれたのでした。そこで、わたしは患者に向かって、今からあなたを眠らせるが、訓練された被験者はただあなたを見ているだけだ、と言いました。それから、訓練された被験者にこんなふうに教示し始めました。

「ジョーンズさんが眠りに入るにつれて、あなたには彼を注意深く見守って、彼のすることのすべてと、そしてそれを正確なところ、どのようにおこなうかを観察してほしいのです。彼の行動を記憶しようとか忘れまいとかしないでください。ただ各段階が起こるごとにそれをよく見て、完全に理解しようと努め、それからまた次の段階に移ってください。あなたがしなければならないのはそれだけです。わたしはただ、彼が一つひとつのことをするにつれて、あなたがどれほど綿密に観察できるかを知りたいのです」

　それから患者に向き直るとトランスを誘導して、なにをし、どんな反応をし、どんな形態の行動を示さなければならないかについて、長い暗示を与えました。これまでの経験から、こうすれば確実にさまざまな抵抗が起こることがわかっていたのです。

　患者がトランスに入ると、訓練された被験者は初めひどい困惑と驚きを表わしましたが、それから突然、大いにおもしろがっている様子になり、抵抗に気づいていることをわたしに知らせるために、患者の行動の一部を身ぶりで演じてみせました。十分にデモンストレーションをさせたのち、わたしは患者を覚醒させて、人がどんなふうにしてトランス状態に入るかを知るのも一興だろうから、被験者が眠るところを見てみるといい、と言いました。被験者も自分と同じくらいみごとなトランスに入れるのかと聞いてきたので、おそらく入れるだろうし、訓練された被験者がトランスに入るのを見ていればきっと得るところがあると思う、と答えました。

　それからすぐ訓練された被験者の催眠にとりかかりましたが、その前にま

ず次のような教示を与えました。「深いトランスに入ってほしいのです。ジョーンズさんがやったのと同じくらい深く、同じくらい完全に眠って、同じくらい上手で適切なやり方で教示に従ってほしいのです。つまり、ジョーンズさんのトランス状態をそっくり再現したトランス状態に入ってほしいのです」訓練された被験者がトランスに入ると、わたしは患者に与えたのと同じ一連の暗示を与え、彼はそれに反応して、患者の行動を微に入り細にわたって再現しました。このパフォーマンスを見ていた患者は、最初はひどく当惑して、被験者の手の動きがおかしな具合に歪曲されていることや、わたしの命令に素直に従っているように見えて実は拒絶していることを理解できませんでした。最初はとまどっていたものの、見ているうちに突然事態がのみ込めて、ひどく狼狽し、ほんとうはあんなつもりではなかったと抗議しようとしましたが、静かに見ているように言い張って黙らせると、狼狽は徐々に消えて、被験者のパフォーマンスに強い関心を持ち始めました。

　被験者に一部始終を実演させてしまうと、患者はわたしのほうを向いて言いました。「どういうことかすっかりわかったつもりです。わたしは、自分は協力しているんだ、優秀な被験者なんだと得意になって喜んでいました。でも、今あなたの被験者を、あの人のすることすべてを見ていると、あの人が腕を上げれば自分の腕に同じような動きを感じることができますし、あの人がうなずけばわたしの動作と同じものだということがわかります。あの人のすることは１つ残らずわたしのすることと同じで、それをわたしはずっと誤解していたんです。つまり、あの人を見ていると、自分のしていた協力というのが、実は体よく偽装された抵抗にすぎなかったということが今はわかります。あなたのねらいは、だれかほかの人のなかにあるわたしの抵抗を見せることだったんですね。それも、わたしがそれを感じ、身体でわかり、これが自分のしていることなんだと悟れるような形で……」

　ここまでこぎつけたので、被験者を覚醒させて引き取らせました。その後の面接で、患者があのデモンストレーションに適切な反応をしていること、今まで以上に微妙な抵抗をしても、とてもはっきりとそれに気づけることがわかりました。

＊＊＊＊

もう1つの例は、水晶球凝視法をたいへん得意としていた被験者に関わるものです。あるとき、彼はまったく気乗りしないままに水晶球凝視をやり、たいへんずさんな催眠トランスに入りました。とはいえ、専門的な場ではなかったので、科学に関心を持つ人々からなる観客を大いに湧かせ、前に彼の水晶球凝視を見たことのある数人の人々をうならせる程度に、そこそこ達者にやってのけました。ところが、その場に居合わせた、比較的訓練が浅くて水晶球凝視をしたことのない被験者が、このパフォーマンスを見ていて、後日、そのデモンストレーションに対する非難をいっぱい抱えてわたしのところへやってきました。「あれにはなにかひどくおかしいところがありました。本物じゃありませんでした。ちゃんとした被験者なら、だれでもあれよりずっとましにやれるでしょう。少しでも催眠の体験がある者には、意図的に観客を欺いているということがなんとなくわかったはずです」と言って。(水晶球凝視をした被験者は単に人を感心させたがっていただけで、確かなデモンストレーションをしたいと思っていたわけではなかったので、確かにおおむねそのとおりでした)

　経験の浅い被験者がこのような非難をした根拠を確めてみたのですが、「トランスに入っていたらあの人みたいなやり方はしません。なにかが欠けていて、ところどころの細かい部分を除いては、あの人のしていることに同感できなかったんです。あれは大部分が単なるでっち上げで、あの人はあなたやほかのみんなを担いでいただけだと思います」という、あまり意味のない説明しか返ってきませんでした。

＊＊＊＊

　科学に関心を持っている人々の会合で、わたしの友人が、さまざまな催眠現象を描写している映画を見せました。観客のなかに、非常によく訓練されたわたしの被験者が3人いました。上映のあと、3人は別々に、映画のいろいろな部分を批判しにわたしのところへやってきました。わたしは批判点を書き留めましたが、3人が3人とも本質的に同じことを言っているのに気づきました。わたし自身の到達した見解も、大部分が被験者たちのものと一致していました。のちほどその映画のプロデューサーを見つけて、映画に関する被験者たちの批判を伝えるとともに、わたし自身の意見も述べました。彼

は被験者たちの見解をすべて認め、わたし独自の見解の一部には反論し、「いつかわたしとあなたとあなたの被験者たちで集まって、わたしが作ったものよりもっとずっといい催眠の映画を作ろうじゃないですか」と言いました。

　後日、どうしてあのような批判をしたのか被験者たちを問い質したところ、さっぱり明確に言語化できず、映画のなかの被験者のやり方になにかおかしなところがあったとか、あの刺激に対する反応の仕方がなにか変だったなどと曖昧に説明するばかりでした。要するに、自分たちの批判を具体的に述べるとなるとごく漠然としか言えなかったのですが、にもかかわらずそれらは正しい批判だったのです。

＊＊＊＊

　別の例ですが、神学校の学生たちの前で催眠に関する講義とデモンストレーションをしてほしいと頼まれて、催眠被験者を彼らの側から出してもらう約束と引き換えにしぶしぶ承諾しました。

　デモンストレーションを開始してまもなく、あてがわれた被験者が、わたしにも、また自分の仲間だというのに見ている学生たちにも、一杯食わせていることに気がつきました。この状況からはいろいろな可能性が考えられたので、わたしも調子を合わせて、被験者のパフォーマンスをほめそやしながら、種々さまざまの単純な「催眠」現象を学生たちに「実証」してみせました。そして説得力のある状況を作り上げてから、デモンストレーションを中断して、学生たちに向かって申しわけなさそうに説明しました。「ふだんは科学上の予防策として、見せかけのパフォーマンスをしているのではないことを確かめるために、どの被験者もテストすることにしているのですが、なんといっても今の被験者は神学生でありますし、みなさんのお仲間なのですから、そういう方々の誠実さに疑いを投げかけるようなことはしないで、彼をそのまま受け入れるつもりです」こうして、「被験者」は自分と仲間の面目を潰さないかぎり、いかさまを白状することはできない状況になりました。

　それから、わたしは一部始終に気づいていることは悟らせずに、なすべきことの手がかりをどんどん与えるようなやり方で被験者のパフォーマンスについて論じて手助けしてやりながら、デモンストレーションを続けました。デモンストレーションが終わってから、お返しに、トランス状態に入ってい

る人を見たことのない者も含む、訓練されたわたしの被験者たちの前でデモンストレーションをしてほしい、と頼みました。彼は少々気が進まぬげに承諾しましたが、自分の行動が熱烈に受け入れられた以上、だいじょうぶ、欺けると思っている様子でした。

　数日後、わたしは訓練された被験者を5人集めて、デモンストレーションの手はずを整えましたが、そのうちの2人はどうみても経験の乏しい被験者でした。彼らに神学生を紹介して、これから神学生にいろいろな催眠現象を実演してもらうけれども、よく注意して見ていて、デモンストレーション中は口を閉じていなければならない、と説明しました。

　それから、神学生たちの前でしたのと同じように熱心に論じたてながら、件の神学生に芝居を打たせてやりました。デモンストレーションが始まっていくらもたたないうちに、訓練された被験者たちが非常に困惑しとまどった様子で、互いやわたしにちらちらと視線を投げているのに気づきましたが、彼らは言われたとおり沈黙を守りました。デモンストレーションが終わると、わたしは神学生を隣の部屋へ行かせ、それから被験者たちのほうを向いて、互いに相談しないでパフォーマンス全体について簡潔な批評を書くように指示しました。かなり困惑しためらいながらも最後には批評を書いて提出してくれましたが、どれも例外なくパフォーマンス全体がいかさまであると非難し、どこをとっても本物ではなかったので、わたしがそのパフォーマンスを認めているように見えたことに当惑した、と述べていました。みんなの見解を受け取るとすぐ、わたしは事の次第を説明し、どれほどすみやかにいかさまに気づくかを知るのが目的であったことを明かしました。

　事態に気づいていることは表に出さないようにと被験者たちに注意してから、神学生を呼び戻して、もう一度お手並みを見せてもらいました。でも、今回は、各デモンストレーションのなにがおかしいか、なぜおかしいと思うかを指摘してほしい、と求めました。このようにして個々のことについていろいろ批判してもらったのですが、あとでよく検討してみると、どれもまったく曖昧模糊としていて、きちんとした明確な批判は1つもありませんでした。いよいよこのセッションを終わるとき、神学生に、最初のデモンストレーションの一部をもう一度やってほしいと求めました。事態に気づき始めた直後は当惑していた神学生も、今度はぷりぷり怒り出して、あなたはもう十

分ぼくを笑いものにしたじゃないか、罰は十分受けたはずだと抗議しましたが、結局は、彼自身が非常に問題のある行動をとったばかりに言われるままにするしかなくなったのだ、というわたしの主張を認めざるをえませんでした。ありありと怒りを見せながらも、彼は言われたとおりにもう一度催眠パフォーマンスを始めました。その最中、突然、被験者たちはとても驚きながら、今度のパフォーマンスは本物だと断言しました。テストしてみると、神学生は初めて本物の催眠トランスに入ることでこの事態に対処していたことがわかりました。

そのあと、このトランス状態で、前はいかさまでおこなったものも含めて、さまざまなパフォーマンスをしてもらいましたが、被験者たちはどれについても一致して本物だと認めました。

しかし、このときもまた、どのようにして本物といかさまを見分けたのかについて明確な説明のできる者は1人もいませんでした。

＊＊＊＊

お読みいただくのは一苦労だったと思いますが、催眠現象をいかにして見分けることができるか、ほかの催眠被験者に働きかけ、操作するのに、催眠という手段に対する自分の理解をどのように役立てることができるか、どちらもこの資料が例証してくれるでしょう。フィールドワークの場でこれがどこまでやれるものか、わたしにはわかりませんが、催眠技法は非常にいろいろと応用できるはずです。この問題について考えた結果、催眠被験者になるという体験がきっと役立つにちがいないと確信するに至った次第です。

もしこの論考に興味をお持ちになりましたら、またお便りをいただければ幸いです。

敬具
ミルトン・H・エリクソン, M.D.

6月15日付のエリクソンの手紙には、彼独特の逸話方式が特にはっきり表われている。ミードに宛てた最初の返信の保存用コピーに加えられた覚え書きにおいて、彼は、フィー

ルドワーカーが催眠を調査の方法として利用できると述べていたが、この手紙でさらにその論を徹底させている。最初の手紙で詳しく述べることもできたのは明らかで、それをしなかったのは、さらに手紙がくることを「知って」いた証拠である。

　これをして、エリクソンがいつもながらの戦略的な流儀で事を進めようとしていると考えることもできよう。彼のねらいは、ミードにミシガン州まで映画を持ってこさせることだったのかもしれない。ミードがそういう結論に到達せざるをえなくなるような文脈を作り上げようとしていたのだ。

　エリクソンの流儀はあからさまなマキャベリズム（訳注：目的のためには手段を選ばないやり方）ではなかった。彼は独特の逸話方式で情緒的な「気候」を創り出した。コミュニケーションの受け取り手は、その新しい「お天気」が気に入ったら、エリクソンのかもしだした大気のなかへ出かけていけばよかった。

　物を書くときの彼の姿勢は、心理療法をするときの姿勢とも、催眠をおこなうときの姿勢とも通じるものであった。権威的な暗示を押しつけるのではなく、反応を喚起するのだ。そう、エリクソンのやり方は「操作的」であったが、それは否定的な意味においてではなかった。操作なしですますことなど不可能だ。問題は、それをどう利用するかである。食べるには食物を操作しなければならない。エリクソンのやり方は選択を阻むものではなく、相手はなんら気まずい思いをせずに自由にほかの方向へ行くこともできた。

　なお、エリクソンの逸話を使うスタイルは、経歴の初期のころからはっきりと表われていた。ミードへの手紙においても、1つの質問に一連の逸話で答え、相手が経験的に学べるようにしている。1979年におこなったセミナーの逐語録である、『ミルトン・エリクソンの心理療法セミナー』(Zeig, 1980)にも同様のスタイルを見て取ることができるが、質問に対して、聞く人の経験を喚起するような逸話で答えている。

マーガレット・ミードから
1939年7月29日

親愛なるエリクソン博士
　長いお手紙と、別便で届きました論文の別刷り一式、たいへんありがとうございました。別刷りはまだ拝読する時間がありませんが、お手紙のほうはじっくり読ませていただきました。どうぞ熱心に協力しすぎることの弁明などなさらないでくださいませ。他人の問題に注意を払うのを厭わない人など

そうそうお目にかかれるものではなく、優れた協力者に恵まれるのは得がたい特権でございます。

あなたのお手紙によって1つ重要なことが問題になってまいりましたので、それについてもっと教えていただきたく存じます。わたしの理解したところでは、あなたが提案しておられるのは、わたしどもの学生に、催眠者になる技術ではなく、催眠被験者になる技術の訓練を授けてはどうか、ということですね。この2つの技術は、かならずしも相容れないものではないとお考えなのですか？　そうであれば、催眠被験者になるほうをとることにはとても大きな利点があります。未知の文化や背景を持つ人々を催眠に入れることは、さまざまな理由から、いまだにかなり危ない橋を渡ることにならざるをえないからです。しかし、この訓練とはどのようなものか、訓練する人数は何人くらいが適当か、時間はどのくらいかかるか、学生たちをどの程度選別しなければならないか、といったことが問題になってまいります。トランス状態に到達できないことをもってトランスの研究ができないことの判断基準とし、したがって、催眠被験者になれなかった学生には、原始宗教のこの種の表現を含まない側面に関心を向けるよう助言する、ということも考えられます。

優秀な被験者になる能力は、どの程度パーソナリティによって制約を受けるものか、お聞かせ願えますか？　異文化のなかで仕事をする独立独行のフィールドワーカーは、おのれの全人格に多大な要求を課せられています。孤独に耐える能力、異邦の道徳的規範に敏感に反応しながらも自分のバランスを崩してしまうほど反応しすぎない能力、親密な接触の多様性にもひるまない能力、未知の言語や未知の文化特有の表現形式のなかにあって、一斉に襲いかかってくる多種多様な刺激に適応する能力などなど。そういうタイプのパーソナリティは、優れた催眠被験者になりそうでしょうか？

スチュワートという人にお会いになったことがありますか？　彼はマライのさまざまな民族に催眠技法を用いてきた心理学者です。なにも発表なさってはいないと思いますが。

催眠を治療に、とりわけ悪循環を断つのに利用することに関するあなたの論文――マズロー博士所有のタイプ原稿になっているもの――を拝読しているうちに、興味が湧いてまいりました。頭痛のせいで社会的接触が悪化し、そのせいでまた頭痛が悪化する、という悪循環に陥った若い女性の症例を引

き合いに出しておられますが、あれと同じような症例で、治療者としてご推薦いただけるような方がニューヨーク市におられますか？

　わたしどもの撮影した映画をトランス現象に関心を持つ人々の団体に見せておりますが、おかげさまで、この前いただいたお手紙はわたしどもの印象をまとめるのにとても役立っております。ニューヨークにおいでになることがありましたら、ぜひ時間を作ってお立ち寄りいただき、映画をごらんいただいて、ごいっしょに話し合うことができたらと存じます。ご多幸を祈って。

敬具

マーガレット・ミード

―――――――――

　上記の手紙で、ミードは重ねてエリクソンをニューヨークに招いている。形式面について言えば、この手紙は熟練者の手でタイプされており、ちょっとした誤打が２ヵ所と手書きの訂正が１ヵ所あるだけで、そういう意味でこれ以前の手紙より「きれい」である。まるでミードがエリクソンの綿密さを見習っているかのようだ。

マーガレット・ミードへ
1939年8月3日

親愛なるミード博士

　お手紙を拝見しますと、前回の手紙ではわたしの説明が足りなかったようです。

　資質のある学生を優秀な催眠被験者になるように訓練したからといって、優秀な催眠者になれなくなるわけではありません。わたしの経験では、よく訓練された催眠被験者は催眠者にも十分適していますし、催眠トランスを誘導する技術は、最初に催眠に入れられたほうが、単に教科書的な教えを受けた場合よりはるかに容易に身につくものです。要するに、参考にできる自分自身の経験があるということは、催眠者になることを学ぶうえで、不可欠ではないにしても非常に大きな価値があり、しかも、単に催眠技法を学ぶことによって得られる以上のものを被験者に与えてくれるのです。

あなたの学生たちに関して、催眠者よりむしろ催眠被験者に養成してはどうかと申し上げるわけは、催眠に入った体験が自分にあれば、催眠技法を間接的かつ控えめに使えるようになりますし、同時に、他人のトランス行動を見分けて判断するのに役立つ経験的背景ができるからです。

学生たちの訓練をだれに頼んだらいいかについてですが、ほかの被験者のトランス行動を観察したり批評したりできるように被験者を訓練するというのは、わたし個人が興味を持っていることでありまして、同じような興味を持っている人はだれも知りません。わたしの知っている催眠家たちの関心は、主として純粋に学術的・定石的な実験手続きに催眠被験者を使うことにあり、そこで使われるのは被験者本人だけですから。

優れた催眠被験者になるための学生の能力についてですが、これは大した問題ではないと思います。というのは、わたしの経験から言って、催眠に入ることに関心のある人なら、十分な時間と労力をかけさえすれば、ほとんどだれでもトランスに入れるものだからです。しかし、わたしがきわめて重要だと思うのは、その学生の催眠に対する態度です。単に他者を研究するという目的のための手段として催眠に入りたいと思っているだけでは、訓練の効果はあまり上がらないでしょう。トランス状態という現象の体験の応用は遠い将来にゆだねて、その現象を自分自身のこととしてあますところなく体験したいと強く望んでいる必要があるでしょう。

優れた催眠被験者あるいは優れた催眠者になるうえでパーソナリティが果たす役割に関しては、一概にはお答えできません。また、催眠における能力から、一概にその人がどういう種類のフィールドワークに向いていると言うこともできません。ただし、この点に関するわたしの経験は、臨床心理学と精神医学の分野に限定されていますが。

優れた催眠被験者になれないからといって、かならずしもその学生が観察や研究をおこなう分野が限定されることにはならないでしょうが、一方、優れた催眠被験者になれるということはたぶん、ある分野における特別な才能があることを意味しているでしょう。その学生に関するすべての関連のあるデータを検討しなければ、この問いには答えられないと思います。

優れた被験者になる能力がパーソナリティによってどの程度制約を受けるかについてですが、最良の催眠被験者とは、優れた知能を持ち、しかもそれ

をうまく使いこなせる人だとしかお答えできません。これではあまりにも漠然としていて、ほとんど意味がないとは思いますが。わたしが好んで使うのは、非常に知能が高く、仲間に対する思いやりや共感能力の優れた大学院生です。また、めざましい演技力を持っている人も、適切に扱うならば、つねに優れた被験者です。神経症的な人も有能な被験者になるかもしれませんが、こういう人を別の筋で使おうとすれば、その人のパーソナリティの問題に適切に対処するという仕事がついてまわります。フィールドワーカーの直面する問題に対処できるパーソナリティとして述べておられることをうかがうと、そういうパーソナリティならきっと優秀な催眠被験者になるだろうという印象を受けます。もっとも、そのようなパーソナリティのまさしくその安定性が、たぶん十分なトランスを誘導する際に、催眠者に技法上の問題を突きつけるでしょう。でも、この可能性については確信があるというわけではありません。

　もう1つ考慮すべき点は、催眠に対する態度が純粋に知的なものであると、それが乗り越えがたい障壁となって、有益な体験ができなくなってしまうということです。催眠には情緒的に反応する必要があり、情緒を抑制するあまり、純粋に知的なレベルで反応する人は、例外なく非常にやっかいな被験者です。

　ニューヨークには、催眠療法家としてご推薦できるような知り合いはいません。同じ市にお住まいのL・S・キュビー博士をご存じかもしれませんが、わたしと共同執筆している人で、治療者としてたいへん有能な方だと思います。精神分析家ですが、多少催眠の研究もしておられ、きっと喜んでどなたかを推薦してくださると思います。

　スチュワートという人にはお目にかかったことがありませんし、わたしの持っている別刷りのなかに、マライ人に関する催眠の研究報告もありません。

　こうしたことについてゆっくりお話しできたらどんなにいいかと思いますが、さしあたりニューヨークに出向く機会はありません。もし、なにかの折にこちら方面においでになるようなことがありましたら、映画をご持参のうえ、ぜひわたしのところにお立ち寄りくだされればと思います。そのような場合には、わたしの被験者数人に、映画を見て批評してもらう手はずを整えてさしあげられるでしょう。また、いつなりとマサチューセッツ州ウースター

近郊へおいでになる機会がありましたら、ウォール街18番地のアーサー・ハッダード博士を訪ねて、映画をお見せして批評を仰いでくだされればと思います。ハッダード博士は、いろいろとお手伝いしていただいている催眠被験者で、望ましい状況のもとでは、他人のトランス行動を理解する抜群の能力を発揮されます。シカゴでしたら、ウォルコット通り907Sにお住まいの（ミセス）ハリエット・ランゲ・ラインゴルトが、わたしの名前を言ってお願いすれば同様のことをしてくださるでしょう。こちらもほかの被験者の催眠行動をたいへんみごとに批評できる方です。どちらも謙虚すぎるきらいのある方々です。

　今、後催眠暗示に関する論文を準備しているところです。そのなかで事例をたくさん報告しますが、きっと興味をお持ちになるだろうと思いますので、でき次第、原稿のコピーをお送りいたします。

　ところで、この手紙も前回の手紙も、妻が丹念に目を通して、有能な催眠被験者としてのいままでの経験からわたしの述べたことを確認したり補足したりして、わたしの見落とした点をたくさん指摘してくれたのだと申し上げたら、興味深く思われるかもしれません。さまざまな催眠現象を理解するのによく彼女の手を借りるのですが、たいていの場合、わたしよりはるかによく理解しています。

　あなたの研究でさらにお手伝いできることがありましたら、お力になるのはうれしいかぎりですから、遠慮なくおっしゃってください。

敬具
ミルトン・H・エリクソン, M.D.

　8月3日付のエリクソンの手紙は、ミードの手紙と同じような客観方式で書かれていて、最後のところで、ニューヨークへは行けないと述べている。しかしエリクソンは、夫人がミードの映画を見るのに適任の催眠被験者だとほのめかして、ミードをミシガン州に招き寄せている。

　注：エリクソンは、ほとんどだれでも催眠に入れる、と述べている。彼は、催眠感受性は少数の人々に限られた特性であるという考えに与しなかった。催眠感受性が高いのはご

く少数の被験者だけだとする時代精神(ツァイトガイスト)の見解に真っ向から対立する立場をとっていた。

マーガレット・ミードから
1939年9月21日

親愛なるエリクソン博士
　被験者として訓練することと、催眠者として訓練することとの違いに関する質問にお答えくださり、たいへんありがとうございました。
　先日、あなたの別刷りの1つを、パーク通り565、ジョーサイア・メイシー・ジュニア財団のローレンス・K・フランクさんにお見せする機会がありました。その論文や、あなたの研究についてわたしからお話し申し上げたことにたいへん興味をお持ちでしたので、お手元にあるほかの別刷りを送ってさしあげたらとてもお喜びになると思います。

敬具
マーガレット・ミード

マーガレット・ミードから
1940年1月12日

親愛なるエリクソン博士
　ご親切に論文をお送りいただき、まだ拝読しておりませんが、取り急ぎひとまずお礼を申し上げます。わたしときたらほんとうに怠慢で、秋に送っていただいた別刷りにもお返事をさしあげておりませんでしたので。戦争と、生まれたばかりの赤ん坊がわが家にもたらした紛糾のせいで、それどころではなかったという事情を汲み取ってくださるよう、お願いするばかりでございます。
　エイブ・マズローからお手紙が行きましたでしょうか？　早期の記憶が作りものなのか本物なのかを調べるのに、わたしはあなたの考案された「催眠下での年令退行」法を使ってはどうかと提案したのです。もしお手紙が行っ

ていませんでしたらわたしが書きますが、彼は書くつもりだと申しておりました。精神分析の知見と照合確認して、あなたが関心をお持ちのその問題で、大きな貢献がおできになるだろうと思うのです。
　あなたの研究にはたいへん興味がございますので、今後もぜひ別刷りを送っていただきたいと存じます。また原稿のほうもこれまでと同様よろしくお願いいたします。
　年頭にあたりご多幸を祈って。

敬具
マーガレット・ミード

―――――――

　1940年1月9日に、エリクソンが『季刊精神分析』に発表した原稿のコピーをミードに送ったことにより、この丁重な返信が書かれた。

―――――――

　1940年10月、ミードはミシガン州エロイーズの病院敷地内に住むエリクソン一家を訪れた。われわれの知るかぎりでは、これがミードとエリクソンの初めての対面であった。エリクソンはそれまでバリの映画を見たことがなかったし、ミードは催眠についてほとんど知らなかった。エリクソンの提案で、彼の妻がトランスに入って映画を見た。ミードの手紙のあとに、彼女のとった詳細な記録（17ページに及んだ）を収めてある。

マーガレット・ミードから
1940年10月31日

親愛なるエリクソン博士
　映画に関する討論を文字化したもの、ほんとうにありがとうございました。せっかくの日曜日を使ってこれを作成してくださった秘書の方にもお礼を申し上げます。わたしのほうの文字化記録も完成しましたので、数日中にコピーをお送りいたします。明日、わたしたちはバリの研究者グループ全員と映

画を詳しく検討する予定で、そのとき使うためにコピーを全部持ってまいりますので、それが終わってからお送りするつもりです。

　二重人格研究の意味するものについてL・K・フランクさんと話し合い、興味深いひとときを過ごしました。フランクさんはこの題材に適用できる有益な構想をたくさんお持ちで、いつかあなたと論じ合うのを楽しみにしておられるようです。

　お返事が遅くなってしまいましたが、けっしてあなたや、エリクソン夫人や、プリンダヴィルさんが割いてくださったお時間やご助力に感謝していないせいではございません。どうかあしからず。

　ベティ・アリス（訳注：エリクソンの娘）やほかのみなさまによろしくお伝えくださいませ。

　　　　　　　　　　　　　　　　　　　　　　　　　　　　敬具
　　　　　　　　　　　　　　　　　　　　　　　マーガレット・ミード

録音テープを文字化した記録

　　　　　　　　　　　　　　　　　　　　　　　　1940 年 10 月 20 日

　エリクソン博士は、次のようなやり方で夫人をトランスに入れた。「ちょっと手浮揚をやってみましょうか」（夫人はすぐにこの提案に従い、一心に自分の手を見つめた。少しのあいだ手を見つめ、博士からさらにいくつか暗示を与えられると、明らかにトランス状態に入った）「さて、わたしたちはこれから踊っているバリ島人の映画を見ます。あなたもわたしもバリ島人を見たことがありませんし、この映画のなかでどんなものを見ることになるのかわかりませんが、よく注意して見て、見ているものを理解しようと努めなければなりません。そして、特にあなたはよく見なければなりません。ところで、バリ島人はあなたと同じような催眠の眠りに入っているかもしれませんし、入っていないかもしれません。あるいは、多少それに似た状態になっているのかもしれません。そしてあなたは映画を見る際、同じものや、似たものや、明らかに矛盾するものを選り分けるために、最大限の注意を払いな

がら見なければなりません。もしあなたがよく知っている催眠と矛盾するような著しく異なったものがあったら、かならず注意を促してください。あるいは、あなたの知っている催眠と矛盾する**ように見える**ものがあったら、注意を促してください。映画全体のどの細部も１つ残らず完全に記憶していて、いつ映画が中断されても、そこまでの全体についてそっくりそのまま話し合えるようにしていてください。わかりましたか？（被験者はうなずいた）なにかよくわからないところがありますか？（被験者は首を横に振った）整理しますね。あなたがしなければならないのは、この映画を見ること、それも批判的にかつ共感しながら見ることです。催眠被験者として、スクリーンに登場する被験者の身になって、肯定できる面とできない面とを強調して、あれはあれ、これはこれと見分け、全体に対して注意深く、バランスのとれた、賢明な批判を加えるように努めてください。わたしの言いたいことがはっきり伝わったでしょうか？（被験者はうなずいた）　なにか聞きたいことがありますか？（いいえ）　では、あなたはこれを眠った状態でしなければなりません。映画の途中でも遠慮なく発言してかまいません。ここにいるほかの人たちに気がついているかもしれませんね。わたし以外に２人の人がいます。こちらがミード博士、こちらがプリンダヴィルさんです。映画を止めたいときは、いつでも声をかけてください。すべてはっきりしていますね？（はい）　わたしはときどき映画を止めて、あなたに質問するでしょう。あるいはミード博士がするかもしれません。いいですね？（はい）　深く眠ったままでいるのを忘れないでください──ずっとですよ」（映画が始まった）

　　ミード博士：二言、三言、ご説明したほうがいいかもしれませんね。これは踊っている少女たちで、まだトランスには入っていません。演劇の一部なんです。トランスの前にこれがあるのです。魔女から、魔女になるための教えを受けているところです。（しばらくのあいだコメントなしで映写が続く）
　　ミード博士：これからごらんになるのは短い喜劇[※4]でして、人々は魔女に村から追い立てられているふりをします。そして男性が女性のふりをして──人形を生みますが、魔女に奪い去られます。（映写は続いている）

ミード博士：人々がこの小さな魔女の子どもを捕まえたところです。最後の場面で魔女が寺院から出てきますが、これは仮面をかぶった男性です。この男性がトランスに入っているのかどうかはわかりません。演技しているうちにトランス状態になるのです。仮面をかぶっていますので、足と腕しか見えません。出てくるとすぐに国王に襲撃されます。

　　王が短剣で襲いかかります。彼の左足をちょっと切りつけます。

　　この怒れる魔女たちが姿を消すと、すぐにドラゴンが登場します。ドラゴンは、男性2人がなかに入っている仮面です。ドラゴンの頭部に入っている男性は、儀式の途中でトランスに入ります。いつとはわかりません。

　　トランスに入りかけている男たちです（若い男性の一団を指している）。彼らはドラゴンの家来です。魔女の眼の力にやられて倒れます。魔女が目をそらすと、すぐにまた起き上がります。ドラゴンはこの男たちの味方で、ここで現われて生き返らせます。そのうしろを祭司が歩いてきて、彼らに聖水を降りかけます。

　　（エリクソン夫人に向かって）今ごらんになったあの男性たちについて、なにかおっしゃりたいことがありますか？　彼らをどう思われますか？

エリクソン夫人：数人はほかの人たちよりいいトランスに入っていたと思います。この倒れた最初の男性は、何度か顔を上げましたね。彼は最初のうちそれらしくふるまっていませんでした。わたしには……あのひどく痙攣していた男性……あの人たちは、わたしにはそれらしく見えませんでした……催眠トランスというより、ホーリーローラー[※5]みたいに見えました。

エリクソン博士：それがどういうことか、なにか考えがあるかな？──催眠という見地から見て。

エリクソン夫人：わからないけど、彼の場合、戦いが少し長引いていたのかしら。でも、それほどそんなふうに見えたってわけじゃありません。一部の人は、ほんとうにみごとでしっかりしたトランスに入りました。もしわたしが……これはかならずしも確信があるわけじゃ

ないんですけど……もし、魔女がどの時点でトランスに入ったか言えと言われたら……初めからいまにも入ろうと身構えていたと思うんです。移行が起こったのは、ほかの魔女たちといっしょに踊っていたときだったと思います。どこがどうと説明はできないんですけど。なにか動きに違いがあるように思えるんです。顔を全然見ないで言うのはすごくむずかしいわ。腕と足からだけじゃ、ということですけど。

ミード博士：動きのテンポが変わっているんですか？

エリクソン夫人：いいえ。テンポじゃありません。変わったように見えるのは動き方なんです。

ミード博士：次のこの映画について、二、三、申し上げることがあります。

エリクソン夫人：片足だけ動かした男性ね、あれはそんなにおかしく見えませんでした……でも、全身をぴくぴくさせていた男性は、全然それらしくありませんでした。

　　　（中断したときと同じく、硬直した姿勢で地面に横たわっている若い男性の一団の場面から、再び映写が始まる）

エリクソン夫人：この人たちはまだ覚醒していません。

ミード博士：そうですね。

　　　今度は手に短剣を持った女性たちの一団が登場します。彼女たちもトランスに入ろうとしています。今はまだ入っていないと考えられています。

　　　1人が叫び声を上げると、ほかの女性たちもすぐにそれにならいます。今彼女たちはトランスに入っている、とバリの人々は考えています。（もっと年かさの女性が登場する）。この女性の顔に特にご注目ください。あとでもっと細かいところまでごらんになれます。

ミード博士：このあたりでなにかおっしゃりたいことは？

エリクソン夫人：ほぼ全員が、とてもよいトランスに入っているように見えました。みんなある程度カタレプシーを起こしているようでした。

　　　1人は全身に、腕だけの人、手だけの人たちもいましたね。

ミード博士：そうですか。なにかこれといったことに気づかれましたか？

エリクソン夫人：表情もそんなふうに見えましたけど。おっしゃることが

よくわかりません。
エリクソン博士：きみ自身の考えを言えばいいんだよ。質問に答えようとするんじゃなくて、特に思いついたことがあれば、それを言えばいいんだ。あの足の痙攣と筋肉の痙攣について、なにかつけ加えることがあるかな？
エリクソン夫人：全体のなかで、あれだけが全然催眠トランスらしくないところなんですけど、それ以外はすべてトランスのように見えます。彼らの表情は——あの女性の表情はとてもはっきり見えましたでしょ——彼女は確実にみごとなトランスに入っているように見えました。ずっと短剣を固く握りしめていたあの男性や、彼らが運び入れたあの男性も。特に女性たちは、さらに深いトランスに入っていくように見えました。動きがますますそんなふうになりました。それに表情も。

　あの男性たちは、魔女に倒されてドラゴンといっしょに立ち去る直前、後姿しか見えませんでしたけど、それでも確かにすっかり様子が変わっていました。後姿の動きが全然違っていたんです。
ミード博士：後姿の動きがどんなふうだったんですか？
エリクソン夫人：動き方が違っていました。走り方が違っていたし、腕の動かし方も違っていました。
エリクソン博士：ちょっと説明をつけ加えましょうか。その違いとは、赤ん坊に見られるのと同じようなものだったんです。赤ん坊は、手首を動かして、次に肘を動かすということはしません。肩のところから腕全体を動かします。催眠被験者も腕を動かすんです。肘、肩とほかの部分をうまく調整して動かすんじゃないんです。
エリクソン夫人：足の動かし方が違っていました。走り方が違っていました。前より足がのろくなって、ちょっとこわばっていました。（再び映写が始まる）
ミード博士：これからお見せする映画では、彼らは寺院のなかにいます。トランスに入った者はみんな、トランスから覚ますために寺院のなかに連れてこられるのです。映画が始まるとすぐ、まるで戻りたくないかのように逆らっている男性を一団の人々が連れ戻そうとして

いる場面があります。

　　これはみんな前にトランスに入っていた少年たちです。聖水と煙でトランスから覚まされているところです。

エリクソン夫人：男性はそんなに逆らっているように見えませんでした。

ミード博士：彼は前に出てこようとしていて、ほかの人たちが建物の裏のほうへ連れ戻そうとしていたんです。

エリクソン夫人：そのとき男性たちは覚醒していました。一度目は覚醒していませんでしたけど、二度目はしていました。

ミード博士：あそこで飲み物を飲んでいるあの少女は、覚醒していると思いますか？

エリクソン夫人：完全にではありません。彼女の前にいる少女はそうですけど。

ミード博士：これが前にごらんになった女性です。彼女はなぜ手をあんなふうに動かしているんでしょう？

エリクソン夫人：わからないけど、ただ楽しんでいるだけじゃないかしら。ひょっとすると、だからなかなか覚醒しないのかもしれないわね。ただ楽しんでいるだけなのかもしれません。

エリクソン博士：なるほど。彼女はあの動きをどこからとってきたの？

エリクソン夫人：この踊りのなかではしていませんでした。あれは、初めのところで少女たちがしていたことのほうに似ています。

エリクソン博士：特にこれといった意味づけはできなかったんだね？

エリクソン夫人：自分の踊りを思い出しているだけね。

ミード博士：左側の、髪をアップにしているあの女性——彼女は覚醒していますか？

エリクソン夫人：もう少しで。すぐに覚醒するでしょう。

エリクソン博士：あとで話し合う問題点として、書き留めておいてくださいますか？「顔をぬぐうことに関して、通常の覚醒行動ではどうか」

ミード博士：彼女はもう覚醒していますか？

エリクソン夫人：まだだと思います。自力で覚めると思います。両手を伸ばしたらすぐ覚醒するよう、態勢を整えていたんだと思います。

ミード博士：これは儀式が終わるところで、彼らは、魔女を演じた男性と、

ドラゴンの前足を演じた男性をドラゴンの前に呼び寄せようとしています。魔女を演じた男性は黒い逆立った髪をしています。ドラゴンの前足を演じる男性は白髪で、老人です。

　　　祭司が鶏のひなを捧げている場面になります。ひなを香煙にかざすのです。そのあとひなは、持っているようにと老人に渡され、食べるようにと黒髪の男性に渡されます。食べる場面はありません。

エリクソン夫人：白髪の男性と黒髪の男性は眠っていますね。

ミード博士：（1、2分、間があって）白髪の男性はまだ眠っていますか？

エリクソン夫人：はい。（間があって）黒髪の男性は、いまにも覚醒するところだと思います。（壁に寄りかかっている白髪の男性が画面に映る）。でも、こちらは違います。（ふたたび間があって）でも、今覚醒するところです。覚醒しました。

　　　祭司は一度も眠りませんでしたね。

　　　あの男性は、最後はとてもすばやく覚醒したと思います……老人のことですけど。まだとても深いトランスに入っているようだったのに、そのあとすぐに覚醒してしまいました。

ミード博士：これは少女のダンサーを写した映画※6で、最初にごらんになるのは、寺院のなかで人々が、2本の棒に渡したひもに、2体の小さな人形をとりつけている場面です。男性たちが棒を握り、棒を揺するにつれて小さな人形が踊るわけです。それから2人の少女が進み出て棒をつかむのですが、このとき、人形がトランスから覚めるにつれて少女がトランスに入ると考えられています。そして少女たちは着付けをされ、人々の歌う歌に従って踊ります。お辞儀をして身をかがめ、群衆のなかの男性の肩に乗ります。そして最後にはトランスから覚めるのをごらんになるでしょう。この少女たちは、今トランスに入っていると思われますか？

エリクソン夫人：右側の少女は、いまかいまかと待ち構えているように見えます。

エリクソン夫人：右側の少女はいよいよ入りそうです。

エリクソン博士：少女たちはなにかを握っていて、そのために腕が上下に動いていますね。

（エリクソン夫人とミード博士が、それは人形と棒の装置だと説明する）

エリクソン夫人：前後に揺れ始めた少女ですけど……いつあの棒をつかむんですか？

ミード博士：うーん、歌のなかの合図で突然前にかがんで、その瞬間につかむんです。

エリクソン博士：見るたびに驚いてしまうんだけど、バリの人々は、わたしが使うのと同じような身体感覚を利用したテクニックを使うんですよね。（映画のなかの少女たちは踊っている）

エリクソン夫人：どちらもトランス状態だと思います。

ミード博士：ここで彼女たちがおこなうさまざまの所作は、すべて歌で指示されています。トランスに入っている子どもと大人の比較ということで、なにかおっしゃることがありますか？（映写が中断される）

エリクソン夫人：子どもたちのほうが、自分を意識していないように見えるという点で、一部の大人たちより優れていましたね。老人もそんな感じでした。完全にあたりまえのこととして受け取っている様子で。

エリクソン博士：それは説明がつくと思います。子どもたちは、学習にじゃまされていなかった。彼らのしたことはただ当を得ていたんです。老人の場合も同じでした。彼のしたことは当を得ていたんです。

エリクソン夫人：右側の少女は、最後にあの動作を覚醒行動の一部として利用しているように見えました。左側の少女は儀式の一部としておこなっていましたけど。

ミード博士：右側の少女は倒れてばかりいます。踊りの最中に倒れるんです。男性の肩に乗るときも、着物の合わせ目に足をとられて倒れます——着物を男性の目にかぶせてしまって。左側の少女はけっして倒れません。

エリクソン夫人：左側の少女のほうが、進行中の物事とずっと接触を保っていると思います。身のまわりの物事との接触があるので、自分のスカートの合わせ目や行手にある棒がわかるんです。

ミード博士：この左側の少女は、もう一方の少女がトランスに入っていな

いといつもなじっています。踊っているときも、その子がまだトランスに入っていないと言い張るんです。

エリクソン夫人：もう一方の少女を見張るのがトランスの目的じゃないのにね。

映写後の討論

ミード博士：これがあなたに言われて書き留めたものですが、見当識を元に戻すために地面を利用することについてでした。

エリクソン博士：トランスから覚めつつある被験者は、自分が新しい時間的状況と新しい空間的構造に置かれていることに気づきます。空間的構造のほうは、変わっていることもあれば変わっていないこともあるわけですが。もし同じ椅子に座っていたら、たとえば、前と同じ椅子に座っていて、自分の内部である活動が進行していたら、その活動のせいで、椅子が変化したのだと考えます。以前の状況に新しい強調が加わっているのです。前は本棚に気づいていなかった場所で本棚に気づけば、環境が物理的に変化したことになります。そんなふうに、トランスから覚醒するときは、環境からまず1つのアイテムを選び出し、次にまた別のアイテムを選び出すのです。たいていは、簡単に触れたり感じたり見たりできて、操作する必要のない、単純なものですかね。つまり、床は見ればすぐに意味づけできますが、本棚となると、さまざまな意味を付与しなければなりません。本の著者、小説、歴史などいろんな種類の本。床はとても単純なものです――下のそこにあります。あるいは天井なら上のあそこにあります。限定された「上」です。壁は限定された「あそこ」です。催眠被験者はあたりを見回して、なにか単純なものに目を留めるでしょう。彼らはそれを見、感じるでしょう。身体を前後に揺らし――自分の膝に触れるでしょう――姿勢によってはね。

ミード博士：つまり、あなたがああ思われたのは、彼らがちょっと、地面との関係で見当識を取り戻そうとしていたからなんですね？

エリクソン博士：背後にいる人との関係でも同じようなことをしていまし

た。肩にはっきりとした痙攣が起きていましたしね。だれかが彼らを前後に揺すっていたんですが、わたしには、彼らがその人との接触を確立できるようにするために、自分の肩を保持しているように見えたんです。言い替えれば、自分との接触を確立しようとしている人との接触を確立するために、その揺すぶられる動きを自分なりのやり方で利用していたんです。だってほら、覚醒の過程とは、自分が接触を確立する過程ですから。他人が接触を確立してくれる過程ではないわけですから。

ミード博士：では、次は「顔をぬぐう」件ですが。

エリクソン博士：生まれたばかりの赤ん坊や、揺りかごのなかの赤ん坊をごらんになったことがありますよね。彼らは目を覚ましたときどんな行動をとるでしょう？

ミード博士：それはもういろいろとあるでしょう。

エリクソン博士：赤ん坊がさらに成長すると、手をねじ曲げたり、顔をしかめたりするようになりますが、それは遅かれ早かれパターンを形成します。催眠被験者は、昼光に照らされた部屋で眠っていて、通常のまばたき以外は一度も目を閉じないままで覚醒します。それでもやっぱり、顔をぬぐったりこすったりということをします。トランスから覚めようとしている人々にはごくふつうに見られるものなんです。

ミード博士：手以外は完全に覚醒した男性がいました。手はまだ硬直していて、目を覚まして、自分の手を見てびっくりしていました。すると人々がやってきて、指を引っ張って伸ばしてやりました。

エリクソン博士：昨夜、わたしがジョージ・ミラードについてお話ししたのと同じようなことですね。

ミード博士：もう1点、おっしゃったことが――エリクソン夫人は、この痙攣がホーリーローラーに似ていると二度おっしゃいましたね。

エリクソン博士：催眠被験者にその種の行動が見られるとき、その行動には、大多数の催眠被験者にとってしばしば不快ななにかがあるんです。被験者に、あの懐中電灯を手にとってあそこのテーブルに置くというような、単純な課題の遂行を求めるとします。快く承諾して

くれて、ではすぐに始めてくださいと言います。その人とその人の行動を見守っていると、この小刻みな痙攣運動が全身に起きているのがわかります。ひどく不快で気色が悪い光景のように映ります。これはいったいどういうことなんだろうと思いますが、その小刻みな痙攣運動は徐々に収まって、被験者はリラックスします。

ミード博士：その人は懐中電灯をテーブルに置かなかったわけですか？

エリクソン博士：ええ、この痙攣運動が終わるまで座っているだけです。注意深く質問してみれば、空想のなかでその行為を遂行したのであり、この痙攣運動は全遂行行動の空想の表われにすぎないということがわかります。その課題を遂行できないとかやりたくないと思っている場合には、特にこのような空想が痙攣運動をともなって生じやすいですね。自分はそんなことができるほど賢くないとか、強くないとか、有能でないと思っていて、しかもそのことを相手に知られたくないと思っていたら、その人は空想のなかでそれを実行するでしょう。あるいは、その課題が決定的に不快なことであったら、安易な道をとるでしょう。

エリクソン夫人：あの被験者たちは、痙攣していたときになにかを実行していたんだとお思いになるの？

エリクソン博士：どういう儀式にせよ、儀式の一部を実行していたのはまちがいないと思うんだ。あれを見ていると、あの痙攣運動がまず足から始まって、それからほかの部分へ広がっていったのがわかるよね。あの映画をスローモーションで見てみたいな、そうすれば目で追えるかもしれない。

エリクソン夫人：痙攣していた男性は、ちゃんとしたトランスに入っていなかったと思うわ。

エリクソン博士：ほう、彼は自分のトランス行動に自信がなかったのかね？

エリクソン夫人：だったら、ホーリー教会のことはどうお思いになる？あそこの人たちは痙攣したり宙に飛び上がったりしますわよ。

エリクソン博士：そういう人たちに同調して行動する場合は、極端な情緒が噴出してしまうものなんだ。ここでは（ミード博士に向かって問いかけるように）彼らはそんなにむちゃくちゃ興奮してはいないと

思うのですが。

ミード博士：ものすごく興奮しているようには見えませんね。ところで、老女が覚醒するときの見当識が不完全だということについてメモなさいましたよね。

エリクソン博士：彼女はそのつどそのつど現実の一端を捉えていました。「地面があるぞ」とか「あそこには壁があるぞ」と言うかのように。視野がぼやけてくると、「あそこに壁があるぞ」と言うのです。

ミード博士：そうお感じになったのは、彼女が立ち上がる前ですか、それとも立ち上がったあとで？

エリクソン博士：両方です。彼女は見当をつけ、そしてその見当の健忘を起こして、見当をつけたということだけ覚えていて中身は忘れてしまうんです。彼女には自由に歩きまわれる限られた視野があるんだと感じましたね。それから、その視野の範囲からそらされたんだと思うのです。

ミード博士：要するに、どの程度催眠トランスに似ていると思われますか？

エリクソン博士：非常によく似ていると思いますね。踊りの場合は、儀式としておこなっているのですから、彼らの動作の多くは割り引いて受け取らなきゃなりませんが、それでもやっぱり、赤ん坊が肘と肩の関節とを別々に動かすんじゃなくて、全体を１つの単位として動かすのとちょうど同じ動かし方を被験者はしますが、彼らもそういうふうに動かしていますからね。

ミード博士：トランスに入っているときの彼らの動きには、なにかこう不格好で、均整のとれていないところがあるといつも感じていました。

エリクソン博士：四肢を単位的に使っているからなんです。

ミード博士：（エリクソン夫人に向かって）一度、彼らの後姿が前と違っているとおっしゃいましたね？　あれはどういうことだったんですか？

エリクソン夫人：うーん、違うように見えたんです。説明するのはむずかしいわ。

ミード博士：頭部に関してなにか？

エリクソン夫人：頭部の動きは前よりこわばって、ゆっくりになっていま

した。

エリクソン博士：大勢の人々が集まってなにかをしようとしている場合、その群集には、ある程度、全体としての自然な動きがあるものです。路面電車に乗っているとき、全然知らない人が乗り込んできて座席に座る。それを見て、「おやおや、あの人は耳が聞こえないんだ！」と思う。ちょうどそれと同じようなことです。どうしてそんなことがわかるんでしょう？　その人の頭のもたげ方にはある特徴があります。警笛が鳴り響くと、ほんの一瞬、遅れて反応します。ほんのちょっとタイミングがずれているのです。だれかがその人の身体をかすって通り過ぎ、隣のドアのところにいたご婦人が「ああら、スミスさん、こんにちわ」と声を上げる。ふつうならそちらにちょっと首をまわして反応するところですが、その人はしません。だから耳が聞こえないんだとわかるのです。そういうわけで、こちらに背を向けて立っているこの人々を見ると、一方の肩が下がっていて一方は上がっているというように、その後姿の動きにはある自然な動きが見て取れるはずなんです。ごくごくかすかなものにすぎませんけどね。

ミード博士：この人たちはまずトランス状態に入り、次にこういうことをおこなうために夢遊状態に入り、そして次に覚醒するためにいっそう深いトランスに入った、こう言っていいのでしょうか？

エリクソン博士：夢遊状態があらゆるトランスのなかでいちばん深いと思います。

ミード博士：でもあれは夢遊状態によく似ていますが。

エリクソン博士：一見、このさらに深い眠りに入るように見えます。でも、それは覚醒するためのリラクセーション段階にすぎません。

ミード博士：彼らのうち2人は、入る段階と出る段階だけ健忘があって、踊っている段階にはないと言っています。

エリクソン博士：催眠被験者は、トランス体験のどの部分に対しても健忘を起こしえます。

ミード博士：文化からは全面的な健忘が要求されますが、彼らの多くは、現実にはそんなことはないと思っています。だから、多くの人は全

面的な健忘を起こしていないとは認めませんし、認めた場合には罪悪感を覚えるんです。彼らがよくやっていたことの１つが、この少女ダンサーのあいだにもありました。一方の少女ダンサーはもう一方の子を嫌っていて、トランス状態のときによくその子をつねっていました。この２人はよく口げんかしていて、トランスから覚める段階では荒々しく身体をぶつけ合っていましたね。

エリクソン夫人：あの子たちを見ていて、この子たちったらいつもこんなにぶつかり合っているのかしらと思ったわ。

ミード博士：健忘のあり方からはどうこう言えないとお考えなんですね？

エリクソン博士：そうです。

ミード博士：見てくださいとお願いしたこの老人ですけど、優秀な精神科医が診察しました。医師はトランスの前と最中の彼らの瞳孔反射を調べたんですが、トランスに入っているときの瞳孔反射は非常に不安定で、膝蓋腱反射も不安定だったそうです。彼は、白髪の老人はいかさまだと考えました。わたしの妹がそこにおりまして、彼の言ったことを書き留めたんです。本物のトランスに入っているにしてはこの老人は外向的すぎる、と言っていました。でも（エリクソン夫人に向かって）映画を見ながらこの老人について口になさったことの１つは、彼は目立とうとしているわけじゃない、ということでしたよね。

エリクソン夫人：ひょっとすると、診察した医師が好感を持たなかったので、彼のほうもこんなやつのためにトランスに入るもんかと思ったのかもしれません。

ミード博士：ああ、そういうことかもしれませんね。

エリクソン夫人：もちろん、目立とうとしているように見えたときもありましたよ。たとえば相手のけがしたところを踏みつけたときとかね。でも、彼はトランスに入っているように見えました。覚醒したとき、荒々しいしぐさは手にも及んでいませんでしたし。確実にトランスに入っていたと思いますね。

エリクソン博士：わたしの経験では、こういうタイプの目立ちたがり屋、「村のお節介やき」というのは、催眠被験者として訓練すると優秀

なんです。見せ場を作ってやりますとね。彼は1人だけ目立っていましたよね。個性を発揮してね。

ミード博士：トランスに入ってしまって、出るのにとても時間がかかったこの女性ですが。舞踏劇では踊っていませんでした。その日はトランスに入るつもりじゃなかったんです。

エリクソン夫人：そのせいで、出るのにすごく時間がかかってしまったのかもしれませんね。

エリクソン博士：自分の気持ちに逆らい、意図に反して入っちゃった。わが意を踏みにじったわけだからね。

ミード博士：もう1つ申し上げたかったのは、ジディエツキと彼の言っていたことについてなんです。彼が言うには、ああいうトランス状態を苦痛だと思っていて、トランス状態に入っていることを気の毒がられるような者は、自分から進んで精神科医に見てもらうべきだ、というのです。どのトランスでも、トランサーたちが存分に楽しんでいたことには疑問の余地がないのです。

エリクソン夫人：そりゃあそうですとも、あの人たちはものすごく楽しんでいたわ。

ミード博士：わたしの理解したところでは、特に注意して見なければならないのは、身体部位を単位として扱うこと、反応の遅れ、硬直、そして見当識を取り戻すときの身ぶり、こういったことですね。（黒い服を着た老女について長い説明をする）。多くのアメリカ人被験者はトランス状態にあるときのほうが優美で、この人たちは覚醒しているときのほうが優美だと思うんですよ。

エリクソン博士：アメリカ人被験者の場合、手がかりになるものの1つは、あらゆる余分な動きが消え始めるときなんです。でも、この人たちにはそもそも余分な動きがないんですね。とはいえ、バリ島人といえども、トランス状態では動きの単位性（unity of movement）が増します。覚醒状態では、手をこっちからこっちへ動かしたいと思ったら、正確にそうします。トランス状態では、その動作を開始はしても実行しないで、続きは、ことによると空想のなかでやり遂げるか、あるいはもっとぎくしゃくした動作でおこないます。催眠被

験者は最小限のエネルギーを使い、それは手をここまで運ぶだけで、そこから先はまた別口のエネルギーを出すんです。

エリクソン夫人：わたしは手浮揚をするとき、まるで肩に、一度に1つの歯が動く、はめ歯歯車[※7]があるみたいな感じがするわ。エネルギーを使い切るっていう感じじゃないわね。

ミード博士：うまい表現ですね——はめ歯歯車ですか。では、筋肉の作りが違う人が手浮揚をした場合はどうなるんでしょう？

エリクソン博士：はめ歯歯車的な感じは減るでしょうね。

――――――

次の手紙でグレゴリー・ベイトソンが初めて登場するが、ミードは、夫のことをちょっと堅苦しく「ベイトソン氏」と呼んでいる。そのあと、手紙は明らかに論文調になっている。

マーガレット・ミードから
1940年11月9日

親愛なるエリクソン博士

エロイーズでおこなったわれわれのセッションの記録について、今みんなで討論したところですが、全員にとって大いに実りあるものになりました。あの日にとった記録の写しを同封いたします。わたしどもの討論の記録のほうは、わたしが記録した形式では、映画を見ながらでなければあまりよく意味が通じないでしょうから、お送りいたしません。代わりに、エリクソン夫人の反応についてあなたがなさった解説をわたしが記録したものと、プリンダヴィルさんが記録してくださったものとを検討した結果、わたしどもに突きつけられたおもな問題を要約させていただきます。

ベイトソン氏は、わたしどもの直面している難問を以下のように述べております。

「持ち上がったおもな問題とは、あなたが言及されたトランス時の姿勢に見られる2つの特色のあいだに、一見矛盾があるということです。これらを『単位的運動（unitary movement）』『運動の節約（economy of movement）』

と名づけてよろしいかと思います。われわれの理解しているところでは、運動の節約とは、所与の行為の遂行に直接関係した筋肉のみを用いることです。その場合、『節約』の対極にくるのは、体育教師が一掃しようとするようなこと、すなわち、多数の無関係な筋収縮が必要不可欠な筋収縮と連結してしまうこと——たとえば、必要なのは前腕の運動だけというときに肩を前方に動かしてしまう、といったことでありましょう。しかし、われわれの理解しているところでは、『単位的運動』という概念はまさにこのこと、つまり、その無関係な筋肉を含めて腕全体を使うことを意味しています。われわれとしては、あなたはどちらの点においても正しいと考えたいところなのですが、なぜこれら2つの矛盾する傾向が現われるのかを明らかにできなければなりません」

　わたしが思いますのに、「運動の節約」とは、たとえば、見ている人にどう思われるかといったような無用の刺激に対して、自分のなかに生じる無益な意識が排除された結果であり、これによって、訓練を積んだダンサーや運動選手と同じようなパフォーマンスがもたらされるのではないでしょうか。「単位的運動」のほうは退行的なもの、ずっと早期の、あるいは低次の意識水準が復活したものだと思うのです。バリ島では、もちろん、1人のトランサーのなかに両方のタイプの動きの取り方がうまい具合に混じり合っているのも目にしますが、ときにはほとんどどちらか一方になっているトランサーもいます。

　ベイトソン氏はさらにこうも申しております。「トランス状態とは、『単位的運動』を特徴とする状態と『運動の節約』を特徴とする状態にはさまれた、カミソリの刃のようなものと言っていいのでしょうか？」

　これと関連した問題がもう1つございます。壁に寄りかかりに行ったあとでトランスから覚醒した「老人」と、子どものトランサーとの類似性に言及なさったとき、あなたはエリクソン夫人に向かって、それはパフォーマンスに「学習」が関与していないからだとおっしゃいました。そのあと老人がいかさまかどうかについて話し合ったときには、このタイプの「村の目立ちたがり屋」は、適切に「訓練」されれば非常に優れた催眠被験者になるとおっしゃいました。一見矛盾しているように思えるのですが、この点を解き明かしていただけますでしょうか？

敬具
マーガレット・ミード

マーガレット・ミードへ
1940年11月18日

親愛なるミード博士
　「運動の節約」と「単位的運動」との外見上の矛盾に関するご質問にお答えするには、次のように申し上げるのがいちばん適切かもしれません。前者は、実際の遂行行動そのものが持つ機能としての量のことを言っており、後者は、遂行行動の方法が持つ機能である質のことを言っているのです。
　すなわち、位置Aから位置Bまで手を動かす場合、手がきっちり必要なだけの距離を移動すれば、運動を節約してその距離を移動したことになります。
　しかし、手は、前腕、上腕、肩、胴体が伸びることとしてのみ移動可能になるのであって、これらの部位すべてが1単位となって動くとき、AからBまでをもっともむだなく移動できるわけです。つまり、運動の節約と単位的運動の両方があるのです。
　種類の異なる例証をしてさしあげられるかもしれません。二重人格に関するわたしの論文〔エリクソンとキュビー, 1939〕のなかで、**yes** は縦線、**no** は横線として書かれました。（この結果は、ほかの被験者でも何度も見い出されています）。**yes** における重要で決定的な動きは **y** の上下運動で、**y** さえ書かれてしまえば、答えを判定するのにそれ以上なにもつけ加えられる必要はありません。しかし、**no** と書く場合は、これが平面上でなされ、**n** という文字の最初の3ストロークの小さな上下運動は、**y** を書く場合の最初の3ストロークと空間的には同等です。したがって、実質的な意味は、同一平面上で書き続けられることから生じるはずです。つまり、**no** は水平方向への進行としてのみ意味をなすわけで、そのため不経済な山や曲線のない単位的運動として表わされ、一方 **yes** のほうは単位的な上下のストロークとして表わされるわけです。
　"yes"、"no"、「わからない」、「最初の部分は yes、あとの部分は no」に関するそのパラグラフ（p.480）をもう一度ごらんになれば、単位的運動に

よる運動の節約の例がたくさん出ています※8。むだのなさは実際の遂行行動が現われる鉛筆の先端にあるわけですが、その局限的な遂行行動を生み出すためには、全身が1単位として動いたのかもしれません。

　適切に訓練された「村の目立ちたがり屋」について申し上げたことに関してですが、わたしが言いたかったのは、ひとたび被験者として訓練されると、そういう人は長年のあいだに確立してきた行動パターンを活かして、相対的に新しい催眠という場面にそのパターンを適合させる努力などしなくても、適切なデモンストレーションをおこなうことができる、ということなのです。老人には過去の幅広い経験があるので、自分のするパフォーマンスは適切であって、現下の状況にぴったり合った適切なものにするための準備などまったく要らない、ということが「ちゃんとわかって」いたのです。自己検証を必要とする段階は越えていて、それゆえ、学習したり修正したりといったようなことをする必要はなかったのです。少女たちは、本来的に自己検証に捕らわれることがないので、やはり学習や修正といったものを必要としませんでした。老人は自動的になっているがゆえに、少女は自然のままであるがゆえに、同じ効果がもたらされたのです。

　「村の目立ちたがり屋」はつねに学習し、修正を加え、自分の行動をよりよいものにしています。自分を誇示するチャンスというのは、そのつどどこかしら新しい状況だからです。しかし、そういう人を催眠被験者として訓練すると、すでに身についている基本的パターンに頼るようになり、催眠によって意識が制限される結果、以前から確立されているパターンによってしか修正されることのない、あの老人と同じようなパフォーマンスがもたらされるのです。

　単位的運動は退行を意味しているのかもしれないということに関してですが、わたしもおそらく、そのとおりだろうと思います。赤ん坊が手ではなく腕全体を動かすのは、特定の運動と集合的な運動（mass movement）、特定の対象である手と集合的対象（mass object）である身体の区別がついていないからです。トランス状態においても、これと同じように区別がなくなってしまうのですが、それはおそらく、身体を含めてあらゆるものに対する意識がはなはだしく失われ、制限されるためでしょう。対象は、注意を向けられないかぎり識別されなくなってしまうのです。たとえば、BE〔ベティ・

エリクソン、訳注：エリザベス夫人のこと〕が自分の爪あるいは手を見なさいと言われると、彼女の全意識はその爪か手だけに集中し、それは意識の及ぶ全領域をすっかり埋めつくすほど大きく迫ってきます。次いで、手を動かしなさいと言われると、手がすべての意識を引きつけ、それを動かすことがなされるべき唯一のことであるがゆえに、総力を傾けた反応がなされるのです。実験によってわかったところでは、要求される反応が単純であればあるほど、集合的運動や単位的運動は増大しますが、手や前腕や上腕や肩に対する意識をていねいに構築してやれば、単位的運動は著しく減少するでしょう。

　もしかすると、次の実験が多少光明を投げかけてくれるかもしれません。被験者が下に降ろしたばかりの中身の詰まった重いスーツケースを、外観は同じ空っぽのスーツケースとこっそりすり替えます。重いはずのスーツケースを被験者がふたたび持ち上げると、力の出しすぎになって、これはもうりっぱなプラクティカル・ジョークと言えます。ところが同じ状況でも、深い催眠に入っている被験者は、重いはずのスーツケースを、実際に重いスーツケースを持ち上げるときとほとんど変わらないやり方で持ち上げます。どうやら、スーツケースをふたたび持ち上げることは、記憶にある重いスーツケースをそれに見合った筋肉群を使って持ち上げることではなくて、ほかにはなんの意味もない、ただのスーツケースを持ち上げることにすぎないらしく、そのため被験者は、筋肉の組み合わせやバランスのパターンが分化していない、集合的な反応（mass response）をするのです。

　この例が適切かどうかよくわかりませんが、多少の関連はあるでしょう。いずれにせよ興味深く意味深い例ですし、なにかお役に立つかもしれません。

　記録は子細に調べましたが、特に変更を加えるべき点は見あたりませんでした。BEの足のあのリズミカルな動きは、動脈の拍動に反応していたのです。

　また、あのときはあまりいろいろな催眠技法をお目にかける機会がありませんでした。BEはよく訓練されているので必要がなかったものですから。

　この手紙がお役に立てばと思います。

敬具
ミルトン・H・エリクソン, M.D.

訳　注

※１：アメリカの心理学者、エイブラハム・マズロー（Abraham Maslow）
※２：ほかでは見かけたことのない表現である。「トランスに入る人」では冗長だし、トランス・ダンサーという表現もあるので、どちらもそのままカタカナ表記することにした。
※３：原文では、本題に入ってから最後のセンテンスまで段落がなく、一息に書かれている。あまりにも読みにくいため、これ以降の段落は、邪道と知りつつ訳者が加えたものである。
※４：『バリ島人の性格』（国文社、2001年刊）を見ると、この映画は、魔女ランダと聖獣バロンの戦いを中心とする魔女劇を撮影したものと思われる。ミードとエリクソン夫妻の会話のなかで「ドラゴン」と呼ばれているのがバロン（Barong）で、バリ語で龍を意味する。ランダは１人の男性が、バロンは２人の男性が仮面のなかに入って演じる。

　劇の流れは、おおよそ次のとおり。なんらかの理由で王に腹を立てた魔女が、弟子たちを呼び集めて魔術を教え込む。彼らは人々を家から追い立てたり、疫病を流行らせたり、赤ん坊を殺すなどして国に災厄をもたらす。王は使節を送って、あるいは自ら出向いて、魔女と戦う。魔女はいったん殺されるが復活する。次はバロンとランダの口論の場面になる。バロンが引き下がると、クリスを手にしたバロンの家来たちが魔女に挑むが、次々に意識を失って倒れてしまう。バロンや祭司の力で動けるようになって、まだ意識のないまま退場する。再び登場すると、大声でわめきながらクリスを自分の胸に突き立てる。最終的にはぐったりするか硬直するかして倒れ、寺院に運び込まれてトランスから覚醒させられる。

　ここで問題になっている映画には「短剣を持った女性たちの一団」が登場するが、ミードらが別の寺院の祭礼でクリスを手にして踊る女性たちを見て、映画に記録するために、舞踊クラブに女性たちの参加を提案したとのことである。
※５：キリスト教ペンテコステ派の一分派の呼称で、集会のとき、熱狂のあまり身体を揺さぶる者が多かったことから、侮蔑的な意味をこめてこう呼ばれる。
※６：こちらはサンギャン・デリン、すなわち人形をまねるトランス・ダンサーを写した映画と思われる。『バリ島人の性格』に掲載されている写真を見ると、男性２人が両端にあぐらをかいて座り、それぞれが棒を握っており、この棒のあいだに渡されたひもに、２体の人形がぶら下がっている。この仕掛けが、２人の少女ダンサーそれぞれのために１組ずつ用意されている。棒を握っているうちに男性たちの腕に痙攣が起こり、それにつれて（神々が憑いて）人形が動き出す。動きが激しくなったときに、少女が棒を握っている男性の隣に座って、両手で棒の根元をつかむ。少女たちは年長の娘のひざに座っていて、トランスに入ったらすぐ抱きかかえてもらえるようになっている。そしてトランス状態のまま踊る。

　なお、着物の合わせ目に足を取られるという発言があるが、ダンサーの衣装

は巻きスカートなのである。この会話中のミードの説明だけではかならずしも状況が思い描けないかもしれないので、念のため。

※7：大きめの歯を持つ2つの歯車がかみ合っている様子を思い描いていただけばよいと思う。一方の歯車が、歯1つ分、ゆっくりと回転すると、かみ合っている他方の歯車も1刻み動く。それからまた最初の歯車が1刻み動き、かみ合っている歯車も1刻み動く。そのようなぎくしゃくとした動きのことを言っているのだろう。

※8：キュビーとの共著による1939年の論文では、手浮揚に異様な関心を示すようになった被験者に自動書記をさせたところ、第2の人格が発見され、自動書記を介してこの第2の人格の手を借りながら、被験者が長年ひそかに抱えていた恐怖症を治療した経緯が報告されている。第2の人格は、ここで述べられているように、"yes"を縦線で、"no"を横線で表わすなどの短縮化された表記法を用いて、エリクソンの質問に答えた。さらに、「わからない」は斜線で、「(質問の) 最初の部分はyes、あとの部分はno」は横線に縦線をつなげた鉤カッコ様の略号、「最初の部分はわからない、あとの部分はyes」は斜線に縦線をつなげた略号といった具合に、縦線と横線と斜線がさまざまに組み合わせて用いられた。

第Ⅱ章
グレゴリー・ベイトソン、ジェイ・ヘイリー、
ジョン・ウィークランド

ベイトソン

　エリクソンは、第2次大戦中もベイトソン、ミードと文通を続けた。彼らはみな日本人とドイツ人の人格構造を研究するプロジェクトに従事し、その成果を陸軍省に提示した。ベイトソンとミードは 1950 年に離婚した。

　第2次大戦後、文通は一時中断していたらしい。ベイトソン関連のファイルにある戦後最初のものは、1954 年 11 月 29 日付のこの手紙である。ベイトソンは、このときすでにパロアルトにおいて例のコミュニケーションに関する研究プロジェクト[※1]を開始しており、これにはジェイ・ヘイリーおよびジョン・ウィークランドとの共同研究も含まれていた。

グレゴリー・ベイトソンより
1954 年 11 月 29 日

親愛なるミルトン

　遅まきながらやっとお便りをさしあげます。わが研究プロジェクトのメンバーであるジェイ・ヘイリーが、サンフランシスコでおこなわれたあなたのセミナーに参加したのを覚えておいででしょう。あれが、催眠現象および催眠現象と精神分裂病との関連についての、ちょっとした実験や大量の考察となって実を結んでおります。このプロジェクトは現在、半永久的な体制を取

第Ⅱ章

っており、特に分裂病のコミュニケーションに焦点が絞られています。

　まずはお願いなのですが、早漏に関するあなたの2つの論文、『早漏の症例において催眠によって誘導された実験神経症の研究（A Study of an Experimental Neurosis Hypnotically Induced in a Case of Ejaculatio Praecox）』〔Erickson, 1935〕と、『催眠被験者に実験神経症を誘導するためのコンプレックス・ストーリーを作るのに用いる方法（The Method Employed to Formulate a Complex Story for the Induction of an Experimental Neurosis in a Hypnotic Subject）』〔Erickson, 1944〕の別刷りをいただけませんか？

　別刷りの件以外にも、あなたと討論したい問題点がたくさんあります。ほとんど準備できているものもありますが、あらゆる点を考慮すると、分裂病に関するわれわれの考えがもっと煮詰まるまで待つのがいちばんよいでしょう。またセミナーをしに、あるいはなにかほかの目的で、この近辺においでになることがありそうですか？　ありましたら、当地パロアルトに1日か2日おひきとめしてコンサルタントを務めていただきたいのですが、可能でしょうか？　さもなければ、来年のいつか、われわれのほうからだれかがフィーニクスに出向いて、相談に乗っていただくということでも結構です。

　そのうちまたお目にかかりましょう。

敬具
グレゴリー・ベイトソン

グレゴリー・ベイトソンへ
1954年12月6日

親愛なるグレゴリー
　研究プロジェクトが継続しており、満足すべき成果を得ていると知ってうれしく思います。

　別刷りについては、早漏に関するもののほうはあいにく手持ちを切らしていますが、ご所望のもう一方と、ほかにも興味をお持ちいただけそうな別刷りを数部、お送りします。リン・クーパー（Linn Cooper）とわたしで書いたものも入っていますが、分裂病に関連した時間ということで、なにかご参考になるかもしれません。

ボルティモアのウィリアムズ・アンド・ウィルキンス社が、クーパーとわたしの本を出版してくれたのですが、題名は『催眠における時間歪曲（*Time Distotion in Hypnosis*）』〔Cooper & Erickson, 1954〕です。前半はクーパーが書いていて、実験研究を扱っており、後半は時間歪曲という概念の臨床的応用です。

近い将来にサンフランシスコ近辺へ行けますかどうですか。少なくとも現時点では、そのような旅行はとうてい望めそうにありません。ですが、どなたかがフィーニクスへ出向いてくださるならば、できることはどんなことでも喜んでお手伝いさせていただきます。そのように手はずが整えばよいと思います。あなたご自身がおいでになれればいいのですが。

来夏には、どうにかこうにか、サンフランシスコへ行ってその周辺を訪ねて回れるくらい身軽になっているかもしれません。希望は捨てずにいます[※2]。

敬具

ミルトン・H・エリクソン, M.D.

次に収めた1955年5月24日付の手紙は歴史的重要性を持つもので、本書のなかでも特に重要な書簡である。ベイトソンはエリクソンとの協議（コンサルテーション）を開始し、ヘイリーとウィークランドのためにお膳立てをしてやっている。次いで、研究チームの主要な研究課題の1つ、すなわち二重拘束（ダブル・バインド）の概略を述べ、催眠現象を誘導する際の催眠者の操作と、「分裂病を作る（schizophrenogenic）」親が分裂病の子の症状を誘発する際の操作とのあいだの構造的な類似性を示している。ダブル・バインドに関する論文、『精神分裂病の理論に向けて（Toward a Theory of Schizophrenia）』は、『行動科学（*Behavioral Science*）』1956年10月号に発表された。これは、グレゴリー・ベイトソン、ドン・ジャクソン、ジェイ・ヘイリー、ジョン・ウィークランドによって書かれた。

オリジナルの論文は、エリクソンのおこなった2つの実験に触れている。ベイトソン・チームの主張によれば、催眠におけるコミュニケーションと分裂病を作り出すコミュニケーションとの類似性は、この論文のメインテーマにとっては副次的なものであり、エリクソンの実験結果を提示したのは、それが分裂病発症の本質をよりはっきりさせてくれるからであった。

『精神分裂病の理論に向けて』は、「論理階型理論（theory of logical types）」を提示している。ベイトソン・チームは分裂病患者とその親を調べ、病因となるダブル・バインドの存在を仮定した。ダブル・バインドとは、それで拘束された人はなにをしようと勝てない、という状況である。この論文は、ダブル・バインドがどのように、またなにゆえに家族のなかに存在するかを論じ、臨床的所見と実験的所見を示している。

　ベイトソンの手紙は行間を空けずに5ページにわたっている。自分でタイプしたものと見え、あとでほどこした修正（綴りや句読点を訂正するための文字の変更や削除など）が多数ある。それらの変更はここでは本文に組み入れてある。

　エリクソンは、1955年5月28日付の手書きの手紙でこれに返事をした。ここには収めていないが、1955年6月24日付の手紙では、フィーニクスでヘイリーとウィークランドとともに楽しい時を過ごしたと述べ、協議録の写しを送ってほしいと頼んでいる。

　活字となったベイトソン・チームの仮説にエリクソンが講評を加えたことを示す証拠はない。

グレゴリー・ベイトソンより
1955年5月24日

親愛なるミルトン
　わたしの研究プロジェクトが、ようやく催眠についてあなたにどういう質問をしたいかがわかる理論的局面に到達したように思えますので、お便りします。当プロジェクトのメンバーであるジェイ・ヘイリーとジョン・ウィークランドの2人は、ジェイがサンフランシスコで開かれたあなたのセミナーに出席して以来、催眠を使った小規模な実験をおこなっています。催眠についての理解が増せば研究がさらに前進するということがいよいよ明らかになりました。
　あなたとの会議の手はずが整えられるでしょうか？　わたしは復員軍人局の任務があるため、いますぐにここを離れることはできませんが、ヘイリー氏とウィークランド氏は、フィーニクスへうかがってあなたと話し合う用意ができています。6月1日以降ならいつでも出発できます。2、3日にわたって話し合いの時間を都合していただければ大いに助かりますし、あなたのほうも興味を持たれることと思います。この手紙で、われわれがどのような

ことに関心を持っているかについて、大体のところをお伝えしてみようと思います。

前のプロジェクトは、コミュニケーションの形式的特徴に関する全般的な調査だったのですが、それを進めているうちに、われわれは催眠に関心を持つようになりました。催眠は、個人間のコミュニケーションに関わる多くの問題をきわめて明確にしてくれるように思えたからです。そのときから、主として精神分裂病とコミュニケーションに的を絞ったプロジェクトを開始したわけですが、どうして催眠がわれわれの観点に関係があると考えるのか、そのわけをお伝えしてみようと思います。

ほどなく明らかになったのは、分裂病の顕現[※3]の多くがトランス状態で引き起こせるということでありました。わたしが言っているのは、幻覚、カタレプシー、痛覚消失などのような顕現のことです。特にわれわれが関心を抱いているのは、文字どおり－隠喩(メタファー)問題での類似性です。分裂病患者は、よくメタファーとして言われたことを文字どおりに受け取ったり、逆に文字どおりの表現をメタファーと受け取ったりします。たとえば、患者は孤独を感じて、自分は壁の花だと言うかもしれません——そして、実際に壁を背にして立ちつくすでありましょう。同じような思考法が、催眠に入っている被験者にも生じるように思えます。深いトランスに入った状態でブリッジをしていた女性の例があるのですが、彼女はダミーになって手を見せるように求められました——すると、手のひらを広げて見せました[※4]。

これらの顕現の類似性についてはきっとあなたも考えたことがおありでしょうし、同じものなのかどうか、同じ仕組みを持っていそうかどうか、ことによるとすでに判断がついていらっしゃるかもしれません。もし正常な被験者にも、催眠トランスによってさまざまな分裂病の症状を誘導できるとしたら、その誘導についてもっといろいろなことがわかれば、分裂病の病因についてもなにかもっとわかってくるかもしれないと思うのです。もちろん、われわれの関心は、具体的な細部ではなく**形式上の**類似性にあります。

このことをさらに論じるには、分裂病の病因に関するわれわれの考えを少しご説明する必要があるでしょう。研究はまだ準備段階にあり、仮説を厳密に述べられるほど考えがよく固まっていないので、これがなかなかむずかしいのですが、どのようなことを探ろうとしているのか、なんとかお伝えして

みます。

　われわれは、少なくともある種の分裂病は非器質的であり、特種な家族状況の産物であると考えています。そのような状況のなかで育つ子どもは、われわれが「**ダブル・バインド**」と呼ぶものに長年にわたってさらされる、というのがわれわれの仮説です。すなわち、この子の母親との関係は、受け入れてもらえない、勝てない、思うようにならないといった立場にたえず立たされているような関係なのです。特徴的に見られることとして、この状況では父親は母親を支持し、自分が間違っていて母親が正しいという子どもの考えを強化します。

　ダブル・バインドとは厳密なところどのようなものであるのか、それが、われわれが目下のところさらに明確に定義しようと努力していることなのです。それらしきものは、われわれの接する分裂病患者の独語や対話に広く見られますし、ときには結構明確な例に出合うこともあります。言わんとするところをおおよそわかっていただくために、1つ例を挙げましょう。治療中のある分裂病の女性は、いつも自分の年齢を実年齢より1歳下だと言っていました。彼女はその理由に気づきました。母親は、彼女を私立学校に入学させる際、（母親自身の個人的な理由から）実際には18歳だった娘の年齢を17歳と申告しました。この行為は娘を拘束（バインド）状況に陥れました。もし年齢を偽らずに18歳だと言えば、自分の母親は嘘つきだと公言することになります。もし偽って17歳だと言えば自分が嘘つきになってしまいますが、母親は嘘つきが大嫌いで、常日頃、娘にそう言い聞かせていました。どちらをとっても彼女は母親に拒絶されたでしょう。われわれがダブル・バインドと呼ぶのはこのようなことなのです。

　これは、同一メッセージ中の第1の意味が第2の意味と矛盾している、複数の意味を持つメッセージの問題である、とわれわれは考えています。そのようなメッセージを与えられると、受け手は、メッセージの持つ2つの矛盾するレベルを識別する、という問題をつきつけられます。受け手がどうしても識別**しなければならず**、しかもその事柄が死活に関わる重要なものであった場合、問題は極限的なものとなり、精神的崩壊をきたすこともありえます。子ども時代全体がそのような危機にさらされたと仮定すると、われわれの仮説によれば、その人はメッセージを扱う方法として複雑な防衛システムを構

築するであろうし、これらの防衛や方法が精神分裂病と呼ばれるものの症状なのです。(患者は、たとえば妄想病の場合のように、メッセージには1つの意味しかない、とみなすことで防衛するかもしれません。あるいは破爪病の場合のように、メッセージは無意味だ[あるいは、無意味なものとして反応しなければならない]、とみなすことで防衛するかもしれません。あるいは極端な緊張病の場合のように、メッセージは解明できない、とみなすことで防衛するかもしれません)

われわれの仮説の中核概念は、「レベル」という概念です。すなわち、(a) 苦痛な**ダブル・バインド**は、矛盾するレベルを含むメッセージから成り立っており、(b) 精神分裂病の症候群は、その結果として生じた、レベルに関する混乱の表われなのです。患者はどのメッセージに対しても、それがどんな種類のメッセージなのか(おふざけなのか、夢なのか、メタファーなのか、文字どおりの意味なのか等々) 確信が持てません。われわれの理解するところでは、病因と症候群との関連は、そのメッセージがいかなる種類のメッセージであるかを示す信号はメッセージそのものとはレベルが異なる、という事実にあるのです。

この過度に単純化した解説で、われわれの探求しようとしていることがおおよそわかっていただけるものとして、次に、あなたが催眠においてしていらっしゃることが、このことと関係していると思うわけを述べてみます。わたしは、催眠が分裂病であるとか分裂病が催眠であるとか言おうとしているわけではありません。単に、トランス誘導のある様相にはダブル・バインドめいたところがあるように思われる、と言いたいだけなのです。

あなたは、複数の意味を持つというメッセージの性質をしきりに利用しておられます。このことは、早漏に関する論文に特に顕著に表われています。あなたは、患者に話しているストーリーのなかで、意味のレベル、つまりメッセージの次元を変えるための合図の言葉を使うことを一貫して重視しておられます。すなわち、次の3種類のメッセージを使っておられるのです。a．灰皿に関するストーリー。b．基底にある性的なストーリー。それに加えて、c．**実際**に話しているのは上記のbであってaではない、ということをそれとなく伝える信号。

また、あなたが抵抗を扱うときに見せる非凡な手腕も、メッセージのレベ

ルを変えて**ダブル・バインド**を作り出し、そうすることによって抵抗を利用することと、なんとなく関係があるように思えます。こちらのほうは、被験者が選択や異議を表明しているのに、それに反してトランスを誘導してしまわれた事例に、特に顕著に表われています。たとえば、聞いた話ですが、ぼくを催眠に入れるなんてできっこないと言った医学生を、あなたは教室の前のほうに呼び出されたそうですね。彼が出てくると、「目覚めたままでいてください、目覚めたままですよ」とおっしゃったとか。この出来事の詳細は存じませんが、このような次第だったとすると、その学生は一種のダブル・バインドの状況に置かれたように見えます。彼は、あなたの暗示に従ったらトランスに入ってしまうと思い、それゆえ、目覚めたままでいなさいという暗示に従うのを拒みました。しかし、もし目覚めたままでいなさいという暗示を受け入れていたとしても、あなたの暗示を受け入れるわけですから、トランスに入ってしまう危険に身をさらすことになっていたでしょう。

　この出来事には、少なくとも２つのレベルが関与していることにお気づきになるでしょう。「目覚めたままでいなさい」という具体的な暗示のレベルと、「わたしの暗示に従いなさい」のレベルです。ダブル・バインドは、メッセージのこの２つのレベル、つまり２種類のものが、なんらかの形で同時に示されたときに生じるように思えます。そうすると、被験者は、より一般的な暗示に従わないために具体的な暗示に従わなければ、まさにそのより一般的な暗示に従うことになる、という状況に陥ります。

　われわれには、この出来事が患者たちの報告しようとしている状況に似ているように見えるのです。つまり、母親との関係において、母親に「わたしに従うなら愛してあげる」と言われており、しかもその枠組みのなかで、具体的には「わたしがおまえを嫌いになるようなあのことをしなさい」と言われているかのような状況です。その結果として、患者はメッセージのレベルを識別できず、言葉によるメッセージを修飾している、文脈や声の調子や身ぶりといったメッセージを頼りにできなくなってしまうのです。言い替えれば、メッセージの種類の識別ができなくなる結果、これはからかわれているんだとか、はったりをかまされているんだとか、だまされているんだといった判断がつかないわけですが、それというのも、そうするためにはレベルを正しく識別する必要があるからです。

トランスは、いわばメッセージのレベルの混乱のようなものとして定義できないものでしょうか。たとえば負の幻覚（訳注：現実に存在するものが知覚されないタイプの幻覚）の場合、対象からのメッセージが覚醒状態のときとは異なる受け取り方をされ、それがために対象が見えないのだ、と言えるかもしれません。いかなる知覚においても、重要であるにちがいない内的な識別信号とは、そのデータを感覚器官からきているものとして分類する、あの神経学的事象です。負の幻覚ではこの分類がちょっと脇に置かれている、ということがありうるでしょうか？　負の幻覚の対象が知覚されてはいるのだが、想像だとして無視されているという例がありますか？　被験者をトランスに入れようとしているとき、催眠者はトランスの深度に関する被験者からの手がかりをたえずうかがっているように見えますが、これらの手がかりとは、主として被験者が催眠者の与えるメッセージにどのような意味を付与しているか、すなわち、これらのメッセージがどんな「レベル」で受け取られているかに関する指標のように思えます。
　さらに言えば、トランスは、被験者のレベルの識別の仕方が変わった瞬間、すなわち、識別の仕方の変更を被験者が受け入れ、同意したときに起こるのではないでしょうか。わたしの念頭にあるのは、やはりあなたが催眠誘導でお使いになった言い回しです。（サンフランシスコでのデモンストレーションの録音テープがあるのです）。あなたは抵抗している女性被験者に、「あなたは**今**トランスに入っていますか？」とおっしゃいました。これもやはり拘束（バインド）のように思えます。もし彼女が「いいえ」と答えて抵抗しようとすれば、質問の「今」に対して「いいえ」と言うことになり、トランスに入るかもしれないという、より一般的なレベルを受け入れる——すなわち、メッセージの識別の仕方の変更に同意することになるわけです。
　われわれが知りたいのは、このダブル・バインド現象のようなものが、トランス誘導とトランス現象における多くの様相の特徴をなしているのかどうか、ということです。なしているのなら、催眠に関わる過程をもっとよく理解すれば、精神分裂病の顕現ももっとよく理解できるようになるだろうと思うのです。もちろん、幻覚のような催眠の顕現は長くは続きませんし、被験者がどのような圧力や拘束（バインド）を受けるにしても、それはみな善意の枠組みのなかにあります。しかし、そのような善意があるわけではない母親とともに子

ども時代を過ごし、一貫した拘束(バインド)のパターンを押しつけられていたとしたら、それがのちになって持続的で苦悩に満ちた分裂病の顕現をもたらすと想像できます。

おおまかながら、このようなことを討論するために、あなたと話し合いを持ちたいのです。ご参考までに、2、3項目を挙げて、われわれが催眠についてどのようなことを知りたいと思っているかをもう少しご説明します。手紙で答えていただくことを期待しているわけではなく、どのような討論をしたいと思っているか、大体のところをつかんでいただけると思うからです。

全般的に言って、われわれが関心を持っているのは、(1)催眠者と被験者の関係、(2)トランス誘導、(3)トランスからの覚醒です。

1. 催眠者-被験者関係を、母親と分裂病予備軍の子どもとの関係、ならびに治療者と分裂病患者との関係と比較したいのです。たとえば、分裂病の治療は、患者が自分は意味のレベルをどのように識別しているかに気づくこと、あるいは治療者の仕掛けた拘束(バインド)に捕えられること、あるいはその両方に関係しているのではないでしょうか。例を挙げますと、自分が間違っていると認められず、かつ人を憎んだことがあると認められない患者が、「兄弟を憎むなんて、あなたは間違っていたのか?」とたずねられたとしたら、どうなるでしょう。

2. トランス誘導と分裂病の病因とを比較したいのです。これには、抵抗の本質、催眠暗示に含まれる複数の意味のレベル、さまざまな誘導法に**形式面**で共通しているのはどんなことか、というような主要な問題が含まれます。

3. トランスからの覚醒はトランスへの誘導ほど重視されてこなかったように思われますが、そこには患者を精神病から「覚醒させる」ことに関係したものがあるのでしょうか。トランスからの覚醒には、「自然な」覚醒だけでなく、覚醒させるための直接的・間接的な手段による場合があるようです。なぜ覚醒は、通例、メッセージのなかにあるメッセージという手段によって成し遂げられるのでしょうか? 「今から3つ数を数えますから、わたしが3と言ったら目を覚ましてください。1、2、3!」

われわれはまた、次のようなトランス現象にも関心を持っています。

a．被験者のメッセージの解釈の仕方が変わること。文字どおり－メタファー問題や、手がかりとなる言葉の漸進的強調など。（たとえば、暗示の言い回しにはなぜあれほどの正確さが要求されるのか？）

b．分裂病のいわゆる言葉のサラダ[※5]を、催眠を使って正常な被験者に引き起こすことができるか？　できるとすればどのようにしてか？　このことは、催眠状態でなされた自動書記の不明瞭さと関係があるのか？

c．文字どおり－メタファー問題にも関連することですが、催眠状態での「かのような」行動の問題。たとえば、覚醒している「かのように」感じている被験者。あるいは「エスカレーターに乗っていると想像しなさい」のような暗示の使い方。

d．催眠においても不可逆的な現象が起こることはあるのでしょうか？　分裂病の顕現はほぼ不可逆的であるように思われます。被験者に、覚醒できないと暗示することは可能でしょうか？　あるいは、催眠者の与えるすべての覚醒刺激が、逆方向に作用するように暗示を構成することは可能でしょうか？

わたしが抱えている問題の１つは、あなたがどの程度、分裂病患者の治療なり分裂病の研究なりに携わってこられたのか知らないことです。われわれにとっては分裂病はとても魅力があり、催眠もまた同様なのですが。あなたとの討論のためにスタッフを２名派遣したいのですが、引き受けていただけるかどうか、またいつお願いできるか、お知らせください。

敬具
グレゴリー・ベイトソン

グレゴリー・ベイトソンへ
1955年5月28日

親愛なるグレゴリー

　第1の質問、精神分裂病に関するわたしの経験について。4年間、ウースター州立病院の研究部門で集中的に取り組みました。引き続きミシガン大学でも精神医学を教えて、14年にわたって集中的に取り組みました。もっとも豊かな教材として分裂病患者を取り上げたのです。

　喜んで補佐の方々とお目にかかり、討論いたしましょう。こちらにきていただければ、平日はもちろん、日曜日はまる一日お相手できます。

　あなたが挙げておられる討論のための項目はわたしもたいへん興味がありますし、それもずっと以前からのことです。わたしも、コミュニケーションに関係のある、分裂病と精神病に関するとっておきの資料をひっぱりだして、お2人といっしょに討論するとしましょう。きっとすてきなひとときになるでしょう。

取り急ぎ
ミルトン

　ベイトソンとエリクソンの文通は続いた。次の手紙の最初の部分では、請求書の送付（20時間のコンサルテーションに対して300ドルがエリクソンに支払われた）が話題になっているが、ここでは割愛した。次いでベイトソンは哲学的な問題を持ち出している。ベイトソンが提起した問題にエリクソンは直接答えてはいない。

グレゴリー・ベイトソンより
1955年6月27日

親愛なるミルトン

　……それよりもっと一般的なテーマがあって、いつかごいっしょに探求できればなあと思っています。人間の精神は（一定の限界はありつつも）優れて柔軟なもので、まるで多数の異なったタイプのメカニズムであるかのように働くことができるように見えます。イメージを使うことを期待されればイメージを使って働く。言葉を使うことを期待されれば言葉を使って働く。意

識的であることを期待されれば意識的になる。コンピュータのようにふるまうことを期待されればコンピュータのようにふるまう、などなど。

　しかしどこまでそうなるかはまったく曖昧ですし、「期待される」という言葉もまた同様です。だれが期待するのでしょう？　考えている本人でしょうか？　両親や催眠者でしょうか？　それにこれは訓練の賜物なのでしょうか？

　わたしが言おうとしているのは、精神を操作するには、きわめて抽象的な指示やプログラミングがありうるということです。アナロジーを使うために、エンジニアがアナログ・コンピュータ（つまり、イメージを使うもの）用のプログラムを作成するとしたら、コンピュータのこの特徴に見合った形で働くように作成するでしょう。でも、デジタル・コンピュータ（つまり、数を使うもの）に取り組むとしたら、そちらの特徴に合わせてプログラムを作成するでしょう。しかし、人間の精神はそのどちらにも似ていないように思えます。むしろ、デジタルになるかアナログになるかを指示する、さらに高次のプログラミングを受け入れられるように思えます。

　だとすれば、このより高次のレベルでの葛藤に関係した病理というものがあるにちがいありません。そして、その異常に関する病因論や心理療法や症候学の研究というものがあるはずです。

　この考えは、表現こそ違え、あなたが考察してこられたことだと思います。いつかお目にかかって討論できるようにするために、ちょっと焦点を絞ってみているだけです。いつの日か、今われわれが手にしている豊富な資料が消化吸収されたときにね。奥さまやご家族の方々によろしくお伝えください。ジェイとジョンもよろしくと申しております。

敬具
グレゴリー・ベイトソン

　1956年9月4日付のエリクソンの手紙は、ひょっとするとコンサルテーションの報酬をまだ受け取っていないということを言っているのかもしれない。エリクソンの逸話ふうの要求に対し、ベイトソンは語呂合わせで答えている。明らかにヘイリーとウィークラ

ンドは本の執筆を計画していたのだが、この本は書かれずじまいだった。ベイトソン・チームとエリクソンとの文通は続いた。

　ここには収められていないが、ほかにも数通、関連のある手紙があった。9月21日、ジョン・ウィークランドはエリクソンに手紙を書き、関節炎の友人を紹介している。また、同じ手紙のなかで内科的な問題に触れて、エリクソンに個人的に相談に乗ってほしいと頼んでいる。エリクソンは9月24日付の返信で、紹介された患者にもウィークランドにも喜んで力を貸したいと答えている。

グレゴリー・ベイトソンへ
1956年9月4日

親愛なるグレゴリー

　むかしむかし、一生の友で、7つの海をいっしょに旅してきた2頭のザトウクジラが、今度は大陸を旅することにしました。2頭は別れ別れになることにしましたが、いつかまたどこかで会うだろうと思っていました。そしてそのとおり、アリゾナ砂漠のまんなかで出会いました。出会ったところで一方が他方に言いました、「長イコト見ルナイ（長いこと海を見てないなあ）※6」

　この物語をわかりやすく言い替える方法があるはずなのですが、どうしても思い浮かばないので、落ちを言い替えて、「長イコト聞クナイ（なかなか便りがないなあ）」と読んでいただくしかありません。

　ジョンとジェイによろしく。

敬具
ミルトン・H・エリクソン, M.D.

グレゴリー・ベイトソンより
1956年9月24日

親愛なるミルトン

　クジラ（ウェイルズ）についてのなにやらはっきりしないお便りは、あなた宛てに小切手を送るようスタンフォード大学に指示した、わたしからあなたへの間接的なコミュニケーションと行き違いになりました。あなたはないがしろにされて

いるわけではないですが、こちらの連絡が不十分だったのですから、一声、二声、「泣き叫ぶ声(ウェイルズ)」を聞かせる権利はおありだったと思います。

　ジョンとジェイとわたしは、引き続き分裂病に関する形式面の問題に取り組んでいます。次の会合では、これが分裂病を作る親子関係だとわれわれの考えているものを写した映画について、ご意見を聞かせていただこうと思っています。でも、いつになることやら。ジョンとジェイは、先に分裂病と催眠に関する本の編集作業の次の段階に入らなければならないのです。

　わたしたち全員からよろしく。

敬具
グレゴリー

　　編集者注：この本は書かれなかった。

———————

　1957年7月26日付のベイトソンの手紙は、パロアルトにある退役軍人病院の便箋にタイプされているが、ベイトソンはそこに専属の民族学者として勤務していた。エリクソンのコンサルテーションは、ベイトソンのプロジェクトにとって非常に有意義であったようだ。

グレゴリー・ベイトソンより
1957年7月26日

親愛なるミルトン

　この手紙は、録音しながらおこなわれたジェイ〔ヘイリー〕とのコンサルテーション10時間に対して、スタンフォード大学より175ドルの小切手がお手元に届く旨をお知らせするものです。

　併せて、あなたとの作業がジェイやジョン〔ウィークランド〕にとっていかに有益であったか、それゆえわたしにとってもいかに助けになったかをお伝えしたいと思います。

　あなたやみなさんによろしく。

敬具
グレゴリー・ベイトソン
民族学者

ヘイリー

ジェイ・ヘイリーへ
1956年2月16日

親愛なるジェイ

　お手紙にさっと目を通して、きみの提案に夢中になってしまいました。もう一度読み返して、いっそう夢中になりました。三度目は、気持ちが鎮まるのを待ってから読みました。

　4月27日から29日までサンフランシスコに行きますので、そのときお目にかかれるものと思います。到着はおそらく4月26日になるでしょう。サー・フランシス・ドレイク・ホテルに泊まるつもりでいます。

敬具
ミルトン・H・エリクソン, M.D.

ジェイ・ヘイリーより
1956年5月3日

親愛なるミルトン

　特にご連絡のないかぎり、ジョンとわたしは、6月2日土曜日にフィーニクスに到着してお電話いたします。翌日からなるべくなら金曜日までのあいだに、10時間ほどお時間をいただければと思います。

　論文の写しを同封しますが、それは次のようなわけがあるからです。

　1つには、この論文はいずれ発表されることになると思うからで、あなたのご研究に言及しておりますので、ご了承をいただくべきだと思います。

　しかし、お送りした最大の理由は、これに多少手を加えたものがわれわれ

の計画中の本の前置きになるであろうということでありまして、これを読んでいただけば、どのような観点に立って書こうとしているかをいっそうよくわかっていただけるだろうと思うのです。この仮説に同意していただけないまでも、関心を持っていただけることを願っています。というのは、分裂病者の親がある戦略を行使しており、それに適合した反応が分裂病的反応なのだという考えを受け入れていただけるならば、あなたはだれよりも明確に、どのような戦略がからんでいるかを見きわめることがおできになると思うからです。この論文は、分裂病者の母親——あるいは家族状況——は、子どもをダブル・バインドに陥れるという仮説を提示しようとするもので、ダブル・バインドを定義しています。われわれは現在、母親が**どのようにして**これをおこなうかに特に関心を持っておりますが、この論文ではその問題はごく簡単にしか扱っておりません。

　たとえば、患者と両親の録音記録を検討していると、母親あるいは父親が、子どもになにか不安になるようなことを言われたときに打つ手というのがいろいろ見て取れます。これらの方策のなかのあるものは催眠技法を髣髴させるように思えます。もっとも、親の側は意図してやっているわけではないし、長期間継続していることだし、動機となっているのは恐れや不安だと思いますので、催眠場面とは目的が異なるわけですが。たとえば、子どもがなにか自分自身にとって大切なことを言い始めると、母親は子どもの注意をそらすかもしれません。あるいは、興味や関心を持っている様子を見せていながら、その話題から「すっと離れていって」しまうかもしれません。あるいは、子どもが自分の言いたいことをはっきり説明し始めると、傷ついたようにふるまったり途方に暮れたようにふるまったりして、それ以上説明できなくさせてしまうかもしれません。あるいは、子どもは例や物語を使って間接的になにかを伝えようとするかもしれませんが、そうするとその例や物語を文字どおりに受け取って、相手が間接的に伝えようとしていることを無視するでしょう。概して、これらのやり口は、状況をわかりにくくして、子どもが言いたいことをはっきり言えないようにする、というものです。われわれの関心は、ほどほどの率直さで自分の気持ちを表現したいという子どもの欲求をそぐか、さもなければそういう表現をできなくさせ、その結果として、子どもが隠喩的でちぐはぐな話し方をしたり、話そうとするのをすっかりあきらめ

てしまうかせざるをえなくなるようにする、母親の行動の**パターン**のほうにあります。

　われわれの基本的な論旨は、母親は子どもに矛盾したメッセージを差し出し、それが子どもに習慣的にゆがんだ（screwy）反応を引き起こす、ということです。われわれが存在すると思っている**状況**のとてもよい例は、この前の会合でジョンが図を描こうとしたときあなたが阻止してしまった、あの出来事です。あなたは図を描いたらどうだとおっしゃり、そのあとすぐ、「さあ別のを描いて」とおっしゃいました。ジョンはぐっと詰まって、特定の図を描かなければならないのか、ただ図を描けばいいのかわからなくなり、動きがとれなくなってしまいました。しかし、彼は、どういうことですかとたずねることができました。もし、どういうことかと質問するのを禁じられていて、それでもなお反応するよう強要されたとしたらどうでしょう？　分裂病予備軍の人々が常時さらされているのは、これと同じような状況だとわれわれは考えているのです。

　したがって、われわれが基本的に関心を持っているのは、生活場面や催眠場面において、反応しなければならないのだが、なにに反応したらよいのかわからず、しかもその状況に言及することもできない、そういう状況に陥ってしまったと人が感じるような状況です。そのような状況に陥ると、人はしばしば知覚またはメッセージの種類が「知らないうちに」変化する体験をするが、それは、状況によっては催眠被験者が、そしてまた分裂病患者が体験しているようなことなのだ、というのがわれわれの仮説です。同封した論文ではあなたの例を取り上げています。手は同じ場所に留まっているが、にもかかわらず動く、と暗示なさっている例です。ほかにも同じような例がありましたら、ぜひうかがわせてください。知覚の変化を引き起こす明白なダブル・バインドの実例を、できるかぎりたくさん集めたいのです。

　また、手は動かなければならないが動かない、と言われた被験者が、その状況に言及するのをあなたはどのようにして防いでおられるのでしょうか。われわれが分裂病患者全般に当てはまると考えている中心的事柄とは、分裂病患者は、メタ・コミュニケーション、すなわち相手の言っていることについての言及を禁じられている、ということです。患者の成長過程において、母親はさまざまな策を弄して、自分の発言に言及させないようにしてきたの

だと思います。多くの催眠場面においても、被験者が自分に対して言われたことに言及しないで、ことによると気づきさえしないで、ただ反応するだけになるようにするために、このメタ・コミュニケーションの回路を封じる必要があるように思えます。被験者にあなたの言っていることについて言及させないようにするために使っておられる戦略、とりわけ間接的な戦略に、われわれは大きな関心を抱いております。

患者と両親とのやりとりを録音したものの抜粋をお送りして、患者の反応の分裂病らしさ（schyziness）は両親のやり口に対応している、という考えに同意していただけるかどうか、テープを聞いてみていただこうと考えております。

この基本的な関心事とともに、前回の会合で取りこぼしたことを埋めるために、ほかにもいくつか質問を携えてまいるつもりです。たとえば、幻聴を誘導する方法について、もっといろいろうかがいたいと思っております。あのときは「声」の領域については話し合いませんでしたし、ほかにもごいっしょにおさえておきたい同じような領域がいくつかあります。できれば、あなたが未経験の被験者にトランスを誘導なさるところを録音したテープも手に入れたいと思っております。

こちらでお目にかかれてゆかいでした。6月にそちらへうかがうのを楽しみにしております。

敬具
ジェイ・ヘイリー

ジェイ・ヘイリーは、『ニューヨーカー』誌に掲載してもらおうとしてエリクソンの人物紹介を書いたが、採用はされなかった。同じく歴史的に興味深いのは、ヘイリーがエリクソンに（エリクソンの）論文集の出版を求めたということである。エリクソンは、その企画には若い専門家のクリステンスン（Christenson）博士とともに取り組んでいるところだと述べて断った。精神科医で、最終的にはフィーニクスで開業したバーニー・ゴートン医学博士（Bernie Gorton, M.D.）が、同じく若い専門家のアンドレ・ワイツェンホッファー博士（Ph.D.）の協力を得て、この仕事を引き継いだ。ところがゴートンが早

世したことにより、引き継がれたその仕事はのちにヘイリーの手で完成されるところとなった。ヘイリーは、1967年に、『催眠と治療の高等技法（*Advanced Techniques of Hypnosis and Therapy*）』と題したエリクソンの論文集を出版し、1956年12月6日付の手紙で約束したとおり、短い伝記を書き添えた。

ジェイ・ヘイリーより
1956年12月6日

親愛なるミルトン
　「人物紹介」の原稿をご返送いただいたあと、まとめなおし、練り上げて、『ニューヨーカー』誌へ送ったのですが、掲載を断ってきました。あとで読み返したら理由がわかりました。あまりよいできではなく、確かに『ニューヨーカー』にふさわしいできではありませんでした。もう一度取り組む元気が出たら、4分の1ほど削って残りを書きなおし、わたしのエージェントへ送って、どうにかできるかどうか聞いてみようと思っています。
　「人物紹介」の使い道を考えているうちに、しばらく前からあなたに書こうと思っていたことを思い出しました。わたしは、あなたの論文を集めて出版することが非常に重要だと思うのです。編集をやらせていただけたらとてもうれしいのですが、奥さまが編纂の計画を持っておられる、あるいは持っておられたことを存じておりますので、こんなことを言い出していいのだろうかと気おくれも感じます。奥さまの領分を荒らすつもりはないのですが、もしその計画を投げておしまいになっていたら、わたしが名乗りを上げたいのです。ご自分の研究がどのような形でまとめられることを望んでいらっしゃるのか存じませんが、なにか理論的道筋のようなものに沿って作られたアウトラインがあったと記憶しております。あるいはそれが適切なやり方なのかもしれませんが、どんなまとめ方でも、たとえば単に催眠の実験と催眠療法に分けるだけでも、論文が出版されて、読者が手軽に読めるようになりさえすれば十分だと思います。あの「人物紹介」にちょっと手を加えれば、論文集に添える伝記的スケッチに使えるかもしれません。
　いずれにしても、あなたの論文を編纂し、できればまえがきとして伝記的スケッチを添えさせていただきたいのです。まだすべての論文を読んだわけ

ではありせんが、わたしならあなたにぴったりの論文集を作れると思います。ご了承いただけた場合には、郵便でやりとりしながら進めていかなければならないでしょう。これを理由にまたそちらにうかがいたいところですが、そのための費用をプロジェクトから出させられるかどうかは疑問ですので。この提案についてお考えをお聞かせください。

敬具

ジェイ・ヘイリー

ジェイ・ヘイリーへ
1956年12月19日

親愛なるヘイリー

　わたしの論文を編纂したいとのご要望はたいへんうれしいのですが、この話はしばらく前に教え子のクリステンスン博士に持ち出してしまいました。彼はわたしの全出版物に通暁しており、この件ですでに動き出していますし、文献の校合にかけては非凡な才能の持ちぬしです。1月中に相当時間を取って会う予定になっていますが、彼との計画が続行となるのはかなり確実だと思います。
　お申出には多謝。そしてそちらのみなさんがよいクリスマスを迎えられますように。

敬具

ミルトン・H・エリクソン, M.D.

　ヘイリーのエリクソンとの初期のコンサルテーションは、コミュニケーションに関する研究プロジェクトに的が絞られていたようである。1957年3月18日付の手紙は、方向性が変わったことを示している。ヘイリーは研究の領域から臨床の領域へ移ろうとしており、心理療法過程を会得できるよう、エリクソンのコンサルテーションと援助を求めている。エリクソンのファイルに返信は残っていないが、この申し入れが承諾されたことは明らかだ。ヘイリーは症例について話し合うために、フィーニクスに住むエリクソンのもと

を何年間にもわたって訪れた。

ジェイ・ヘイリーより
1957年3月18日

親愛なるエリクソン博士
　フィーニクスへうかがって、ご相談に乗っていただく理由がもう1つできたようです。
　3ヵ月前のことですが、プロジェクトのコンサルタントでわたしの友人でもある、地元の診療所の主任精神科医から、催眠療法家としてパートタイムで個人開業しないかという話がありました。彼のところには、長期の精神医学的治療を必要としない患者や、そのための費用を負担できない患者が大勢まわされてくるものですから、症状を取り除くだけの簡便な治療ならわたしがやれるだろうと彼は考えたのです。わたしは医学博士や心理学者ではありませんので、だいぶ躊躇したのですが、結局はお引き受けしました。ほかにも2、3人の精神科医が患者を紹介してくれまして、同時にこちらの研究の仕事をフルタイムで抱えているとあって、自分としてはちょうどいいと思う程度に繁盛しています。
　開業を始めてすぐに思い知ったのは、ブリーフセラピーをするつもりなら、指示的療法にならざるをえないし、自分のしていることがわかっていなければならない、ということでした。わたしはこちらの〔退役軍人〕病院で4年間、精神分裂病患者の心理療法をしていますが、症状を手早く除去するというのは、これとはまったく別のことなのです。気がついてみると、いちばん役に立っているのは、あの話し合いのなかであなたから学んだことなのです。あのときは特に心理療法の技法について話し合っていたわけでもありませんのに。患者のことではまずまずの成功を収めていますが、うまくいったときもなぜうまくいったのかよくわからず、釈然としません。失敗したとき失敗の理由がわからないのと同じくらい心地悪いものです。
　ともあれ、わたしは自分のしていることがもっとわかるようになりたいですし、あなたに相談に乗っていただいて、自分の扱った症例について話し合うことができたら、知る必要のあることがもう少しわかるようになるだろう

と思うのです。あなたのしていらっしゃるような患者の扱い方を吸収したいのです。個々の患者を相手に自分のしたことや、するべきだったことについて話し合えば、わたしにとってはすごくためになるでしょう。

もしお時間の都合がつき、いいと言ってくださるならば、来月から2、3ヵ月のあいだに1週間フィーニクスに滞在して、1日に1時間ほど話し合いをさせていただきたいと思います。いちばんご都合のよい週はどのへんでしょうか？ そのようなコンサルテーションの料金はいかほどでしょうか？ まもなく着手される見込みの、心理療法の本質に関する研究にも関係のあることですので、この訪問の経費はプロジェクトがまかなってくれるかもしれません。

どうぞお元気で。お便りをお待ちしております。

敬具

ジェイ・ヘイリー

以下の概括は、おそらくウィークランドとヘイリーが準備したものであろう。ことによるとベイトソンのプロジェクト・チームのメンバーも手を貸したのかもしれない。

エリクソンとのコンサルテーション──1959年11月

取り上げる問題
  I．病理と治療
　　討論の基本計画──個人治療に関する中心的な疑問から手をつけ、夫婦に関する同じ問題に移り、さらに可能なかぎり家族に及ぶ。
　　エリクソンの手法は、次のように箇条書きにすることができると思われる。

　　　　本質的な問題を分類する。
　　　　患者の行動を受け入れる。
　　　　この行動を利用する──すなわち、その行動に基づいた策略を開

始し展開していく。
今までの神経症を打破する。
変化を安定させる。
治療を終結し、患者を去らせる。

A．個人
  1．彼は病理を具体的にどのように分類するのか──すなわち、患者が部屋に入ってきたとき、エリクソンは基本的障害をどのように分類するのか？
  2．患者のどのレベルの行動を受け入れて利用するのかについて、同様の疑問。ある症例ではおもてに表われた行動を選び（たとえばペーシング[※7]）、別の症例では根底にあるパターンを選んでいるように見える。なにに基づいて選ぶのか？
  3．受け入れることから、利用すること・方向づけしなおすことへの移行は、どのようになされているか？
    3a．なにかをするように求めても、なかなかとりかからない患者をどのように扱うのか？
    3b．ともかくも変化を引き起こすには、なにが決め手になるのか？「感情の表出」か、「洞察」か、今までとは異なる行動か、あるいはそれ以外のなにかか？
  4．起こった変化をどのようにしてつなぎとめ、安定・持続させるのか？
    4a．少しもよくなっていないと主張する患者をどのように扱うのか？
  5．治療終結の時期と方法はどのように決めるのか？
  終結後も好転し続けるようにするための手立ては？

B．夫婦
  1．個人を扱っていると、配偶者が大きく問題に巻き込まれているのが明らかに見て取れることがよくある。その個人を通して関係に影響を及ぼそうとするのか、それとも双方と面接するのかの選択の根

拠は？
 2．双方との面接を選んだ場合、2人目の参加をどのように扱うのか
　　——最初に患者となった側、新たに患者となる側それぞれにどのように受け入れさせるのか？
 3．2人いっしょに面接するのか、別々に面接するのか、その両方をするのかに関わる選択。
　　別々に面接する場合——コミュニケーションの自由、つまり、一方が明かした「秘密」の扱いについてはどうか？
 4．ここでの問題の区分と分類の問題。つまり、結婚のどういうことがうまくいかなくなっているのか？
　　4a．なにを目標とするのか？　そしてよい関係とはどういう関係か？
 5．受け入れと利用——エリクソンは個人を対象とする場合、その人の（当然ながらエリクソン自身との関係における）おもな行動上のテーマや症状を扱うが、夫婦を対象とする場合も、それと同じように2人の現下の関係を扱い、その関係の変化を促すのか？　どのようにしてか？
 6．夫婦が相互作用パターンを強化し合う傾向が強い場合、エリクソンはどのようにして変化をもたらし、それを維持するのか？
　　6a．あるいは、変化が生じる場合は、2人の接近の仕方をどのように統制して、当人たちがその変化にうろたえないようにするのか？

C．家族（両親と子ども）
　ここで問題となる点は、ほとんどが上記「B」に同じ。
 1．両親と子ども双方と面接するか、どちらか一方とだけ面接するかの選択。
 2．家族全体を取り込むときのお膳立ての仕方。
 3．双方と面接する場合、どんなとき別々に面接し、どんなときいっしょに面接するのか？
　　個人的な、つまり内密のコミュニケーションの取り扱い。

4. どんなことが子どもの障害の原因になっているのか？
    a. たとえばの話——エリクソンが不安定な子どもを作り出したいと思ったとしたら、両親にどんなことをさせるであろうか？
    b. 病的な夫婦関係において子どもの果たしている役割——両親にどのように利用されているか？
    c. 家族を扱う場合の目標。
5. この状況における受け入れ、利用、変化はどうか？　当事者間の相違が非常に大きい複雑な相互作用なので、そこにあるなにを全体として受け入れたらいいのかがわかりにくい。そのうえ、きわめて自己強化的で変化に抵抗するシステムなのだ。

Ⅱ. 取り上げたい実験
1. 催眠被験者の良し悪しを見分けるには、どのような実験が考えられるか？
2. さまざまな種類の家族を識別するには、どのような実験が考えられるか？

Ⅲ. その他
1. 治療の失敗
    エリクソンは追跡調査による情報をどの程度得ているのか？
2. 患者、特に夫婦か家族を実際に治療している場面の録音テープがあれば、あるいはこれから作成できれば、入手したい。
3. エリクソンのもっと最近の論文、特に『アメリカ臨床催眠学雑誌』所収のものをいくつか入手すること。

1959年12月の文通で、エリクソンとヘイリーは、催眠療法を用いた一患者の治療に関する本をめぐって、互いの見解を論じ合っている。ヘイリーはエリクソンほどその本を好ましく思わなかった。その後、エリクソンは、心理療法とはいかなるものかということについて教え諭している。

1959年12月7日付のエリクソンからヘイリーに宛てた手紙には、臨床的な方向性を持ったある本についてヘイリーの書いた書評のことが述べられている。この書評は、もしかすると、エリクソンの編集していた『アメリカ臨床催眠学雑誌』のために書かれたものであったのかもしれない。

ジェイ・ヘイリーへ
1959年12月7日

親愛なるジェイ

　F氏の本へのご批評、ありがとうございました。確かにどっちつかずです。でも、患者は反応したのです、それも述べられている方法との関連で反応したのです。わたしは彼を徹底的に「分析」した精神分析家に会って話を聞きましたが、まったくむだだったので、その人のことはきれいさっぱり頭から払いのけました。わたしは治療経過を追いました。とても好奇心をそそられるのです。問題の患者と娘に会ったことが──患者と面接したことがあるものですから。

　わたしにわかるのは、治療成果は「雑種アプローチ」によって得られた、ということだけです。なぜこの本を評価するのかというと、**考えること、知ること、理解すること、感じること、信じること**の重要性を例証しているばかりでなく、**おこなうこと**のものすごい重要性をも例証しているからです──もしかすると最初は空想のレベルで安全に、それから徐々に現実のレベルでおこなうことの。

　わたしは、F氏の治療を受けた患者をほかにも3人、うち2人は女性、1人は男性ですが、直接知っています。本質的には同じタイプの手法をそれぞれの人に合わせて変えた治療で、その成果はみごとなものでした。

　ときどき思うのですが、心理療法とはいったいなんなのでしょう。ややこしい精神分析的な理論を立てることでないのは確かですし、いかなる系統立った思想体系でないのも確かです。そういうものではなくて、患者と治療者が複雑な相互作用によって共通の目標に向かって努力していく、そんな人間関係なのであり、患者が、現時点で自分の理解している枠組みの範囲内で、そしてまたいつでも現時点でのとらえ方を変える自由を持ちつつ、考え、感

じ、おこなうことなのです。

　たいへんありがとうございました。

敬具
ミルトン・H・エリクソン, M.D.

　ヘイリーはエリクソンの治療法をもっと広めたいと述べ、1962年2月21日付の手紙で、エリクソンの症例をもとにしてテレビ用の脚本を書くという考えを持ち出している。エリクソンは断わり、ヘイリーもこの計画を推し進めはしなかったようだ。

ジェイ・ヘイリーより
1962年2月21日

親愛なるミルトン
　論文をごらんになって察しがついていらっしゃるかもしれませんが、わたしは執筆を一生の仕事にしたいという気になっています。
　このところ、精神科の症例をもとにしたテレビ用の脚本に挑戦中なのです。テレビに出てくる精神医学は、ほとんどがいかにも作り物めいていて退屈ですし、わたしならもっとうまくやれると思うのです。
　自分の症例をもとにして書いているうちに、あなたの症例でとてもいい脚本にできそうなのを思い出しました。ご自分の症例の公表には、徹底的に偽装されないかぎり、非常に神経をお使いになることを存じていますので、十分に偽装できるならという条件で、その話を使うお許しをいただきたいと思い、こうしてペンをとった次第です。
　わたしが言っているのは、悪さばかりしている少年を母親がお尻の下に敷く、あの症例のことです[※8]。わたしの考えている構成はこうです。若い精神科医と年上の精神科医がいて、若いほうが少年の問題行動を解決しようとしますが、なすすべを持たない母親と治療に加わろうとしない父親に直面します。年上の精神科医が、自分ならすぐに問題を解決できると言い出して、若い精神科医は年上のほうに問題を預けます。母親は、治療に参加するよう

に父親に助言しなさい、と言われます。そしてもし父親がうんと言わなかった場合は、彼女が息子に言うことを聞かせることができたら、いっしょに治療に参加して家族療法を受けると認めさせなさい、と言われるのです。父親は、そんなことはできっこないと思って同意します。それで精神科医は母親に少年の上に座り込むように指示し、母親はそのとおりにし、父親は治療に加わる、というわけです。

　この症例で問題なのは、メリハリをつけなければならないということです。少年の上に座り込むというアイデアは、おもしろいことはおもしろいのですが、2、3分もするとちょっと単調になってきます。ですから、母親が少年をお尻の下に敷くところは大きな筋書きの一部にして、それを中心にしたこんなふうな構成にする必要があるのです。

　もちろん、脚本が売れた場合はあなたにストーリー代をお支払いしますが、脚本の題材に対する謝礼は通常150ドルです。放映されたら、そのときに支払われます。

　精神医学ものシリーズはいい出来合い番組になるでしょうし、わたしもいつかは1つ売り込めるかもしれません。そこそこ正統的な精神医学にしなければならないでしょうし、あなたの題材の多くはかなり型破りですが、もしそのようなシリーズにとりかかることになりましたら、それを理由にお目にかかりにうかがい、あなたの症例のどれがよさそうか、ご相談させていただくつもりです。

　この症例を使わせていただくことについてどうお考えになるか、また、わたしがテレビ界の大立て者となった暁には、ほかの症例もドラマ化させてくださる気がおありかどうか、お聞かせください。

敬具
ジェイ・ヘイリー

ジェイ・ヘイリーへ
1962年2月26日

親愛なるジェイ

　どうしても許可する気になれずにいます。テレビにかけるなんて好きじゃ

ありませんし、番組司会者というのは、内容的な価値より「芸」のほうに関心が行っている人が多いですからね。水を差してしまって、あしからず。

　そちらへ行けたらと思ってはいるのですが、なにしろ忙しくてままなりません。

　　　　　　　　　　　　　　　　　　　　　　　　　　　　　　　　草々
　　　　　　　　　　　　　　　　　　　　ミルトン・H・エリクソン, M.D.

　1970年5月、ジェイ・ヘイリーは、サルヴァドール・ミニューチン（Salvador Minuchin）が運営するフィラデルフィア小児指導診療所（Philadelphia Child Guidance Clinic）で働いていた。ヘイリーは、『ファミリー・プロセス（Family Process）』の編集長をしており、家族療法に関する論集を出版しようとしていた。エリクソンに宛てた5月7日付の手紙で述べているように、ヘイリーと、やはり家族療法に関する概説書を出版したがっていたネーサン・アッカーマン（Nathan Ackerman）およびジョン・ベル（John Bell）とのあいだには、競り合いがあったらしい。どちらの本も出版には至らなかった。

　返信において、エリクソンは、お得意の戦略的方法を、催眠や治療のためだけでなく、専門家組織での政治的状況に対処するのにも使っていることを述べている。手紙の最後では新居のことに触れている。1970年、エリクソン一家はサイプレス通りからヘイワード街へ、同じフィーニクス市内のおよそ6マイル北東へ引っ越した。新居には、車椅子から離れられないエリクソンの生活をもっと楽にしてくれる、特別な設備が備わっていた。小さなゲストハウスもあって、それはエリクソンの診察室にもなればセミナーを開く場所にもなった。（この時期から始まったエリクソンのセミナーについては、Zeig, 1980を参照されよ）

ジェイ・ヘイリーより
1970年5月7日

親愛なるミルトン
　長い手紙になりそうですので、どうか楽にして読んでください。なにぶん争いごとに関する話ですので、それほど退屈なものにはならないはずです。

残念なことに、あなたの論文も入っている、家族療法に関する論集の出版を中止せざるをえなくなりました。何ヵ月も労力を傾けた、われながらいい本になると思っているものをあきらめるのはとてもつらいです。それに、論文掲載のお許しをいただいておきながら（しかも、みなさまに出版の準備に余分のお手数をとらせておきながら）こうせざるをえないとお知らせするのも心苦しいです。このような決断を下さざるをえなくなった、背後の事情をお伝えする義務があるものと思います。

　家族療法のよい論集で単行本になったものはありませんし、今までのよりもっと優れた論文の多くは数年前に発表されましたので、わたしは、この分野における非常に多様な観点を代表する選集を編もうと思い立ちました。グリュン・アンド・ストラットン社が出版に同意してくれました。タイトルは『家族を変える』とし、印税は寄稿者に分配されることになりました。

　あなたから再掲載の許可をいただく以外にも、さまざまな論文が最初に掲載されたジャーナルから使用許可をもらわなければなりませんでした。どのジャーナルもこの許可を出してくれました。論文のうちのいくつか、21のうち9つは、前に『ファミリー・プロセス』に掲載されていました。わたしは『ファミリー・プロセス』編集長として、論集の編者としてのわたし自身に、うちのジャーナルから転載許可を与えました。これは正当かつ適切な措置だと思いました。『ファミリー・プロセス』の編集委員会が定めた方針では、編集長は、すべての論集の編者に対して、著者から書面で許可をもらうこととうちのジャーナル名を挙げることだけを条件に、論文の転載許可を与えてもかまわないということになっていました。そもそも科学論文というものは著者からジャーナルへの贈り物なのだから、著者が自著論文の再掲載に対する基本的な権利を持つのは当然だ、とわれわれは考えたのです。それに、『ファミリー・プロセス』に掲載された論文が論集に加えられることは、よい広報活動になるとも考えました。編集長を務めた8年以上のあいだに、わたしは何度となく編者たちにこの許可を与え、わがジャーナルに掲載された論文は、さまざまな論集に代表的なものとして載せられてきました。

　この論集を編集するかたわら、わたしはもう1つ別の企画に携わっていました。ここ数年、『ファミリー・プロセス』の優れた論文を集めて、『ファミリー・プロセス選集』を出そうという話が出ていたのです。ネーサン・アッ

カーマンがこれに取り組むと言ったのですが、年月だけが空しく過ぎました。アッカーマンの論文の1つを『家族を変える』に収めることについて手紙を取り交わしたとき、彼は、『ファミリー・プロセス選集』にとりかかるべきだ、2人でこれを編集するべきだ、と言ってきました。わたしは同意し、とりあえず、今まで取り組んでいた論文のリストを送ってくれるように頼みました。何ヵ月かして受け取ってみると、とても使いものにならないリストでした。彼は自分のなじみのベーシック・ブックス社にこの本を任せたがったのですが、出版社側は300ページにしてくれと言ってきていました。彼のリストは総計750ページに及び、しかも自分好みのものを寄せ集めただけに見えました。われわれは手紙を取り交わして論文の選択で合意に達しようと努め、彼は前より短いリストを送ってきました。先行きやっかいなことになるのは目に見えていました。われわれは構成について一致していませんでしたし、どれを優れた論文とみなすかでも大きく見解が異なっていたからです。

　わたしは『ファミリー・プロセス』の編集長を辞任するところでしたし、このジャーナルでアッカーマンを相手に8年の歳月を耐え忍んできたのですから、自分の代わりにジョン・ベルを論集の共同編集者に据えるよう提案するのが、これ以上の紛争を避ける潔い道のように思えました。わたしはそうするように言ってやり、受け入れられました。『選集』に対する責任は、ジャーナルを後援している2つの研究所の2人の所長[※9]が負うでしょうし、彼らが必要とした場合には分別ある助言をしようとわたしは快く申し出ました。

　このとき、問題が発生したのです。『家族を変える』は、グリュン・アンド・ストラットン社と契約を取り交わす段階にきていました。わたしはアッカーマンを含めすべての著者から許可を得ていましたが、例外はジョン・ベルで、彼の論文についてはまだ許可を得ていませんでした。彼は、わたしの編集している論集が『ファミリー・プロセス選集』と競合になるかどうかを問題にしてきました。

　どうやら、わたしはこの問題を十分に真剣には受け取らなかったのです。わたしにしてみれば、『ファミリー・プロセス選集』は何年も前から進行中だったわけですし、『家族を変える』のほうはすぐにも印刷にとりかかれる状態であるのにひきかえ、こちらは完成までさらに何年もかかりそうだった

のですから。それに、わたしは競合などないと思っていました。論集というのは次々に出るもので、いつでも出版の余地があります。それに、『ファミリー・プロセス選集』はわずか3分の1が家族療法に関するもので、3分の2は家族についての別の見方を扱う予定でした。家族療法論集はこれとはまったく異なっており、研究者にはほとんど興味がないでしょう。わたしは論集制作を先へ進め、本は出版社といっしょに制作する段階に入りました。

　この段階で、〔ジョン・E〕ベル博士とアッカーマン博士からの最後通告を受け取ったのです。それは、最初に『ファミリー・プロセス』に発表された論文は、著作権を保有している2つの研究所の所長、すなわち彼らの特別な許可なしに出版してはならない、というものでした。編集長の許可だけでは不十分だというわけでした。また、たとえ彼らの許可を得たとしても、『ファミリー・プロセス選集』が市場に出てから6ヵ月経過するまで出版してはならない、とも言っていました。あちらは共同制作にとりかかったばかりで、最終選考も終わっておらず、著者から許可を得るための文通すら始めていませんでした。ですから、これは、いつともわからない時からさらに6ヵ月先まで、わたしに出版を延期せよということなのでした。アッカーマンはすでに数年間先送りにしてきたのですから、『選集』の出版が近い未来に迫っているとはとうてい思えませんでした。

　わたしはベル博士とアッカーマン博士に対し、この要求は不当ではないかと伝えました。実際上2つの論集に重複はないのだし、あるなら変更すればよい、と指摘しました。アッカーマンが送ってきた最後のリストには、両方の論集に載りそうな論文は2つしかなく、その1つはわたしの論文でした。もう1つはロス・スペック（Ross Speck）の論文でした。わたしは、一切重複がなくなり、1つたりとも同じ論文が両方の論集に載ることのないように、論文をさしかえようと申し出ました。

　これに対し、ベル博士とアッカーマン博士は、2冊の本に同じ論文が載るかどうかは問題ではない、と言ってきました。**最初に『ファミリー・プロセス』に発表された論文が1つでも入っている論集は、『ファミリー・プロセス選集』の発刊後6ヵ月を経過するまで、一切、出版してはならない**というのです。執筆者とのあいだにある暗黙の了解をすべて考慮に入れても、こんな規定を定めている科学ジャーナルなど聞いたことがありません。彼らが言

うには、印税を受け取ることになる2つの研究所を守るために、この規定を設けざるをえないというのでした。（人はさぞかし巨額の金がこの決定にかかっていると思うことでしょう。たとえ両研究所がたいへんな財政的苦境にあるとしても、彼らはこのような『選集』でできることを過大評価しているのです。この手の論集から入る印税など、言い争いをしたり、ましてや広く知識を普及させるために科学ジャーナルが負うている義務を踏みにじるに値するものではないのに）

　こんなわけで、わたしは複雑で腹立たしい問題に直面してしまったのです。法的にはおそらく有利な立場にあったでしょう。『ファミリー・プロセス』からの論文転載の許可は、編集長、すなわちわたしから、適切な方法で得てあったのですから（当時だれか別の人間が編集長であったならなんの問題もなかったでしょうに、なんとも奇妙な成り行きです）。しかし、いざ法的問題を解決するとなると、きわめてやっかいでした。『ファミリー・プロセス』を所有しているのは2つの研究所ですが、方針決定権は編集委員会にあります。所長同士が法的な契約を結べるほど一致を見ていないため、委員会との関係における研究所の権限は明確になっていません。委員会のほうも、権限は持っているもののめったに会合を開かず、しかも、まだ権威を明確にしていない、ほとんど誕生したばかりの委員会です。最終的な意思決定権の所在はまったく不明瞭なのです。

　『ファミリー・プロセス』所収の論文をはずせば問題を避けて通ることはできたでしょうが、価値ある論文の多くはそこから持ってきたものでしたから、そんなことをすればつまらない論集になってしまったでしょう。それもそのはず、これらの論文の多くは、他のどこでもない『ファミリー・プロセス』に発表するよう、このわたしが著者らをかき口説いて集めたのですから。

　最近、ベル博士とアッカーマン博士は、交渉態度を法的なものから倫理的なものに転換し、ますますぶしつけになっています。これにはいらだちとともに当惑を覚えます。『ファミリー・プロセス』に損害を与えたいなんて、わたしは夢にも思ったことがありません。あのジャーナルのために汗水たらして人生の8年間を過ごしてきた以上、わたしだって選りすぐりの論文が単行本として出版されるのを見たいです。それに、2つの研究所はジャーナルやわたしの労力のおかげをこうむってきたのですから、礼儀としてこの件を

放っておいてくれてもよさそうなものを、とも思います。それどころか手紙はますます侮辱的になる一方なので、当惑してしまうのです。ジョン・ベルが、メンタル・リサーチ・インスティテュートでドン・ジャクソンの果たしてきた役目を引き継ぐのは不可能だ、と気づきつつある——事実、失敗しかけているわけですが——という事情は理解できます。でも、これまではいつでもおたがいを尊敬し合ってきたのですから、なぜわたしに対してこのような態度をとろうとするのか、わかりません。アッカーマンとなると話は別です。ジャクソンとわたしは、『ファミリー・プロセス』を立ち上げる際、アッカーマンのことで出足をくじかれたのです。われわれはジャーナルの発起人に加わるよう彼に声をかけました。財政を支えてもらうためもありましたが、もっと幅広く、１つ以上の研究所がジャーナルを代表するのがよいと思ったからでもありました。加わるにあたってアッカーマンの出した条件は自分が編集長になることで、それはわれわれの望むところではなかったので、お引き取り願って、別の研究所を捜しました。このときアッカーマンが、編集長はあきらめ、資金を提供してもよいと言ってきたので、あらためて彼を迎え入れたわけです。ドンは、いくらかでも気分を直してもらおうとして彼を理事会の会長にしたのですが、それでもアッカーマンの恨みが消えることはありませんでした。どうにかこうにかいっしょにジャーナルをやってきたものの、容易なことではありませんでしたし、それは今も相変わらずのようです。

　この論争は最終的に倫理的問題に行き着きました。ベル博士とアッカーマン博士は、わたしが『ファミリー・プロセス』所収の論文の転載許可を自分に与えたのは、「私的取引のための地位の乱用」であると考える、と書いてきました。彼らの思惑どおり、こう非難されては、わたしとしては論集をあきらめ、『ファミリー・プロセス』ならびに２つの研究所とわたしとのあいだにわずかながらつながりが残っていたにせよ、それすら断ち切る以外に道はありませんでした。

　このこと全体を残念に思いますし、とりわけこの子どもじみた争いにあなた方を巻き込んでしまったことを申しわけなく思います。家族療法に関する論文を集めた良質の論集がこの分野で必要とされていることには変わりなく、もしそちらでどなたか編みたいという方がいらっしゃれば、わたしよりは『フ

ァミリー・プロセス』の所有者たちとうまくやれるかもしれません。

敬具

ジェイ・ヘイリー

ジェイ・ヘイリーへ
1970年5月16日

親愛なるジェイ

　5月7日付のお手紙で事態を知って残念に思います。争いごとが起こるのは大学や国会に限ったことではありません。まさかと思うようなところでこそ、狭量なふるまいに出くわすことがあるのです。わたしなど、どんな場合にもつねにそのような可能性を見越していて、災難に会わなかったらうれしい驚きを覚えるだけです。編集長時代はわたしも許可を与えて事を済ませていましたが、きちんと日付を入れた許可にして、法的に骨を折らなければ妨害できないようにしていました。きみにもそうするよう忠告することを思いつくべきでした。

　どんなふうに慰めたらいいのかわかりません。編集者や執筆者の宿命というのは、所詮そんなに幸福なものではないからです。英国の〔ジョン〕ハートランド博士も、わたしがきみはやっかいごとに向かって突き進んでいるのだと言ったときは信じませんでしたが、ごく親しい友人のふるまいに驚かされたと書いてきました。わたしは自分の後任としてビル・エドモンストンを〔『アメリカ臨床催眠学雑誌』の〕編集長の座につけることに成功しましたが、そうできたのも、うわべはよき友人たちが、どんな手ひどいやり口でわたしを窮地に追いつめるかを先に見て取ったからです。そして、ここでこうやれば、真の友人3人に嘆きの涙を流させてわたしを窮地に追い込める、と彼らに思い込ませてやったのです。真の友人たちは乗り越えてくれるだろうし、最終的には彼らに対して事情を明らかにできるとわかってはいたものの、わたしに向かって浴びせられた山ほどのあざけりと、およそありとあらゆる望ましからざる事柄についての非難の数々といったら、きみにも見せかった。そういえば、ウィスコンシン大学の内科学の教授は、わたしに「ネメシス（訳注：ギリシア神話の復讐の女神）」というあだ名をつけましたが、それはわ

たしが級友たちを相手にまわして戦うときの戦い方のせいでした。連中が意地悪をして、自分たちとしては絶対に悪い方向だと思っている方向へわたしを押しやろうとすると、わたしはいつもどんどんやらせて大いに楽しんだものでした。

　新居はとてもいい具合に整いつつあります。ベティはゆっくり時間をかけて物の配置を決めていますが、なかなかよくやっていると思います。

敬具

ミルトン・H・エリクソン，M.D.

ジェイ・ヘイリーより
1971年3月30日

親愛なるミルトンとベティ

　今週ピッツバーグへ行き、ケイ・トンプソン（Kay Tompson）に会いました。その会話のなかで、わたしは、エリクソン流アプローチを映画に収めたものがほとんどないこと、あなたのゲストハウスのあのすてきな診察室に、ぜひビデオカメラを備えつけるべきだということを話題にしました。安上がりに実現する方法について話し合っているうちに、ケイが、ASCH（訳注：アメリカ臨床催眠学会）の教育研究基金が資金を出してくれるにちがいないと言い出し、わたしに資金援助を申請するようさかんに勧めました。

　これを賢明な措置だとお思いになるかどうかうかがいたくて、ペンをとった次第です。ERF（訳注：教育研究基金）から、小さな、1500ドルのビデオ装置を購入するための助成金を獲得できるでしょう。これはあくまでも基金の所有物で、最終的にはワークショップやなにかで使われるでしょう。そのほかにかかる費用は、ビデオテープ代と、わたしが出向いて装置をとりつけたり、ときどきどんな具合か見に行くための旅費でしょう。

　わたしの考えでは、わたしが器材を持ち込んで、カメラは目立たないように壁のなかに据えつけ、録音装置は外の待合室に設置できるでしょう。そうしておけば、ベティ、あなたがミルトンの車椅子を診察室へ押していくときに、もしそれが彼の録画したい面接であったら、テープを入れてちょんと機械を動かすだけでいいのです。簡単な装置で、まあテープレコーダーみたい

なものです。テープがたまったらわたしが出向いて目を通し、ことによっては一部を削除してテーマ別にまとめてもいいでしょう。1つの症例を数セッションにわたって見られるようにすることもできますし、ミルトンがテープに収めたいと思う誘導法や介入法別にまとめることもできるでしょう。気に入らないテープは消去して再利用できます。いったん設置してしまえば何ヵ月もそのままでだいじょうぶですし、適切な患者で、ミルトンがその気になったときだけ使えばいいのです。

　面接中のエリクソンを映像として記録することの重要性は、いくら強調してもしきれないほどですし、何年も前からしておくべきだったとはいえ、今からでも遅くはないと思います。そうお思いになりませんか？　言っていただければ、用紙の記入にとりかかり、資金を調達できるかどうか見てみます。

敬具
ジェイ・ヘイリー

編集者注：ケイ・トンプソン，D. D. S.[※10]はエリクソンの教え子で、催眠実技の熟練した教師であり、アメリカ臨床催眠学会の歴代会長の一人であった。

ジェイ・ヘイリーへ
1971年4月10日

親愛なるジェイ

　ビデオテープがきみにはどんなにすばらしく思えたとしても、おいそれと後押しするには抵抗を感じます。わたしは、人前で患者と面接できるほど開放的な気分になることなどめったにありません。精神科の個人開業は臨床センターの診療とは大違いなのです。それに、昨今は、貪欲な弁護士が医療過誤で医師を訴える機会を虎視眈々と狙っていますし。

　ビデオを使うことのできた患者がこのところ3人いたのですが、そのうちの1回では、ひどく言葉を制約されてしまいました。わたしがよく催眠を使うものですから、患者たちはわたしが人を入れて話を聞かせていないかどうか、面接室のなかを調べるのです。

　きみ宛ての紹介状を求める手紙を受け取りました。今日タイプして発送し

ます。

　昨日、患者となる15歳の女の子と会いました。彼女は3歳のときアイススケートで州のチャンピオンでした。最近、出場をひどく恐れるようになりました。母親とコーチが付き添ってきました。本気で治療に取り組む気になってもらうためには、母親を泣かせ、コーチを泣かせ、少女を泣かせなければなりませんでしたが、そのあとはなにもかも思惑どおりに運びました。このような症例をビデオで見ても理解するのはむずかしいでしょう。なにせ完全に主観的な目で見る必要のあるものが、客観的な形で提示されるわけですから。来週の火曜日も、あの少女と両親とコーチと面接しなければならないでしょう。自分自身の満足のために滑れるように少女を解放してしまったので、両親がわたしに対して敵意を持つことのないよう念を入れるためです。この子の治療をしているあいだ、ずっとビデオのことを考えていましたが、肯定的な面を思うと同時に、他人は感情移入しようとするあまり、すごく間違った印象を抱くだろうなとも思いました。

　最近、T・E・A・フォン・ディーデンロス〔親しい同業者であると同時に、当時エリクソンのかかりつけの医師でもあった人物〕が、C・S〔エリクソンは、催眠をおこなっている有名な開業医の名前を挙げている〕についてかなり詳しい話を聞かせてくれました。C・S はわたしの完璧な模倣をしていて、癖や声の調子までまねているので、目をつぶって聞いていると、話しているのはわたしで、C・S ではないような気がしたほどだったとか。そして、ビデオテープなんてものがあると、大勢の初心者が、わたしのような成果は上げられないままに形だけ模倣するようになるだろう、と言っていました。

　マーガレット・ミードが5月22日にこちらにくることになっているので、きみの本〔編集者注：『アンコモンセラピー』（ヘイリー, 1973）〕のまえがきを書いてくれる気があるかどうか、聞いてみるつもりです。ところで二、三、変更したい事例史があります。1つは、自動車事故訴訟に巻き込まれて、1年間、精神科医の治療を受けた女性の事例ですが、これは舞台をミネソタに変えること。「2月のおじさん」の事例と子煩悩な夫婦の事例は、ベティに調べてもらって、完全で正確な記録をお送りしたいと思います。ベティはたぶん今週末に調べてくれるでしょう。

　今新しい論文を書いているところなので、でき上がり次第カーボンコピー

を送ります。

ロキシー〔エリクソンの娘〕が復活祭を過ごしに帰ってきています。孫のデイヴィッド・エリオットもやはり復活祭を過ごしにきています。ロキシーとわたしとメイドは、アレルギーをどっさり抱えて難儀しています。

タコス・ソースを気に入ってもらえてよかったです。あれを送りたかったんですよ。

敬具
ミルトン・H・エリクソン, M.D.

1970年代には、エリクソンの治療をビデオテープに収めることに関心が集まり、多くの弟子たちがエリクソンを撮影した。たとえば、ハーブ・ラスティグ医学博士（Herb Lustig, M.D.）はエリクソンの面接室でビデオ撮影を試みたが、無線信号の干渉により音声がよく入らなかった。ザイクは1974年にビデオ撮影をやり遂げた。マリオン・ムーア医学博士（Marion Moore, M.D.）は、自分の面接室で治療をおこなっているエリクソンを収めたビデオテープをもっとも多く集めた。ラスティグ（1975）は、テレビスタジオで非常に質のよいビデオテープを制作した。エリクソンのビデオテープは、フィーニクスにあるミルトン・H・エリクソン財団の記録保管所に収められており、専門家が閲覧できるようになっている。

マーガレット・ミードは『アンコモンセラピー』のまえがきを書かなかった。その代わりに、ヘイリーは自分のエリクソンとの経験について書き、エリクソンの経歴についての短い解説を添えた。

ウィークランド

ジョン・H・ウィークランドより
1959年12月11日

親愛なるミルトン

先月われわれがおじゃましたときベティからいただいた別刷りのなかに、『小児科の催眠療法（Pediatric Hypnothrapy）』という題のものがありました。いくつかの点でとても興味深く思ったものですから、アンナが読んだら気分転換になると思い、自宅へ持って帰りました。ところが彼女がその機をつかむより先に、アランとルイスの手中に渡ってしまったのです。あとで奪回した残骸のありさまから見て、あの子たちはあなたの論文を相当徹底的に消化してしまったらしいです。ひょっとすると、こんなやり方であってもわたしの考えていた効果はあるのかもしれませんが、やっぱりアンナ自身もチャンスを与えられるべきだと思うのです——少なくとも3番目の子のために。

そんなわけなので、すみませんがもう1部送っていただけますか？　どうかお元気で。

敬具
ジョン・H・ウィークランド
民族学部門

──────

エリクソンとベイトソン・プロジェクトのメンバーのあいだでさらにおこなわれた一連のコンサルテーションのことが、ジョン・ウィークランドからエリクソンへ宛てた1961年10月26日付の手紙に述べられている。明らかに、ヘイリーとウィークランドは、夫婦と家族の治療に関心を持つようになり、エリクソンに援助を求めたのである。返信を見ると、エリクソンはどうやら家族や家族単位[*11]を治療していたらしい。ウィークランドの言ってきた時期には、記録に使える症例がなかっただけだったのだ。

ウィークランドは、手紙の第2パラグラフで、エリクソンがおこなったルースの催眠誘導と、そのすぐあとでウィークランドとともに、おそらくはヘイリーも加わっておこなった誘導に関する討論に触れている。その討論の記録は残っていない。しかし、この誘導に関するエリクソンとアーネスト・ロッシそれぞれの論評を録音テープから文字化したものが、『催眠を体験する』（Erickson & Rossi, 1971）に収められている。

ジョン・ウィークランドより
1961年10月26日

親愛なるミルトン

　ジェイとわたしは近々またフィーニクスにうかがってあなたにお目にかかり、明らかに夫婦または家族（両親と子ども）が関係している問題を、あなたがどのように扱っておられるかについて話し合いたいと思います。特に、同じ面接で2人または3人以上の家族メンバーをどのように扱われるかに関心があります。というのは、個人開業ではそれほどではないにしても、少なくとも研究プロジェクトにおいては、家族に関するわれわれの関心や経験は、大部分がこういったものだからです。しかし、2人または3人以上の家族メンバーを、いっしょにというよりむしろ個別に面接するとか、一方とだけ面接して、必要なときはその人を通して配偶者に影響を与えるほうをお選びになる事例にも関心があります。

　あなたの催眠誘導法をもっとよく理解するために使ってとてもうまくいった方法がありましたが、このテーマにもあれと同じ方法で取り組みたいと思います。つまり、あまりご面倒でなければですが、わたしたちがフィーニクスにうかがう前に、家族か夫婦との面接をテープに録音しておいていただきたいのです。おそらく、メンバー全員があなたと会ったことのない家族との初回面接がいちばん望ましいでしょうが、その家族の抱えている問題はどういうものであってもかまいません。そうしておいていただいて、到着したらまずその録音を聞き、あなたのなさったことについてコメントをいただき、こちらからも質問をするというふうにしたいのです。ルースの催眠誘導の録音でしていただいたのとちょうど同じような形です（そちらへ着いてから、夫婦か家族とのセッションを録音してくださるようにお願いしてもよろしいのですが、到着前にしておいていただければありがたいです）。一般的な質問や特定の質問もいくつか持ってまいりますが、そちらは二の次で、肝心なのはこちらのほうです。

　時期としては12月1日からの週末を考えており、金曜日の夕方から火曜日のあいだに8時間ないし10時間、お時間を割いていただけたらと思っております。それが可能かどうかお知らせ願えますか？　可能でない場合は代わりの案をご提示ください。

敬具

ジョン・H・ウィークランド

民族学部門

ジョン・ウィークランドへ
1961年11月21日

親愛なるジョン

　お手紙は今日の昼前に、たいへん興味深く読ませていただきました。1週間セントルイスへ出かけているあいだに届いたのですが、そのあとさらに1週間、東部地方へ行っていたのです。あなたの手紙は、ジャーナルの4月号に加えて、これから2週間のあいだにかたづけたいと思っているものの山のなかにありました。

　こんな「簡単な」課題をあてがってくださるとは、なんともご親切なことです。予定表を見てみますと、家族単位は1つも入っていません。母親と息子だったり、娘でも両親は東部だったりで。なにかは入るのではと思いますが、例年、感謝祭の週とクリスマスの買い物をする時期には新患が減りますからね。

　お返事がたいへん遅くなって申しわけありません。
　みなさんによろしく。

敬具

ミルトン・H・エリクソン, M.D.

訳 注

※1：ヘイリー（1985）によれば、ベイトソンは、1940年代におこなわれたサイバネティックスに関するメイシー財団の会議に参加したのち、自動制御システムというサイバネティックスの見地を心理学と精神医学の分野に導入した。ベイトソンのコミュニケーションに関する研究プロジェクトは、1952年から1962年まで続いたが、1950年代のなかごろには、分裂病を家族システムの産物として説明しようとするようになり、家族全体を対象とした治療を始めていた。

『精神分裂病の理論に向けて』の注によれば、ベイトソンのプロジェクトは、1954年まではロックフェラー財団から資金提供を受けて、スタンフォード大学の社会学・人類学部の管理のもとでおこなわれ、1954年以降は、ジョーサイア・メイシー・ジュニア財団の助成により継続された。プロジェクトの拠点は、カリフォルニア州パロアルトの退役軍人病院に置かれていた。

※2：ヘイリー（1985）によれば、エリクソンは1953年、51歳のときに二度目のポリオにかかっていた。これによって、腕、背中、体側、腹部、右足、左足のほとんどの筋肉を失い、それ以降は痛みと縁の切れない生活になった。

※3：manifestation の訳語として使ったもので、症状およびそれに付随して現われるものを指す。同じくベイトソンが多用している phenomenon は、文脈によって「現象」「症状」と訳した。

※4：ブリッジは2人1組になって2組でプレーするが、パートナーが競りに勝つと、自分はダミーになり、手札をさらしてパートナーにプレーさせ、その回のゲームには参加しない。手札をさらせという意味で「手を見せろ」と言われたのを、この女性は文字どおりに受け取ったのである。

※5：思考過程において、連想と次の連想のあいだの意味連関が失われる結果、言葉が意味をなさなくなる状態。

※6：原文は "Long time no sea" で、"Long time no see" にひっかけたしゃれ。後者は19世紀末に中国人が使っていたピジン英語が元で、「好久不見」つまり「お久しぶり！」を翻訳したもの。訳者の文才では注とカッコで説明するしかありません。

※7：相手の姿勢、動作、声の調子などに自分の行動を一致させ、同じ姿勢をとる、同じリズムで話すなどすること。「あなたが言っているのは……ですね」などと、相手が口にしたとおりの言葉をフィードバックするのもペーシングの1つと考えられる。

※8：ヘイリーが使わせてほしいと頼んでいるのは、『アンコモンセラピー』などで紹介されている、8歳のジョーの症例と思われる。家庭内は言うに及ばず、学校や近所でも破壊的行動をとるジョーに困りはてた（体重70キロの）母親は、エリクソンの提案に従って、「（少年が）自分の行動をコントロールするのを助けてあげる方法を思いつくまで」息子の上に座り続けた。

※9：『ファミリー・プロセス』は、1961年に、アッカーマン研究所とメンタル・

リサーチ・インスティチュート（MRI）が共同で発刊した。MRIを設立したドン・ジャクソンは1968年に亡くなり、ジョン・ベルが2代目の所長となった。

※10：原文ではD. O. S. となっているが、おそらく誤植で、正しくはD. D. S.（Doctor of Dental Surgery）と思われる。日本の歯科医師に当たる。

※11：たまたま『捜査官ケイト　消えた子』（集英社文庫）というミステリを読んでいたところ、「アシュレー・モンタギューは、家族単位の基本は母親と子どもだと言っている」というせりふにぶつかった。文化人類学の用語なのかもしれない（ヘイリーももともとは人類学者であった）が、訳者の調べた範囲では確認できなかった。

第III章

精神分析家
ルイス・ウォルバーグ、ローレンス・キュビー、
アイヴズ・ヘンドリック

ウォルバーグ

　精神力動論の傑出した理論家であるルイス・R・ウォルバーグ (Lewis R. Wolberg)[※1]は、近代医学催眠の祖の1人と目されている。1948年に、強い影響力を持った著書、『医学催眠 (Medical Hypnosis)』を発表したが、それは以下に収めたエリクソンとの文通からわずか6年後のことであった。当時上下2巻だったこの著書は、催眠療法の理論と実践における画期的な業績とみなされた。そのウォルバーグがこのようにして助言を求めようとしたことを見ても、エリクソンが専門家仲間から尊敬を受けていたことがわかる。
　文通は、ウォルバーグとエリクソンが前の会合の折りに交わした議論の続きで始まっている。2人は職の申し出について話し合い、そのあと、エリクソンはウォルバーグがおこなっていた調査に回答している。その後のやりとりは著書をめぐって展開し、ウォルバーグは、そもそも催眠に興味を持つようになったのはエリクソンに刺激されたおかげだ、と述べている。

ルイス・ウォルバーグより
1942年6月11日

親愛なるエリクソン博士

初めに、アメリカ精神医学会年次大会の折り、催眠に関するわたしの素人じみた疑問に耳を傾け、おつき合いくださったことに、心からの感謝を申し上げたいと思います。あれに刺激されて、さらにあなたの論文を読ませていただいておりますが、どれもたいへん完璧で啓発的な論文ばかりです。ご迷惑ついでにさらに二、三、質問させていただきたいのですが、わたしはどうやら技法に混乱をきたしてしまっているようなのです。

（1）催眠中に起こった6歳レベルへの退行は、程度はともあれ、6歳の子どもの状態に近いのでしょうか。つまり、自分は6歳レベルになっていると思い込んでいる成人が使用する象徴は、6歳の子どもが使用する象徴と同じようなものなのか、ということなのですが。たとえば、催眠によって退行した状態で描かれる絵などの作品は子どもっぽく見えますが、それはその人が6歳レベルを再現しているからなのでしょうか、それとも、6歳の子どもならこんなふうにするはずだと考えたとおりにふるまおうとしているだけなのでしょうか？

（2）どうしても催眠に入らない人は、例外なく、そのとき用いられた技法あるいは催眠そのものに抵抗を示していると考えていいのでしょうか？そうであるならば、催眠者や催眠に対する抵抗が解消されれば、どんな人でも催眠に入れるのでしょうか？

（3）深い催眠ではつねに健忘が存在するのでしょうか？　そしてこれが深い催眠の確実な指標なのでしょうか？

先だってのご親切にあらためて感謝いたします。

あなたの誠実なる
ルイス・R・ウォルバーグ, M.D.

ルイス・ウォルバーグへ
1942年6月15日

親愛なるウォルバーグ博士

『季刊精神分析』1941年10月号の592ページに書いた脚注が、1つ目のご質問に対するお答えになっています。

2つ目のご質問に対しては、正常な人はだれでも催眠に入れるが、かなら

ずしもある１人の催眠者が、あるいはある決まった技法で、すべての人を催眠に入れられるわけではない、といった趣旨のことを断定的(ドグマティック)に申し上げるしかありません。催眠者に対する抵抗や催眠そのものに対する抵抗を取り除いたからといって、催眠を誘導できるとはかぎらないのです。

　３つ目のご質問、健忘は深い催眠につきもので、深い催眠の確実な指標なのかということに関しては、答えは条件つきのイエスです。なかには精神生活上健忘を起こさないことを必要とする人々もおり、そういう人たちは健忘した内容を想起します。あるいは、パーソナリティの必要を満たすに足るだけ想起します。つまり健忘は存在するのですが、健忘した内容をそっくり、あるいは人間としてのその人に必要なだけ部分的に、自然に想起する過程をたどってしまうのです。

　これでご質問に対するお答えになったものと思います。

敬具
ミルトン・Ｈ・エリクソン, M.D.

　1942年６月15日付の手紙でエリクソンの言っている1941年の論文とは、催眠下で患者を子ども時代の重要な時期に戻らせることによって、急性のヒステリー性抑うつの患者の治療に成功したというもので、共同執筆したのはローレンス・キュビーである。エリクソンが引き合いに出している脚注は、２つのパラグラフにわたる説明で、そこでは過去の出来事の想起を２つの型に区別している。彼が「退行」と呼ぶ１つの型は、「その過去の時に対する現在の理解を、なかば意識的に劇化すること」と定義されている。もう１つの型は、「暗示された過去の時期の行動パターンが、あくまでもその当時のものという形で現実に復活すること」を必要とし、「それ以後の人生や体験と現在そのものは、あたかも拭い去られたかのようである」(Erickson & Rossi, 1980c, p.129)。

　第２パラグラフで、エリクソンは力をこめて「断定的(ドグマティック)」という言葉を使っており、これを見ても例外なくすべてにあてはまる説として述べていることがわかる。ウォルバーグへの返信は、催眠に入れるのは一部の人にすぎないとする広く流布している教義とは異なり、催眠は自然な現象であるとするエリクソンの信念を簡潔に要約している。エリクソンにとって催眠の成功は技法の問題であった。彼は反応の特異性に気を配り、催眠では個人個人

に合わせたアプローチが用いられるべきだと主張した。個々の人に合わせること、エリクソンの考えではこれが積極的な反応を引き出す秘訣であった。

ルイス・ウォルバーグより
1945年6月20日

親愛なるエリクソン博士

　催眠技法に関するあなたの最近の論文を楽しく読ませていただきました。前にお手紙を交わして以来、催眠分析をかなり研究してまいりまして、このほど本を1冊書き上げ、まもなく出版の予定です。いろいろと個人的にご示唆いただいたことに感謝申し上げますとともに、この機会に、そもそもわたしが催眠に関心を抱くようになったのは、あなたの研究に刺激されたところが大きかったということも併せてお伝えしたいと存じます。

　医学催眠に関する2冊目の本の構想があるのですが、こちらでは、精神分析に限定されない、心理療法におけるもっと一般的な催眠の利用法を扱いたいと考えております。およそ3分の2——歴史的、理論的、力動的側面と、治療のいくつかの局面——は、すでに完成しております。この本を共同執筆してくださることに関心がおありでしょうか？　治療や催眠誘導法で独自の体験をお持ちなので、非常に貴重な貢献をしていただけると思うのです。この本も今回の本と同じ出版社、グリュン・アンド・ストラットン社が出版してくれるものと思います。

　最近、フィッシャー博士、ギル博士、ブレンマン博士とお話しする機会があり、そのとき催眠療法の調査を実施することについて話し合いました。近々ニューヨーク市においでになるご予定はおありですか？　もう1つうかがいたいのですが、現在の職を退いて、ニューヨークで開業し、催眠療法をなさるお気持ちはありませんか？　わたしは、8月1日ころからニューヨーク・コンサルテーション・センターの運営に携わることになっているのですが、これは催眠療法を含めてさまざまな治療法を用いる新しいクリニックです。もし少しでも東部に移り住むことをお考えいただけるならば、われわれのセンターでの仕事についてお話し申し上げたく存じます。

精神分析家 109

あなたの真実なる
ルイス・R・ウォルバーグ, M.D.

───────

　6月20日付の手紙の第3節でウォルバーグが言及している、フィッシャー博士、ギル博士、ブレンマン博士は、みな傑出した精神分析の著述家である。フィッシャーは、暗示に関して幅広く著述した。おもな著作は、『暗示の本質に関する研究・第1部：直接暗示による夢の実験的誘導 (Studies on the Nature of Suggestion, Part Ⅰ :Experimental Induction of Dreams by Direct Suggestion)』 (Fisher, 1953a) と『暗示の本質に関する研究・第2部：暗示を与えることの転移における意味（同, Part Ⅱ :The Transference Meanings of Giving Suggestions)』（同, 1953b）の2つで、どちらも『アメリカ精神分析学会雑誌 (the Journal of American Psychoanalytic Association)』に掲載された。

　ギルとブレンマンは、催眠分析の先導的な主唱者であった。おもな著作は、『催眠療法──文献通覧 (Hypnotherapy. A Survey of the Literature)』 ((Gill & Brenman, 1947) および『催眠とそれに関連した状態：退行における精神分析的研究 (Hypnosis and Related States:Psychoanalytic Studies in Regression)』（同, 1961）の2つである。

　ウォルバーグは、結局エリクソンと共同執筆することなく、1948年に医学催眠に関する概論の上下巻を出版した。1945年にはニューヨークに精神保健卒後研修センター (Postgraduate Center for MentalHelth) を設立しており、エリクソンに就職の意向を打診したのはこのことだったにちがいない。

ルイス・ウォルバーグへ
1945年7月2日

親愛なるウォルバーグ博士
　お手紙たいへんありがとうございました。わたしにとっても非常に喜ばしいお便りでした。また、あなたが催眠に関心を持つのに一役買えたとうかがってうれしく思います。

なにか役に立つコメントをしてさしあげられるかもしれませんし、催眠分析に関するそのご著書を原稿の段階で見せていただけたらと思います。でも、もう出版社の手に渡ってしまっているでしょう。

　もう1冊の本の共同執筆についてですが、大いにそうしたいところです。残念ながらまだはっきりしたお返事ができません。人手は減っているのに仕事は増える一方というところへもってきて、最近上級精神科医が亡くなったため、ちょっと先が読めないのです。でも、ある人に欠員を埋めてもらえそうですので、そうなればわたしの肩にのしかかっている荷ももう少し軽くなるでしょう。

　いずれにしましても、もし分けていただける写しがありましたら、2冊目のご著書の完成した部分の原稿を拝見したいです。

　12月までニューヨークへ行くことはないと思いますが、まだはっきりしません。

　新しい職のお申し出ありがたく思いますが、今の職はこんなでもわたしにはやはり魅力があるのです。

　またのお便りをお待ちしています。

敬具

ミルトン・H・エリクソン, M.D.

　8月17日付のウォルバーグへの手紙のなかで引用されているページ番号は、ウォルバーグの著書、『催眠分析 (*Hypnoanalysis*)』の校正刷りのものを指している。この本は1945年にグリュン・アンド・ストラットン社から出版された。エリクソンが、ウォルバーグの著書に有意義な批評を加えたり、編集上の注意を与えて磨きをかけたりして多大の労をとったことは明らかだ。

ルイス・ウォルバーグへ
1945年8月17日

親愛なるウォルバーグ博士

インフルエンザにかかったりなんだりとありましたが、原稿は読み終わりました。ひかえめに言っても、とても楽しい体験でしたし、近ければいろいろじっくり語り合えるのにと思わずにいられません。

一口に申し上げて、あなたのご著書はたいへん重要な貢献ですし、あなたが1つの背景から引き出された結果と、わたしが別の背景から引き出した結果がこんなに一致していることがわかって、とても満足です。

催眠が、人と人との関係を築き、また内面のプロセスを突き動かしてパーソナリティを浮かび上がらせる手段であることを真からよく理解しておられるので、うれしく思います。わたしの知っている人々は、みんながみんなと言っていいほど、催眠者である自分自身と、自分の誘導する催眠がどんな力を発揮できるかということばかりに重点を置いていて、あなたのように、催眠に入っている当の本人の絶対的な現実、当人のパーソナリティ、当人の態度・願望といったものの重要性を理解していません。

先へ行く前に、小さな間違いがたくさんありますので、注意を促しておきたいと思います。著書全体を通して"toward myself"という句を使っておられますが、"toward me"とおっしゃるべきだと思います。

第2点として、鉛筆書きの56ページと57ページ、つまり第2章の37ページと38ページで、「無意識に起こるヒステリー性の二重人格」について述べておられます。おっしゃりたいことはわかりますが、正しい表現ではありません。「いくぶん二重人格に似た、無意識に起こるヒステリー性の解離状態」のほうがよいと思います。

38ページの「……を伝えてきた二重人格」ですが、二重人格はそんなにたやすく引き起こせるものではありません。患者が超然として、距離をおいて、感情抜きに自分自身を眺められるようにするために一種の解離を引き起こすわけですが、それは二重人格では**ありません**。

同じ章の50ページ、鉛筆書きの69ページですが、臨床経験がないか、乏しい人ほど独断的で批判的な書き方をしてしまう、ということを忘れてはなりません。被験者が幼児レベルに退行する場合、ほんとうに幼児レベルに退行した被験者は話し方も忘れてしまっているはずなのに、そこまで考えの及ばない人が多すぎます。わたしの被験者で、レバーを押すと後ろに倒れる仕掛けの安楽椅子に座った状態で、幼児レベルに退行した男性がいました。レ

バーを押したとき、彼はまったく当然のことにおもらしをして泣きわめきましたが、バランスをとる反射運動は見せませんでした。

鉛筆書きの178ページで、"contemptible"の代わりに"contemptuous"を使っておられます。

ほかにもたくさん書き留めたのですが、読み進むうちにそれらの疑問に答えておられることがわかりました。1つ見逃しておられると思うのは、次の点です。

催眠被験者に新たに想起された外傷的体験を忘れるように教示すると、被験者は、自分にとっての必要性と催眠者の教示に従って忘れてしまいます。しかし、そうすることによって、その体験内容の抑圧に影響を及ぼす力のかなりの部分を、意図せずにではありますが、実際上こちらに譲り渡すのです。わたしはいつも、患者が抑圧する必要のあるものを抑圧するのを助けてやるようにしていますが、それはすなわち、わたしがそれをコントロールするのであり、抑圧されたままにしておくにしても、想起に耐えられるようになり次第想起させるにしても、わたしが責任を持つ、ということなのです。

もう1点は、覚醒状態の患者は黙り込んでしまう場合がある、ということに関係しています。トランス状態では、たやすく「無害な」事柄について話すようにしむけることができます。覚醒状態での沈黙はしばしば乗り越えがたい障壁ですが、沈黙自体が重大なわけではありません。単なる障壁にすぎません。催眠を使えばこの障壁を取り除くことができ、それでいて本人が必要とする防衛はそのままにしておけるので、患者を侵害しないですむのです。

また、催眠では、過度にさらけだすことによる防衛手段として、患者がやたらになんでも打ち明けようとする場合にも、いきすぎを制限したり止めたりすることができますが、覚醒状態ではそうはいきません。催眠状態のときほどにはうまくいかない、と言ったほうが正確かもしれませんが。

自動書記、水晶球凝視、催眠によって誘導された夢などの催眠技法の利用に関してですが、そのような方法を使えば、意識的な努力をする必要がなくなるので、患者は結構歓迎するものだということを十分明確になさっていません。覚醒状態では、患者はしばしば、打ち明けてしまいたいのだが意識的な方法にはうんざりだ、と思っているものです。また、これらの特殊な方法は内容から1歩離れさせてくれるため、患者はより安全に話せるようになり

ます。ですから、非常に外傷的な内容を想起させる場合、わたしは水晶球凝視をさせて、未知の人物に関係した恐ろしい場面を見てもらうことがあります。そしてその人物がどのように反応しそうか、どのように反応するべきか、そのあとで治療者はそのことでなにをしてあげたらいいのかについて、患者の考えを細部まですべて聞き出しておいて、あとで臨床的判断に従って適切と思われるときに、その未知の人物とは実はだれなのかをわからせるわけです。

　末筆ながら、あなたはすばらしい仕事をなさいました。感謝の気持ちでいっぱいです。

敬具
ミルトン・H・エリクソン，M.D.

ルイス・ウォルバーグより
1945年8月20日

親愛なるエリクソン博士
　あなたの催眠におけるパイオニア的研究は、わたしに新しい展望を開いてくれました。そのことであなたに心から感謝しております。人間パーソナリティに対するあなたの卓越した洞察力がなかったならば、われわれ後進の研究者もあなたの方法をさらに精緻なものにすることはできなかったでしょう。あの洞察力があったればこそ、従来とはまったく異なる、催眠の力動的な利用法を生み出すことができたのです。
　ですから、そのあなたから熱意のこもった反応をいただくことは、わたしにとってこのうえなくありがたいことであり、ほんとうにうれしく思いました。また、ちょうだいした適切なご批判は、校正刷りの訂正をする際、役に立つことでしょう。序文を書くA・カーディナー（Kardiner）博士もわたしともども、あなたのご研究が精神分析に対して多大な功績を上げたと思っておりますことを申し添えさせていただきます。
　『精神医学（*Psychiatry*）』はもちろんとして、『精神身体医学（*Psychosomatic Medicine*）』にも書評を書いていただけるとたいへんありがたいのですが、お願いできますか？　なんといっても、このテーマに関して見解を述べる資

格のある人はごく限られておりますので。

敬具
L. R. ウォルバーグ, M.D.

ルイス・ウォールバーグより
1945年9月1日

親愛なるエリクソン博士

　医学催眠に関する本の共同執筆に関心がおありだとのお便りをいただき、たいへんうれしゅうございました。グリュン・アンド・ストラットン社は、来年、わたしが書いたこれをテーマにした本を出版したいと言っておりますが、われわれの共著に同意してくれるのは間違いないと思います。『催眠分析』のなかで、わたしはこの新しい本、『医学催眠』に言及しております。すでに印刷にまわっているため、著者名を変更してあなたの名前を加えるには手遅れです。あまり気になさらないでいただけるとよろしいのですが、どうしようもありません。

　すでに書き上げたいくつもの章を、これから含めるかもしれない章の目次と併せてお送りいたします。完成した章も最新情報を追加しなければなりませんし、まだ入れていない事項もたくさんあります。たとえば、『催眠の歴史』には、ブレンマンとギルの小冊子、『催眠療法（Hypnotherapy）』を追加して、歴史に関する資料を多少利用してもいいでしょう。それに、今度出るわたしの本も。誘導法に関する章が貧弱なのですが、これはあなたが大いに活気づけてくださるにちがいありません。麻酔分析についても書くべきでしょうが、もしあまりこの方法をお使いになったことがありませんでしたら、わたし自身の経験から多少資料を提供できます。

　催眠分析に関する章、すなわち『催眠と催眠分析』は完成しましたので、タイプでき次第お送りいたします。『催眠と精神生物学的治療』の章に使う資料もそろっています。『催眠の限界と危険と短所』の資料も多少ありますが、この章にはあなたが大いに寄与してくださるにちがいありません。

　『自己分析』と『集団分析』の章を入れるといいと思ったのですが、これらの方法についてわたしはほとんど知らないのです。

原稿に対するご感想をぜひお聞かせください。どうか遠慮なく、適切と思われるとおりに変更するなりつけ加えるなりなさってください。この本になにを盛り込むかについても、また別の考えをお持ちかもしれません。
　この概要と原稿を検討なさったうえで、とてもつき合いきれないとお思いになりましたら、どうかむりに共同執筆しなければならないなどとお考えにならないでください。

敬具

ルイス・R・ウォルバーグ, M.D.

追伸　『アメリカ精神医学雑誌（*American Journal of Psychiatry*）』にも、今度出る本の書評を書いていただけるでしょうか？　3誌になってしまいますが、フィッシャー、ブレンマンとギル、キュビー以外に、医学博士の資格を持つ人がいないようなのです。この人たちはほかのジャーナルに書評を書いてくれることになっています。

ルイス・ウォールバーグへ
1945年10月19日

親愛なるウォルバーグ博士
　細心の注意を払いつつ原稿に目を通しているところですが、なかなか必要なだけの時間と手間をかけることができません。あいかわらず徹底的な人手不足なのに新患は増加するばかりという状態で、これまでのところ解消の兆しは見えません。
　原稿に関してですが、あなたがおおよそ説明なさったような教科書の共同執筆がわたしにできるかどうか、はなはだ疑問に思います。あなたは催眠に関する文献にきわめて学究的で徹底的な注意を払うあまり、催眠の成長と発展の物語を読者に示したうえに、種々雑多な業績を取り上げて、種々雑多な仮説的・理論的推論を記述しておられます。しかし、わたしの考え方からしますと、とうていそんなやり方をするわけにはいきません。催眠の文献に対する過去の業績の多くは、時代遅れで、実のところ誤っていて、誤解を招くものであり、おまけに間違った方向を向いて、適切でない形で発展していま

す。純粋に包括的であろうとする立場からすれば、この資料のすべてを要約するのは望ましいことですし、過去の発展についての適切な知識と現在の理解の仕方を学生に伝えることは、たいへん理にかなった目的です。それでも、わたしとしては、あなたの取り上げておられる資料の多くに、ついつい異議を唱えたくなってしまうのです。

たとえば、ウィン（Winn）を引用しておられますが、ウィンの著書を一目見れば、考えの偏った、批判力のない、ほんとうは科学的な問題になど関心はないのに、ただ本の著者になってみたいだけの人物の思弁の産物にすぎないことがわかります。

もう1つの例は、メッサーシュミット（Messerschmidt）の解離に関する実験的研究[※2]ですが、これは実のところ、ハル（Hull）の犯した誤謬としくじりと判断ミスの唯一の明確な例なのです。メッサーシュミットは、自分の問題をどのように提起するべきか、よく理解していませんでした。問題を提起してちゃんと結果を得ておきながら、そのことにまったく気づかずに、自分の実験的研究はあまりにも組織的すぎて望んだ結果が絶対生じないようになっていたのだ、と独断的に言っているのです。ですから、彼女の見いだした結果は、いかにしてその問題を解明しないかを実証している以外、現実にはなんの妥当性もありません。

ハルの著書ももう1つの例です。ハルは、実験の方法や統制については万事心得ていながら、概念としての実験被験者と、考えたり感じたりしている生身の人間との相違をまったく理解していませんでした。わたしの持っているハルの教科書は、催眠の実験はこんなふうにおこなってはならないということを包括的に示している実例として、余白のあちこちに注釈を入れてあります。ハルの果たした真の貢献は、催眠は実験的に探求しなければならない、ということを認めたことです。

ホランダー（Hollander）にも言及しておられますね。わたしは、初めて彼の著書が出版されたときに目を通しました。そのときはなんとかこの本になじもうとしていたのですが、最後までいかないうちに投げ出してしまいました。著者が学識をひけらかし、自分自身を誇示するのにやっきになっているだけの代物だったからです。

催眠分析に関するあなたのご著書を好ましく思ったおもな理由は、実際の

催眠現象をこれこれの条件下で起こったものという形で、本質的に正直に、包括的に、わかりやすく提示していたからです。催眠や催眠分析に関する教科書は、適切に記述された催眠現象を中心に据えるべきであって、けっして文献に貢献している何某の作り上げた理論に当てはめようとするべきではない、と思います。われわれの催眠に関する「知識」は、みんな理論にこりすぎて頭でっかちになっていると思います。アカデミックな心理学者たちの発表した論文の大部分は、催眠を時間も労力も要さず魔術的な命令だけで奇跡をおこなうものと捉えており、そのような姿勢で得られた結果が科学的知見として提出されているのです。

　文献に「貢献した」人々をずらずら並べ上げることもできるでしょうが、限定された、制約のある、独断的な見解に基づいた実験的研究をして、首尾よく自分の見解を証明してみせる輩や、5分ばかりの時間に催眠暗示という魔法をちょいと加えて、深い心理的・神経生理学的な変化やプロセスに基づいた結果をひねり出してみせる輩で、ほとんどリストが埋まってしまうだけです。そのような深い変化を引き起こすには、魔法を使うのでもないかぎり、もっとずっと長い時間がかかるでしょうに、彼らは肯定的なものであれ否定的なものであれ結果を得て、自分の得た結果こそ最終的なものだと公言してはばからないのです。現実とは無縁の世界にいる哲学者なら、そのような結果について複雑な思弁を展開してみせる人もいるでしょうが。

　言いたい放題申し上げましたが、あなたはどのように思われるでしょうか。わたしが間違っていたら遠慮なく指摘してください。

　そのあいだにわたしは原稿の残りを読むといたしましょう。

敬具

ミルトン・H・エリクソン, M.D.

編集者注：エリクソンの所有していたハルの著書は、ミルトン・H・エリクソン財団の記録保管所に収められている。

ルイス・ウォルバーグより
1945年10月22日

親愛なるエリクソン博士

　10月19日付のお手紙、たいへんありがとうございました。お送りした原稿は、扱いたいと思っている多数の側面をおおざっぱに書き出したものにすぎず、個々の研究を徹底的に吟味したうえで引用したわけではありません。引用した一部の人々の研究の不適切さについておっしゃっていることはよくわかりますし、わたしもまったく同意見です。諸々の貢献のなかにわずかでも価値ある穀物が混じっているならば、籾殻を吹き分けてそれらを選り出すことができるという点で、あなたのご経験はたいへん貴重です。わたし自身、けっして価値があるとは思わない研究をした人々も大勢挙げましたが、単に歴史的記述を完全にするためにすぎません。一部は削除するか、少なくともその研究の否定的側面について詳しく述べてもいいでしょう。

　たいへんご多忙で、原稿にまで手がまわらないかもしれないということはよくわかります。グリュン・アンド・ストラットン社はできるだけ早く原稿を手にしたがっております。万一お時間のやりくりがつかない場合には、どうか遠慮なくそうおっしゃってください。ご事情は十分理解できます。たとえ共同執筆していただくことはできなくても、ご批評をいただければたいへんありがたく存じます。あなたは、おそらく本邦で権威ある見解を述べることのできるただ1人の方でいらっしゃいますから。

　一方、すぐにこの企画を進められる態勢におありで、快くそうしたいと言ってくださるなら、完成した章、『催眠と精神分析』をお送りいたします。重ねてご協力に感謝いたします。

あなたの誠実なる
ルイス・R・ウォルバーグ, M.D.

　影響力のあったウォルバーグの『医学催眠』全2巻（1948年）で、エリクソンは共同執筆者にはならなかったし、原稿の批評をしたのかしなかったのかを示すその後の手紙もない。ウォルバーグは、エリクソンに贈呈した『医学催眠』に、自筆で次のような献辞を書いている。

ミルトン・H・エリクソン博士へ。臨床的見立て（diagnosis）におけるあなたの不滅の価値を持つ研究のおかげで、この本を世に送り出すことができました。感謝をこめて、ルイス・R・ウォルバーグ

　1940年代までには、有名な臨床家たちが困難な症例をエリクソンのもとに送ってくるようになっていた。そのような例の1つが、次のウォルバーグからの手紙のなかで触れられている症例である。（1984年におこなわれたザイクとの会合で、ウォルバーグは、自分が催眠に入れることのできなかった患者をエリクソンのところへ行かせた話をしてくれた。エリクソンはこの患者に何時間も取り組み、最後は混乱技法によってトランスを誘導したという。それがこの1946年1月5日付の手紙で言及されている症例かどうかは不明である）

　1946年11月11日付の手紙でウォルバーグは手浮揚法に言及しているが、アーネスト・ヒルガード（Ernest Hilgard）は、これをエリクソンの編み出した誘導法だとしている（Hilgard, Crawford, & Wert, 1979を参照）。

　1つのトランス誘導を最初から最後まで詳細に記述してはどうか、というウォルバーグの提案をエリクソンは心に留めたと見え、そのような誘導の一例を『アメリカ臨床催眠学雑誌』に発表している（Erickson, 1964b）。

　ウォルバーグは近く出版されるエリクソンの著書に言及しているが、クーパーとの共著による『催眠における時間歪曲』（1954）、およびハーシュマン（Hershman）、セクター（Sector）との共著による『医学催眠と歯科催眠の実践的応用（The Practical Application of Medical and Dental Hypnpsis）』（1961）まで、エリクソンはなんの著書も出していない。『実践的応用』には録音テープから文字化した誘導が収められている。

　1946年11月11日付の手紙で触れられているとおり、エリクソンのほうもお返しにほかの臨床家たちに患者を紹介したことは明らかだ。

　ウォルバーグの1月5日付と11月11日付の手紙に対するエリクソンの返信は、保存用ファイルになかった。

ルイス・ウォルバーグより
1946年1月5日

親愛なるエリクソン博士

先だってニューヨークにお越しの節は、いろいろとお話しできてどんなに楽しかったかしれません。デトロイトへの帰路、快適な予約席をお取りになれたならよかったが、と思います。

　トランスに誘導してくださったあの若い男性は、あなたの技法を使って前より深いトランスに入れるようになり、後催眠暗示に従っております。ただパーソナリティ上、ある欲求があって、それがトランスでの出来事を記憶している傾向となって現われます。それでもわれわれは少しずつ前進しております。後催眠健忘を促進するのに、あなたはなにか特別な技法を使っておられるのでしょうか？

　疑い深い患者や、抵抗の強い患者のトランス誘導の一部始終を詳しくタイプさせてはどうかと申し上げましたが、あれはぜひ実行していただきたいものです。今度のご著書にも役に立つと思いますし、わたしにできることでしたらなんなりと喜んでお手伝いさせていただきます。誘導法がタイプ原稿になりましたら、すぐに送ってください。

　新しい年が、あなたとご家族のみなさまにとってしあわせで実り多き年でありますように。

敬具
ルイス・R・ウォルバーグ, M.D.

ルイス・ウォルバーグより
1946年11月11日

親愛なるエリクソン博士

　患者をご紹介いただいたことにお礼のお手紙をさしあげなくてはと思っていたところです。また、この前おいでになったとき教えてくださった、手浮揚という方法を用いた催眠技法のことでもたいへん感謝しております。さかんにあれを使っておりますが、ほかの方法では催眠に入れられなかった強迫症患者にすばらしい効果があります。手浮揚法を使うと非常にうまくいくのです。

　あなたが催眠に入れてくださったH氏ですが、めざましい進歩を見せ始めたため、自ら治療は終了したと判断しました。異性と関係を持ち始め、陸軍

に入隊し、現在は日本にいます。彼が書いてよこす手紙を見ますと、これまでになくよく適応できていて、しあわせにやっていることがわかります。

　次はいつ NYC（訳注：ニューヨーク市）にいらっしゃるか、お知らせ願えればうれしいです。今度は上気道炎にかかったりしないつもりです。

　ストラットン氏の依頼で、『今日の催眠（Hypnotizm Today)』*の原稿に目を通しましたが、すばらしい本でしたので、ぜひ出版するように勧めました。あなたがまえがきをお書きになるのですね。

敬具
ルイス・R・ウォルバーグ, M.D.

ルイス・ウォルバーグより
1955 年 5 月 26 日

親愛なるエリクソン博士

　アメリカ精神医学会の心理療法部門では、5月10日にアトランティックシティで開催された学会の紀要の出版を計画しております。わたしは、心理療法の代表的な技法に関する巻の補遺の一部として、催眠療法の分野における今日の思潮について、短い章を書くよう依頼されております。この目的のために、催眠療法に重要な貢献をされた方々や、過去に催眠療法の理論的・実践的側面に関する重要な資料を発表された方々にお手紙をさしあげております。あなたも臨床的判断を高く評価させていただいている方々のお一人ですので、催眠療法に関する現在のお考えをぜひともうかがわせていただきたいと存じます。全部でなくても結構ですから、以下の設問にご回答いただければ助かります。

1. 催眠の有用性について以前と変わらぬ信頼を抱いていますか？　もしそうでないなら、どういう理由で考えが変わったのでしょうか？
2. 現在抱えている患者のおよそ何パーセントに、1回以上のセッションで催眠を使っていますか？　あるいは使ったことがありますか？

---

*編集者注：LeCron & Bordeaux, 1947 を参照。

3．催眠を使う場合、どの誘導法がもっとも有効だと思いますか？
4．症例によっては、催眠が治療過程を短縮しうると思いますか？
5．催眠療法が以下のようだと言えるのは、どのような条件のときでしょうか？　ご意見がありましたらお聞かせください。催眠療法が（a）**望ましい**治療法である、（b）治療過程に補助的に役立つ可能性がある、（c）これといった益も害もない、（d）禁忌あるいは危険である。
6．一定の条件のもとでは、催眠は精神分析治療に貢献しうると思いますか？
7．催眠は心理療法過程の以下の局面を促進すると思いますか、それとも妨害すると思いますか？　（a）治療者との共同作業関係、（b）転移の展開、（c）抵抗の解消、（d）洞察の獲得、（e）洞察を変化に向けて利用すること、（f）徹底操作の過程、（g）治療の終結。
8．症状を緩和するために催眠を使ったことがありますか？　あるいは今でも使うことがありますか？　その場合、どのような症状にもっとも効果がありますか？　暗示によって症状を除去した結果として、なにかよくない後遺症が見られた症例がありますか？　催眠による症状除去には、現実の、あるいは潜在的な危険性があるという伝統的な意見を支持しますか？
9．手術を目前にして怯えている人を落ち着かせ安心させるために、催眠を支持的に使うことは安全だと思いますか？　産科、小手術、形成外科、歯科にまで催眠を麻酔法として用いることは正しいと思いますか？　思わない場合、どのような理由からですか？
10．催眠下で、以下の技法のどれかを利用しますか？
　（a）自由連想
　（b）夢の誘導と探求
　（c）実験的葛藤の誘導
　（d）遊戯療法
　（e）鏡凝視法
　（f）描画
11．最近、英国医師会は、医療における催眠の有効性を調査するために委員会を設置しました。報告は好意的で、一般開業医が現場で実施できる

ようにするために、医学部で催眠を教えるようにとの勧告がなされました。あなたはこの勧告を妥当だと思いますか？
12. 訓練を受けていない者によって催眠に入れられるのは、なんらかの危険がともなうと思いますか？　その場合、どのような危険でしょうか？
13. あなたの患者のなかに、トランス状態に入った結果として、レイプの空想や性的な妄想を呈した人がいますか？
14. あなたの患者のなかに、催眠療法を受けた結果として、催眠に対する依存あるいはあなたに対する過度の依存を示した人がいますか？
15. 催眠に関する今日の著作物の質に関して、なにかご意見がありますか？

　これらの設問のすべてあるいは一部にでもご回答いただければ、わたし個人としてもたいへんありがたく存じます。また、催眠の有用性に関して、肯定するものであれ否定するものであれ、ご意見をお聞かせ願えればありがたくけたまわります。お望みならご回答は匿名にいたします。

敬具
ルイス・R・ウォルバーグ, M.D.

ルイス・ウォルバーグへ
〔1955年5月26日付の〕お手紙への答え

項目1．いっそう信頼が増し、決定的な判断に利用するようになっています。
項目2．患者のほとんど全員に対して、直接的あるいは（こちらのほうが多いのですが）間接的に、あれこれ形の異なる催眠技法を使います。決まった手順に従うことはせず、セッションごとに患者の必要に合わせるようにします。
項目3．誘導にはたいてい間接的な技法を用い、同じ患者に対しても、そのときどきでいろいろ技法を変えます。直接的な技法を使う場合も同様です。自分の知っているすべての技法を用い、そのセッションで患者が必要としているものにぴったり合う技法を選ぶようにします。ですから、わたしが効果的な技法だと思うのは、そのときその患者がいちばんよく反応する技法です。

項目4．催眠技法はつねに心理療法を短期化すると思います。少数ながら催眠技法を使わない患者もいますが、それはたいてい、本人が催眠に対して迷信的な恐怖を抱いていて、使わないでほしいと要求する場合で、その場合でも、催眠を有益に使える治療的局面がかならず訪れるものです。

項目5．この質問は、一概にこうとお答えするのがむずかしい質問です。そのときその患者が必要としているものによって決まるからです。催眠が**望ましい**治療法である場合もあります。ほとんどの場合、**補助的**手段として役立ちますが、あるタイプの器質的障害やアルコール依存症では、格別役に立たないこともあります。また、ある種の精神病質的な人格の問題や、薬物中毒や、同性愛では、催眠それ自体が有害だというわけではありませんが、患者が催眠によって得た洞察をあとで利用するという点で、有害となりえます。たとえば、よりよき社会的適応を果たすためだとして治療を強く要求している小児性愛の患者がいました。彼は催眠療法を希望しましたが、それは、思春期の少年たちを誘惑するもっとよいテクニックを身につけるためでした。この例は、催眠療法は、患者が自分の目的のためにほかの人間に対して利用しようとしても、そうできないように配慮した形でおこなう必要のあることを示しています。

項目6．はい、ほとんどの条件下で貢献しうると思います。

項目7．催眠は設問に挙げられているすべての局面を促進し、加速し、改善します。

項目8．わたしは症状の一時的緩和をよく使いますが、基底にある過程の是正をともなって緩和されるようにします。さもなければ、『短期催眠療法の特殊な技法（*Special Techniques of Brief Hypnotherapy*）』(Erickson, 1954) に関する最近の論文で述べたとおりにおこないます。

　　催眠による症状の除去から潜在的な危険が生じるとする伝統的な見解は支持しませんが、実際的な見地から言えば、どんなことでもうかつなやり方でおこなわれることはあるわけで、方法が間違っていたからではなく、方法の使い方が不適切であったがために、不幸な結果になるということはありうると思います。1例を挙げますと、専門的な

訓練を受けた男性でしたが、缶ビールをディナーの前に２本、直後に２本、どうしても飲まずにいられないという習癖をやめさせてほしいと求めてきました。外での食事に招待されたときでさえ、缶ビールを４本、携えていかずにいられないのでした。これが飲酒歴の主要なもので、それ以外には適切な折りに年に１、２杯のカクテルを口にするだけでした。このたった１つの衝動強迫を別にすれば、適応は良好でした。

彼はどうしてもこの強迫を取り除いてくれと主張しました。わたしは最初のうち気が進まないと言い続けていましたが、妻と面接したとき、お２人の要望をかなえてあげてもよいが、かえってまずいことになり、さらに治療を要するようになるだろう、と話しました。封をした封筒を差し出して、その不幸な結果とはどのようなものかについて、わたしの考えがここに説明してあるけれども、妻自身がその不幸な結果に気づくまで開封してはならない、と言いました。その封筒のなかには、おおよそどんなやり方で夫を扱うかということも書いておきました。

それから、彼の強迫を除去しました。１週間のあいだ、彼は毎晩手に入れた自由を喜びました。土曜日の晩、タバコを切らしてちょっとそこまで買いに出かけました。日曜日の朝、ぐでんぐでんに酔っ払って帰ってきました。月曜日にはこのことにショックを受け、なにがどうなったのかわけがわかりませんでした。

次の木曜日にも同じことを繰り返しました。さらに月曜日にも、そしてまた金曜日にも。

そこで妻は電話をかけてきて、封筒を開ける許可を求めました。中身を読み、治療を受けさせるために夫を診察室に連れてきました。

ビールを飲む強迫を取り除いたとき、わたしは注意深く次のように説明していました。わたしはあなたからそれを取り除きます。あなたから取り上げます。あなたはもう持っていません。それはわたしのものになったのです。わたしはくずかごに捨てるなり、**どこでもわたしの好きなところに置くなり、自由にできるのです**、と。

彼が診察室にやってくると、ふたたび催眠に入れて、**どこでもわた**

しの好きなところに捨てていいという了解のもとに、強迫を除去したことを思い出させました。それからすぐ、それを返してやりました。

　1ヵ月後、彼は治療を——症状除去ではなく——受けにやってきましたが、それ以来、治療は順調にいっています。

　なぜこのような外目には分からない期間限定式の症状除去をおこなう気になったかといいますと、彼がビールの口当たりや味や香りや銘柄、あるいは喉ごしの冷たさや潤いではなく、アルコール成分に対する身体の反応のほうを詳しく語ったからです。彼が強調したのは、身体が内側から温まる感覚や、末梢血管が拡張する感覚や、身体の弛緩する感覚などでした。

　つまり、考えなしに症状を除去していたら有害だったでしょうが、それは使い方がうかつであったからにすぎないのです。

項目9．安全であるばかりでなく、医学の技の欠かすことのできない部分とみなされるべきです。そして、どのような医学的措置においても、患者に心の平安や落ち着きを与えることが可能であるかぎり、利用されるべきです。

項目10．列挙された技法はもちろん、それ以外にもいろいろな技法を使いますし、どれもいろいろ変化をつけて使います。

　　　　特に気に入っているのは、時間歪曲と、時と場所に対する偽の見当識です。

項目11．英国医師会のとった行動は大いに賞賛に値しますが、同時にずいぶんと手間どったものです。とはいえ、医学の進歩というのははなはだ歩みののろいものですからね。

項目12．訓練を受けていない者が催眠をおこなうのが危険なのは、誤った考えを広め、偽りの期待を助長し、催眠の賢明な利用を遅らせてしまうからです。無害な癌「特効薬」が癌患者に偽りの希望を与え、有効な医学的援助を求めるのを遅らせてしまうのととてもよく似ています。それ以外に危険があるとは思えません。

項目13．レイプの空想や性的な妄想は患者の過去の体験から生じるのであって、トランスから生じるわけではありません。トランスは、そのような問題を隠していた覆いをとってしまうかもしれませんが、賢いコ

ントロールの仕方——抑えているものがそんなふうにふいにやっかいな形で表に飛び出してきてしまう盲目的な抑圧より、はるかに意味のあるコントロールができるようになるための機会を提供してくれるのです。

項目14. 過度の依存はすべて催眠に入れる側の無能さの表われであり、治療者が無能であれば、たとえ催眠を使わなくてもそうなるでしょう。過度の依存は催眠とは関係のないパーソナリティの問題であるということが、あまりにもしばしば見過ごされています。

項目15. 今日の著作はつねに進歩してはいますが、臨床的でない学問的な面に偏りすぎています——それが悪いというのではなく、ただ、臨床的な著作が心理学の学問的研究と足並みをそろえる必要がある、ということです。

———————

　ウォルバーグの質問に対するエリクソンの回答は、大部分が簡潔ではあるが、まえがきであらまし述べた諸原則のよい例を含んでいる。たとえば、項目2と3に対する回答は、治療法はその患者の特定の必要に合わせて「仕立て」られるべきだ、というエリクソンの信念を例証している。また、項目3に対する回答は、彼が間接的な働きかけのほうをよく使うことに触れている。

　利用の原則は、ウォルバーグの項目8に対するエリクソンの回答に特にはっきり現われている。エリクソンは1954年の論文を参照するようにとウォルバーグに言っているが、この論文では、神経症の症状は、患者の生活上の特定の要求を満たすような建設的なものに変えうる、という考えを打ち出している。この考えは当時優勢であったアプローチの逆をいくもので、当時は臨床的な訴えの根底にある原因を正そうとする態度が支配的であった。エリクソンが利用法において症状に焦点を当てたことによって、世の治療者は症状というものを新たな目で見られるようになった。すなわち、捨て去るべきやっかいな行動というより、むしろこれを梃子にして適応を向上させられるもの、と見られるようになったのである。

　ビールを飲まずにいられない衝動強迫という問題では、エリクソン独特の、心理療法における未来志向が如実に現われている。エリクソンはよく症例のなりゆきを予言したが、

それは、治療に対して患者がどう反応しそうかをつねに前もって考えるようにしていたからだ。反応を予測するよう心がけることは、催眠を活用するうえで有益である。それによって、治療者はつねに前方に目を向け、治療の焦点を病因にではなく解決に当てるようになるからだ。

　この強迫の症例はまた、症状の実体化（concretizing）と置き換え（displacing）というエリクソン流の技法も例証している。この戦術のもとになっているのは、エリクソンの利用法のもっとも基本的な主張、すなわち、治療者は、患者が症状を生み出すのに使っているどんなテクニックも、効果的な治療を促進するのに利用できる、という主張である（Zeig, 1988）。たとえば、エリクソンは、精神病的エピソードを書き出させた女性の事例で「実体化」を利用している（Haley, 1973）[※3]。また「置き換え」は、飛行機恐怖症を本人の身体から椅子に移した事例で利用している（Zeig, 1980）。

　表面だけを見ると、これらの特殊化された技法は、奇妙に見えたり非論理的に見えたりするかもしれない。しかし、実際のところは別種の論理、つまり無意識の論理や催眠の論理を使っているにすぎない。合理的で客観的な論理は問題解決に役立たないことがあるので、エリクソンはしばしば患者の「感情の」論理や主観的論理を利用した。客観的な論理で問題を解決できるのなら、患者は治療にきていないだろう。だから、主観的論理を上手に使うことが役立つ場合があるのだが、それは、主観的論理というのは患者の実体験に即した言葉で語られるからだ。実体化と置き換えの日常的な例はどこにでもある。大人も子どもも完全に文字どおり（literal）になったり、自分を取り巻く環境のある側面を実体化したりすることができる。たとえば、親がなにかしているとき、じゃまをする子どもに「あっち行ってなさい（ゲット　ロスト）」と言うと、その子は何時間も姿をくらまして親をおろおろさせるかもしれない。一方、心をかき乱す悩みが原因で胃がむかむかすることもある。こちらは置き換えの例と言えよう。催眠療法の文脈においては、症状を維持するために用いられている、このようなその人なりの戦略を、症状を改善するために治療的に利用することができるのである（Zeig, 1988）。

キュビー

―――――――

　ローレンス・S・キュビー医学博士（Lawrence S. Kubie, M.D.）は著名な精神分析家で、分析学派のあいだで非常に尊敬されていた。エリクソンと数多くの学術論文を共同執筆し、2人は親しい友人になった。エリクソンが駆け出しのころ、キュビーはエリクソンの考え方を当時の精神医学の主流に広めて、大いに力添えしたようだ。

ローレンス・S・キュビーへ
1942年11月16日

親愛なるキュビー
　全然意味のないものでよければ、催眠下での犯罪者の尋問に関する参考文献をお送りしてもよろしいです。でも、わたし自身の経験からも、実際に試してみた友人たちの経験からも、そのような尋問はまったく当てにならないことがわかっています。催眠に入れられた被験者は、催眠トランスでも覚醒状態のときと同じくらいやすやすと嘘をつくことができますし、それ以上に巧妙に嘘をつくこともまれではありません。わたしの友人2人が、これを調査目標に組織的な調査をおこないました。得られた結果に大いに満足して悦に入っていたのですが、だいぶたってから、実は騙されていたのだということに気がつきました。同じ犯罪者を被験者にしておこなった、それ以外の催眠実験の結果は信頼できるものだったのですが。これがうまくいくのは、被験者自身が意識的に情報を提供しようという気になっているのに、意識ででは提供できない、という場合だけです。トランス状態では記憶へのアクセスがよくなりますが、たとえそうであっても、陳述内容に対してはごく批判的であらねばなりません。わたしの経験、友人たちの経験、すべてを考え合わせると、催眠は犯罪者を尋問する手段としては不適当だと考えざるをえません。
　これがきみの知りたかったことだと思います。

第Ⅲ章

　　　　　　　　　　　　　　　　　　　　　　　　　　敬具
　　　　　　　　　　　　　　　　　　　　　ミルトン・H・エリクソン

――――――――

　キュビーがエリクソンに宛てた手紙はファイルになかったが、明らかに、犯罪者を催眠に入れて尋問することの有効性について、仕事仲間であるエリクソンに質問したのである。エリクソンは的を得た明解な返事をしている。

ローレンス・キュビーより
1954年2月26日

親愛なるミルトン
　長年の友人で50代半ばの男がいるのですが、急性でかなり症状の激しい退行期うつ病の危機から、われわれの同業者の助けでかろうじて救出されたところです。この過程で、数年間にわたって性機能不全に悩むようになり、その年月のあいだに、ますます「マッサージ」パーラーのようなものに依存するようになっていたのですが、このことを深く恥じています。うつから回復した今、この性的不適応から抜け出すためのてっとりばやい方法を見つけたいと切望しており、そのような問題で催眠療法が功を奏するかどうかについてたずねてきました。
　一般的に言うのはむずかしいでしょうが、きみ自身もしくはほかの人たちの経験を踏まえて、どんなものか聞かせてもらえますか？
　　　　　　　　　　　　　　　　　　　　　　　　　　敬具
　　　　　　　　　　　　　　　　　　　ローレンス・S・キュビー, M.D.

ローレンス・キュビーへ
1954年3月20日

親愛なるラリー
　このような患者を扱った全般的な経験から言うと、援助は可能です。

わたしがよくやるのは、セックスの生物学的な意義や、その人自身の生物学的な発達、その意味と重要性について話して聞かせることで、ごく初歩的なところから始めて次第に複雑な話にもっていくという方法ですが、たいていかなりよい反応が得られます。このことで治療したいちばん最近の患者は60代半ばでした。彼の性的活動は週4回で安定しました。

万事うまくいきますように。

敬具

ミルトン・H・エリクソン, M.D.

エリクソンのセックス・セラピーへの取り組み方は、『ミルトン・エリクソンの心理療法セミナー』(Zeig, 1980) の金曜日午前の部でさらに詳しく論じられている。1954年3月20日付のキュビー宛の手紙も、やはり彼の方法のきわめて顕著な特徴である、漸進的で自然なスタイルを浮き彫りにしている。

長年の仕事仲間で友人でもあるキュビーからの12月の便りに対して、エリクソンの書き送った12月27日付の返信は、綿密で、人のために労を惜しまない彼の気質をよく表わしている。アリゾナの私立学校を紹介してほしいと頼んだキュビーに、エリクソンは自分の助言の背景や根拠を詳しく示して、懇切丁寧に答えている。

エリクソンは、催眠の評判を汚したぺてんや歪曲に対しては、あくまで追求の手を緩めなかった。しかし、友人に対しては誠実な友であり、倫理をわきまえ、りっぱなおこないをしている人々を擁護した。彼のラネイ神父に対する尊敬のほどを見るがいい！

ローレンス・キュビーより
1969年12月3日

親愛なるミルトン

12歳になる義理の孫に適した学校を捜すのを手伝ってもらうのに、この情報が役立つかと思い、同封します。きみから最初の情報を受け取ったうえで、それに基づいてさらに詳しいことを書こうと思います。

クリスマス休暇をいつどこで過ごされるのかわかりませんが、よい休暇を

お過ごしください。

ローレンス・S・キュビー, M.D.

―――――――

〔プライバシー保護のため、以下のやりとりからは、特定個人の名前はもちろん、メモで言及されている地名や学校名も削除してある〕

メモ
ローレンス・キュビー博士より
学校の件

　わたしが必要としているのは、アリゾナ州にある〔2つの特定の学校〕、あるいはそれ以外でも、聡明な少年の抱えている情緒的な問題に対して、踏み込んだ取り組みをしてくれるような学校に関する情報です。
　問題となっているのは、10月13日に12歳の誕生日を迎えた少年です。ミネソタ州に住んでおり、父親はそこの〔大学〕の化学科の正教授です。母親は以前そこの物理学科の学科長をしていた人の娘です（彼女の父親は引退してアリゾナ州に住んでおり、そこでしばらく顧問をしていましたが、今は多少教鞭をとっています）。
　わたしがこの事態に関わることになったのは、この子の母親がわたしの養子と結婚していたからなのですが、彼はこの子がわずか4ヵ月のときに亡くなりました。長年糖尿病を患っていて、うまく管理できていたのですが、キンメルスティール－ウィルソン病の急激で爆発的な併発で亡くなったのです。2、3年後、母親は再婚し、男児をもうけましたが、その子は4月で9歳になります。昨夏、彼らは黒人との混血の女児を養子にしましたが、その子は引き取られたとき生後3週間、今ではおよそ6ヵ月になっています。この女児の両親はどちらも大学を出ています。おおまかな家族構成はこんなところです。〔二度目の夫〕は問題の少年と正式に養子縁組していますが、感情面での受け入れに苦慮していることを認めています。（下記参照）
　少年は聡明で天分豊かな子どもです。大人に対してもちょっとそうですが、

同年齢の子どもたちに対しては、輪をかけて引っ込み思案です。大体において、読書したり、絵を描いたり、物を書いたり、一人遊びをするのが好きで、そのような活動では独創的な創造性を見せます。身体を動かすのは苦手で、スポーツはおっかなびっくりです。のびのびと自信を持ってやれるのは水泳とスケートだけです。表情は、はりつめていて少しぎくしゃくしており、身のこなしは、この年齢ではそんなに心配するほどではないにしても、ちょっとばかり「なよなよ」しています。これらのことから、われわれとしては先々問題が出てきそうな気がして、治療が必要だとの思いを強くしているのです。実をいうと、そう考えて、彼の両親とわたしはミネアポリス（訳注：ミネソタ州南東部の都市）のわれわれの同業者と提携している、素人心理療法家に相談しました。心理療法の訓練を受けた、経験を積んだ助言者が手近にいないのです（なにしろミネアポリスまで400キロあるので）。

下の子は下の子で多少問題があるものの、こちらは義兄のほうの見通しが立ってからでも遅くありません。

わたしは今この一家を訪ねてきているところで、母親の前でこれを口述しているのですが、夫のほうからも依頼を受けています。要するに、われわれは一致協力して、この少年が援助を受けられる可能性を探ろうとしているのです。

そこで、話は学校についてのおたずねと、それに関連した質問に戻るわけですが、あの子が必要としている、柔軟で創造的な教育をおこなっている学校、つまり、地方公立学校よりもっと創造的な環境を提供してくれて、並行して治療も受けられるような学校が、きみの近辺にあるでしょうか？　（あの子を学校へやることが賢明と思われるならばですが）

われわれとしては、どんな提案でも、思いついたことを聞かせてもらえればありがたいです。この段階では、わたしを情報センターとして使ってもらい、わたしからあの一家に伝えるのがいいでしょう。最終的には、きみも直接連絡をとる方法を知りたいと思うかもしれませんが。

ローレンス・S・キュビー, M.D.

ローレンス・キュビーへ
1969年12月27日

親愛なるラリー

　学校を見つけられるか、〔問題の子ども〕のために援助を得られるかとのことで緊急の手紙を受け取り、お返事を書くところですが、あいにくきみを失望させざるをえないようです。アリゾナじゅうどこを捜しても、義理のお孫さんのためになるような、私立学校があるとは思えないのです……

　……〔現存するアリゾナの〕学校は、どれも善意で運営されてはいるのですが、ここへ子どもを入学させる親は、社交生活への関心が極端に高い人々が相当数を占めています。わが子を拒否し、親として子を導くことより、社交にいそしむのを好む人々です。つまり、よいチャンスを与えるという口実で、子どもを厄介払いするのです。さまざまな私立学校に入れられたこれらの子どもたちの多くが、拒絶されたと感じて恨みを抱いており、不適応を起こしている生徒はたいへんな数にのぼります。

　わたしは、多くの地方私立学校の生徒を大勢、患者として診てきました。以下に、かつての患者たちの語った言葉をいくつか引用しますが、これを聞けば、どんな状況かおわかりになるかもしれません。ある学校からきた12歳の少女はこう言いました。「あたしは拒絶されてるの。お父さんはお酒を飲むじゃまになるから、あたしにそばをうろうろされたくないし、お母さんだって、そうそうあたしをうろうろさせとくわけにいかないの。社交パーティーのことで頭がいっぱいだから、あたしをここに入れといて、よけいな義務から解放されたいわけ。あたしは見捨てられた一人っ子なのよ。生まれてから今まででほんとうにしあわせだと思ったのは、学校の馬丁といっしょにいるときだけだったわ。だけど、どういうわけだか学校にばれちゃって、あなたのところへよこされたのよ。でもね、学校は知らないだけで、こんなことはほかにもいっぱい起こってるわ。もし知っちゃったら、あなたの患者は、もっとうんと増えるでしょうね」

　つまり、この12歳の少女は馬丁と火遊びをしていたのですが、そのやりようがあまりにも慎重さを欠いていたので、学校としてはなんらかの措置をとらざるをえなかったのです。その措置には馬丁の解雇は含まれていませんでした。でも、この12歳の少女が語ったことはすでにわたしの知っていることでした。というのは、同じ学校の14歳の少女が精神科医に会わせろと学校当局に要求したため、学校側は両親に連絡し、両親が許可したので、わ

たしのところへ送られてきていたからです。12歳の少女と会う前にこちらの少女から彼女のことを聞いていたので、この話にはあらかじめ裏づけがあったわけなのです。

　さまざまな私立学校の生徒で、とてもしっかりした子どもも何人か見てきましたが、それは学校のおかげではありませんでした。例を挙げましょう。ニューメキシコの軍隊式男子私立中学校（ミリタリー・スクール）からきた14歳の少年は、上級生を殴ったかどでそのミリタリー・スクールを追い出され、こちらの私立学校へ送られてきました。その上級生は同性愛をしかけてきたのです。そこで、少年は学校当局に告げ口する代わりに相手を殴りつけ、そのため、他人の権威を尊重できないという理由で放校されたのです。社会的に名の知れた親たちのために事を隠蔽するというのはいつものことですからね。少年はこちらのある地方私立学校へ送られてきました。わたしが彼の兄弟や親しい友人と面接しているのを知ると、自分で面接申し込みの電話をかけてきました。まず両親の許可を得なければならない、そのうえで校長と話し合って、校長からわたしに予約申し込みの電話をしてもらうように段取りをつけなければならない、と教えてやりました。この患者はなんともむちゃな子で、自分と、わたしが前に面接したことのある友だちのために予約を入れてくれと要求してきたのですが、どちらの少年も同じように、「あの地獄の穴みたいなところから」放り出してもらうために、なんでもいい、なにか受け入れられないことをやってやろうと懸命になっていました。この私立学校は広く宣伝されており、子どもたちの多くは否も応もなく、わざわざ実地検分をする気もない親たちにむりやり入れられたのです。わたしはそこをよく知っています。校長も、その妻も、どちらもわたしの患者だからです。つまるところ、わたしとしては、地方私立学校はなんとしてもやめたほうがいい、と言いたいのです。

　でも、1つ提案があって、きみがそのように手配できればよいがと思います。ミネソタ州の北400マイル、カナダにカソリックの司祭がおられるのですが、わたしはこの方と長年文通しています。O.M.I.（訳注：無原罪マリア献身修道会）のラネイ・ル・メイジャー神父です。最初は手紙を通して知ったのですが、のちにウィニペグで、催眠と心身相関医学と心理療法について一連の講義をしていたときにお近づきになりました。ラネイ神父はわたしの招きに応じてご出席くださり、直接お目にかかったのです。人を扱う技術に

ついてたずねてこられた最初のお手紙から数年後のことでした。あの方は、本を読んでいて、たまたまわたしの名前に目を留め、別刷りを送ってほしいという手紙をよこされたのですが、文通から数年もたってウィニペグで出会えたことを喜んでくださいました。わたしも、あの方のことや、あの方の人生についての考え方をよく知ることができて、うれしく思いました。ラネイ神父は本来は宗教カウンセラーですが、心理学と、多少医学の訓練も受けておられます。なにしろ僻地のことなので、ほかにカウンセリングのできる人はいませんし、医学的ケアにしても、あの方が担わざるをえないことがしばしばなのです。教区民は、ほとんどが探鉱者や猟師やインディアンです。地域社会の必要を満たそうと懸命に働いておられ、実際、ほんとうによくやっておられます。

　あの方の仕事ぶりについては、セントポール（訳注：ミネソタ州の州都）に住む内科専門医からじかに聞いています。この内科医は、知り合って数年後に、自分の妻を患者としてわたしのところへよこしました。妻と面接し始めてしばらくして、彼もわたしに会いにきました。妻の問題の本質や特徴、それが子どもたちに及ぼすであろう影響、そして自分自身の苦悩をようやく彼が認めたとき、わたしは、いくらかでも心の安らぎを得られるようにするために、飛行機に乗ってラネイ神父に会いにいってはどうかと提案しました。ところで、このミネソタの医師はカソリック教徒で、子ども（彼にとっては継子）のいる離婚女性と結婚しており、2人のあいだにはさらに5人の子どもがいました。彼は優秀な内科医で、とても明るい外向性の気質の持ちぬしで、診療所では5人の看護師を使っていましたが、全員が子どもを養っている未亡人ないし離婚女性でした。町でいちばん繁盛しており、だからこそ、子どものいる6つの世帯を文字どおり養うことができたのです。子どもたちのことや、母親が彼らに与える影響のことでたいそう胸を痛めていたので、それでわたしはラネイ神父に会うよう勧めたわけなのです。初めてラネイ神父を訪ねて以来（手紙をやりとりしたり、直接会ったりして、その後も連絡をとっています）、内科医は、訪問の成果やラネイ神父の仕事ぶりについてあれこれ詳しく知らせてくれています。ラネイ神父のカウンセリングにも、鉱山町の子どもたちや幼いインディアンの子どもたちに対する指導ぶりにも、そしてまた、この結びつきの希薄な地域社会における建設的な適応

の必要性を重視しておられることにも、彼は深い感銘を受けました。最近の便りでは、またラネイ神父に会いにいってきたが、離婚の結果、元の妻が保護監督権を手に入れたため、子どもたちを神父のところへ行かせることができないのだと述べていました。元の妻の個人的な問題が原因で、子どもたちの起しかけている不適応に対して、自分はどんな調整をしてやるべきかについてもたずねていました。また、継娘がとても熱心に彼の肩を持っていると述べ、兵役年齢に達した長男を、カリフォルニアのキャンプ・ペンドルトンへ向かう途中、フィーニクスに立ち寄らせ、わたしに会いにいかせると述べていました。わたしはこの少年と長いこと話し合い、彼の話から、わたしが直接知っていることとぴったり一致する、信頼のおける全体像をつかむことができたのですが、子どもたちは成長するにつれて、父親のもとに戻りたがっています。少年は今、兵役についていますが、とてもりっぱに適応しています。わたしはこの医師の家を何度も訪問して、子どもたちを観察してきましたが、5人の子どもたちはもとより、継娘も母親に不満な様子を見せ始め、みな次第に反抗的になりつつあります。

　医師は、今初めて、別れた妻が自分を財政的に破綻させる決意でいることに気づき、おおわらわで患者たちをあちこちに振り分け、自分のために働いてきてくれた未亡人たちの勤め口を確保しているところです。当人にもわたしにも、元の妻があくまでも彼を破産させようとすることがわかっているからです。そうなる前に、患者たちをそれぞれの必要にいちばん適したほかの内科医に振り分けて、きちんと面倒をみたいと思っているのです。それがすんだら、フィーニクスで開業するつもりでいます。この前わたしを訪ねてきたとき、「10年前にきみの言ってくれたことを一言残らず信じているべきだった。きみが元の妻とわたしに率直に話してくれた、あのすべてが現実のものになろうとしていることを思うと」と言っていました。元の妻は5人姉妹ですが、5人の姉妹は、そろいもそろって5人の男性と子どもたちの人生をめちゃくちゃにしています。医師はこう書いていました。「子どもたちの養育権は別れた妻が握っており、あの子たちの人生にはあまりチャンスがないだろうと思いますが、わたしにはどうしてやることもできません。自分の娘にさえ拒否されたのです。元の妻は4人の姉妹といっしょに破滅への道をたどるのだろうと思います。そうする手立てさえあれば、子どもたちをラネイ

神父のもとへ連れていき、あの鉱山町の地域社会で神父といっしょに生活させるのですが。そうすれば、あの子たちも今までに受けた痛手をすべて乗り越えていくだろうと思うのです。わたし自身はフィーニクスでの開業についてなんの危惧もありませんし、仕事のことならなにがあっても対応していけるでしょう」

　だいぶ長くなってしまいましたが、文通を通して、また直接の出会いや、この内科医の友人を通してわたし自身の知っていることから言えるのは、もしきみがラネイ神父と話をとりまとめることができれば、お孫さんにとって非常に望ましい措置になるのではないか、ということです。神父がおられるのは、カナダのマニトバ州にあるクランベリー・ポーティッジという小さな町です。クランベリー・ポーティッジはザ・パーというもっと大きな町から50マイルほど行ったところで、ザ・パーにはジェット機の運行する空港があります。ラネイ神父からは何度もお招きを受けましたが、その折に、ザ・パーからあの方の教会の近くに着陸するヘリコプターを利用できるとうかがいました。連絡をとる場合は、わたしの名前を出せば快く受け入れてくださるでしょう。ラネイ神父がずっとスノーレイクに落ち着かれ、来年の春は、この地で大好きなバラの栽培を楽しまれればよいと思います。

　これ以外でお孫さんのために提案できることといっては、エピスコパル教会とメソジスト教会が細々とおこなっている、センター設立の動きしか思い浮かびません。これらの小さなセンターに関与しているのは、あちこちの教会信徒団に所属する、献身的なカウンセラーやパラメディカルの学生たちです。どれも小さな団体で、どこにあるのかわたしは知りません。そういうセンターのパンフレットを1つ同封しますが、これはもっと年齢の高い少年を対象としたものです。これらの小さな団体が抱えているいちばんの悩みは、財政援助です。扱う子どもたちの大部分は受ける援助に対して料金を支払う余裕がないからですが、教会が支援をしていて、そこで働いている人々は、たいてい教会での役割を現場実習の機会として受け入れている献身的な若い男女です。いつだったか、1、2年前だったでしょうか、この人々の奮闘ぶりを描いたすばらしい記事がありました。これらの個々の活動が今どうなっているのか知りませんし、どこへ当たればわかるかも見当がつきませんが。

　さて、ラリー・キュビー君ご本人へ。ベティとわたしから、メリークリス

マスと新年おめでとうを申し上げます。そして、2人ともここに書いたことが少しでもお役に立つことを願っています。ラネイ神父になんらかのお願いをしたら、その結果を知らせてもらえるとうれしいです。

敬具
ミルトン・H・エリクソン, M.D.

ローレンス・キュビーより
1970年1月9日

親愛なるミルトン

　たいへんな手間をかけてこんなに有益で詳細な情報を知らせてくれて、きみはほんとうにいい人です。

　この情報はすべて〔件の両親〕にも伝え、そこから先は任せるつもりです。彼らが最終的な決断を下して、きちんと連絡をとらねばならないでしょうからね。結果は追って知らせます。

　わたしからも新年おめでとう。2月の末か3月の初めに、トゥーソンの南の南アリゾナに行けそうな見込みがあります。確言はできませんが、極力そうするつもりです。元気を取り戻すために、足を日に焼いたり、泳いだり、運動したりしたいですからね。腱炎はどうやら治まったものの、おかげでだいぶ足が弱ってしまいました。

　トゥーソン方面に着いたらかならず連絡して、フィーニクスへ飛んでおじゃまさせてもらうつもりなので、当てにしていてください。

そのときまで、ご多幸を祈って
ローレンス・S・キュビー, M.D.

ローレンス・キュビーへ
1970年6月25日

親愛なるキュビー博士

　きみの訪問がベティとわたしにとってどんなに楽しかったか伝えるために、今日こそは手紙を書こうと毎日のように思っていました。でも歩くとき、き

みがいかにも痛そうなのに気づいて、気持ちがふさいでいたのです。うんと軽くなっているといいのですが。

　きみという人と知り合えたことは、わたしの人生に起きた格別すばらしいことの1つです。

　ところで、去年のクリスマス以来ラネイ神父から便りがないのですが、きみはミネソタの少年のことをなにか聞いているでしょうか。

　ベティはまだ引越し荷物をといて家を整えているところです。きみによろしくと言っています。わたしからもです。

敬具

ミルトン・H・エリクソン, M.D.

ヘンドリック

　1934年、アイヴズ・ヘンドリック医学博士（Ives Hendrick, M.D.）は、エリクソンの論文、『早漏の症例において催眠によって誘導された実験神経症の研究』の予稿の講評を依頼する手紙に返事を書いたが、この論文は、最終的には『英国医学心理学雑誌（British Journal of Medical Psychology）』に発表された（Erickson, 1935）。ヘンドリックは、ハーヴァード大学の誉れ高き教授職にある、国際的に名の知れたアカデミックな精神分析家で、その考え方はいくぶん非正統的ながら、当時おこなわれていた精神分析の枠内に十分に収まるものであった[※4]。

　ヘンドリックは次のように書いている。

1934年8月6日
親愛なるエリクソン博士
　あなたの論文を検討させていただく機会をたまわり、たいへんありがとうございました。おかげさまでわたしも刺激されまして、たいへんためになりました。……
　わたしの批評に重要な見落としがありましたら、ぜひともご指摘い

ただき、論文に対するわたしの考え方があなたとどのように違うのか、お教え願いたいと存じます。わたしの批評はおもに分析家としての経験に従ったもので、強いてほかの精神医学の分野の見地から見ることはいたしませんでした。しかし、わたしに論文を送ってこられたからには、特にこの視点からの講評を期待なさったものと存じます。……

アーネスト・ジンメル（Ernst Jimmel）も、ベルリン郊外に構えた精神分析治療をおこなうサナトリウムで、非常に極端なサディズムの問題をともなうある種の問題を治療する際、これと同じようなことをしたものです。彼の用いた「植えつけられたコンプレックス」は、わら人形でした。患者たちは巧みにしむけられて人形を攻撃し、非常に効果的な除反応が得られました（ということです）。ちなみに、ジンメルはわたしの知っているどの分析家より催眠をよく使っています。……

エリクソンの依頼に対するこの返信は3ページからなり、そのあと9ページ半にわたって批評的見解が述べられているが、すべて手書きで、多数の訂正が加えられている。

ここで読者の便宜のために、問題となっているエリクソンの論文のあらましを見ておくとしよう。

1934年、エリクソンは、ポール・E・ヒューストン（Paul E. Huston）およびデイヴィッド・シャコー（David Shakow）との共著で、『ルリア法を用いて催眠で誘導されたコンプレックスの研究（A Study of Hypnotically Induced Complexes by Means of the Luria Technique）』と題する論文を著したが、これは『一般心理学雑誌（Journal of General Psychology）』に掲載された（Erickson, Huston, & Shakow, 1934）。

この論文において、著者らはロシアの神経心理学者ルリアが考案した実験法を記述しているが、それは、被験者を催眠に入れて、本人が自分自身の倫理観に合致しない不名誉な行為をおこなった場面を描写して聞かせる、というものである。それからすぐ、その「植えつけられた」記憶に関係のある言葉を多数含む言語連想テストをおこなわせる。さらに動作性の課題を与え、記憶に関連した言葉とニュートラルな言葉で反応の潜時[※5]を測定する。報告によれば、キーワードに対する反応の潜時のほうが長くなり、それによって、記憶からの影響が動作性のパフォーマンスを阻害することが証明された。

この1934年の論文において、ヒューストンとシャコーとエリクソンは、ルリアの方

法に当時24歳の男性に焦点を当てた修正をほどこして再現したものを報告した。この男性は、明らかにエリクソンののちの論文、『早漏の症例において催眠によって誘導された実験神経症の研究』(Erickson, 1935) の被験者である。こちらの論文では、エリクソンは「同種のものが同種のものを治す」という同種療法[※6]の原理と思われるものを利用している。この被験者が早漏に悩まされていることに気づいていた彼は、植えつけられた記憶に関する別の実験をおこなっているように見せかけて、早漏問題に対応した架空のシナリオをこっそり植えつけた。エリクソンは、「1つの病気（葛藤）から回復すると、しばしば新しい生理的均衡が確立され（"リビドー"の再配分）、それによって、併存している第2の、ことによるとまったく無関係の病気（葛藤）も都合よく解消される」という仮説を立てた (Erickson & Rossi, 1980c)。

エリクソンに植えつけられた偽の記憶において、患者は火のついたタバコ（ペニスを"象徴"している）を、灰皿（ヴァギナを"象徴"している）に入れ、それによって発生した温度差のせいで灰皿を割ってしまい、恥じ入る[※7]。その灰皿は若い女性が父親に作ってあげたもので、それが当の女性の面前で割れてしまったのだ。彼女は大したことではないと慰めてくれたが、若者は自分の不始末に屈辱を覚えつつ、その（架空の）場を立ち去った。

この論文のなかで、エリクソンは、トランスから覚醒した直後のこの男性の行動が、「植えつけられた」葛藤に影響されているさまを記述している。たとえ本人は植えつけられたストーリーと自分の問題との関係に意識的に気づいていなくても、性的障害は解消される、と主張した。

この症例の記述において、エリクソンは次のようにまとめている。「この手続きの結果、誘導された葛藤と彼がもともと抱えていた神経症との同一化、ならびにそれらの感情的反応の融合が起こったものと思われた。患者は暗示された葛藤を想起し、除反応を起こし、それについての洞察を得るように強いられたのち、臨床的に見て本来の神経症から回復していること、そして1年後もなお正常に機能していることが見いだされた」(p.335)[※8]

どういうわけか、それから9年後、エリクソンは実験神経症の誘導に用いるコンプレックス・ストーリーを作るのに使った方法を逐語的に記述した論文を、『一般心理学雑誌』に発表している (1944)。

以下は、ヘンドリックの1934年の手紙から抜粋した批評的見解の一部である。

1. 全般的に言って、あなたの"コンプレックス"という用語の使い方は、ユング本来の意味にきっちり沿ってはいるのですが、時代遅

れの、素材についての論述を歪めてしまう、特定のニュアンスを帯びているように思います。わたしが言っているのは、連合した**観念**（Vorstellungen）群を指すのに、この観念群がそれ自体で効力を持っている、というニュアンスでこの言葉を使っておられる、ということです。非常に有益な論述であるためには、"コンプレックス"（あるいは"布置"でもなんでもよろしいのですが）のことを言うときは、力動的なのは観念ではなく情動なのだという認識が、隅々にまでいきわたっていなければなりません。わたし自身は、フロイトが"本能"に関する論文において"本能的表象"について言っていることは、一元論－二元論問題の多くを解決するきわめて重要な心理学的概念であるのに、なぜか見過ごされていると思っているのですが、それが意味しているのは、意識がいわば濾過された無意識の空想あるいは表象作用であるとしても、意識や無意識とは、**生物学的な**力の心的なものとしての**表われ**なのだ、ということです。

　（今後２年かけて、この視点からさらにいろいろ研究してみるつもりでいます）。"コンプレックス"という用語を狭い意味で使っておられるのを残念に思うわけは、そうすることによってある望ましからざるニュアンスが生まれてしまうからです。例を挙げますと、"人工的な神経症"、"コンプレックスの植えつけ"、"コンプレックスの体内化"などへの言及です。こういう表現は、これらの概念だけを頭に置くかぎりは完全に当を得ているのですが、精神力動を考える場合には若干混乱を招きます。わたしには、新たに人工的な神経症が引き起こされたと考えるに足る根拠があるとは思えません。わたしの目に見えるのは、与えられた観念が前からあった葛藤の新しい表象としてただちに利用されたこと、そして次に、そのストーリーが催眠場面のほかの要因と相まってこの葛藤に影響を及ぼし、しばらくはこの葛藤が彼の行動や表象過程のきわだった決定因になるほどだった、ということを示す決定的な証拠です。要するに、（意図してではなくニュアンスによって）**観念**が過度に強調されることによって、その観念が表象している情動の力を無視する傾向に偏った論述が、そちこちに見受けられるのです。……

さらにヘンドリックは、エリクソンの方法の精神力動とそれが患者に及ぼした影響の精神力動について、精神分析の見地を示している。

わたしもあなたと同じで、この実験方法の可能性を評価することにいちばん大きな関心があります。これが独創的で幅広く研究する価値のある方法であることは疑いを容れません。試みに精神分析と対比してみますと、精神分析の実験方法としての可能性は十分には検討されていないと思いますし、催眠技法ならどんな催眠技法でもそのほうが勝っているという錯覚がまかりとおっています……

ヘンドリックは次のように要約してペンを置いている。

あなたの貢献の価値は、さらに簡潔に表現することができます。
1．資料は並外れて興味深く、まれに見る正確さで報告されている。
2．この方法は、ブロイアー（Breuer）のカタルシス法をさらに精緻にしたものとして、ほかの症例においても治療法に使えるのではないかと思われる。
3．論述は全体を通して刺激的でありながら、上質な資料からあまりそれることのないよう配慮されている。しかも、科学の研究といえども生産的な研究には不可欠な、徹底的に調査するというあの姿勢も備わっている。（今日の『研究』なるものの95パーセントは、得体の知れない宗教、『汝……するなかれ』的教条に対する儀式主義的妄信の、ありとあらゆる特徴を備えていると思いませんか？）
4．わたし個人としても、おかげさまでたいへんいい知的刺激になり、それによって催眠の方法論の最高の姿というものがとても明確に思い描けるようになった気がします。

編集者注：ヘンドリック直筆の手紙とメモはミルトン・H・エリクソン財団記録保管所で閲覧できる。

精神分析家

　以下の文通で、エリクソンとヘンドリックはエリクソンのある症例について話し合っているが、この症例はここが初出である。革新的なアプローチがとられているという点で、注目に値する症例である。教条主義的ではあるがリベラルな分析家であったヘンドリックの返事がまた興味深い。これは、大きくかけ離れたアプローチを持つ2人の臨床家同士の、刺激的で意気盛んなやりとりだ。

アイヴズ・ヘンドリックへ
1937年6月28日

親愛なるアイヴズ
　ピッツバーグでアカリーといっしょにディナーをとっていたとき、怒りの治療的利用についてちょっとお話ししたのを覚えていらっしゃるかもしれません。ときどきわざと患者を怒らせること、わたしにひどく腹を立てた患者は、すべてにおいてわたしが間違っていることを証明してやろうとやっきになるあまり、続けて通ってこざるをえなくなること、その怒りを注意深く操作すれば、神経症を手放させるのも可能だということについて、簡単にお話ししたと思います。今日は、もうじき終結になるある症例のことをかいつまんでお話ししましょう。
　昨年の11月、24歳のイタリア人フルート奏者がやってきて、腫れてひび割れした下唇のことで、催眠療法を要求しました。6年間ありとあらゆる治療を受けたにもかかわらずいっこうに治らないこの唇のせいで、オーケストラで演奏することができなかったのです。もっとも、練習は、ひび割れや出血を起こしながらも結構規則正しくやれていました。彼はいつ解雇されるかとびくびくしながら、週給9ドルでウエーター助手として働き、ほとんどの時間を、音楽に対してなすべき貢献を果たす機会を奪われた天才であるわが身を嘆き悲しんで過ごしていました。デトロイト・シンフォニー・オーケストラの第1フルート奏者の地位以外は引き受けない、それがかなわないならウエーター助手のままでいる、と言い切りました。さらに話を聞いていくうちに、今まで何度もそのオーケストラへの任用を決めるオーディションを受

ける段取りをつけておきながら、まったく無責任なやり方で回避してきたことがわかりました。彼の教師は任用をとりつけるために、いくらでも犠牲を払う用意があり、現にそのような任用をとりつける地位にいたのです。

　最初の２回のセッションを使って話を聞き出したすえに、わたしは自分も前の治療者たちと同じように扱われるだろう、と判断しました。そのあとたっぷり時間をかけて、物事を客観的に見て理性的に対応できることを、彼がどこまでも自慢してしまうような状況を作っていきました。そうしておいてすぐ、豪語したことの一つひとつに疑いを投げかけてけなし、完全にぬきさしならなくなるまで、さらにあれこれ立場を選び取らせていきました。ただし、信頼がそこなわれることのないよう、ごく穏やかで冷静なやり方で事を運びました。そのうえで、率直に自由に話し合うことをわたしに望むかどうか、じっくり考えてきてもらうためにひきとらせました。

　次のセッションでも、率直に自由に話してくれて結構だという発言を固めてしまうように持っていきました。完全に引くに引けなくなって、わたしの言うことすべてに十分な考慮を払って耳を傾けると約束したところで、わたしは、彼がこれまでの治療者にしてきたことを並べ上げて、最初に口にしたことの１つ、すなわち、「あんたも失敗すると思う」というせりふを思い出させました。それから、ありったけの軽蔑と、彼という人間、その行状や家柄、およそ思いつくかぎりのことについての非難を浴びせかけたものですから、しまいには怒り狂って、文字どおり全身を震わせながら診察室のなかを行ったりきたりし始めました。そうしているあいだも、わたしは話をさえぎっては傷つけるようなやり方で解釈し続けたので、最後は人殺しもしかねないほどになりました。さらにまた、面接にこれるものならきてみろとけしかける効果を狙って、注意深く言葉を選んで非難すると、「死んでもきてやる、そしてあんたがどんなめちゃくちゃを言ってるかわからせてやる」と切り口上を吐きました。12月、1月、2月と、彼の頭にはただ１つの目的しかありませんでした。つまり、わたしが「とんでもなく無知で、うぬぼれ屋の、同情心のない、心の狭い、冷血な、ただ自分で医者のつもりになっているだけの男」であることを証明してやる、という目的です。わたしはわたしで、オーケストラの第１奏者の代わりに第５奏者の地位を受け入れるだけの分別もなく、ウエーター助手に甘んじている臆病さをなじってやり返しましたが、

ときどき彼の神経症について長々と形而上学的な議論に入り込み、彼がわたしの物の考え方や彼の全体的状況に対する理解の仕方を批判し、唇の異常は、わたしのしているような単なる神経症だなどという皮相な判断をされるべきものではなく、身体的な疾患とみなされるべきだ、と主張するようにしむけました。4月の後半に、彼は怒り心頭に発してわたしと手を切り、もう二度と会わないと宣言しました。わたしは、いかにもりこうぶった様子で予約簿を取り上げ、数ページめくって、なにごとか書き込みました。それは彼の好奇心をそそりました。数日後、電話をかけてきて予約を入れてほしいと求め、予約簿になにを書いたのか知りたがりました。わたしは、電話で可能なかぎりにじらすようなやり方で予約を受けつけ、彼がやってくると予約簿の書き込みを見せてやりましたが、そこに書いてあったのは、何日したら予約申し込みの電話をしてくるだろうという予想でした。もちろん、これは彼の辛辣さと非難に拍車をかけましたが、あれほど強く断言したにもかかわらず、ほんとうに手を切ったわけではないとわかるほど彼のことをよく理解しているというわけで、最後はとてもはっきりしたおほめの言葉になりました。このほめ言葉が口にされるが早いか、わたしは机の引き出しの鍵を開けてもう1枚の紙を取り出しましたが、それには、ほめ言葉が口にされることも含めて、この面接はこういう道筋をたどるだろうというおおまかな予想が前もって書いてありました。彼はすさまじい怒りにのみこまれましたが、前のように診察室のなかを荒々しく往復したり、両腕を振りまわしながら身を震わせたりするのではなしに、かえってじっと座ったきり、弱々しく口を利こうとするものの、あまりの無力感に怒りすら言葉にならないありさまでした。

そこでわたしはおもむろに、音楽のことで二、三、さりげない質問をし始めました。楽譜というのはどんなふうにして読むのかとたずね、わたしが失音調症であることを教えて、彼に教師の役割をとらせました。こういうやり方で首尾よく自分の無知を証明すると、次には色盲であることも証明してみせ、最後に彼が催眠療法を要求したことを思い出させて、ていねいに礼儀正しくお願いしますと言えば考えてあげよう、と言いました。わたしが怒らせ役を演じているあいだ、彼は自尊心をねじ伏せようとして自分の気持ちと激しい格闘を演じていましたが、ついに、「あんたはすべてにおいて間違っているし、思った以上になにもわかっちゃいない。あんたが偽医者だってこと

を暴いて認めさせるためなら、なんだってやってやる」と言いました。そこで、わたしは催眠療法にとりかかりましたが、催眠暗示に対して彼の示す反応をことごとく嘲笑い続けたので、あちらは暗示の意味している以上のことをやってのけようと死に物狂いになりました。このあとは、大体3回のセッションのうち1回の割合でわたしのことで怒りを爆発させていましたが、自分自身に対する姿勢は大きく変わり、ウエーター助手の仕事をやめて、W・P・A・オーケストラに職を得て、週に9ドルの代わりに22ドル稼ぐようになりました。

　5月中ずっと、わたしはできるかぎりに無情なやり方で、唇の異常に対する考えをことこまかに述べ続けました。臆病者のアリバイだと非難し、身体的なものだと言うなら証明してみろとけしかけ、ひ弱な男の現実逃避だということは明らかだし、きみにはどうみても現実に直面する気もなければ力もないのだから、治療なんかできないし、する気もない、と言いました。またもや怒りの爆発が始まりましたが、それには、彼の性格に対するわたしの考えがすべて間違っていることを証明してやる、という目的が対になっていました。彼はひそかにオーディションの段取りをつけ、つけてしまってからわたしに話しました。わたしは軽蔑したように、たとえ合格したところで、きみはそれをふいにするために、なにかばかなことをしでかすだろう、と言いました。彼はとても変わった反応の仕方をしました。つまり、オーディションのことをすっかり忘れてしまい、なんの準備もせず、11時にオーディションが始まるという当日の11時15分前に突然思い出したのです。着替えをし、ひげをそり、約束の場所までタクシーを走らせ、時間どおりに到着し、非常にむずかしいオーディションを課されたのに合格してしまいました。すぐさま電話をかけてきて、「ぼくはあんたの助けなんか要らないんだ。今までも、これからもね。ぼくのことでだいぶむだな時間を使ってくれたことを思えば、ちょっとは感謝しないでもないがね」と言いました。わたしは笑って電話を切りました。2日ほどのちに彼が率直に語ったところでは、週給75ドルで夏季シーズンの第1フルート奏者に指名されたのですが、最初にこの申し出を受けたときは断わってしまい、それからすぐ、なにかばかなことをしでかすだろうと言われたことを思い出し、そんな予想を立てられたことにものすごく腹が立って、辞退を撤回して契約書にサインしたというので

した。それから、シーズン中よい状態にしておかなければならないのだから、直接、唇に対して治療をしてくれと要求しました。わたしは、15分ほどじっとその椅子に座っているように言い、彼の行動を観察しました。静かに自分の手や足を見つめたり、診察室を見まわしたりしながら座っていましたが、20分ほどたつと、いったいどんなばかなことを考えているのかとたずねてきました。何ヵ月も前、唇を噛んだりなめたり指でねじったりしていることで何度もわたしに嘲笑されて、わざわざこうやってマッサージするようにしているのだと言明したことを思い出させ、なにもすることのなかった今の20分間、そういうことではいささかの動きもしなかったではないか、以前の行動に対する解釈の正当性について自分で結論を出すべきだ、と指摘しました。彼はじっくり考え、かなり腹を立てましたが、そのあとで、わたしとのことで言えば治療のあり方になんら問題などなく、唇の異常は不幸な家庭の状況や個人的状況のもたらした結果にすぎないと述べ、唇神経症の有用性も含めて、それらのことをきわめて明解に語りました。唇は目に見えてよくなっており、フルート奏者ならだれでもする程度のほどほどの鍛錬なら自分の唇にとっても害にならないことをしぶしぶ認めました。そこでわたしは、行動や唇の改善をしぶしぶとしか認めない姿勢を非難し、つけ加えて、唇の異常は役に立つんだからとっておけばいい、実際きみはとっておくだろうしねといった、軽蔑的な、明らかになだめるような励ましの言葉を言ってやりました。

　それ以来、われわれのセッションはまずまず平穏に穏やかに運んでおり、彼は理解力を発揮して自ら全体的状況を振り返り、怒りの爆発の治療効果をたいへん適切に要約しています。また、最初はなんとかわたしをやりこめようとすることによって、その後は、ほんとうは差し出されていた援助を受け入れようと知らず知らず努力することによって、不承不承自分の問題に対処してきたことを、われながらとてもおもしろがっています。

　今はほんとうに理想的な状況です。彼はすっかり変わりました。情緒的な面でとても成熟したように見えますし、人が望みうるかぎりの熱意にあふれた喜びを胸に、今日から始まる夏季シーズンを待ち構えています。わたしに対する態度は尊敬と感謝に満ちていますし、とても真剣に堅実にこの夏の仕事の計画を立てています。それというのも、去年の12月に欠員のあること

がわかり、第1奏者として終身雇用してもらえる見込みが出てきたからです。

わたしが引き起こした発作的な激しい怒りに対しては、完全に「理解しておもしろがる」状態になっているように見えます。特にトランスに入れると、これが出てきます。時折、覚醒状態で敵対的なことを言って、トランスに入りたいという意思表示をします。トランス状態に入るとすぐにもっと穏当な発言をするようになり、それを聞いていると、彼が覚醒状態でした敵対的な発言に対して、おそらくわたしはこれこれというような解釈をしたのだろう、でも、彼は覚醒状態ではまだありのままの真実を言えないので、それをトランス状態で言うと気分がよくなるのだろう、ということがわかります。

もちろん、今よくても次の6週間は荒れ狂うというあんばいなので、まだ安定していないということはよくわかっていますが、考え方のおおよその流れは、自分の職業に対して適切な情緒的態度をとれるようになっていることを示していますから、きっとよくなることと思います。

ずいぶんと不十分な説明だとは思いますが、こんなふうに、治療の場に留まらせる目的で故意に患者の怒りを引き出すことも症例によってはありえると知って、興味深く思われるのではないかと思ったのです。留まっていれば、患者は治療者と対決でき、したがって治療者を相手取るのに必要な手立てとして、治療を受け入れざるをえなくなるからです。

読み返してみて、当然おわかりになるものと思い込んでいたことがあるのに気づきました。相手をいらだたせるわたしの言葉は、いつも解釈の性質を帯びていましたが、注意深く言葉を選んで曖昧な表現にしてあったので、彼がそれを打ち壊そうとして攻撃すると、自らもっともらしい第2、第3の意味を見いだす余地があり、それゆえ、当人にはなんとなく痛いところをつかれたという感覚しか残らないようになっていたのです。またわたしは、できるかぎり一貫して、ときたまだおかしがって笑う以外は、なんら個人的感情を交えない、冷静で淡々とした客観的な態度を保っていました。彼はわたしのふるまいを要約してこう言い切ったものです——「世界とそこに住まうあやつり人形どもをながめて打ち興じ、人形におのれの役を演じさせるに足るだけ知的に共鳴してやり、人形どもが望めば、当人に能うかぎりのことを知りかつおこなうチャンスを与えてやる、あのピランデッロ[※9]みたいに冷笑的だ」と。

敬具

ミルトン・H・エリクソン

アイヴズ・ヘンドリックより
1937年8月21日

親愛なるミルトン

　……敢えて二、三、わたしの考えを持ち出して議論のじゃまをさせていただきます。彼の呈している神経症のもっとも能動的な構成要素は教師に対する復讐で、それは治療者を相手に反復されました。動機はフェラチオの空想でした。彼は、フェラチオ願望を十分に満たしてくれない教師に復讐すると同時に、その願望を否定したのです——吸いたいということではない、わたしは最高のフルート奏者だということなのだ、と。この治療の力動は、あなたの侮辱によって引き起こされながら、それ以外の点での受身性によって容認されたこの反抗と復讐の欲求が、適切に言語化されたことだけではないように思えます。自分の受身的同性愛を受け入れたいという願望や受け入れる能力を次第に伸ばし、これと戦うことから得るものより、受け入れることから得るもののほうが大きい（金銭、地位、成功、あなたからの尊敬、自尊心）ということを学んだことでもあったのです。結果としてよかったのは、明らかに、受動的な2人がうまくやりくりされたことだと思われます。疑う余地はあまりないと思うのですが、催眠（フェラチオの空想を満足させること）だけでは、こんなにうまくはいかなかったでしょう。催眠暗示によって唇を傷つけるのをやめさせ、地位を受け入れさせるのに成功したのだとすると、そうしなさいと命令されたからするというのが動機なのですから、彼の演奏は精気を失い、だいぶさえないものになってしまったでしょう。また、怒りを引き起こしたことも、それ単独ではうまくいかなかったでしょう。同性愛の充足をともなっていなかったならば、ただ劣等感を強化し、神経症による無力状態を助長させるだけに終わったでしょう。

　あなたはアメリカ版アイヒホルン（Aichhorn）[※10]だと思います。扱う症例の種類は違いますが、どちらも真に力動的な治療をおこなうために、われわれ大部分の者がはるかに及びもつかないくらい、自分自身のパーソナリテ

ィを活用する天賦の才を持っているのです（責任感を保ち促す、つまり責任を引き受けるがゆえに有益な、『治療的パーソナリティ』とは対照的です）。あなたとアイヒホルンの特異な才能のもっともきわだった特徴は、患者にとっての全能者の役割を演じる能力と、患者をひっかけて予言どおりに反応させてしまう能力の２つであるように思えます。ふつうの人の場合、心理療法家としての有用性は、これらの資質が関ってきたらそこでおしまいです。全能の見せかけや策略はその人の限界であって、長所ではありません。分析家の場合は特にそうです。あなたの方法と精神分析とは、どちらも治療法の中心的な特徴として、幼児期の葛藤の治療場面での再現と、この葛藤の意識による管理に依拠しているという点でよく似ています。しかし、分析家は転移の展開につれて葛藤が自ずから現われるに任せるのですが、あなたはそれを活性化するのです。分析家のおもな本来的役割は患者の体験と同一化することですが、あなたのは、患者の無意識の対象の役割を再現することによって、反響板のように、患者の体験を活性化することです。そのような事例におけるあなたの方法の利点は、治療を加速することです。欠点は、定式化して教えることができないところです。そしてひょっとすると、あなたが演じようにも、そもそも身に備わっていない役割がからんでいる葛藤や、それがために治療場面にあまりはっきり出てこない患者のパーソナリティの側面がからんでいる葛藤の徹底操作には、精神分析ほど適していないかもしれません。また、あなた自身が気づかなかった重要な無意識の動機は、見いだされないままに終わってしまいそうな気がします。……

敬具
アイヴズ・ヘンドリック

編集者注：1937年8月21日付のヘンドリックの手紙のなかの関連のある部分だけをここに収めた。全文はエリクソン記録保管所に保管されている。

────────

エリクソンに宛てたヘンドリックの1937年8月21日付の手紙は手書きで、エリクソンは秘書にタイプで打ち直させている。第1パラグラフで、ヘンドリックは患者および

治療法の力動を説明するのに精神分析のレンズを使っている。

　第2パラグラフでは、もっと個人的な口調になって、エリクソンのスタイルを批評している。エリクソンの方法は特異で、人に教えるのがむずかしいと匂わせている。しかし、われわれはエリクソンの方法を調べて、これぞ正統的エリクソン流という原則を引き出してみようではないか。

　フルート奏者の症例は、エリクソンの治療法の5つの基本的特徴を実証している。

1．治療の組み立ては患者の生活のなかでおこなわれる場合もあり、面接室内に限定されない、という理解の仕方。
2．利用。
3．その人に合わせて仕立てる（tailoring）。
4．患者の資質を活かす。
5．経験を通して学ぶ治療にする。

　エリクソンがこの治療の最初のほうで用いた原則は、患者のとっている姿勢を調べることのようだ。明らかに、フルート奏者は自他を挫折させるという姿勢、すなわち神経症的パターンをとっていた。神経症的行動の特徴とは、失敗するに決まっている「解決法」を繰り返し使うことである。つまり、フルート奏者は理屈に合わない自滅的なやり方で行動していたのだ。

――――――――――

　ひとたび患者のとっている姿勢をのみこんでしまえば、治療者は次の反応を予測できる。患者がこれまでの治療者を挫折させてきたことを知ったエリクソンは、彼がそのパターンを踏襲して、神経症的に、自分のことも挫折させようとするだろう、と考えた。

　エリクソンはまるで「患者の機先を制して」いるかのようだ。彼は患者を挫折させることによって治療に乗せた。患者はあまのじゃく的に反応したので、エリクソンが挫折を利用すると治療に乗ってしまうことになった。彼はエリクソンに反駁した。エリクソンは、もっと建設的な姿勢をとらせるためにそれを逆説的に利用した。

　エリクソンは正統的な治療はしなかった。象徴的で情緒的なドラマを作り上げ、そのドラマのなかで、行動を変えるのに必要な資質は十分身に備わっていることに、患者が気づ

くようにした。エリクソンはフルート奏者に行動を変えよと指示したりしなかった。そのような、そのものずばりの方法は、この患者に覆されてしまうのを知っていたのだ。そうする代わりに、自他を挫折させる患者の行動をパロディー化することによって**利用した**。患者は、人を挫折させるようなエリクソンのふるまいに反駁し、逆説的に、次第にもっと有効性のある構えをとるようになっていった。この治療全体を通して、エリクソンはほとんど患者に解決の仕方を示していない。彼は解決法を示さなかった。催眠も見合わせた。それゆえ、患者はエリクソンを「打ち負かす」ことができなかった。もしもそうしていたら、われとわが身を打ち負かすことになっただろうが。

　エリクソンは、経験を通して学ぶことによってのみ、患者は変わる、と考えた。患者は、自分の神経症的葛藤の諸側面を追体験したとき、初めてもっと有益な手段をとれるようになった。

　首尾よく治療をおこなうために、エリクソンは、患者の反応を予想するという姿勢をとった。「XならばX」パターンである。エリクソンはこう考えているように見える。「**患者が自分自身を挫折させるように行動しているならば、他人のことも挫折させるであろう**」ある文脈で不合理な行動をとっているならば、ほかの文脈でもやはり不合理な行動をとるであろう、というわけだ。これをもとにしてエリクソンは正確な予測をした。単に患者のパターンを指摘しただけでは、変化は起こらないであろう。患者は、行動を変えるためにはパターンを変えなければならないし、パターンを変えるためには実体験を通して自分のパターンに気づかなければならないのだ。

　要するに、臨床家がエリクソンの方法をどのように応用できるかを考えてみると、興味津々たるものがある。まずは患者のとっている姿勢を自分もとってみるとよい。その姿勢をよく見きわめて、最小公分母を抽出する。いったん患者の姿勢をのみこんでしまえば、患者がどのように反応するかを予測できるようになる。こうなれば、進行するうちに、それ以前は眠っていた能力に患者がふいに気づける、そんなドラマを創作することができる。

　ヘンドリックへの手紙を書いていた当時のエリクソンは36歳であったが、すでに成熟した経験豊かな専門家になっている。介入は大胆、態度は確固としている。精神分析が神経症治療の唯一の方法であった時代に、この治療がおこなわれたとは思い描きがたいことである。エリクソンはいったいどのようにして、精神分析という既成の枠組みを離れて、このような独自の治療法を編み出すことができたのだろう。エリクソンの取り組み方には、あぶなかしげのない円熟ぶりがうかがえる。

精神分析家

アイヴズ・ヘンドリックより
1940年1月18日

親愛なるミルトン

　1. 自己催眠、2. 自己催眠と緊張病との関係、以上のことについて教えていただけませんか？

　ちょっと目新しい臨床経験をしたところです。2週間前、初老の陽気な海軍医が娘のことで相談にやってきました。病歴を聞くと、大体において健康で社交的な女性の、典型的なヒステリーのようでした。恋愛は毎度惨憺たる結末に終わっており、何度か手術をしたあげく子宮摘出術を受けており、何人もの精神科医に相談しており、明らかな軽躁状態で、二度、短期間、精神病院に入院しています。38歳です。ここ2年間というもの、ほとんどの人づき合いを避けています。そうなる前は大恋愛をしていたのですが、相手の男性がカソリック教徒だったので、結婚は望んでいませんでした。この2年間のあいだに、ますます引きこもるようになり、両親とともに暮しているホテル形式のアパートメントの自室に閉じこもって、ほとんどの人づき合いを避け、人なかに出るように勧められても、かたくなに拒んでいます。数人の医師に往診してもらいましたが、どの医師とも二度目は会いたがらず、精神科医をひどく嫌っているといいます。こちらから会いに行ってもむだだし、あちらから会いにくることもあるまいと思ったので、父親にはわたしから本人に宛てて手紙を書きましょうと言いました。わたしは手紙を書き、彼女はやってきました。

　毎日彼女と会っています。わたしはさっそく分析技法でいくことにして、連想を求めました。あやしげな分析家にしろ、一応は分析家の治療を受けた経験があったからです。もっともきわだった特徴は、寝椅子に寝ているときのふるまいと、面接の前後のふるまいがまったく対照的だということです。寝椅子に寝ていないときの彼女は、あたりまえの感じのいい社交的な態度で、わたしとの人間的ふれあいを楽しんでいます。ところが、寝椅子に寝ているあいだは、ほとんど、両足をそろえてまっすぐに伸ばし、爪先もやたらにぴんと伸ばして、身じろぎもせずに横たわり、黙り込んでいます。質問には答えますが、自分からなにかつけ加えることはありません。わたしの印象では、

重症のヒステリー患者で、最終的にあまりにひどい性的欲求不満状態に陥った結果、母親に対して、ひいては世間に対して、頑固で反抗的な態度に逆戻りしていたのです。軽度の緊張病ということも考えられますが、問題の姿勢はときどき自然な動作で中断されるのです。ときには彼女のほうから質問してくることもあり、簡単に答えてやるのですが、そういうことに対しては満足感や情緒的な反応を示します。ちょっとの間、真に分析的な「ギブ・アンド・テイク」が成立することもありますが、いつもすぐに終わってしまい、元の姿勢に戻ります。そんなときに語られることの1つが、犬を子どもとしてたいそうかわいがった思い出で、乳母車に乗せて、その犬がママの言うことを聞かない悪い子だというつもりになっていたといいます。別のときには、部屋が揺れているように感じ、20歳のときの婚約者との恋が終わりかけていたころの、地震を体験した日を連想したりします。

　今日、いつものあたりまえで感じのいい様子で現われたのですが、寝椅子に横たわるとこう言うのです。「どういうわけかドイチュ博士と催眠術(メスメリズム)のことが思い浮かびます。どうしてこんなことを考えてしまうのかわからないんですけど、ドイチュ博士は、催眠術を信じるかとおたずねになったんです。あなたはいかが？」彼女は前にドイチュ博士の一度かぎりの往診のことを話題に乗せ、言われたことは一言も理解できなかったと言っていましたが、明らかに博士に対して情緒的に反応しているようでした。わたしたちは催眠術について二言、三言、交わしましたが、彼女は、実際に可能だと話には聞いている、と言いました。催眠術をかけられた人を見たことがあるかとたずねてきたので、「ええ、何回か」と答えました。害はあるのかとたずねてきたので、「いいえ、適切におこなえばそんなことはありません。だからといって室内娯楽にふさわしいとは思いませんけどね」と答えました。すると彼女は例の姿勢に戻り、わたしは10分ばかり、催眠を実施することに対する自分自身の抵抗を探っていましたが、重要なことに気づきました。これがこの女性の求めていることなのだ、しりぞけたりしないでどうなるか見てみるほうがいい、と思ったのです。沈黙のうちに15分が過ぎたとき、わたしは「催眠術」と言いました。彼女はあたりを見まわし、客観的な口ぶりで話しましたが、そのとき、指を上に向けてお腹の上で手を組みました。このしぐさは、「わたしは催眠術をかけられたい」という意味なのです。というのは、3日

前まで、彼女はこの姿勢でいつも手をそこで組んでいました。3日前、わたしは、手をそんなふうにしていることからなにか思いつくことがあるかとたずねていました。彼女は言葉でこそ答えませんでしたが、その両手を頭の後ろにやったり、次には首の後ろにやったり、胸に乗せたりと、ふつう寝ている人が両手を組んでいる場合に手を持っていくさまざまな位置に持っていきました。ところで、なんの実りもなかったこの2週間の終わりの出来事として、昔なじみの友人の葬式に行ってもよいとわたしに言わせようとした、ということがありました。具合が悪くて人の死を悼むどころではないのに、母親にそんな状態ではないでしょうと言われたせいで、ひどく行きたがっていたのです。このようにしぐさで肯定したあと、しばし沈黙していましたが、「なぜ思いついたんですか、そんなこと？」〔『催眠術』のこと〕とたずねてきたので、「きみが催眠術をかけられたいと望んでいるからですよ」と答えました。しばらくすると、とても変な感じがすると言い出しました。麻痺したような感じがして、足が冷たいというのでした（つい昨日、こんな寒さとおさらばしてどこか暖かいところに行けたらすっかりよくなるのに、と言っていたところでした）。彼女は自分の感覚についてあれこれ述べました。「どこかへ漂っていく」ように感じましたが、この「漂っていく」感じは、前にもわたしの面接室で体験したことがありました。腰から上には麻痺した感じはありませんでした。わたしは穏やかな提案をしてこの時間を終えました。いつもここを出たあとまっすぐ家に帰るのかとたずね、今日はシュラフトの店に寄っていったらどうかと勧めたのです。なにをしにと聞かれたので、「ソーダ水かホットチョコレートを飲みに」と答えました。寝椅子から起き上がったとき、まだちょっと変な感じがすると言ったので、すぐになおると言ってやりました。

　つまり、これは明らかにヒステリー症でありながら、寝椅子に寝ているとき以外は、完全に意識的で正常にふるまう症例なのです。例の姿勢で横たわっているときの心的体験と、「なんの考えも浮かばない」という考えでそれがふいに中断されるのは、今にして思えば、明らかに本人自らが引き起こした解離であり、わたしに暗示されるまでもなく自ら軽い催眠トランスに入って、トランス状態と覚醒状態とのあいだを行ったりきたりしているらしいのです。これがどの程度、潜伏性分裂病なのかについては、まだなんとも言え

ません。しかし、ヒステリーの分析に必要な性器的関係[※11]を確立するためには、前性器的な催眠性転移に対する欲求を満たしてやらなければならないような気がするのです。

　催眠に入れてくれる人がいないとき、患者が自分で入ってしまう傾向がある——このような事態に関してなにかお考えがありましたら、ぜひぜひお聞かせ願いたいのです。

敬具

アイブズ・ヘンドリック, M.D.

アイブズ・ヘンドリックへ
1940年1月20日

親愛なるアイヴズ
（1）**自己催眠**
　これは、ふつうは催眠に入る経験をしたあとでおこなわれるものですが、時折、非常に熱心にデモンストレーションを見ていて、自分で入れるようになる人がいます。このような被験者は、一般に催眠被験者として並外れて有能ですが、自己催眠が習慣になると、ほとんどの場合、はっきりとした完全に意識的な目的に使うようになります。つまり、自己催眠を使って達成したいと思う具体的な課題を頭に**思い描く**わけで、したがって自ら誘導したトランスは、そのあらかじめ決定された目標に限定されているのです。

　ときとして、自己誘導性トランスは、現実から逃避するための防衛手段として使われることがありますが、ほとんどの場合、そのような手段としては不十分であることがわかります。たいていは生理的睡眠が自己誘導性トランスに取って代わるのがおちで、自己誘導性トランスから生理的睡眠への移行を繰り返しているうちに、やがてなにかほかのもっと申し分のない防衛手段を発達させますが、それはパーソナリティの、とりわけ自我の必要を満たすものです。

　自分でトランスを誘導する能力は、特に（いかさま師ではない）霊媒などに自然に発現することがあります。このタイプのトランスもきわめて限定的なものです。すなわち、意識によって決定された付帯状況に非常に大きく依

存しており、主として意識の用いる手段なのです。ときには防衛機制として役立つようになることもあるかもしれませんが、やはり生理的睡眠が自己誘導性トランスに取って代わる傾向があり、パーソナリティの必要を満たす、もっと有効でもっと適切な防衛手段が選ばれて、こちらは放棄されます。

(2) **緊張病との関係**

一口に言って、わたしの知るかぎり、自己誘導性トランスと緊張病とのあいだに実質的な関係はありません。

回復して抜群の寛解期に入った緊張病患者で、優秀な催眠被験者に養成された人を見れば、同一人における緊張病とトランス状態との根本的な相違が非常によくわかります。今は催眠被験者として訓練されているその回復した緊張病患者に、催眠トランスにおいてかつての緊張病状態を想起させると、緊張病状態を想起し始めるが早いか、全体の様相から催眠の要素が消え、ラポール[※12]が失われて、この新たに誘導された緊張病状態から自然に回復するまでは、暗示にすんなり従わなくなってしまいます。しかし、被験者との催眠ラポールを維持しおおせた場合には、明らかに本物ではないとわかるような形で以外、緊張病であった時期を想起させるのは不可能です。

また、誘導された緊張病状態の持続期間を、催眠暗示によって直接限定することも不可能です。慎重に、緊張病だった時期の想起は緊張病性昏迷期の終わりの部分に限定される、と暗示するというような手を使うしかありません。しかし、誘導された緊張病は一般に比較的短時間しか持続せず、自然に元に戻ってしまうものです。言い替えれば、緊張病のある特定の時期を想起しなさいと指示することはできず、想起してもらいたい緊張病体験の時期をおおまかに暗示して、あとは被験者がその時期をうまくねらい当てて反応してくれることを期待するしかないのです。

緊張病の既往のある人の場合の自己催眠に関して言えば——まあ、わたしはそのようなものにお目にかかったことはないですね。緊張病患者と催眠に関わる全般的な経験から言って、彼らの場合、ほかの行動パターンのほうがはるかに強力ですから、わざわざそんなことをするかどうかすら疑わしいと思います。

(3) **そのほかの解離状態**

これに関して思い浮かぶのは、きわめて強烈な情緒的状態において、特に

子どもや、非常に感受性の強い若い女性、それどころか中年の女性にさえ見られる、あのつかのまで一過性の、しかし非常に強力な解離です。今思い浮かぶ例は、ひどく怯えた子どもです。その子の意識的な行動パターンは協応的で目的を持ったものであるかもしれませんが、注意が著しく拘束され、引きつけられ、固定され、限定されているため、眼前の恐怖場面の外にあるものに気づくゆとりなどまったくないように見えます。たとえば、じゃれたがる子犬にひどく怯えた子どもは、子犬を払いのけ、払いのけながらすごく恐がって泣きわめくかもしれませんが、それでいてその場から逃げ出したり、母親の言葉に耳を貸して反応したり、つまり子犬以外のものに意識を向けることができず、助け出されてからも現実との関係は明らかにゆっくりとしか回復しません。

　別の例としては、子どもに先立たれた母親が挙げられます。いろいろなことを適切に処理しはしていても、明らかに「自動的に」「放心状態で動いて」おり、現実との関係の回復には時間がかかり、多くの場合、あとになってもそのときのことはあまりよく思い出せません。この記憶の希薄さは催眠を使って想起させようとしても変わらず、想起された記憶も通常、現実についての観念に関するかぎり著しく不完全であることがわかります。

　こうした状態との関連で言いますと、催眠によってトランス体験の想起を指示し、まずまずの正確さで操作することはできても、そのようにして得られたものを見ると、なるほど、外傷的な情緒的体験をした結果として現実から心的エネルギーが完全に撤去されてしまったのだ、という印象を受けるでしょう。

　そのことを説明するのにいちばんいい例は、ときとして酩酊にともなって起こる健忘かもしれません。酒を飲んだ人は、ある時点まではすべての出来事を覚えていますが、それからあとのことは、引き続き適切な社交的態度でこなしていたとしても、完全に記憶を失っていて、後日、信頼のおける正直な目撃者から自分の行動についてすべてを聞かされると、その話を信じ、疑いなく確かだと認めますが、それでもやはり自分のことだという感じはしません。きわめて情緒的な体験に関連して起きているこの一般的なタイプの解離体験には、学習された防衛パターンとして、また現実から苦痛な特性を排除する端的な手段として、何度もお目にかかっています。わたしはこれをヒ

ステリー性の解離とはみなしません。明らかに別のものです。にもかかわらず、ヒステリーに似ているように見えるのです。また、それ以上に緊張病に似ていますが、緊張病でもありません。同様に、あの急性の、ほとんど遁走に近い状態、そのおもな症状はガンザー症候群[※13]ですが、それにも似ています。それでも、緊張病とは関係すらないと思いますし、ガンザー症候群の変形でもないと思います。この一般的なタイプの行動で、それを防衛的な習慣にしている人々に見られるものをよく調べてみますと、彼らに起きている一般的な状態というのは、むかしからよく知られているわりとありふれた正常な体験、つまり、自分がどこにいるのかわからない状態からだんだんに見当識を取り戻していくという、あの体験に似ているように思えます。

　もっとも適切でしかも卑近な例は、自宅以外の場所で眠りにつき、翌朝目を覚ましたときの体験です。なにがどうなっているのやらさっぱりわからず、なにも見覚えがなく、なにも思い出せません。それから、壁やベッドなどを見ているうちにかすかな変化が起こり始め、やがてどっと認識が押し寄せて、完全に見当識が戻ってきます。

　もう1つ例として挙げられるのは、わたし自身のある体験です。わたしにとっては、今日に至っても、太陽は祖母の家のあった北に沈むのです。わたしは頭のなかで、東西の属性が消えて南北の属性だけになるまで、半マイルほど道を引き伸ばしさえしてきました。いくら頭で事実を把握していても、それは操作の手段としてしか役に立たず、わたしにとっては北である方角をほかの人々は西と呼ぶ、という事実を真から納得させてはくれないのです。

　前に挙げた特殊な情緒的解離状態も、注意深く調べてみれば、やはり現実からなじみのある属性がすべてはぎとられるという独特の事態が起きており、それでいて、このなじみ感の消失にもかかわらず、その人は協応的で目的を持ったやり方で物事を処理できている、ということがわかるでしょう。このふとしたありきたりの体験を探ったうえでこれらの特殊な情緒的解離状態を調べるたびに、成り立ちは違うのになんとよく似ていることかと思います。

　ほかにこれらの特殊な情緒的解離状態に光を投げかけてくれるように思えるのは、催眠をやっていて気づいたことなのですが、通常、失見当識状態の暗示がもっともうまくいくのは、先に情緒的な緊張を引き起こしておいたときだ、という事実です。聾や盲、あるいは過去のある時期の想起を暗示した

り、文字どおり幻覚妄想の場面を作り出すには、情緒的緊張を注意深く高めていくのがたいへん望ましいのです。このことは、いつかお送りした別刷りのなかで、特に色盲を暗示することとの関連で明らかにしたと思います〔エリクソン, M. H.（1939）『催眠暗示技法による色盲の誘導（The induction of color blindness by a technique of hypnotic suggestion）』『一般心理学雑誌』, 29, 61-89〕。また、ひとりでに起こった情緒的な解離状態を想起させる場合にも、たいてい全般的な失見当識を促進する方法それ自体が役に立つものです。この方法の例を挙げますと、わたしがよくやるのは、被験者に家具の正確な配置をよくのみ込ませてから、そっと配置を変えるか、さもなければ配置についての相容れない混乱させるような考えや、配置が変わったのか元のままなのかに関する疑念を暗示するというもので、今の現実の配置がどうなっているかについて全般的に混乱しているこの状態だと、以前の情緒的解離を呼び覚ますのがいっそう容易になります。

　これらの特殊な情緒的解離状態に関することがもう1点あるのですが、それは、ストレスに対する反応の防御パターンは記憶に留まる傾向があって、あらゆる行動形態に全般的な変化が現われる、という観察結果に関係しています。その人は全般的にある習慣的な動作や姿勢を示すようになり、一定の声色を使い、思考の範囲が限定されるようになります。また、考え方や態度が、幼なく子どもっぽくなる傾向が顕著です。独特の自動性がありますが、その場の現実の刺激には即反応して通常の正常な行動をとるので、この自動性は寸断されがちです。しかし、このタイプの防衛反応をするかぎり、たとえ多くの属性をはぎとられた現実であっても現実を受け入れざるをえません。それゆえ、たとえ解離状態において行動となって表われる反応はおぼろげにしか意識されなくても、この防衛反応は明らかに変質し、これをもたらした外傷的な場面は完全に意識されて、そのまま意識に留まるようになるのです。ですから、このように思えて感に堪えないのです——この解離状態は、大なり小なり、外傷的な出来事との完全かつ全面的な接触をうっちゃって先送りにする手段なのであり、それゆえ、たとえ解離が起きるにせよ、この解離の第1の目的とは、まっさかさまに突き落とされるようなその出来事といつかはきちんと取り組むために、今一時的に棚上げすることにほかならないのだ、と。

(4) 二重人格型の解離

　プリンス（Prince）の『人格の解離（*The Dissociation of a Personality*)』はきっとお読みになったでしょうが、記録されている観察の多くは単純素朴で限界があるにしても、明らかに教えてくれるところの多い本です。さらに、『季刊精神分析』掲載のキュビーとわたしのいちばん最近の論文（Erickson & Kubie, 1939）もお読みいただいているといいがと思います。わたしはこの2つの報告を特に重要視するつもりなのです……といいますのも、お送りいただいたものを拝読して、二重人格に見られるタイプの解離を扱っておられるのかもしれないとの感を強くしているからです。

　『季刊精神分析』掲載の論文の、ミス・デイマンが初めてカタレプシーに没入したときの行動に関する記述を当たってごらんになれば、あなたの患者の行動をこの見地からごらんになれるのではないかと思うのです。さらに、プリンスの著書のなかにも、患者があなたに対して見せたのと同じような行動を記述している箇所がいろいろ見つかるでしょう。あなたの記述を読み終えたとき、これはてっきり第2の自我構造体を相手にしておられるのだと思いました。この構造体はきわめて限定的なものではありますが、明らかにあなたとの接触を図っており、ただその方法がわからずにいるのです。現在、わたしもある二重人格の症例に関心を持っているところです。その人格はわたしと接触を持とうとしてさまざまな努力を重ねていたのですが、口が利けず、接触する方法がわからなかったのです。

　ひょっとすると、自分が今この症例と取り組んでいるところなので、二重人格に過敏になっているのかもしれませんし、そのせいでお手紙を深読みしてしまっているのかもしれません。ですが、あなたにしてもそのような可能性は排除しておくのが望ましいでしょう。あなたが述べておられたような場面に出くわしたら、わたしなら、たぶん彼女の異例の行動を注意深く書き留め、それとは別にふだんの行動も注意深く書き留めるでしょう。そうして2種類の完全に独立した像を描き出すでしょう。たとえば、現在研究中の症例の場合、ふだんと異なる姿勢、態度、動作、足取り、しぐさなどを徹底的に調べ上げ、もっと通常に見られる行動の同じ点と対照していったところ、突然、2つの独立した、まったく別個の行動パターンに気づいたのです。そうなると、わたしのほうも患者に対して2つの異なる反応行動パターンを構築

することが可能になり、ついにはこちらのタイプの行動でいこうとか、あちらのタイプの行動でいこうとか、明確な姿勢をとれるようになりました。

　ちなみに、そしてこれは重要なことなのですが、今述べたこの症例は催眠被験者ではなく、催眠に入った経験もなければ、こちらが催眠的な手法や催眠技法を使ってみようとしたこともありません。わたしがしたのはただ、そのとき示されている特定のタイプの行動に調和するよう、自分の反応行動を調節するだけのことでした。その結果として、フロム－ライヒマン（Fromm-Reichmann）が分裂病における転移に関する論文のなかであれほどまでに強調した、あの理解されているという感覚をもたらすことができたのです。

　催眠に入れてくれる人がいないと患者が自分で入ってしまう傾向がある、と述べておられることに関してですが、わたしはそれを、不十分・不完全にでしかないとはいえ、解離のパターンをそこそこ意識的に自覚している状態とみなしています。わたしの出会った二重人格で、そのように説明をつけた人が2人ありました。そのうちの1人は、20歳のときに恋愛関係を持ったこと、現在38歳であること、お腹の上で両手を組むことといった細かい点まで、あなたの述べておられる患者にそっくりです。もっとも、ほかの記述から、あなたの患者はわたしの知らない人だということがわかりますが。

　以上申し述べたことが、多少なりともあなたの興味をそそるものであればよいと思います。そしてどんなことでも、興味をお持ちになった点について、お便りをいただければうれしいです。欲張って話を広げようとしすぎてしまいましたが、問題そのものがあまりにも大きくて、手紙でではとうてい存分に論じ尽くせません。

　ぜひともあなたの患者が二重人格だと判明してほしいものです。厳密に精神分析的な観点から、この問題の全容究明がなされることを望んでいるからです。わたしの知っているある症例は何ヵ月も精神分析を受けましたが、分析家に対していかなる反応もしませんでした。その分析家はたいへん有能な人だったのですが。この場合、分析家はたえずこっちの人格をつかまされたり、あっちの人格をつかまされたりしていたため、進展があろうはずもなかったのです。

　また、この独特の失見当識状態が生じる際、どんなことが起こるのかとい

う問題にも興味を持っていただきたいと思っています。この問題の究明は
二重人格を通しての自我同士の関係の理解に大いに役立つだろうと思うのです。とりいそぎこの手紙を投函しますが、わたしの書いたことのなかに、あなたの問題に当てはまるものがあればよいがと思います。

　　　　　　　　　　　　　　　　　　　　　　　　　　　　敬具
　　　　　　　　　　　　　　　　　ミルトン・H・エリクソン, M.D.

――――――――

　1月20日付の手紙で、エリクソンは「情緒的緊張」を引き起こすことについて述べているが、これは催眠誘導における混乱技法に初めて言及したものの1つと思われる。混乱技法そのものを論じているわけではないが、情緒的緊張が催眠によって引き起こされた失見当識状態の準備段階となることを説明している。エリクソンは、年令退行や幻覚のような深催眠現象を引き起こすには、情動をかき立てる（emotional arousal）のがいちばんだ、と匂わせている。刺激（arousal）の利用に関する彼の研究は、催眠研究に対する画期的な貢献であると思われる。催眠は通例、リラクセーションをともなうものと考えられているからだ。混乱技法は、1964年まで正式に文献に詳述されることはなかった。これは、彼の催眠に対する特に重要な貢献の1つであり、晩年のエリクソンは、治療的混乱こそ自分の誘導法の本質的な要素だと主張していた。
　ここでもやはり2人の違いは、文体の違いではない。ヘンドリックの手紙は推敲されておらず、エリクソンの手紙は文学的だ。機関誌に発表する原稿を書くときと変わらぬ、綿密な注意を払って書かれているように見える。

――――――――

　ヘンドリックは、3月13日付の次の手紙でもこの会話を続けている。原文は6ページに及び、ここではその手紙から関連のある部分だけを抜粋してある。おもしろいのはヘンドリックの手紙の形式が変化していることだ。前は手書きであったのが、もっと文学的になり、どれもタイプで打たれていてよく編集してある。
　3月13日付の手紙で、ヘンドリックは問題の患者との治療についてさらに述べ、自己催眠の通常の睡眠への変容についてエリクソンが書いていたことを、そのとおりだと認め

ている。ヘンドリックが、自分のおこなった精神分析治療や、それに対する患者の反応や、分析のむずかしさについて述べている部分は割愛した。そのあとヘンドリックは、二重人格の話題に戻っている。この患者には複数の人格が存在しているのかもしれない、というエリクソンの論を受け入れているように見える。

アイヴズ・ヘンドリックより
1940年3月13日

親愛なるミルトン

　われながら非難されても当然だと思います。なにしろ、いただいた長いお手紙にはとても刺激されましたし、わたしのためにあんなにもすみやかに、たいへんな労をとってくださったことに重々感謝していながら、お返事がこんなに遅くなってしまったのですから。

　お手紙を拝見して、なににもまして感じたのは、われわれが議論している分野において、自分はまったくの初心者なのだ、ということでした。わたしが垣間見ているにすぎない精神病理のある側面を、あなたは包括的に把握していらっしゃいます。……

　しかし、実際上肝心なのは、わたしがこの方法を現に有効に使っている方のおかげをこうむっているということです。自己催眠が自然な睡眠に変わることについて述べておられましたが、この患者も例にもれませんでした。前のお手紙をさしあげたあとでまさにそのとおりのことが起こったのですが、睡眠もトランスと同じくらい不完全で、似たような程度のものでした。

　第2の人格のことはあまりよくわかりませんが、前分裂病的（preschizophrenic）人格で、それよりもっと目立つヒステリーと慢性的な抑うつの背後に潜んでいるのだと思います。この人格の存在によって持ち上がってくる問題に、わたしは十分には精通していないような気がします。わたしはいつも、二重人格とは、患者の意識的な生活と行動の全体が、数時間ないし数日にわたって空想および動機づけの第2の組み合わせによって決定される、ヒステリー性の遁走のような状態に代表されるものと考えています。こういう事態は、時系列的に見て解離人格の活動をさほど明確に記述できないほかの事例においても、特徴として見られるかもしれない、ということはうなずけます。

しかし、根本的に、すなわち**病因論的かつ力動的**に、「第２の人格」が「コンプレックス」と同じものではないということになると、どうもすっきりしないのです。もし同じものであるならば、二重人格とは、平素は抑圧されているコンプレックスが、あるときどきに患者の意識的な活動全体を決定するものにすぎないでしょう。コンプレックスとの相違は、本質的な違いというより程度の差でありましょう。

　たとえば、今治療中の症例で、現状でわたしにできるわずかばかりのことをするという原則で扱ったのにもかかわらず、驚くほどうまくいっている症例があります。最初は、人生の真の目的といったら母親の保護を得ることだけで、それ以外の問題に対処する気概など持ちあわせていない、幼児的な分裂病質の典型だと思いました。ところが、６ヵ月の治療過程で、彼女は症状および空想における典型的なヒステリー性転移と強迫的防衛を交互に示しています。わたしの最初の印象は完全に正しかったのですが、抑制されているとはいえ、非常に活発な性器的願望のコンプレックス**もまた**持っているのです。あなたはこれを２つ、いやそれどころか３つの人格システムとお考えになるのかもしれませんが、それでもわれわれは実際には、同じ現象を論じているわけです。疑いなく、記述的のみならず力動的に言っても、分析における彼女の反応は、その日その日で母親を求める欲求、もしくは性器的不安、もしくは強迫的防衛によって決定されており、非常に明確に分化しているのです。……

　お手紙にあった解離状態の例を読んで気づいたのですが、これらの例はどれもみな現実不安に動機づけられた解離のように思えます。犬に怯えた幼い少女は、現実に怯えているのであって、単なる恐怖症というわけではありません。ですから、これらの例のような解離と、神経症的な非現実的な不安に動機づけられた解離とを区別するようにすべきだと思うのです。最近、別の問題についての議論がきっかけとなって、これと密接に関連したことで、ある推論を抱くようになりました。わたしは今、夢の健忘を抑圧に帰すことで説明しきれるものかどうか、疑問に思っているのです。こんなアナロジーが思い浮かびます──小さなラジオ受信機で、ある周波数をはっきり受信できた。ところが、同じ番組を強力な受信機で聞こうとすると、あんまりたくさんの周波数が入ってくるので、かえって小さな受信機のときよりその特定の

周波数に合わせるのがむずかしい。ですから、覚醒状態では機能している知覚システムの数が増えるということが、抑圧に負けないくらい、夢の想起を困難にする要因になっているのではないかと思うのです。結局のところ、抑圧の目的は夢の偽装がかなり引き受けてくれているわけですから。

今はこれくらいにしておきます。このなかにさらに議論する価値があると思っていただけるものがあればよろしいのですが。今度はうんといい子をして、こんなに遅くならないうちにお返事を書くつもりです。

敬具

アイヴズ・ヘンドリック, M.D.

アイヴズ・ヘンドリックへ
1940年10月11日

親愛なるアイヴズ

どうやらわれわれはまめな文通が苦手と見えます。ここ数ヵ月を顧みますと、お手紙を書くことでは、地獄への道にせっせとよい心がけを敷き詰めておりました※14。でも、懲りずにもう一度やってみましょう。

あなたはこう述べておられます。「根本的に、すなわち**病理学的**かつ**力動的**に、この『第2の人格』が『コンプレックス』と同じものではないということになると、どうもすっきりしないのです。同じものであるならば、二重人格とは、平素は抑圧されているコンプレックスが、あるときどきに患者の意識的な活動全体を決定するものにすぎないでしょう……コンプレックスとの相違は、本質の違いというより程度の差でありましょう……わたしはいつも二重人格とは……ヒステリー性の遁走のような状態に代表されるものと考えています……」

これにお答えしてみようと思いますが、まずはいくつか独断的な主張をさせてください。わたしの経験したかぎりでは、二重人格とは、文字どおり、全面的に共通の経験的背景から、程度の差にとどまらず本質においてもまったく別個に発現している、2つの独立した人格からなる構造体であるように思えます。単にコンプレックスが解離して、その解離した体験を中心に広範に発展する、ということではないような気がします。そういうことではなく

て、同じ全体験が2つのまったく異なる方向づけをされることによって、それぞれに非常に組織的で、調和のとれた、統合的な形で利用されていることの表われであるように思えるのです。

　大ざっぱな例ですが、ジョーンズはなによりも、人とのふれあいを求めてポーカーの集いに参加します。機会があれば逃しません。たとえポーカーには大した意味がなくても、それでも存分に楽しみます。一方スミスはというと、同じポーカーの集いに参加し、社交的な面も満喫しますが、彼が参加するのはポーカーが生きがいだからです。われわれはみないくたびもこのような局面にぶつかっているように思います。つまり、所与の場面に対してあるやり方で反応するか、同じ場面に対してまったく異なるやり方で反応するかをはっきり選択する、という局面です。わたしの見たところ、二重人格は同時に両方のやり方で反応するのです。ふつうは一方の人格が能動的で、そちらのやり方で経験的背景を作ります。もう一方は受動的で、能動的な人格にとってはあまり重要でない事柄で、自分のやり方を見いだしていく傾向があります。その結果、2つの人格が構成されるわけですが、それぞれが共通の経験のまったく異なる用い方に基づいた、独自の構えや価値尺度を持っているのです。

　二重人格のことを、遁走状態ないしそれに類したものという見地から考えることができるかどうかは、たいへん疑わしいと思います。ふだんは通常の人格が存在していますが、それにもかかわらず第2の人格は明らかに背景にいて、観察し、関与し、分かち合っているのです——ただし、通常の人格には知られないようなやり方で。とはいえ、第2の人格が前景に出ているとき、第1の人格はほぼ完全に姿を消しているということではわたしも同感で、実際、わたしの見るかぎり、活動中の第2の人格の体験にはまったく関知していません。どうすればそんなことができるのかわかりませんが、それでもやはりそう見えるのです。

　わたしは何度も、二重人格のことを、さまざまなコンプレックスが自己同定システムの構築をともなって全般的に解離することだ、と考えようとしてみました。でも、これが真実かどうかは疑わしいと思います。なぜなら、第1人格に多くの抑圧や制止があっても、第2人格はそれに対して適切な洞察や理解を持つことができ、それでいて第2人格の機能がそれに拘束されるこ

とはないからです。言い替えれば、Bは、Aに恐怖症があることを認め、それがどんなもので、なにからきているかを理解し、その恐怖症のことでAに同情することもできますが、にもかかわらずその症状にはとらわれないのです。一方Aは、Bにとっては価値や意味のない洞察や知識や態度や好みを、わがものとして持つことができるのです。

　自分の知っている二重人格の人を、2とおりの構えと行動様式を持った1つの人格と考えようとするたびに、双子を1人の人として見ようとしているときのようなあんばいになってしまいます。どこをとっても、2つの人格の反応や行動の違いは、単なる程度の差ではなく、本質において大きく異なっているように見えるのです。……

　夢と夢の健忘に関連してあなたが持ち出しておられるアナロジーは、とても印象的です。小さなラジオではある周波数をきれいに受信できるのに、大きなラジオではたくさんの周波数が入ってくるせいで、その同じ番組が受信できないというのは、催眠でのわたしの経験と一致しています。あらゆる形態の精神活動を制限しせばめていくと、覚醒状態の場合のように、それ以外の連想も存在している状態では入手できない内容も、非常に十分かつ完全に得ることができるのです。

　せっかくですから、この着想を取り上げて、もっともっと磨きをかけてくだされぱなあ、と思います。現在まかりとおっている、抑圧の本質に関する多くの誤った考えを正すのに役立つだろうと思うのです。……

敬具
ミルトン・H・エリクソン, M.D.

―――――――

　1940年10月18日付の手紙で、ヘンドリックは、前からの精神分析的な視野に立って、人格の多重性に関する議論を続けている。彼はエリクソンの論を受け入れていないように見える。かえって、二重人格を説明するのに、コンプレックスという従前の概念のほうをとり、解離というエリクソンの論を疑問視している。エリクソンの返信は残っていなかったので、その手紙はここに収めていない。

　次に収めたのはヘンドリックの手紙で見つかった最後のもので、日付は1943年12

月9日、同じく著名な精神分析家であったルイス・S・ヒル医学博士（Lewis S. Hill, M.D.）に宛てたものである。1944年1月、エリクソンとヒルは『季刊精神分析』に『催眠における無意識の精神活動——精神分析的な意味（Unconsciou Mental Activity in Hypnosis —— Psychoanalytic Implications)』と題する論文を発表した。この論文においてエリクソンは、結婚を考えている相手のことで動きのとれなくなっていた女性の、似たような2症例を提示した[※15]。エリクソンはただ催眠を使って、事実上患者が自分で自分の運命を決めるあいだ「そっとしておいた」。最小限に抑えた手法だった。

　ヒルの考察は、調停を図るようなものであった。「無意識の精神活動に関するほかの技法を用いた研究は、精神分析のデータや理論や技法をチェックするための手立てになってくれる。もし、ほかのもっとずっと時間のかからない技法で、精神分析と同じ治療成果が得られるらしいということになったら、精神分析家は、それが正しいと証明されることを願いつつ、すみやかにその可能性を探求するべきである」[※16]

　ヘンドリックは、ヒルに手紙を書き、精神分析のことでヒル以上に防衛的になっているように見える。ヘンドリックは、エリクソンの症例について2つのことをヒルに指摘している。2点目のほうが興味深いので、ここにはそちらを収めてある。手紙の全文はミルトン・H・エリクソン財団記録保管所で閲覧できる。

ルイス・ヒルへ
アイヴズ・ヘンドリックより
1943年12月9日

親愛なるルイス

　きみがこられなくて、エリクソンと同席できず、われわれ一同とても残念でした。彼は、the Society（訳注：精神分析学会か？）でおこなった公式発表をthe Psychopathic（訳注：精神病学会か？）での発表で補足しましたし、一部の者で非公式に討論する機会もたくさんありました。われわれの見たところ、彼がきてくれたおかげで、少々お疲れ気味のわれらが講師陣も、だいぶ活気づけられたようでした。

　いつもながらに、あの論文の彼が書いた部分は、催眠の使い方に関してそれ以前の論文とは違った観点を与えてくれましたし、提示された素材についてのきみの考察は、それが精神分析にとって持つ意味を十分に理解させてく

れました。両者は相まって、肝要なところ2つの問題を提起しています。すなわち、（1）彼の治療法のメカニズムを、できるかぎり明確に理解することの必要性。（2）彼がこの2つの症例において数時間で成し遂げたことが精神分析の治療成果に匹敵するかという、挑戦とも言える突きつけ。……

はっきり言って、この論文は暗黙の挑戦なのです――エリクソンが、**わずか数時間で同じ成果を示せるのなら、なぜこちらは2年間費やすのか**、という。

当面のジレンマの解決という点のみならず、最終的に結婚して落ち着くという点から見ても、この成果がりっぱなものだという事実は争う必要がないと思います。とりわけ後者の目標は、長期にわたる分析という苦行を正当化するうえで、重要な目標でありましょう。この成果は、経験豊かな分析家のだれもが、多くの困難例において満足せざるをえないようなものであり、絶望的な症例において達成できる以上のものでありましょう。

ですから、エリクソンの匂わせている結論に同意できなくなるのは、成果の比較によってではなくて、むしろ彼が結論の根拠としている資料のせいなのです。彼は自分の症例を、まるで、ジレンマを解決し女性たちは結婚してちゃんと落ち着く、というだけの話であるかのように述べています。しかし、彼の資料を見ても、わたしにはご本人が確信しているように、この資料によって、女性たちの問題やパーソナリティ、したがって治療で扱うべき問題を、分析家が評価・判断できるとはとうてい思えません。ボストンでの会合の折、分析家数人、たとえばキュビーときみとわたしとで、このような症例数人と面接してみてはどうかという話が出ました。分析家ならば、まず問題を明日結婚するかどうかだとは見ず、明らかに自分より劣っているとみなされている男性を選ぶことと、過大評価された男性を選んで充足を味わうのをがまんすることとの二様の対象関係にはっきり見て取れる、知性の勝った女性特有の強いアンビバレンスの葛藤だ、と考えるでしょう。分析家ならば、治療で扱うべき問題とは、この葛藤を解決し、尊敬に値する男性を性的に受け入れる能力を育てることだ、と考えるでしょう。症例によっては達成できないこともあるでしょうが、それでもこれが分析家の目指すべき目標であり、拠って立つ規準でありましょう。

以上に示したように、わたしとしては、これらの成果を催眠セッションのみに帰すことはできないと思います。パーソナリティの成熟というものは、

情緒的問題の絡んだ難局の解決にかかっているのであり、多くの人生において、愛する人からの拒絶や、悲惨な最初の結婚や、不慮の死といった悲劇的な体験を生き抜いてこそ可能になるのです。何年も前ですが、わたしは自著において、分析療法の力動はこれらの厳しい試練に相当するのだ、と力説したものです。さきほど示したとおり、この女性たちはそのような体験をくぐりぬけたのです。これらの症例では、エリクソンの成果は単に催眠を使ったことのみならず、長期的に持続する転移の葛藤にも依拠しているのです……

　論文を拝見させていただいたことにあらためて感謝します。ニューヨークでの役員会でお目にかかるのを楽しみにしています。

敬具

アイヴズ・ヘンドリック

訳　注

※1：『催眠分析』（新興医学出版社、1995年刊）の著者紹介によれば、1905年アメリカ生まれ、1988年没。精神科医、精神分析医、精神分析指導医。

※2：ここでエリクソンが批判している研究は、パトナム著『多重人格障害』（岩崎学術出版社、2000年刊）のなかで、「メッサーシュミットは、クラーク・ハルの指導下で注意深く実験した結果、意識と潜在意識の同時的な働きのあいだに密接な影響関係が存在することを説得力をもって示した」と述べられているものを指しているのかもしれない。パトナムによれば、ジャネやプリンスの時代には解離現象に対して実験的アプローチがとられ、「当時の典型的な実験は、解離の達人の能力に焦点を当てており、足し算をしながら詩を書くなどの複雑な課題を同時に2つ以上させてみるというもの」で、「ジャネの後継者たちは解離の必要条件として、同時に遂行される2つの働きの間には『不干渉』の原則がなくてはならないとした」。メッサーシュミットは、音読と連続加算、声に出す連続加算と自動書記による連続加算などの対になった課題を、それぞれ意識と潜在意識におこなわせたが、いずれも同じ課題を単独に意識的方法でおこなったときより、はるかに大きな動揺を示したという。彼女の実験は「各課題に至適な解離障壁を設けていないと批判された」ものの、「後にヒルガードらの自動書記に関する研究が現われるまで、この問題の実験的探求は彼女の結論によって終止符が打たれた」。1930年代になると、解離の現象を抑圧として説明する精神分析モデルの隆盛によって、解離に対する正統的科学の関心は薄れていったが、それには「メッサーシュミットの研究にも責任の一端がある」とパトナムは述べている。

※3：ヘイリーの1973年の著書と言えば『アンコモンセラピー』だが、該当するエピソードは思い当たらない。しかし、"Conversations with Milton H. Erickson, M.D." 第1巻（ヘイリー, 1985）には、幻覚の男性たちをエリクソンの面接室の物入れに預けて他州に就職し、幻覚といっしょにしまっておいてもらうために、「症状を封筒に入れて」送ってよこす分裂病の女性の話が載っている。このように、精神病的エピソードや恐怖症のような本来実体のないものを、あたかも実体があるかのように扱うことをザイクは「実体化」と呼んでいるものと思われる。

※4：ヘンドリック著、『フロイド心理学入門』（岩崎学術出版社、1975年刊）の訳者あとがきによれば、1898年生まれ、イェール医科大学で医学博士号を取得、ベルリン精神分析研究所で研修を受け、1953年にハーヴァード医科大学精神科の臨床教授になった。

※5：刺激が与えられてから反応が始まるまでにかかる時間。

※6：同毒療法とも呼ばれ、200年前にドイツ人青年医師ハーネマンが創始した代替医学。健常者に与えるとその病気に似た症状を起こす物質をごく微量投与することによって、治癒反応を誘発する方法。

※7：瑣末なことだが、読者のなかには訳者と同じように、火のついたタバコを

置いたら温度差で割れてしまう灰皿とはどんな灰皿かと思われる方があるかもしれない。原著論文には、女性が絵付けをした小さなガラスの皿で装飾として使われているもの、と説明されている。

※8：引用文は数ヵ所で原著論文と一致しない。誤植と判断して、訳は原著論文に拠った。

※9：イタリアの劇作家（1867～1936）

※10：非行の青少年の精神分析をおこなったアウグスト・アイヒホルンのことであろう。

※11：「性器的」とは、性心理学的成熟の達成と関連して広く使われる表現で、この場合は治療者との協同作業が可能な関係を指す。ヘンドリックの手紙のなかの表現を借りれば、「ギブ・アンド・テイクが成立する」関係に当たる。それに比較して、催眠における治療者 – 患者関係は、患者が治療者に身をゆだねる受動的な関係である（エリクソンは見解を異にしているが）という意味で、「前性器的」と表現しているのであろう。

※12：ラポールとは、広く治療者と患者、実験者と被験者などのあいだの良好な関係を指すのに用いられる言葉であるが、エリクソンは、催眠におけるラポールを、「被験者と催眠者のあいだの調和のとれた関係で、前者は動機づけや刺激の処理を後者に頼っており、精神分析における『転移』にいくぶん似ている」（*A Brief Survey of Hypnotism, 1934*）と定義している。

※13：遁走の他、意識障害、失見当識、出まかせ応答、幻視や幻聴、逆行性健忘などの症状を呈するヒステリー性もうろう状態。

※14：「地獄への道には善意が敷き詰められている」ということわざのもじり。

※15：このうち一方の症例は、『ミルトン・エリクソンの心理療法セミナー』の水曜日の部で語られている。

※16：引用文には原著論文と一致しない単語が含まれており、訳は原著論文に従った。

第Ⅳ章

催眠界の重要人物
レスリー・ルクロンとアンドレ・ワイツェンホッファー

ルクロン

　1945年1月15日、ミルトン・エリクソンはレスリー・ルクロン（Leslie Lecron）から1通の書簡を受け取ったが、それは次のように始まっていた。

> 自己紹介させていただきます。わたしは、専門家ではありませんが、催眠療法と催眠分析を開業している者です。提携者であるジャン・ボルドー博士（Ph.D.）とともに、催眠と催眠療法に関する本の執筆をまもなく終えるところで、わたしどもはこの本を出版したいと考えております。……

　続けてルクロンは、「ハルが実験研究をまとめたもの以外に、催眠あるいは催眠療法の本格的な教科書はない」と述べ、エリクソンに序文を書いてほしいと依頼している。仮題は『催眠、見捨てられた科学』だとしている。これは、のちに『今日の催眠』（LeCron & Bordeaux, 1947）という書名で出版された。
　この手紙で、ルクロンは原稿を忌憚なく批判するようエリクソンを促している。一般には門外漢が心理療法をおこなうべきではないと認めながらも、精神科医が不足しているからには、自分のような者が治療をおこなうのは許されるべきだと主張して、この言明に手加減を加えている。

ルクロンはまた、元軍医の精神科医、J・O・クロムウェル博士とともに、メニンガー・クリニックの西海岸版として、ロサンジェルス地方にクリニックを開設しようとしているところだとも述べている。エリクソンにいっしょにやらないかと持ちかけ、エリクソンならば、ちょうどロサンジェルスのカリフォルニア大学に設置されようとしている医学部の教職につけるよう、うまく手配できるだろうという観測を示している。最後に、『アメリカン・マガジン』掲載の、催眠の方法に関する記事のなかで言及されている、シカゴの産科医の名前を教えてほしい、とエリクソンに頼んでいる。
　エリクソンは、1946年1月19日付の返信で、ルクロンの申し入れを喜ばしく思うし、原稿に目を通したうえで場合によっては序文を書いてもよい、と述べた。心理学者の役割についてのルクロンの意見に賛成した（ルクロンは手紙のなかで、心理学の学士号を持っていると述べていた）。また、記事で言及されていた産科医、ウィリアム・S・クローガー医学博士（William Kroger, M.D.）の名前を教えてやった。
　この書簡に続いてエリクソンのファイルにあったのは、以下に収めた手書きの手紙である。

1946年3月16日

親愛なるルクロンさん
　とりいそぎしたためます。今原稿を受け取り、さっそく索引を見たところ、はっきり偽医者とわかっている人物が8回も引用されているのに気づきました。彼は明らかに違法に医業をおこなっており、心理学者と自称していますが、心理学の学位など持っておらず、同級だった人によれば大学をついてゆけずにやめたということです。
　わたし自身、彼の「治療」を受けた患者を治療したことがあり、自分のこの経験と、患者を装って身をもって調査した友人の話から、いかさま師だということを知っているのです。素人大衆はおろか、心理学者や医学の訓練を受けた人々すらなるほどと思わせてしまう人物ではありますが。しかし、世間の好評を博するのに大成功をおさめた偽医者だということは、確信を持って申し上げられます。
　さらに言えば、あなたが引用し、パイオニア的研究だとさえ言っているこの男の出版物は、ゴーストライターが書いており、他人の研究を下敷きにし

たもので、多くは単なる焼きなおしや剽窃にすぎません。あるいは、ただの思弁を、なんの実験もしていないのに、実際に確認された実験研究として記述したもので、頭のなかで思い描いた実験と頭のなかでひねり出した結果を、事実として報告しているのです。

あなたの目的は、しっかりした、根拠のある、信頼できる本を書くことです。そしてあなたは誠実な方だと思いますし、催眠に関する文献に貢献することを望んでおられるのだと思います。

ですから、原稿を読むにあたって、上記のような問題についてわたしにどうしてほしいのか、おたずねしなければなりません。なぜなら、さらに索引を吟味しますと、ほかにもあやしげなものが入っていたり、ぜひ入れるのが望ましいものが入っていなかったりするからです。

この原稿からうかがえるご苦心の意味するものが、文献の充実に貢献したいという願いであって、あなたがさかんに引用しておられる著者、この本が手を離れてうれしい、大部分はでたらめだが本は本だから、とわたしに書いてよこしたこの著者の場合のように、単にもう1冊本を出したいというだけの思いでなければよいがと心から願っています。

もしあなたがちゃんとした本を出したいと思っておられるのならば、喜んで原稿を読んで批判させていただくつもりです。すぐにご意向をお知らせください。

敬具

ミルトン・H・エリクソン

1946年3月18日付の返信で、ルクロンはエリクソンに答えて、「お手紙を受け取ったところですが、あなたの批判精神はほんとうにごりっぱだと思います」と述べている。エリクソンがだれを指して言っているのか（『偽医者』のこと）わかるし、この「専門家」の人物ややり口をはっきり、こうと知っているわけではないが、エリクソンが偽医者だと言っているのは事実ではないかと思う、と述べている。原稿のその人物に言及している部分はすべて削除すると約束し、あらためてエリクソンに歯に衣を着せぬ批判を求め、正確な情報と引用で注目に値する本を出したいと述べている。「喜んで、書き改めたすべての

ページを送らせていただきます。それをごらんになれば、多少の正当でもっともな見解の相違はあるにしても、あなたの心情に反することは一切書かれていない、ということがはっきりとおわかりいただけるでしょう」

さらにこうも述べている。

> あなたのご批判やご意見は大いに役立つにちがいありませんし、わたしどもの本がお時間を割いていただくに値するほどのできだと思っていただけるなら、文献として貢献するのに手を貸してやるのもよい、と納得していただけるのではないでしょうか。わたしどもは心の底からあなたのことを一流の権威と考えておりますし、あなたの考え方とわたしどもの考え方とは非常に近いのですから、明確なご批判をいただいたうえは、その部分は訂正するのが当然と考えております。

1946年3月26日付の手紙で、エリクソンはこう述べている。「わたしの書いたものにはきわめて手厳しい妻が、あなた方の著書にたいへん好感を持っています。わたしはまだはっきりした意見をきちんと述べられるほどよく読んでおりませんが、今まで読んだかぎりではなかなかいいと思います」

レスリー・ルクロンへ
1946年3月30日

親愛なるルクロンさん

　妻とわたしは最初の100ページを読み終えました。質の高さと提示の方法に、2人とも非常に感銘を受けました。一口に申し上げて、もし残りの部分も最初の100ページに恥じないものならば、これまでに出版された、催眠に関するどの本も寄せつけない、優れた本になるでしょう。

　しかし、お手紙にあるとおり、あなた方はなに1つ見逃さぬ、徹底的な批判を望んでおられるものと思います。ですから、個人的感情には斟酌せずに、最初の62ページに批判を加えさせてもらいました。続きは追ってまもなく送ります。

　どうかこれらの批判を、差し出された意図のままに、つまり、お力になり

たいとの思いから出たものとして受け取ってください。

敬具

ミルトン・H・エリクソン, M.D.

　エリクソンはルクロンの原稿に対して、文体や文法や内容に関する示唆を含め、委曲を尽くした批判を加えている。しかし、以下にごらんいただくエリクソンの 65 ページにわたる手紙の 2 ページ目から 4 ページ目までの写しでは、文法や句読点のありきたりな誤りに言及した部分は削除してある。

4 ページ
　戦時下の生活に由来しない民間人の神経症をどうして除外するのですか？　そのような神経症は存在するのですし、戦争に関連した神経症よりはるかに数が多いのですよ。

11 ページ
第 2 パラグラフ
　1943 年にメニンガー・クリニックが催眠に関心を持つようになった、と述べておられます。実際には、1939 年か 1940 年のどちらかに、メニンガー・クリニックはわたしを招いて、1 週間以上にわたって催眠に関する一連の講義と、それと同じ回数のデモンストレーションをおこなわせました。これが、メニンガー・クリニックが催眠に関心を持った事の起こりです。また、コロンビア大学出版から出ている『アメリカの精神医学　1844-1944（*American Psychiatry 1844-1944*）』を当たってごらんになれば、ウースター州立病院とそれに続くエロイーズでの催眠の発展のことが出ており、『アメリカ精神医学の 100 年』のなかで言及されるほど重要視されていることがわかるでしょう。

最後の行
　あなたが実際に言おうとしているのは、「熟達」のことではありません。そうではなくて、催眠の方法論の包括的な理解のことでしょう。

12ページ

2行目

　フロイトの本の該当箇所がわかれば、なんとしても入れるべきです。これは、あなたが利用できる特に貴重な引用文の１つです。具体的に内容を述べられないのなら、そこの文を変えるのですね。でも、きっと見つけられると思います。

　"medic（医者）"という言葉を使っておられますが、これは俗語なのではありませんか？　繰り返し使っておられますが、やめていただきたいですね。大勢の読者の反感を買うでしょう。

第２パラグラフ

　あなたが言っているのは curative agent のことではありません。therapeutic agent（治療の媒体）のことです[※1]。"cure"という言葉は、素人にとって、あるはっきりした意味を持っていますし、あなたを批判しようと待ち構えている人々にとっては、非常に明確な意味を持っています。そういう人々の怒りをかき立てないことです。

なかほどのパラグラフ

　奇跡的な治癒の事例史のことですが、わたしならあまり信をおかないでしょう。実際には医学的知識に限界があって、多発性硬化症のような、ある種の神経疾患の通常の寛解が催眠による治癒とみなされたからです。今日ではもっといろいろなことがわかっているので、少なくとも多発性硬化症のことではそのような思い違いをすることはなくなりました。

13ページ

なかほどのパラグラフ

　心理学者以上に重要な論文を発表している内科医を、わたしは何人も名指しできます。心理学者と内科医両方の功績を認めるべきです。

　最後のセンテンスに関しては、わたしは見解が異なります。精神医学の出版物は世間一般の関心を引くのに役立ったと思いますから。で

すが、もちろんこれはわたしの意見です。

最後のパラグラフ
　ハルの功績は認められるべきですが、催眠に実験的方法を適用するのが望ましいということをみごと実証してみせたという点でのみ、認められるべきです。そのほかの点では、彼の著書はおおむね失敗作です。前に申し上げたとおり、ウィンは、他人の労作の焼きなおしによって名声を利用しようとしただけです。
　わたしも文学士号と文学修士号を持っており、アメリカ精神医学会の正会員で、精神医学と心理学のジャーナルにいろいろ発表しています。わたしの原著論文の総数は、どの独創的な研究者をも大きく上回っています。

14ページ
ページの下部
　ハルの研究を手伝っていたのはおもに大学院生だった、と述べておられます。確かにのちにはそうなりましたが、あの研究の多くは学部の学生たちの手でなされたのです。それも多くは、知識や経験に欠けた、なんの訓練も受けていない学生たちでした。わたしはハルのもとにいたほとんど全員と手を組んでやっていたので、それを知っているのです。わたしはハルの研究を、原稿の段階で、信頼性がなく、批判的な姿勢に欠けており、人間パーソナリティが実験研究における確かな因子であることをきちんと認識していないという理由で、たいへん厳しく批判しました。ハルが、わたしについては1つ不正確な言及をしただけで、あの本のために提案し開発したさまざまな実験について、一切わたしの功績を認めていないのは、それだからなのです。
　Ｗへのこの言及はどういうことでしょう？　きっとあなたが言っているのはＷの発表したあの論文、ご本人自らがおおよそこんなふうにのたまった、あの論文のことですね。「わたしはハルの実験と矛盾するように、自分の実験を操作したのだ。それがわたしのねらいだったのだ」それどころか、2人で一見同じような実験を異なる結論が出

るようにしてやろうじゃないか、そうすればジャーナルで論争を始められるから、と持ちかけてきたものです。Wという人を知っていたら、あなたももっとよく理解できるでしょうが、あれはだれとでも論争せずにいられない、それでいてえらく人の忠誠心をかきたてる、実に哀れむべき神経症患者なのです。

15ページ

最後のパラグラフ

R博士は常軌を逸した人です。彼が証明された事例として発表している知見の多くは、かすかな手がかりと、照合の欠如と、歪曲された数的操作に由来するものです。おまけに、R博士は妄想の産物を「科学的」なものとして発表していると聞いたら、あなたもちょっと唖然となさるでしょう。妄想というのは文字どおりのことで、わたしの患者2人の妄想なのです。彼は、自分ではだいじょうぶなつもりでも、信じられないくらいなんでもすぐ真に受けてしまう人なのです。このパラグラフ全体を注意深く書き改めて、R博士の研究のうち、かすかな手がかりや、それと同じようなわかりやすい事柄に基づいて証明された事例に触れるべきだと思います。

ページの下部

ウィリアム・Sとありますが、彼の名前は〔エリクソンは正しい名前を挙げている〕、そしてこの人は削除なさるように。自己催眠に触れたいのなら、有名な偽医者クーエ（Coue）[※2]の著作をもとにするか、さもなければ、バリ島人の自己催眠に関する文化人類学的研究、とりわけベイトソンとミードのものに言及することです。ハルは、すっかりだまされてSの保証人になってしまい、爾来弁明のしどおしです。それに、Sはクーエの書いたものを言い替えているだけです。

ニューヨーク・アカデミー・オヴ・サイエンスィズ社から出版されたベイトソンとミードの著作、『バリ島人の性格』〔1942〕をごらんになれば、自己催眠についての情報が得られます。文化人類学の文献のなかのジェイン・ビーローの研究からも入手できるでしょう。ビーロ

ーとベイトソンとミードは長くバリ島にいました。わたしは彼らの研究について当人たちと話し合ったことがあり、彼らが撮影したバリ島人の自己催眠の映画を見たこともあるんですよ。

16ページ
　第2パラグラフ
　　F博士の著書は優れた著作ではありません。ちゃんとしたこともたくさん書かれていますが、非常に誤解を招く本です。

　最後のパラグラフ
　　WとBは、自分たちの論点の証明に乗り出しました。どちらの実験条件も、作りごと、まねごと、「かのような」ものでした。Wは、被験者と共謀して、W自身の物を盗ませようとすることによって、犯罪を証明しました。相手がこちらの物を盗むのに手を貸しておいて、それのどこが犯罪なのでしょう？　Bの実験は、大部分が「ふり」場面に基づいたものでした。

―――――――

　エリクソンの批判は徐々に完結した。最終段階は1946年5月23日にルクロンに送られた。以下の例はその最終分からの抜粋で、ルクロンの原文のページ数がついている。見てのとおり、エリクソンは実に丹念に手を入れている。

43ページ
　　〔催眠誘導には〕通常10ないし15分しかかからないと述べておられますが、もっともっと慎重な物言いをなさるべきだと思います。38ページでは、訓練された被験者3人を相手に何度がんばっても、10分や15分ではトランスを誘導できなかったわけですから。実際のところ、必要とされる時間は、トランスの目的とパーソナリティ構造自体との相関関係なのです。遺憾ながら、催眠はしばしば魔術的な言葉と、定式文句と、儀式的な身ぶりと、一定の時間経過の問題だと考えられ

がちです。わたし自身はと言えば、どれくらいの時間が必要かなんてわかりません。でも、深い意味のある仕事をしたいときには、たっぷり時間をかけます。

46ページ

　わたしが好んで「あなたは、自分が眠くなるかもしれないということに気づき始めます」と暗示すると聞いたら、興味深く思われるかもしれませんね。それから、「もっともっと眠くなってくるかもしれません」、そしてついには「あなたは、眠っています」「少し前から眠っています」と暗示を変えながら、あの言葉この言葉を省いていくことによって、ゆっくりと、それを遠い将来の可能性から今の現実に、受け入れられた事実にしていくのです。

　もっとも見込みのある証拠が感覚消失だというのは確かですか？　優秀な役者に痛覚消失や感覚消失を演じてもらったことがありますが、臨床的によく検討しないかぎり、演技とはわかりませんでした。わたしが出合ったなかでいちばんよい催眠テストは、カタレプシーと、手を押したときの運動反応との組み合わせです。本物のカタレプシーは、すべての筋肉群を含みます。演技している人は、ある筋肉群を強調しすぎたり、し足りなかったりしますし、指示されたとおりに動かして協力している場合、それはつねに当人の理解した形でなされ、実際の接触刺激とは連動していません。

66ページ

　被験者が彼らに反応して、意図せずに催眠に入ってしまうことがあるという点では、わたしも同意見です。しかしその場合、トランス状態に留めておくということが問題になり、これは本人の同意なしには不可能です。ほかの人たちに後催眠暗示を与えているふりをすることでその人に後催眠暗示を与えるだけでは、失望を味わうおそれがあります。見ている人が意図せずにトランスに入ってしまう場合、わたしはかならず、その体験に対する情緒的反発の影響から自分自身を守り、その人を守るために、特別な配慮をします。

91 ページ

　「催眠という名のトボガン（訳注：小型のそり。リュージュともいう）が、滑降し出すやまっしぐら」なんて読者への脅しだし、催眠を愚弄しています。

　また、最初のパラグラフですが、「石頭（the bullheaded）」というのは、その石頭ぶりを活かしてやれば優秀な被験者だと思います。同様に、不安な態度や、ひどく批判的・分析的な態度も利用できるものです。催眠者の側がいっそう技量を要求されるだけです。また、過度の協力というのも、かならずうまく処理できるものです。

　今、秘書が考慮すべき重要な点を指摘してくれました――わたしの技法とほかの催眠家の技法との相違です。つまり、わたしの場合、被験者自身のすることに自分を全面的に合わせるのです。なんであれ相手が差し出すものを一心不乱に利用し、自分のすることにはちっとも重きを置かなくなってしまうのです。

115 ページ

　わたしの教え子でもないのに、未来時制、現在時制の有用性、時間経過の必要性をはっきりわかっている人は、あなたが初めてです。

131 ページ

　R博士に関してですが、彼の統計に基づいた論文のなかでも特に優れたものの根拠にしているのは、わたしが数年間診ていた早発性妄想病（parnoid praecox）患者の妄想の産物です。なのにR博士は、この妄想以外のなにものでもない資料を、本物の科学的資料であるかのように受け入れてしまったのです。

133 ページ

　幻覚の実物らしさに関してですが、実際には2番の椅子に座っているAが1番の椅子に座っているのを幻覚で見させ、さらに、Aが両方の椅子に座っているのを見させた大学生は、1人に留まりません。非常によく訓練された学生被験者たちは、両方をじっと見つめ、Aが

手か足を動かす、と自己暗示することによって、幻覚と実物を区別できることを何度も証明してみせました。当然ながら、幻覚像のほうは、被験者が頭のなかで思い浮かべただけの暗示に反応したのです。

163ページと165ページ

　自己暗示というのは、治療を受けるべきだと承知している病人が、どういう病気かも知らないままに自分を治療しようとするときに非常によく使うものだ、ということを強調なさるべきだと思います。ですから、そのような場合の自己暗示は、めくらめっぽうの、見込みのない、愚かな手段なのです。賢明な指導に基づいてなされる自己暗示は、明らかに価値のあるものですが。

　その最後のパラグラフで、あなたはまちがいなく窮地に陥るでしょう。劣等感や不安や抑うつを自己暗示によって克服することなどできませんし、当然ながら、そのような自分でする治療を自己心理療法と呼ぶこともできません。それはなによりも、意識的・無意識的な抑圧の手段なのです。あなたが実際に言いたいのは、人は自信や自信が持てるようになりたいという気持ちを強化できる、ということでしょう。

177ページ

　条件反射理論は、はずすべきです。意味のある目標指向的努力という〔ロバート〕ホワイト（Robert White）の概念を持ってくると、そのような努力における全般的な目標とは、催眠に入っている人のように行動することなのですから、この定義はおかしなものになってしまいます。だって、あなたにしろわたしにしろ、自分の経験を無視して、いったいどうやって失った記憶を取り戻すための心の働かせ方を、幼い子どもにわからせることができるでしょう。ですから、催眠に入っている人のように行動するすべを被験者に明示することなどできないのです。それにまた、被験者を支配している動機も、催眠者の要求に服従することではないのです。例を挙げましょう。催眠経験のないある大学生が、忘れた記憶を探りたいと思って、こういう問題を持ち出してきました。彼は母親にお仕置きをされたことがありませんでした。

少なくともまったく記憶にありませんでした。また、どの子にも手を上げたことがないというのが、母親の自慢であり誇りであるのを知っていました。水晶球凝視をさせたところ、彼は、幼児用の椅子に座った子どもが牛乳の入ったグラスをひっくり返して、母親にぴしゃりと叩かれているのを見ました。初めはそれが自分や母親だということがわかりませんでした。気づいてからも信じられませんでした。ありえないことだったからです。母親がわたしに激しい反感を向けるに及んで、やっと一度はお仕置きを受けたのだと納得しました。わたしはけっしてこの被験者に、催眠に入っている人のようにふるまうには、こうしなければならないとか、ああしなければならないと説明したわけではありません。まちがいなく無意識の作用が働いていたのです。

199ページ

　どうかテレパシーを認めるようなことを書いて、厳しい批判を招かないようにしてください。そうでなくても催眠にとっては十分に困難な時代なのですし、あなたの本はテレパシーごときのせいで台なしにするにはもったいなさすぎます。テレパシーに言及するより、無意識というものは、小さな手がかりや、閾下刺激や、表情・呼吸などのかすかな変化を、ときとして信じられないほど巧みに鋭くとらえることができるのだ、と言ったらどうですか。例を挙げましょう。あるとき、わたしは数名の研修医を相手に、２時間の精神医学のセミナーをおこないました。研修医の１人が婚約者を連れてきていましたが、その女性は、わたしとは初対面でした。２時間の講義が終わったとき、彼女はわたしに、運勢を占ってあげようと言いました。わたしのことで彼女がつかんでいた情報は、驚くほど多岐にわたっていました。わたしが講義と会話と討論に戻り、彼女が優れた臨床感覚と判断によって、顔の表情、声の抑揚、強勢の置き方、運動反応といったものをいかに注意深く集約したかを証明してみせたときには、いささかおかんむりでしたがね。それらのものは、実にさまざまなテーマに対する、わたしの個人的な態度を暴き出していたのです。その後も彼女は、講義を聞いて真実を漏らす声の抑揚を指摘する腕前を、わたしに披露してく

れています。

240 ページ*

　フロイトの解釈は反証しえないものなのです。ほかの意味もあるということを証明できるだけです。

　精神分析学者が自分の視野を完全に失うことなどありません。そして性的な夢を見逃すこともありません。

263 ページ

　ページの冒頭

　患者の神経症が 10 年とか 15 年とか 20 年越しのもので、人生を支配するような影響を及ぼしてきたという場合に、100 時間の再教育を長すぎるなどと言えるでしょうか。神経症がその人を 10 年、15 年、20 年かけて教育してきたことを思えば、たかだか 4 日を上回る程度の時間ですよ。

271-272 ページ

　精神分析をこづきまわすのはおよしなさい。あなたは催眠の本を書いているのであって、精神分析を批判的に評価する本を書いているわけではないのですから。

280 ページ

　あなたの〔ルイス〕ウォルバーグに対する扱いは、あまり公平ではないと思います。彼は実際に破瓜型精神分裂病患者（a hebephrenic schizophrenic）を治療していたのですし、わたしは彼の手法に全面的に賛成です。確かに手落ちはありますが、彼はパイオニア的な仕事をしていたのだということを忘れてはなりません。また、わたしも多くの点でウォルバーグと見解を異にしてはいますが、自分の同意できない事柄に関する知識で読者を煩わせるのではなく、同意できる事柄を

----

*原注：当時フロイトは存命中であったことを思い起こしてほしい。

強調するべきだと思います。ルクロン的考えを端的に説明するには——肯定的なことを強調して、否定的なことは排除なさい。

283ページ

　まだ哀れな老いたる精神分析をこづきまわしていますね。「問題となっている要因や情動に、神経症の症状を引き起こす現実の力動的な力やエネルギーがあるとは、とうていみなせそうもないように思われる」という主張で、あなたがなにを言いたいのか、さっぱりわかりません。人格障害について少しでも物を知っているすべての人と、面倒を起したがっているようなものです。あなたは力動的な力という概念に、特殊で限定的な解釈を与えようとしているのではありませんか？新しい意味を創り出したりしないで、その概念に一般的に付与されている意味を受け入れたらどうですか？

295ページ

　なかほどのパラグラフ

　自己暗示は、そんなに役に立つものではありません。人間性とは他者の援助を要求するものなのです。自己暗示は、せいぜい進んで援助を受け入れる気持ちを高めてくれるくらいで、それ自体で役に立つというものではありません。

　知識、適応、健康、体力、教育、どれを得るにも安易な道などないのです。それなのに、あなたの言っていることは、催眠はユートピアへの近道だと主張しているように聞こえます。

347ページ

　最初のパラグラフ

　「情動と暗示はまったく同じように作用して脳を動かす」と述べておられます。非科学的な物言いの最たる例で、すべての批判家が大喜びで飛びついてきますよ。

エリクソンは、次のようなセンテンスでこの講評を締めくくっている。「これであなたの本の最初のチェックが完了しました。修正したものの検討には、まだとりかかってもいません。それはこれからです」

エリクソンの批判の第１段階に対し、ルクロンは、1946年４月２日付の手紙でこう述べている。「わたしどもといたしましては、このようなたいへんな手間のかかることをお願いするつもりなど毛頭ございませんでした。ご親切に深く感謝いたします。そしてこんな形でやっていただいてかまわないならば、ほんとうにありがたく存じます。……」

―――――――

1946年４月14日付の手紙にルクロンはこう書いている。

> 批判こそがこの原稿を真に価値あるものにするために必要なのですし、あなたのご指摘はほんとうに鋭くて適切です。あなたのご意見は、啓蒙的で建設的ですから、おかげさまでこの教科書はぐんとよくなることでしょう……今後とも手加減せずに批判を加えてください。それこそが必要なものなのですから！

エリクソンは、次の1946年５月１日付および５月10日付の手紙で答えている。

レスリー・ルクロンへ
1946年５月１日

親愛なるルクロンさん

　別刷りを何部かお送りするとともに、26日付のお便りにお返事したいと思います。

　なによりもまず、あなた方の本は、すばらしいと思います。きっとこれまでに書かれたどの本よりはるかに優れた、重要な貢献になるでしょう。われわれのあいだの見解の相違に関しては、これは自分たちの本なのだと思って

いればいいのです。わたしの関心は、催眠ができるかぎり望ましい形で紹介されることにしかありません。

お手紙の最後のパラグラフで、メスメリズムと動物磁気術は九分九厘同義とまでは言えないのか、とたずねておられます。こうお答えしましょう。メスメルは、誤った思い込みをしていました。問題の患者も、同じように誤った宗教的信念を抱いているのです。しかし、ある心理的効果をもたらす作用が同じであることに変わりありません。ですから、たとえメスメル本人は、動物磁気術を使っていると思っていたとしても、実際には多くの事例において催眠を使っていたのであり、それゆえ彼がどう考えていたかなんて、わたしにはどうでもいいのです。彼がおこなったことのほうに関心があるのです。

反社会的行動についてのウェルズ、ローランド、ブレンマン、エリクソンのところの書き直しについてですが、そのページはまだ読んでいません。わたしが特に気にしていた点は、手続きの誤っている1事例のウェルズ、それとわかる誤りがあり、自ら疑念を表明している4事例のローランド、「かくかくしかじかのふりをしましょう」とはっきり言葉で言う技法を使っているブレンマン、これらがみな、総計50人の被験者を使っている厳密な実験研究（訳注：エリクソン自身の研究を指す）とあたかも同格であるかのように引用されている、という点です。

明日から数日間テキサスに行っています。そのあいだは妻が講評を続けます。さらにご所望の別刷りがありましたら、秘書にそう言ってください。

敬具

ミルトン・H・エリクソン, M.D.

編集者注：この論争について、さらに詳しくは、反社会的行動に関する第Ⅴ章を見よ。

レスリー・ルクロンへ
1946年5月10日

親愛なるルクロンさん

テキサスから戻ったところです。テキサス州精神医学会に特別講演者として出席したのです。とても楽しく過ごし、心理療法はもちろん、催眠にも一

座の関心を引くことができました。これからあなたの本に取り組んで、旅の疲れを癒そうと思います。

お便りのことですが、とてもよさそうな計画ですね。わたしがいちばん関心を持っているのは、教育と研究と心理療法です。これまでは、教育・研究の妨げになるという理由から個人開業の誘惑をはねのけてきました。でも、適切な計画なら断然興味があります。今はフルタイムの身、わたしのことを聞いて私費で診てほしいと言ってくる患者は増える一方ですが、お断わりせざるをえない状況です。

でも、今はあなたの本にとりかかったほうがよさそうです。

敬具

ミルトン・H・エリクソン, M.D.

———————

1946年5月23日付の手紙で、エリクソンはルクロンにこう述べている。

> わたしたちはあなたの本の検討を終わりました。ちょうど今講評の最後の分を口述し終わったところです。訂正原稿にはまだ全然目を通していません。あなたの本は依然として、執筆の第1段階にあると思います。傑出した本になりうるという考えは変わりませんが、あなたは今までにもまして注意を払い、こつこつ努力しなければならないでしょう。自分の容認できないことをつつきたいという欲望を退けなければならないでしょう。……

6月5日付の手紙で、エリクソンは、ルクロンの名前を出版社のグリュン・アンド・ストラットンに伝えたことに触れて、こう書いている。「わたしは断固として、あなたの本が素人の手になる傑出した著作になってほしい、いや、素人の著作以上のものになってほしいのです」

この本は結局グリュン・アンド・ストラットン社から出版された。やりとりのあいだ、エリクソンはしばしば論点を明らかにするために、自著論文の別刷りをルクロンに送った。

5月7日付の3ページにわたる手紙のなかで、ルクロンはこう述べている。「原稿に対

しておほめの言葉や有益なご意見をいただくのは、たいへんありがたいことです。あなたやエリクソン夫人のお力添えによって、原稿はめきめきよくなりつつあり、かならずや価値ある貢献になるものと確信しております……」ルクロンは、UCLAの医学部と関係がある内科医に、エリクソンが主任精神科医に任用される見込みがあるかどうか打診しよう、と申し出ている。医学部も病院もこのときはまだ設立されていなかった。結局この話はそれきりで、どうやらルクロンがエリクソンの鼻先に吊したニンジンであったらしい。

1946年7月17日、ルクロンはこう書いている。

> この本に着手する前に、もう1年心理療法の経験を積んでいたらもっとずっとよかったのにと思いますが、この手の本を出すには、今が絶好の潮時なのです。わたしは専門家の資格があるなどと主張いたしませんし、大した知識があるわけでもありません。扱った事例が約150に及ぶほど長くこの仕事に携わってきたにすぎず、学ぶべきことはまだまだたくさんあります。……
>
> ボルドーはわたしよりずっと経験を積んでいるため、当てにしすぎてしまったのです。というのは、彼の経験は1920年代から1930年代の初めにかけてのもののほうが多いのです。つい数年前まで何年間も事業のほうに携わっていて、当今の経験ではわたしとどっこいどっこいなのです。……

ルクロンは続けている。

> まえがきをお引き受けいただけるかどうかに拘わらず、お2人にはほんとうによくしていただきましたので、わたしどもは次のような献辞を入れたいと思っております。「ミルトン・H・エリクソン博士ご夫妻とアドルフ・マイヤー（Adolf Meyer）博士へ。快く与えてくださった援助と励ましに深く感謝して。それなしには、この本を書き上げることはできなかった」

ルクロンは、ボルドーが2年間マイヤーのもとで学んだことがあり、それがあとになってマイヤーの名を献辞に入れたいと思った理由だ、と述べている。

7月19日のエリクソンの返事。「わたしたちは、おっしゃるとおりの献辞にまったく異存ありません。最後に、これはこのテーマで出版された初めての本格的な著作になるだろうと思います」

1946年9月29日の手紙で、ルクロンはこう述べている。「あなたからの賞賛こそ真の賞賛であり、ほんとうに『死ぬほどうれしい』です。このような作業を快く引き受けてくださったご親切は、けっして忘れません……」

1946年11月8日、グリュン・アンド・ストラットン社のジェームズ・ホルサートは、ルクロンに次のように忠告した。

> たった今、あなた方が同じ方に本を捧げ、かつまえがきを書いてもらいになっていることを知り、驚いております。この本をエリクソン博士に捧げようとのお気持ちが真摯なものであることはよくわかりますが、読者の目には、かなり見え透いた情実の交換と映るにちがいありません。明らかに、エリクソン博士のまえがきは、いくつかの点から見て有益でありましょう。したがいまして、献辞のほうをおはずしになってはいかがかと存じます。

ルクロンは1946年11月11日付の返信で献辞を書き改めることに同意し、次のような代案を示した。「ミルトン・エリクソン博士とその妻エリザベスに捧げる。彼らは快く原稿の批評をしてくれ、それがこの本を準備するうえで大きな助けになった」マイヤーは、原稿に目を通していなかったので削られることになった。

11月18日付のエリクソンの返信。「〔妻とわたしは〕2人ともがっかりしていますが、ホルサートの言っていることは正しいし、催眠に反対する人々に、たとえわずかでもあなたの著書をけなす隙を与えるようなことがあってはなりません。それに、ほんとうに大事なのはあなたの著書であって、われわれの個人的満足ではありません……」

1947年1月7日、エリクソンは、まえがきを送ったことをルクロンに知らせて、満足してもらえるとよいがと述べている。

この前後の手紙で、ルクロンは、さまざまな症例や自分のおこなった催眠の実験のことをエリクソンに書き送っている。たとえば、1947年5月17日付の手紙には、眼科医の手を借りて催眠被験者におこなった検査の報告が含まれている。被験者は、両目を開いて、右目のそばで光る閃光を見るように言われた。閃光が光ると瞳孔は収縮した。次いで、被

験者は、反対側の目でも同じテストをおこなう、前と同じように光が見え瞳孔が収縮するだろう、と告げられた。光を発しない閃光灯が目の前に置かれると、瞳孔は収縮した。このことは催眠による幻覚の実在を証明しているものと思う、とルクロンは述べている。

3月18日、ルクロンは自然に退行を起こした症例について述べ、エリクソンは次のように答えている。

> ここ6週間、ベンゼドリン（訳注：アンフェタミンの薬剤名）の毒性によって悪化した血清病で寝込んでしまい、まだ完全には回復していません。それで3月18日付のお便りへのお返事が遅くなってしまったのです。
>
> 暗示していないのに自然に5歳まで年齢退行してしまったという件ですが、わたしは何度も経験があります。通常、これは予後が非常によいこと、無意識の記憶を意識化する必要が非常に大きいことを意味しています。……

7月17日付の手紙で、ルクロンは、個人開業クリニックでエリクソンにいっしょに働いてもらう可能性をふたたび持ち出している。UCLAの精神病院は、開設が遅れていたらしい。ルクロンはこうつけ加えている。

> C博士についてごく内々にご意見をお聞かせ願えるでしょうか。加わってくれるよう説得できるとお思いになりますか？　彼女については、この分野のリーダーらしいということと、わたしたちには女性が1人必要になるだろうということ以外、なにも存じません。ブリーフセラピーを目玉にしたいと考えておりますので、ことによると彼女の考え方は、あまりにもフロイト派的でオーソドックスすぎるかもしれません。……

7月23日、エリクソンは2つのセンテンスからなる返信を送っている。

親愛なるルクロン
　いかなる事情があっても、C博士のことはお考えにならぬよう。詳細は追

って書きます。

敬具
ミルトン・H・エリクソン

――――――

　1949年1月29日付の手紙で、ルクロンは『実験催眠（Experimental Hypnosis）』と題する概論を編集する計画について述べている。催眠の本質を説き、臨床への応用が成功している領域を示している、20人の権威による論文で構成するというもので、この本は1952年に、ほぼ計画どおりの形で出版された。ルクロンは執筆者についてエリクソンに相談し、推薦されたなかの数人を最終的な執筆陣に組み入れた。
　1949年4月27日付の手紙で、ルクロンは、カリフォルニアでエリクソンのために講演の手はずを整えようとしているところだ、と述べている。さらにこの手紙は、オルダス・ハクスリー（Aldous Huxley）[※3]との交際について語っている。

　　彼は、二重人格の物語に、わたしにいっしょに取り組んでもらいたがっているのですが、最初は戯曲か小説、おそらくは戯曲にするのが望ましいと考えています。上演は彼が手配できるし、そのあとは映画のシナリオとしてもっと高く売れるだろうと言っています。わたしたちは今、あなたからうかがったシチュエーションや題材を組み入れて、うってつけのプロットを考え出そうとしているところです。どんな形で発表するにしても、使わせていただくものについてはかならず事前に許可をいただくつもりです。もちろんフィクションにする予定ですし、あくまでまじめに扱いながらも、できるかぎり喜劇的要素を導入したいと考えています。もちろん、一部のエピソードやシチュエーションは、おもしろおかしい展開にできるでしょう。ハクスリーは、実際の事実についてはなにも知りません。彼はあなたとエリクソン夫人にとても会いたがっていますが、あなたもお会いになってみれば、興味深いだけでなく人柄的にも好感の持てる人物だとお思いになるでしょう。気管支にちょっと障害があり、視覚的な障害のほうもそうですが、あれはまちがいなく心因性のものだと思います。彼には言ってい

ませんが、あなたが分析治療をなされたらいいのにと思います。興味深い症例になるでしょうが、わたしでは手に余りそうです。

最後に、ルクロンは身辺のことを書き添えている。

　妻もあなたとエリクソン夫人によろしくと申しております。お目にかかった節はご親切にしていただき、ほんとうに楽しかったです。こちら方面においでになれたとき、わが家に滞在していただくのを楽しみにしております。今の家よりもっとよい住まいが見つかり次第、ご訪問を催促するつもりです。

また5月18日にはこう書いている。

　あなたが病院でのお仕事にどんなに興味を持っていらっしゃるかは存じていますが、ご家族のためなにかを考えて、人生のこの時期は個人開業をなさり、ゆくゆく財政状態がよくなってから、もっと望ましい現場にお戻りになるべきだと思うのです。それに、個人開業なら研究という別の関心事に割く時間も都合できるでしょう。心理療法と催眠について知れば知るほど、催眠こそ心理療法の行き着くところだという確信は深まるばかりですし、そこではもっともっと多くの研究と知識が必要とされています。この分野であなたは屈指の研究者であり、あなたの才能が必要とされているのです。

1949年6月21日付の手紙で、ルクロンは、エリクソン一家が7月4日の祭日にかけてカリフォルニアを訪れ、ルクロン、ハクスリーの家族とともに過ごす計画について書いている。

　ハクスリーはとても背が高くてやせており、年のころは54、ちょっと内気で、最初はひどく他人行儀ですが、少し慣れてくるとすぐにリラックスしてうちとけます。奥さんのマリアはベルギー人で、ずっと気さくです。とても魅力的な人たちで、わたしたちは大好きです。あ

ちらもあなた方にとても会いたがっていて、会えるのを楽しみにしています。……

　ところで、ハクスリーは催眠にとても詳しく、ド・ピュイゼギュール（De Puysegur）[※4]についてエッセイのようなものを書いているそうです。きっとあなたにもその話をすることでしょう。彼に自己催眠を教えているのですが、せいぜい中くらいの段階までしか到達できません。

　1949年を通して、ルクロンからの手紙は、途切れることのない流れのようにたえまなくエリクソンのもとに届いた。多くはハクスリーとの企画に対するルクロンの関心が話題だったが、ルクロンの症例や研究について書かれたものもあれば、エリクソンからの情報を求めるものもあった。

　1950年4月24日、ルクロンはエリクソンに宛てて、催眠者が催眠に入りにくい理由について論文をものしたいと書いている。彼は次のような謄写版刷りの質問紙を大勢の専門家に送っていた。

　　ある研究に関連して用いる統計上のデータを集めております。以下の設問にお答えいただければたいへんありがたく存じます（およそ50人の『権威』の方々の回答をとりまとめたいと思っております）。催眠を仕事にしている人本人は、大部分が優秀な催眠被験者ではないというのは事実だ、とわたしは確信しているのですが、この研究はその理由の考察に関わるものです。設問は以下のとおりです。

　　1．あなたは優れた催眠被験者ですか？　劣る、ふつう、優れている、非常に優れている、で自己評定してください。
　　2．優秀な被験者ではないとしたら、自分の場合それはなぜか、理由を分析して述べることができますか？
　　3．あなたの意見では、催眠者が優秀な被験者であることはまれであるおもな理由はなんだと思いますか？
　　4．ご回答に関してお名前を出してもかまいませんか？

ご協力ありがとうございました。

レスリー・ルクロン

エリクソンは4月26日付の手紙でこれに回答している。

―――――――

　ルクロンとハクスリーによる映画シナリオの共同制作は実現しなかったが、2人の交友は続いた。ハクスリーの妻が病院で死の床にあったとき、ルクロンは彼女に催眠をおこなった。この年月のあいだに、ハクスリーは大勢の人々をエリクソンに紹介してよこした。

　1953年までには、ルクロンとエリクソンが共同でおこなっている教育プログラムに関する文通が交わされるようになり、大勢の専門家の名が挙げられ、さまざまなセミナーにだれを呼ぶかということが話し合われている。

　1954年3月18日付の手紙で、ルクロンはG夫人の治療について述べ、「36時間にわたる深いトランス」を誘導したが、結果はよさそうだ、と書いている。ルクロンは、「二重人格」を暴き出したと考えた。一方の人格は、「わたしのことは、ほっといてよ」と言って彼を徹底的にこきおろし、ルクロンが嫌いなわけではないが関わり合いになりたくないのだ、と説明したらしい。

　ルクロンはエリクソンに手紙を書いて助言を求めた。モートン・プリンスが催眠を使ったことを思い出したが、「いったいどうやって、本人の承諾なしにサリーを追い出したのでしょうか？[*5]」というわけだった。ルクロンは、この交替人格のことを「ひどく敵意に満ちた人格」だと述べている。

　エリクソンは、1954年3月28日付の手紙で答えた。

レスリー・ルクロンへ
1950年4月26日

親愛なるルクロン

　あなたの〔質問紙に関する〕メモに形式ばらずにお答えします。質問を読んで、ただ思い浮かぶままに口述しようと思います。

（1）あなたは優秀な催眠被験者ですか？　答えは「いいえ」です。たぶん世界一だめな催眠被験者でしょう。

　（2）なぜだめな催眠被験者なのかというと、催眠過程に対する関心が強すぎるからだと思います。そのため、つねにすべてのことに隅々まで意識が目を光らせていて、無意識に引き継がせないんですね。自分に似た被験者を相手にしているとそのことがわかるので、いつもわたしは、その人の心の内になにか複雑な興味の対象を与えることを第1に考えます。そうすると、それが心の内を強烈に引きつけてくれるので、こちらはじかに被験者の無意識を相手取ることができるようになるのです。ちなみに、今までにわたしを催眠に入れようとしたのは、みんなわたしの教え子でした。自動書記と手浮揚と水晶球凝視はうまくやれました――でも、なにせ意識が研ぎすまされているものですから、自分のしていることから意識的な要素を排除するのがたいへんでした。

　（3）催眠者が優秀な被験者であるのがまれなのはなぜだと思うか、とおたずねですが、わたしは、それは事実ではないと思います。催眠者も優秀な被験者でありうると思います。問題はこういうことです。優秀な催眠者のほとんどは、催眠を体験することより、おこなうことのほうに関心を持ちます。ですから、それは関心の方向の問題になるわけで、能力の問題ではないのです。医学生たちを相手にしていてわかったことですが、最初は優れた催眠者になった学生も、関心の方向を変えてやれば、すぐに非常に有能な被験者に養成できます。また催眠被験者も、本人が現に関心を向けている方向を変えてやるようにすれば、優れた催眠者に養成できます。もちろん、一方向だけに関心を持ち、別の方向にはけっして関心を持たない人もかならずいます。また、非常にたくさん催眠をおこなってきた有能な催眠者の場合も、心理的操作で彼らをはるかにしのぐことができれば、優れた被験者に養成できます――しかもそうなった場合には、非常にしばしば、それまで催眠をおこなうことに関心を持っていたのと同じくらい、催眠を体験することに関心を持つようになります。もう1つ、優れた催眠者を優れた被験者にすることに関してよくお目にかかるものに、多くの優秀な催眠者が、催眠現象を誘導する際に自分の実力に対して抱く、不安な感じや頼りない感じがあります。わたしは、彼らの感じているおぼつかなさを解消するために、体験を過去に置き換

えたり未来に置き換えたりする技法を考案しました。

（4）これらの論点についてわたしの名前を引き合いに出していただいても結構ですし、もっと詳しく知りたいとおっしゃればご要望に応えるようにします。

敬具
ミルトン・H・エリクソン，M.D.

レスリー・ルクロンへ
1954年3月28日

親愛なるレス

　サンフランシスコから無事帰り着き、点滴を受けたりなんだりでちょっとだけ病院にいました。15日から仕事に復帰しましたが、毎日休息をとるとか、早めに切り上げるとか、そんなようなばかばかしいことをしています。血中蛋白を維持するために食間にチキンスープを飲んでいますが、わたしの血中蛋白には、地下に潜るというか、少なくとも姿をくらますくせがありましてね。

　そんなわけですから、5月20日にお会いできないことで落胆はしません。おっしゃるとおりです。夏はいい時期とは言えないし、講演をするなら9月、あるいはいっそもっと先にするほうがいいでしょう。

　G夫人のことですが、二重人格が存在していると思いたいところですが、あなたの記述は、ヒステリー性の遁走という解離状態を非常に強く示唆しています。あなたをこっぴどく叱りつけたり、「ほっといてよ」と言いながら「あなたが嫌いなわけではない」と言ったりするのは、ヒステリー性の解離状態に非常に特徴的な行動です。わたしの知っているこういう状態を扱う唯一の方法は、基本的にはこちらが受け身になって受容することで、ときどき、わたしのことを言っているんだね、何々のことを言っているんだね、というような言葉をかけて励ましてやるのです。

　わたしとしては、プリンスが催眠を使ってサリーを追い出したという確信は持てません。サリーはちょっぴり巧妙になっただけだと思います。

　このようなパーソナリティの解離した相には、敵意や攻撃性を表出することへの強い欲求があり、機会さえ与えられれば、そのような人は静かに座り

込み、解離した相が存分に毒舌をふるえるようになって、その結果、大きな安堵がもたらされます。実際、あらゆる努力を払って、そのような言語レベルでの攻撃ができるよう、お膳立てしてやるべきなのです。わたしは、自分の手をきつく握らせるという方法を使ったこともあります。手の位置によく気をつけて、ほんとうに痛めつけることはできないけれど、あちらとしては思い切り握りつぶしているつもりになれるようにして握らせるのです。こうすれば、物を投げるなどのほかの形での暴力を未然に防ぐことにもなります。

　お返事が遅くなってすみません。でも、これを読んで事情がおわかりいただけたことと思います。

敬具
ミルトン・H・エリクソン, M.D.

―――――――

　ルクロンは1954年5月29日付の続報で、二重人格に関しては、モートン・プリンス以来、重要なものはなにも書かれていないとの見解を述べ、これをテーマにいっしょに本を書く気はないかとたずねている。この提案は実を結ばなかった。

　エリクソンの返信の多くは記録に残っていないものの、1954年には、ルクロンからエリクソンに宛てて、ルクロンの活動やハクスリー一家に関するニュースを伝える手紙が頻繁に書かれている。1955年にも、ルクロンとエリクソンのあいだには相当量の文通があったが、やはりファイルに残っているのは、大部分がルクロンからエリクソンに宛てた手紙である。

　1955年の文通のおもな話題は、エリクソンとルクロンとテッド・アストン（Ted Aston, この初期の年月に、エリクソン、ルクロンと活動をともにしていたニューヨークの歯科医）を主力とするセミナーでの協力のことである。このセミナーの歴史的意義は、医学、歯学、心理学出身の専門家を訓練するために合衆国でおこなわれた最初の催眠ワークショップの1つであった、ということだ。エリクソンは、このグループの定評ある大家であり、ルクロンは、組織面や普及促進面で先頭に立って尽力した。

　同じ時期に、ミルトン・クライン（Milton Klein）率いるニューヨークのグループも催眠を教えていた。クラインは臨床実験催眠学会（SCEH）の創設者の1人で、この学会機関誌の初代編集長であった。SCEHと件のセミナー・グループのあいだにはいくぶん

緊張があった。エリクソンのセミナーは、最終的にはさらに2人の専門家、シーモア・ハーシュマン医学博士 (Seymore Hershman, M.D.) およびアーヴィング・セクター歯科医師 (Irving Secter, D.D.S.) を加え、「催眠セミナー財団 (Seminars on Hypnosis Foundation)」として知られるようになった。エリクソン、アストン、ハーシュマン、セクターは、のちにアメリカ臨床催眠学会とその教育部門である教育研究財団の創設に力を貸した。

1955年の文通では、エリクソンの健康問題が頻繁に話題にのぼっているが、その大部分は、アレルギーに関係したものだったようだ。ルクロンも、もっと軽いものではあったが、アレルギーの問題を抱えていた。

1956年、ルクロンとエリクソンの文通は、特筆すべき重要な出来事を背景に続いた。1955年、英国医師会は、催眠を医学と歯学における正規の治療法として認めたのである。アメリカ医師会 (AMA) は、1958年に、同様の方針を取るとの立場を明らかにした (Crasilneck & Hall, 1985)。AMAは、催眠をたいへん有用性のあるものとして推薦し、すべての医学部で臨床への応用の仕方が教えられてしかるべきだと主張した。

ルクロンは、1956年5月にアメリカ精神医学会で論文を発表し、催眠の現状を語った。彼の概算によれば、合衆国のおよそ2,500人の歯科医がこの技法を使っていた。しかし、心理学者や精神科医が訓練を受けられる場はほとんどなかった。彼は、自分とエリクソンの携わっている一連のセミナーについて、1954年のグループ発足のときからのことを語った。セミナーのインストラクターとして、自分、エリクソン、産婦人科医のウィリアム・クローガー、一般開業医のハーシュマン、そしてセクターとアストンの名を挙げた。セクターとアストンはともにシカゴ出身であった。

ルクロンの説明によれば、セミナーのプログラムは初級と上級の集中コースからなっていた。それには、講義、デモンストレーション、討論、テーブルを囲んでの昼食、夜の実技指導が含まれていた。週末の3日間にかけておこなわれ、金曜日と土曜日は、催眠感受性テスト、トランスの諸段階、自己催眠、催眠にまつわる誤解、催眠の歴史に関する知識など、催眠の理論的側面に当てられていた。日曜日は医学部会と歯学部会に分かれた。夜の誘導実習はインストラクターが監督した。催眠療法の部では、催眠現象、暗示、覆いをとる技法、誘導された葛藤、医学のさまざまな専門分野における催眠の利用法といったテーマを扱った。

ルクロンは、セミナー・グループを後援してくれる機関や団体を探していること、しかしなかなか見つからないことにも触れた。現時点でセミナーに参加した者は、延べ

1,200人、合衆国のほとんどすべての州からきている、と述べた。

1956年のいつごろか、エリクソンとルクロンのあいだに軋轢が生じた。1956年10月2日、エリクソンは、SCEHの指導者で当時会長であったモントリオールの内科医、バーナード・B・ラギンスキ医学博士（Bernard Raginsky, M.D.）に手紙を書き、学会のロサンジェルス支部で偽医者が演説をおこなったことへの懸念を伝えたが、この支部を主宰していたのはルクロンであった。エリクソンはまた、当時『臨床実験催眠学雑誌（Journal of Clinical and Experimental Hypnosis）』の編集長であったミルトン・クラインにも手紙を書き、ルクロンを諮問編集委員会からはずすべきだと思う、と伝えた。

エリクソンは、すでに1956年9月21日付のラギンスキ宛ての手紙において、次のように述べていた。ルクロンは、催眠セミナーの講師を務めてきたが、エリクソンを始めとする他の講師団メンバーとしては、もはや高度の専門家意識を維持していないものと考える。ルクロンが、臨床経験もなく訓練も受けていない身内の者を実務に当たらせていることは明らかだ、と。さらに、ルクロンが専門家でない人々と提携していると思われるので失望を感じていると述べ、彼をこのままSCEHの会員にしておくべきではない、と結論づけている。また、SCEHロサンジェルス支部の会員資格を徹底的に調査することが望ましい、と勧告している。

エリクソンは、倫理に反していると思う臨床家には頑として立ち向かい、矛盾を見つけると、労を惜しまず徹底的に調査した。ルクロンに関しては、ボールダーにあるコロラド大学の登録事務係に手紙を書いて、ルクロンの学位の明細を問い合わせたが、1920年ごろに授与された文学士号だろうとにらんでいた。ルクロンは、自分では心理学の学位を持っているとふれまわっていたらしい。1958年11月20日、エリクソンは、ルクロンが1919年に歴史学の学士号を取得したことを確認している、登録事務係からの手紙を受け取った。

ルクロン－エリクソンのファイルのなかにあったあるパンフレットは、1958年の10月、11月、12月に、それぞれフィーニクス、ラスヴェガス、マイアミビーチにおいて開催される、医学催眠および歯科催眠のシンポジウムのことを報じている。インストラクターのなかには、レスリー・ルクロン、M・エリック・ライト博士（Eric Wright, Ph.D., M.D.）の名が見える。エリクソンはこれらの会合では講師になっていない。インストラクターは、全員がSCEHの会員であることが明らかにされている。1958年までには、エリクソンはもうルクロンと共同で活動することはなくなっていたようだ。

たとえエリクソンがルクロンと力いっぱい対決したとしても、2人のあいだでは、

1961年にも、1964年にも、催眠に関係した専門的な問題について議論が交わされている。

エリクソン―ルクロン関係のファイルにある最後の手紙の日付は、1964年であった。

ワイツェンホッファー

アンドレ・ワイツェンホッファー（Andre Weitzenhoffer）は、催眠の分野において特に強い影響力を持つ研究者の1人であった。1959年、彼とアーネスト・ヒルガード（Ernest Hilgard）は、スタンフォード催眠感受性尺度、A式・B式を発表したが、これは今日でも実験催眠においてもっとも広く用いられている催眠感受性尺度である。ワイツェンホッファーは、1957年に、『催眠の一般的技法（General Techniques of Hypnotism）』を発表した。エリクソンが『アメリカ臨床催眠学雑誌』の編集長に在任中、編集委員会の一員であった。

1959年10月2日、エリクソンはジャーナルの編集長として、アンドレ・ワイツェンホッファーに宛てて、本人の論文のことで手紙を書いた。この論文はその後、『無意識か共意識か？　医学催眠におけるある最近の傾向に関する省察（Unconscious or Co-conscious? Reflections Upon Certain Recent Trends in Hypnpsis）』（Weitzenhoffer, 1960）として発表された。この論文において、ワイツェンホッファーは、医学催眠をおこなう人々が、「無意識」という用語を厳密にでなく過度に包括的に使っているとし、そうした使い方を批判している。次いで、意識のさまざまな機能と特徴を階層に分け、これらの催眠家たちが無意識の活動の顕現とみなしているものの多くは、実際には意識が関与している、と主張している。

ワイツェンホッファーの仮説によれば、指や振り子の動きを用いる技法によって反応が引き出されるとき、副次的パーソナリティ、すなわち「共意識システム」が作動する。彼は、無意識の心が暗示に対する反応を生み出すという、広く受け入れられている仮定に異議を申し立て、催眠に入っている被験者から治療的データを得るためには、もっと適切な（すなわちもっと具体的な）質問をするようにせよ、と促している。結論として、無意識に言及したり無意識を手段として利用する際の、著しく曖昧な表現を明確にするよう促してい

る。彼は、医科学で用いられているのと同じような具体的な治療的要因を、催眠において詳細に記述するための研究を支持したのだ。

アンドレ・ワイツェンホッファーへ
1959年10月2日

親愛なるアンドレ

　あなたの論文をたいへん興味深く読ませてもらいましたが、さまざまな点でわたしも同じ意見です。1960年4月号に掲載されるでしょう。でも、あなたも医学催眠や歯科催眠をする人たちが、「無意識」を具象化するのとすごくよく似たやり方で、イドや自我や超自我や無意識（Unconscious）を具象化していますよね。

　自分が、「無意識」という用語をとてもいいかげんに使っているのはわかっていますが、それは、わたしが患者や学生を相手にしているからです。そうでもしなければ、どうしてこちらの言いたいことを伝えられるでしょう。とはいえ、実際のところ思い違いしてはいないと思います——少なくとも（願わくは）そんなには。

　あなたは、パーソナリティの諸側面のことを言うときに、「副次的パーソナリティ」という言葉を使っているような気がします。たとえば、家庭での側面、社会的場面での側面、バーでの側面、不気味な場面での側面などなど。それぞれが、かなりまとまりを持っていながら、それでいてまったく別々のものでありえます。

　この論文においてあなたが見落としたもの、それはコミュニケーションの多重性です。例を挙げましょう。わたしは、覚醒状態の患者に、思い出せるかぎりの過去の事実を話してもらったことがあります。トランス状態で、さらに多くの事実を聞き出しました。手の「はい－いいえ」の動きによって、さらに多くを聞き出したのです。その結果、次のようなことが起こりうるということがわかったのですが、それというのも、わたしは頭、手、指のどれでも好きな部分の動きで、「はい」「いいえ」を答える自由を与えるからです。

　Q：過去のことでもっと話すことがありますか？

A：（手）いいえ。（頭）はい。
Q：では、もうみんな話してしまったんですね。
A：（手）はい。（頭）いいえ。
Q：もう一度繰り返す必要がありますか？
A：（手）いいえ。（頭）はい。
Q：もう一度話してもらうべきかもしれませんね、わたしが正確に聞き取れていないかもしれないから。
A：（反応なし）（反応なし）

そこで、単純で下心のない指示を与えますと、患者はトランス状態ですぐに、さきほどと同じ過去の経緯を話し始めますから、こちらは手と頭と指を観察します。

項目1：（手、頭、指）
　　　1つか、2つか、すべてが「はい」の合図をする。
項目2：手は「はい」の動きをし、指か頭、あるいはその両方が「いいえ」の動きをする。
　　　（この場合は再検査する）
項目3：前と同じようにすらすら語られる。頭、手、指のうち1つか、2つか、すべてが動かない。
　　　（この場合はさらに詳しく質問する）

項目1：のちに、検証可能で真実であることがわかる。
項目2：のちに、まだ扱えない抑圧された要素がもっとあることがわかる。しかし本人は、これがすべてだと思っており、「もっとあるはずなのに、ないという感じ」が特徴。
項目3：のちに、誤った、根拠のない思い込みだが、本人には絶対的な事実と受け取られていることがわかる。

さきほどの最後の発言で「正確に」という言葉を使ったのは、合図の言葉でもありえたでしょうが、わたしに当てはめれば、そのまま言葉どおりです。

また、「もう一度話してもらうべきかもしれませんね、今度はわたしが書き留められるように」と言う、という手を使ったこともあります。

ずっとあとになって間接的に質問してみると、患者のほうは、「すっかり忘れていた（抑圧されていた）事実」をわたしがどうして「偶然見つけた」のか、気づいていないことがわかります。たとえば、ある患者は名前、日付、期間、場所を挙げて、一連の情事をすらすら列挙しました。さいわい、そのような頭と指と手の動きは、すでに説明してありました。彼女は覚醒状態で7つの情事を語り、トランス状態で駄目押しをしました。最初の話をするとき、「初めての情事は──」と言いましたが、わたしは手が「いいえ」のサインをしているのに気づきました。

次の情事の話に入るときは、「次の男性は」とか「次の情事は」とか「次に関係を持ったのは」と言って話し始めました。3つ目まではなにごともありませんでしたが、4つ目の話をしているあいだじゅう、指が「いいえ」のポーズを取っていました。6つ目、指はまたもや「いいえ」でした。

トランス状態で同じ話をしましたが、まるで学生たちがこちらの話につれて、思わず知らずうなずいたり首を振ったりするのと同じような感じで、「いいえ」の信号を送ってきました。

わたしは語られたことを記録し、あとで覚醒状態のときの彼女と、トランス状態のときの彼女に読んで聞かせました。どちらのときも真剣に聞いていましたが、頭か手か指のどれかが「いいえ」のサインをしていました。読んで聞かせたといっても、二度とも単純に読み上げたわけではありません。というのは、名前の綴りや、事の起こった月や、通りの名称についての情報の正確さを期すためであるかのように見せかけて、「では、次のはXYZ通りでのことだったんですね？」などと言いながら、話の部分部分を順不同で読み上げたからです。彼女は言葉ではそのとおりだと認めましたが、その3回とも、一貫した否定のサインがありました。

その後の治療のなかで、彼女が経済的な問題について話していたとき、わたしは次のようなことが書かれた紙片を手渡しました。

$$\longleftarrow 2 \longrightarrow 3 \longrightarrow ? \longrightarrow 4 \longrightarrow$$

彼女はこれを見て当惑し、なにか意味があるのかとたずねました。わたしは、意味を付与することもできるだろう、と言いました。彼女は当惑した様子で、さきほどの話の続きに戻りましたが、残り時間数分というときになって、はっとして、なぜかわからないが23歳のときの情事を話し忘れていた、と言いました。こう言ったとき、手は「はい」のポーズをとっていました。この時間の初めのほうで紙片を渡されたことと、最後の数分間に生じたこの突然の想起は、結びついていませんでした。

　別のとき、彼女が自分の子どもについて話している最中に、まんなかに小さな字で「7＋2＝9」と書いた紙片を渡しました。彼女は遠回しに子どもの学校の成績に触れられたものと勘違いして、そのことについて話し始めましたが、先生の名前を言い間違え、そのことにひどく驚いて、もう1つの「忘れていた」情事を話しました。話しているあいだ、手はずっと「はい」のポーズをとっていました。

　さらにあとになって、たまたま彼女が、児童を対象とした日曜学校に対する考えをたずねてきたとき、「わたしにとって重要な問題は、聖書の最初の3つの言葉ですね」と答えました。ぽかんとしてわたしを見つめるうちに、みるみる恐怖に縮み上がり、それから、初体験についてたいそう混乱した心情的な告白をし始めました。「年上の男性」に迫って関係を持ち、その体験に過激に反応した結果、完全に抑圧してしまったのでした。話すにつれて、手と指と頭は何度も「はい」のサインをよこしました。

　その後のセッションで、彼女は自分の性遍歴を時間をかけて最初から最後まで語りとおしました。ときどきちょっとした言い間違いをしましたが、すぐに訂正して、苦労しながら10の話をしたのです。

　ところで、こういう患者はこの女性だけではありません。形はさまざまですが、何度もこうなったことがあります。今お話しした患者は、いまだにわたしが故意に彼女の記憶を刺激したのだということを知りません。あの最初の出来事を思い出してからは、ぐんぐん進歩しました。

　ときには、こっそり与えた刺激の意味を患者に明かして、その場で気づかせることもあります。ときには、自分の成果との関連にひとりでに気づかせることもあります。5年もたってから、ひとりでに思い出して、わたしの与えた手がかりに気づくようにさせたこともありますよ。

まあ、このちょっとした発見をわたしは楽しんできたわけですが、あなたにとってあまり大きな頭痛の種にならなければよいがと思います。

敬具

ミルトン・H・エリクソン

―――――――

　エリクソンの1959年10月2日付の手紙は、間違いなく影響を与えたのだ。1960年の論文（p.180）に、ワイツェンホッファーは次のような脚注を入れている。

> 　この論文を発表するために提出したところ、本誌編集者の1人から、わたしの「無意識」という語句の使い方に関して、具象化という点での指摘があったことに鑑み、それ以上の誤解を招かないためにも、ここで一言説明しておくのが適切かと思われる。自分の話として述べている場合、わたしは「無意識」という語を、一定の特徴をそなえた無意識過程のある総体、あるいはシステムを意味する便利な略語として使っており、この総体のことを、時間的・空間的な位置を占めているという意味でも、その他のいかなる意味でも、論考の対象となるような実体とは考えていない。一方、他の著者が書いているとおりのものとして、これらの無意識過程について述べている場合は、もはや自分自身の概念ではなく、その著者の概念を提示しているのであって、それが具象化をともなっていたとしても、当然ながらわたしのせいではない。以上のことは、本論文中の「自我」「イド」などのような用語の使い方についてもまったく同様に当てはまる、ということをつけ加えておきたい。いずれにせよ、ここでは具象化という問題が考察されているわけではないし、関係すらない、ということを強調しておかなければならない。なぜなら、わたしの関心はひとえに、無意識過程のシステムが数々考えられるなかで、どのシステムを、今日の医学催眠家が「無意識」という語句に包摂しているかを見きわめることにあるからだ。

アンドレ・ワイツェンホッファーより
1960年6月10日

親愛なるミルトン

　知ってのとおり、わたしはUSPH（訳注：米国公衆衛生局）の助成金によって、時間歪曲に関する研究をおこなっております。この研究のおもな目的は、従来用いられてきたものよりもっと客観的な時間歪曲の研究法を見いだせるかどうか、調べることです。それができれば、2つのことがもたらされるでしょう。つまり、これまでとは違った意味で時間歪曲という「現実」を確立できるようになるでしょうし、時間歪曲のみならず、時間知覚の本質を研究するための新しい手立てが得られるでしょう。わたしは〔リン〕クーパーが用いたのと同じテストを使っているほか、ちらつき融合や仮現運動[※6]のような、時間に依存した現象に基づいて作られた、別の種類のテストも取り入れています。これまでのところ、被験者が時間歪曲を体験しているという主観的証拠は十分得ているものの、テストでの成績にはまったく差が見られないという意味において、結果はすべて否定的です。無意味綴りの記銘の場合でさえそうなのです。

　ところで、去年の秋、S. F.（訳注：サンフランシスコ）で、あなたがM夫人を被験者におこなった時間歪曲のデモンストレーションにたいへん感銘を受けました。否定的な結果が自分の個人的要因によるものではないということがはっきり確かめられるまで、わたしは自分の研究に納得できないだろうと思います。実をいうと、使ったテストに時間歪曲の確かな影響が出るものとばかり思っていたので、少々落胆しているのです。ところで、わたしは助成金を申請する際、あなたを顧問として迎え入れる可能性を計算に入れておきました。結果を出すのには、9月1日までの余裕があります。2、3日こちらへ来ていっしょにこの問題に取り組み、あなたの手で時間歪曲を誘導して、わたしが起こるはずだと思っている効果が得られるかどうか、調べていただくわけにいきませんか？　手当はお支払いしますし、もちろん協力していただいた部分から生じる出版物には、すべて共同執筆者としてあなたのお名前が載ります。別の選択肢としては、こちらがフィーニクスかどこか、（あなたにとって）都合のよい場所におもむくことでしょう。この場合、問

題になるのは主として器材のことです。現在使用している器械はかなりかさばるため、飛行機で運ぶのはあまり容易とは言えません。しかし、なかでも重要で大きい部分の1つは、近々小型化されたものが手に入ると思いますので、そうなれば問題はなくなります。そのほうが実現しやすいということであれば、長い訪問を1回ではなく、短い訪問を数回していただくようにしてもいいでしょう。時期としては、いろいろな点で7月が最適でしょうが、肝心なのはあなたに手を貸していただくことですので、あなたがこのプロジェクトに寄与してくださるものを有効に活用するために、諸事万端繰り合わせるつもりです。

いつも変わらぬ
アンドレ

アンドレ・ワイツェンホッファーへ
1960年7月11日

親愛なるアンドレ

　長年の経験からわかっていることですが、最良の実験被験者とは、なにか特にその人自身にとって大切な目標を達成したいという強い意欲を持っている人たちです。大学生のなかに、科学に貢献することや、新しい理解に到達することや、今までにない体験をすることに熱心な者が偶然見つかるものです。

　わたしの経験では、患者というのも、本人にとって得るものが大きいので、しばしば優れた実験被験者です。たとえばある種の癌患者などは、無限の動機づけがあるため、びっくりするようなことをやってのけることがあります。

　時間歪曲で、クーパーは、適切な動機づけを持った被験者を得るという大きな問題にぶち当たりました。報酬を出すわけにいかないことはすぐにわかりました。それをすると、多くの事例における結果が、問題のある、明らかに疑わしいものになってしまったからです。「敏感に反応する（responsive）」タイプの被験者——つまり、M夫人のような被験者を捜し出すために、彼は学生をしらみつぶしにしなければなりませんでした。

　年末までサンフランシスコへは行けそうにありません。8月にフロリダと

ヴェネズエラへ行くのです。

　わたしの被験者で、サンフランシスコへ行ってあなたの手伝いができる人がいるかどうか調べてみます。

　　　　　　　　　　　　　　　　　　　　　　　　　　取り急ぎ
　　　　　　　　　　　　　　　　　　　　　　　ミルトン・H・エリクソン

　エリクソンとワイツェンホッファーの1960年の文通に関して、念頭に置かなければならないのは、20世紀前半はほとんどの学者が、すべての催眠現象は前世紀に記録され究明され尽くした、と信じていたということだ。ところが、1948年に、リン・クーパー（ワシントンD.C.の内科医）が時間歪曲という現象について草分け的な論文を著したのである。

　エリクソンは、『催眠における時間歪曲』でクーパーと共同執筆した（Cooper & Erickson, 1954）。この著作は、クーパーによる時間歪曲に関する実験研究と、エリクソンによるこの現象の臨床への応用を詳述したもので、臨床催眠と実験催眠に対する重要な貢献となった。「直接的な言語暗示によって症状を消失させる技法を別として、わたし自身がよく知っている単一の特定の催眠技法を取り上げて詳細に研究した、唯一のもの」（Rosen, 1959, ix）。『催眠における時間歪曲』第2版は、時間凝縮の部を加えて、1959年に公刊された。

　6月10日付のエリクソンへの問い合わせで、ワイツェンホッファーは研究者として徹底したところを見せている。エリクソンは、7月11日付の返信で、催眠被験者の動機づけをいかに重視しているかを繰り返し述べている。初期のエリクソンはなによりもまず研究者であったことを思い起こしてほしい。

　エリクソンは、症例アンについて、『器質性脳損傷における催眠本位の心理療法 (Hypnotically Oriented Psychotherapy in Organic Brain Damage)』（Erickson, 1963）および『器質性脳損傷における催眠本位の心理療法――補遺 (Hypnotically Oriented Psychotherapy in Organic Brain Disease ―― An Addendum)』（Erickson, 1964c）の2つの論文を書いた。脳血管発作のもたらした制約を克服させるのにフラストレーションを利用した、斬新な技法を記述している[※7]。エリクソンはワイツェンホッファーに対し、第1の論文となった原稿の講評を依頼している。日付のない8ページにわたる手書きの手紙のなかで、アンを駆り立てて自分の資質を結集させるために用いた、

革新的な技法の一部を記述している。同じく手書きのもう1通は、エリクソンが書こうとしていた混乱技法に関する独創的な論文（Erickson, 1964a）の先駆けをなすものである。

アンドレ・ワイツェンホッファーへ
〔1963年ころ〕

親愛なるアンドレ
　論文を2編同封しますが、これを読んで自由に批判していただきたいのです。
　特に重要なのは、はたして脳障害の事例を十分明確にできているかということです。読者にはあまり意味をなさないでしょうから、治療時間の詳細を盛り込んだものかどうか、迷っています。たとえば、アンが1人で部屋にいるとき、わたしは彼女の子どもたちのことで気軽なおしゃべりをしました。子どもたち恋しさに涙が浮かぶのを見るや、気軽な調子で、つい最近彼女の体重が増えたことを持ち出して、太鼓腹になってきているじゃないかと言ってからかいました。彼女がわたしのしようもないばからしい冗談にむりにほほえもうとすると、最初の妊娠のことを思い出させて、初めて右のおっぱいを吸わせたときのことを思い出すのはどんなにしあわせな気持ちでしょうねと言い、それからまたばからしい冗談をひとくさり、わたしは病歴を取るときもプライバシーを尊重するから、ご主人が初めてあなたの右や左の乳房を弄んだときのことなんか質問しませんよと請け合い、のらりくらりとした落とし話をして、相手が目に見えていらいらしてくるまでぐずぐず話を引き伸ばし、それから短いとてもおかしい小話を1つして、さらにまた1つ短いおかしい小話を落ち寸前まで話して、彼女が結末の言葉を待ち構えたところで、話を尻切れのままにして、最後がどうなるか当ててごらんと言って去らせました。つまり、わたしはその治療時間を使って、ありとあらゆる種類の情緒が交錯し、現在や、未来や、思い出や、強い情緒に彩られた過去の出来事についての考えが交錯した、なにがなんだかわからないごちゃまぜ状態を作り出したのです。彼女の夫は、2人が愛し合うときに使う秘密の言葉を快く教えてくれました。夫がその晩フィーニクスに到着するという当日、わたしは教わった言葉を、さりげないおしゃべりのなかに唐

突にはめ込みました。彼女の混乱と当惑、烈火のごとき怒りに次ぐ怒り、周章狼狽。わたしが話さないでおいた冗談の落ちのことが、次のセッションまでずっと頭を離れない。単純ななんでもない発言のなかに、夫と自分が使っていたとても特別な愛の言葉を割り込まされて、そのことも頭を離れない。わたしはその言葉の意味がわかっていないわけでもなさそうだし、なのに、どうみてもそれは文脈からははずれていたのですから。言い替えれば、彼女は、強迫的にと言っていいほどに、たえず「ああなんだろうか・こうなんだろうか」と考えさせられている状態にあったのです。

　わたしは、いろんな種類のヤシの木とかなにかそういったものの話をしている。彼女のほうは、その晩の夫の到着を心待ちにしている。そのさなかに、２人だけの愛の言葉が、そんなふうに（見かけ上は）なんの意味もなく、一度に一言ずつ注意深く使われたことによって、何ヵ月も途絶えていた性交が初めて実現したのでした——それも彼女のほうから襲いかかる形で。夫は彼女にとっていかに苦痛かわかっていたので、ずっと自制していたのです。次のセッションで、彼女は興奮して、とてもきまり悪そうに〔言いました〕「わたし……わたし……わたし……ヴィクとファックした……言葉〔のことは〕ごめん……ちょっと痛かった……でもよかった」（ずっとのちに説明してくれたところによると、このときはそれ以外の言葉が言えなかったので、この卑猥語——彼女が初めて覚えたそういう意味の言葉——を使ったのですが、その最中は頭のなかに特別な愛の言葉がそっくり出てきて、楽に口にできたのだそうです）。それから、「彼……話す」と言って部屋を出ていきました。入れ替わりに、夫がひどく当惑しながら入ってきて、言いました。「アンは、昨夜のことをぼくからあなたに話してもらいたがっています。ぼくはもうめんくらっちゃって、どう考えたらいいのかわからないんですが、でもぼくには、ぼくは、そう、ぼくが思うに、それは驚くほど急速に回復しているっていうことなんです。ぼくが入っていったとき、彼女はすっかり興奮してしまって、身体を震わせてよろけたものですから、あわててしまいました。また発作が起きているんだと思ったんです。ぼくは彼女の身体に腕をまわしました。それは左の頬にキスするためでもあったんですけど、そうしたら彼女はぼくをベッドに押し倒して、ぼくの上に這い上がってきて、引きちぎらんばかりにして服を脱がせたんです。自分はドレス１枚しか身につけてなくて、

それをするりと脱ぎ捨てました。ぼくらがいつも使っていた言葉のことは前にお話ししましたよね、彼女はそれをぜんぶ使って、実際のところ、ぼくをレイプしたんです。それからけさも同じことをして絶頂に達しました、それも何度かですよ。結婚したばかりのころの、あのものすごく情熱的な愛の営みみたいでした。そのあとここへくる途中、彼女は言ったんです、『あなた──わたしを──夕べ、けさ、先生に言って』って。脳出血を起こして以来、こんなに話したのは初めてです。さあ、お望みならもっと詳しくお話ししますよ。彼女を助けるためならどんなことでもするつもりですが、性交が彼女にとってどんなに苦痛かわかっているので、ぼくは心配でした。だけど、彼女があんなではどうしようもなかったんです。ぼくみたいな図体（6フィート2インチ）をした男がレイプされるなんておかしく聞こえますけど、でもそうだったんです」

わたしは言いました。話すことを教え、新しいやり方で脳を機能させるという計画は、どうやら成功しつつあるようです。アンもそのことがわかり始めていて、楽に口を利くことで、わたしが彼女のうちに変化を引き起こしつつあることを伝えたがっているのです、と。夫はさらに言いました、「彼女がぶるぶるわなわな震えているのを目にしたときは、ほんとうに恐かった。そしてそのあとドレスを脱ぎ捨てて、ぼくの服を脱がせ始めたときには、いやもうわれを忘れてしまいました」。

もう1つ例を挙げますと、アンは子どもたちの小さいときからの写真をどっさり見せてくれました。うーん、自分が話し方を教えたいと思っている、失語症で失読症の女性に対して、ふつうの人に言うような適切適正なことを言っても始まらないというか、気が利かないように思えたんですよね。わたしは無言のまま一枚一枚見て、見終わると、その一枚一枚について、とことん失敬で侮辱的な意見を述べ、横柄につき返しました。彼女はわたしをにらみつけていましたが、その目には、殺意とさえ思えるほどの、言語を絶する怒りがめらめらと燃えていました。ほんとうに恐ろしく見えました。それからすぐ、わたしはやさしくほほえんで、楽しげにくすくす笑いながら言いました。「ほんとを言えばかわいらしい子どもたちですよね、そうじゃない？」

アンドレ、彼女の感情と思考の豹変ぶりといったら、もう少しで文字どおり脳裡に焼きついてしまうところでした。そしてつかえもせずにすらすらと

言ったんです、「そうよ、ほんとにそうよ」。言ってしまって、われながらすっかり驚いて、それから 10 分ものあいだ、「わたし……話す」と言おうとして一人うろたえていました。

　しかし、上記のことを活字にするなんてできそうもない気がするのです。なぜなら、わたしは彼女に、正常な人に起こるのと同じような筆舌に尽くしがたい怒りを引き起こし、それから、ほほえみや、くすくす笑いや、ふつうに言うような言葉によって、その状況を正常な状況に変え、そうすることによって正常な反応を引き出したわけなのですが、これを読む人たちには、そのことを読み取るのに必要な臨床的理解の基盤がないからです。

　そうなんです、これらのセッションは、およそ思いつくかぎりのありとあらゆる刺激−反応パターンをかきたてるという風変わりなものだったのです。……

ミルトン・H・エリクソン

アンドレ・ワイツェンホッファーへ
〔1963 年ころ〕

親愛なるアンドレ
　これは昨夜大急ぎで書きました。手を加えればきちんとしたものにできます。わたしは古い原稿をたくさん貯めこんであるのですが、それはたとえば次のような思いつきが発端になったものです。「もしもあなたの左手が右手だったら、あなたの右手は右手ではないでしょう。そうではなくて、あなたの右手は左手で、あなたのズボンの右ポケット、つまり左手側のポケットは、あなたのズボンの右手側の左ポケットでしょうし、あなたのズボンの左ポケットは、あなたのズボンの右ポケットでしょう。でもそれはあなたの別の側の足についているでしょう」（あなたなら、きっときっと難なく理解してくれることと思います）

　混乱技法は、文字どおりどんなことからでも始められます。たとえばこんな具合です。その椅子（1）は**あそこ**（1）にあって、（別の椅子を指して）あの椅子（2）は**あそこ**（2）にあります。では**あそこ**とはどこのことでしょう？　そしてもし（被験者の視線を向けさせるためにちょっと頭をかしげ

ながら）その椅子（1）があそこ（2）になくて、あの椅子（2）があそこ（1）になかったら？　それはそれとして、わたしたちは今日のことではなく昨日のことを話してもいいでしょうが、去年にはとてもたくさんの昨日があります。

　実に単純なんです。明らかに事実であることを言いながら、つねに時を、特に現在と直前と遠い過去を心に留めておくわけですが、一息ついたり、立ち止まったり、はっきりした理解に行き着いたりする時間の余裕を被験者に与えないようにします。そうしておいて、はっきりとした理解できる考えを差し出せば、相手は一も二もなくそれをつかんで必死にしがみつきます——たとえそうするためには退行せざるをえないとしても。

　いずれにしても、黄色い紙に書いてあるのは、昨夜寝るばかりになってから一気に走り書きした論文です。

　この論文は完成されるべきでしょうか？　わたしは完成するべきでしょうか？　あなたが共同執筆してくれたらなあと思います。というのは、このような論文だと、わたしの考えはめまぐるしく変転して、それが論文を台なしにしてしまいかねないので、わたしにはあなたの明晰な頭脳が必要なような気がするのです。

敬具
ミルトン

追伸　ベティはこの資料を読むのに耐えられません。読むとものすごくいらいらしてくるので、トランスに逃げ込んでしまうのです。ベティ以外の人もですが。しばらくは苦労してついてきてから、トランスに入ってしまう人もいます。あんまりいらいらしてきたら別の技法に切り替えるのですが、みんな喜んでそれを受け入れます。

ベティからの追伸　ミルトンはわたしがトランスに逃げ込むなんて言ってますが、それは違います！　そんなふうに反応する被験者もいるかもしれませんが、この技法にはほんとうにいらいらさせられるので、わたしは断固として協力を拒むんです。できればその部屋から出ていきますの。

アンドレ・ワツェンホッファーへ
1963年4月8日

親愛なるアンドレ

　今や「混乱技法」の解説を文献にする潮時だと思います。だれもかれもが口にのぼせていますが、真の理解はほとんどともなっていないと思います。そこで、最初に取り組んだときの荒削りなままの形をきちんと書いているところです。今では握手も同然と思えるくらいに簡略化してしまっているのですが。

　これまでわたしはいつも、実質的なものはほとんど論文に盛り込まない、ごくわずかの素材しか提示しない、と非難されてきました。

　同封のものに目を通して、まあまあ通じるかどうか見ていただけますか？ 自由に意見を言ってください。内容そのものは変えないで、それに適切に対応するようにしてみますから。わたしが心配しているのは、単純化しすぎか説明不足かのどちらかになっているのではないかということです。わたしがほんとうに心得ているのは、いかにして手早く円滑におこなうかということだけなのです。

　あなたの多忙さを思うと、こんなことをお願いするのは気がひけるのですが、あなたのような明晰な理解力を持っている人をほかに知らないのです。

　そんなわけでどうかあしからず。

　そして、もしこの論文を共著にしてもよいと言っていただけたら、とても光栄に思うでしょう。いや、ぜひそうしてください。

敬具
ミルトン・H・エリクソン，M.D.

　エリクソンがワイツェンホッファーに送って論評を依頼した原稿は、結局、エリクソン一人を著者として、『催眠における混乱技法（The Confusion Technique in Hypnosis）』という表題で、『アメリカ臨床催眠学雑誌（AJCH）』に発表された（1964a）。その12年前、エリクソンは、レスリー・ルクロンの編集した『実験催眠』のなかの、「深

い催眠とその誘導」の章の一部を混乱技法に割いていた（Erickson, 1952）。混乱技法は、催眠に対するエリクソンの貢献のなかでも特に革新的かつ重要なものである。この方法は、言葉によるものもよらないものも、失見当識を引き起こし、習慣的な構えをつき崩して、高い反応性への道を開く。

エリクソンの1958年の論文、『自然の流れを活かした催眠技法（Naturalistic Techniques of Hypnosis）』（1958a）は、彼のおこなったあるデモンストレーションを記述しているが、そのなかで混乱技法が用いられている。1964年の論文（Erickson, 1964a）は、エリクソン自身の進歩を反映して、それ以前に書かれたものよりはるかに包括的になっており、この技法とその応用に関連した多数のテーマを扱っている。

返信を書いた当時、ワイツェンホッファーは、精神科医のバーニー・ゴートン博士と協力して、エリクソンの著作に関する本を編纂していた。本書には収めていない4月8日付の手紙のある部分では、出版社との以前の経験や、問題の本のオプションについて述べている。本は完成には至らず、出版もされなかった。この企画はジェイ・ヘイリーが引き継ぎ、1967年に『催眠と治療の高等技法』としてエリクソンの論文集を編纂した（Haley, 1967）。とはいえ、上記のワイツェンホッファーに宛てた手紙は、エリクソンが彼を専門家として高く評価していたことの証である。エリクソンはワイツェンホッファーに向かって「あなたのような明晰な理解力を持っている人をほかに知らない」と言っているが、これなどたいへんなほめ言葉だ。

ワイツェンホッファー関係のファイルにはたくさんの往復書簡があり、それらの手紙のなかで、ワイツェンホッファーは、混乱技法に関するものや、器質性の問題を抱えた患者の治療に関するものを始めとするエリクソンの論文の草稿に、継続的な批判をおこなっている。

アンドレ・ワイツェンホッファーより
1963年4月17日

親愛なるミルトン
　……「混乱技法」に関して。すばらしい着想です。初稿を読み終わったとき、実にりっぱな仕事をなさったものだと思いました。かなうことなら、よりよいものにするように喜んでやってみましょう。共同執筆に関しては、わたしに寄与できることなど高が知れているでしょうから、いかがなものかと

思います。いずれにしましても、共同で書かせていただいて光栄に思うのはこちらのほうです。まあ、このことについては、論文が最終的な体裁に仕上がるまで、むりに決めることもないでしょう。それより、1つあなたの本に入れたいものがあります。わたしが作業を終わった部分は技法に関するところなのですが、これを仕上げるにあたって、手元にある論文を補足するためにテープ録音された資料を調べなければなりませんでした。この資料は、今タイプで打って原稿の形にしてもらっているところです。戻ってきたら第1部といっしょにお送りして、このまま同じやり方で先へ進める前にご意見をうかがうことになるかと思います。その資料をお読みになったら、加筆したくなるか、これはぜひ取り上げなければと思ってもう1編論文を書きたくなるかもしれませんよ。……

いつも変わらぬ
アンドレ

――――――

次の手紙で、エリクソンは、彼らの同業者である、ある催眠の専門家が、自分にとって都合の悪い細部にしばしば目をつぶってしまう、という見解を論じている。その部分は割愛した。エリクソンはそこからなめらかに話を転じて2つの臨床的な逸話を語っているが、この逸話では、かすかな手がかりを利用して患者に役立てる、彼ならではの技量を遺憾なく発揮している。自然に生ずるきわめて微細な要素さえ利用してしまうエリクソンの才能を示す絶好の例として、その逸話をここに収めた。

アンドレ・ワイツェンホッファーへ
1963年6月20日

親愛なるアンドレ
　……申し分のないトランスに入っている被験者は、かすかな手がかりをとらえることができます。生後6ヵ月の赤ん坊が母親の表情を正確に読むのを見たことがありますか？　ほとんどの被験者は、かすかな手がかりに気づきはしなくても反応するのです。

わたしはちょっといたずらをして、自分の呼吸のリズムをそれとわからないほどわずかに変え、そのかすかな合図によって、被験者をトランスから出したり戻したりしたことがあります。わたしのしていることを見て取れる御仁は、わたしの知るかぎりではレイ・バードウィステル（Ray Birdwhistell）*くらいなものです。被験者は例外なく自分が自然にやっていることだと思い、だからこそ受け入れて適切に反応できるのです。

　今晩テキサスから長距離電話がかかってきましたが、以前、心理的インポテンツの患者を紹介してきた医師からでした。その患者は優れた催眠被験者でした。わたしはある呼吸リズムを使って必要とするすべての歴史を聞き出し、彼は妻を心から愛しているものの、そのようなすばらしい人と性行為をおこなうことに怖気づいてしまうのだ、という結論に達しました。

　それから、その気になっているときの妻の情緒的行動について、非常に詳しく話してもらいました。というより、追体験してもらったようなものでした——いや、鮮明に再生してもらった、と言ったほうがより適切でしょう。そして、彼が鮮明化しているのがわかると、妻の情熱的な気持ちが説明されるにつれて、これが妻の呼吸リズムだと思われるものを頭に入れました。質問するにあたっては、むやみやたらな好奇心を匂わせたり見せたりしないように、細心の注意を払わなければなりませんでした。

　このことを全般的な背景にして、治療的なことを言うときは、つねに妻の呼吸リズムだと判断したとおりのリズムで言うようにしたのです。

　それが２年前のことで、そのとき彼を紹介してきた医師が、フィーニクスへ送ってよこしたばかりの別の患者のことで意見を聞きたくて電話してきたのですが、おかげで前の患者の近況を知ることができました。過去３年間に一度も勃起できなかったこの男性に、わたしはおよそ６時間かけただけでした。今では、なぜか、妻がその気になったときはいつでも勃起しています。つい数日前、テキサスの医師は、いったいエリクソンは夫になにをしたのかと妻に聞かれていました。彼女がそういう気分になっているときにしか勃起しないので、妻にはそれがもっぱら「直感的に察知」した彼女の気持ちに対する反応であることがわかっていて、夫婦関係は今やしごく円満だそうです。

---

　　*原注：バードウィステルは人類学者で、非言語的行動に関する専門家として有名だった。

……キュビーやヒルやバックナーと共同執筆したときは、あちらがくまなく理解できるまで、何度も書き直しさせられたものです。

あらゆる点で有益な論文にできるという確信が持てるようにするために、わたしはいつも1、2年、ときにはもっと長いこと懐に温めておきます。

敬具

ミルトン・H・エリクソン, M.D.

―――――

6月20日付の手紙の始めの部分で、エリクソンは別の研究者を批判している。その人のおこなった研究は、細かいところによく注意を払わなかったせいで混乱してしまったのかもしれない、と主張している。エリクソンは、人の微妙な特性やニュアンスをかぎとる、一見人間わざとも思われない能力を持っていることでよく知られていた。上記の手紙の1節は、患者の体験の、ささやかではあるが重要な側面を表わす"かすかな手がかり(minimal cues)"を、エリクソンがどのようにして巧みに利用したかを示す例である。

アンドレ・ワツェンホッファーへ
1963年7月5日

親愛なるアンドレ

失語症の論文についていろいろとご示唆をいただき、ありがとうございました。おかげさまで、いくつかものすごく大きな穴があることがわかりました。よく検討して明確にするようにします。

まあちょっと聞いてください。数日前、わたしはベティにある単純な質問をされて答えたのですが、自分としては、はっきりとわかりやすく答えたつもりでした。ベティと、18歳になるロバートと、13歳になるロキシーは、まったくばかげていると言ってはやしたてました。わたしは自分が正しいのを知っていましたが、あちらはみな、わたしがとんでもない間違いをしていると思い込んでいたのです。

あとでベティはわたしを座らせて言いました。「あれって、あなたがいつもしていることだけど、むちゃくちゃ腹の立つことなのよ」件の質問とそれ

に対するわたしの答えを思い出させ、それから説明にかかりました。「わたしだってまずまずの頭はあるけれど、あなたの答えが正しかったんだとわかるまで18時間もうんうん言って考えたわ。あれもそうだったんだけど、あなたはいつもA点からH点にぴょんと行っちゃって、B、C、D、E、F、Gの説明段階をみんな飛ばしてしまうの。そして、相手も当然自分と同じようなとんでもない飛躍をやってのけるはずだと思っているのよ」

「いいこと、質問をA点とするわね。それがBという考えにつながる。そしてはっきりとわかりやすくBからCへ行ってくれれば、全体がもっとはっきりしてくる。D、E、F、Gでも同じよ。そうすれば、聞いている人はあなたの言っていることが理解できて、そうだ、そのとおりだと思うのよ。ロバートとロキシーは、わたしが説明しておいたから、今ではあなたが正しいということがわかってるわ。でもね、あなたときたらいつもそうなのよ」

あなたのコメントにはほんとうにぎくりとして、だいぶ考えさせられました。タイプし直して送らせます。もしかしたら今度は書き込みすぎてしまったかもしれませんが！

臨床例を挙げましょう。その人は大卒で、治療を必要としていましたが、催眠とか無意識の心とかいう考えは断固として退けました。

そこでわたしは言いました。「無意識の心のことをあなたに納得させるのはそんなにむずかしくないでしょう。『テーブル』と言ったら、どんな言葉が思い浮かびますか？」答えは「椅子」でした。「結構。『青』」「空」が答えでした。

「では、今から3つ数を言います。その3つの数のあいだにはある関係が成り立っていますが、その関係は**1とおり**しかありません。わたしが数を言ったら、すかさず20から100までのあいだの数を3つ言ってください。すかさず言うんですよ。お互い同士がわたしの言った数とまったく同じ関係にある数ですよ」わたしは1、2、17と言いました。患者はほとんど即座に「23、47、91」と言いました。

患者はその問題と2週間取り組んで、言いました。「やれやれ、やっとわかりましたよ。わたしの数の挙げ方は間違っていないとおっしゃいましたが、知っているかぎりのことを試してみても意味をなしませんでした。それが、ゆうべニュートン・プライム・リブ（レストランの名）に食事をしに行

って、自分の前に出された肉切れを見たとき、考えもしないのにわかったんです、『あれは素数(プライム・ナンバー)だ』って」[※8]

次にわたしがたずねたのは、「出されたあばら肉(プライム・リブ)のローストをどれくらい残しましたか？」でした。患者はびっくりして言いました、「半分くらい残してしまいました。どうしてわかったんです？」。

どうしてか？

段階A──大卒

段階B──数の問題

段階C──空腹、レストラン

段階D──ニュートンでは大切れを出す

段階E──「肉を見た」──その大切れを全部食べるという**問題**

段階F──**プライム**リブの問題

段階G──問題＝問題、そしてどちらもプライムだった

素数を知らないで大学まで行けるわけがありませんし、2を入れることで、奇数か偶数かという問題は除外できます。

意識の心の試みはことごとく失敗に終わっていたので、患者は、答えは無意識の心のどこかから出てきたのだ、と結論づけました。

こんなわけですから、論文を吟味するにあたっては、わたしの頭の働きにはこういう弱点があるのだということをくれぐれもお忘れなく。

ベティはこれを読んで、「わたしだったら21、22、37が思い浮かぶでしょうね」と言いました。それを聞いてすぐ気づいたのですが、さきほどむりにこじつけて段階を挙げたとき、いちばん重要なのを抜かしていました。**ベティの思考法は単純で直線的なのです**。あの患者は**分裂病質**だったので、答えはふいに浮かんでくるだろうということがわかっていたのです。

天に助けを乞おうとは思いませんが、あなたにはすがる思いです。

敬具

ミルトン・H・エリクソン, M.D.

───────

　この興味あふれる手紙において、エリクソンはワイツェンホッファーに、自分がどん

な思考法をし、どんなふうに臨床的課題を概念化するかを詳しく語っている。この患者にいくら無意識の心の存在について説いて聞かせても、受け入れられないのは明らかだった。それゆえ、エリクソンは患者が自分の無意識を「体験する」状況を作り出したのだ。彼は連想を導くというレベルで働きかけ、患者の内部にある、認識や行動の限界を「打ち破る」連想の網を理解しようと努めた。心理療法を内面的生活の連想の再構築ととらえ、建設的な連想を引き出して、効果的な行動が患者自らのものとして「自然に」生じるようにしたのである。

エリクソンはワイツェンホッファーを非常に尊敬し、のちに『アメリカ臨床催眠学雑誌』に発表された『器質性脳損傷における催眠本位の心理療法』(エリクソン, 1963) を始めとする、多数の論文を送っている。

1965年の1月と2月にエリクソンとワイツェンホッファーのあいだで交わされた文通は、エリクソンがアメリカ臨床催眠学会(ASCH)におけるワイツェンホッファーの身分についてたずねたのが始まりだった。ワイツェンホッファーは、学会の効用に対する幻滅が増す一方だったので資格を更新しなかった、と説明した。また、臨床実験催眠学会(SCEH)にも幻滅を感じている、と述べた。エリクソンは、ワイツェンホッファーの関心事には触れず、ASCHがSCEHに反目しているわけではなく、事実はその逆だと主張している。

ワイツェンホッファーは、2月1日付の返信で、この分野に貢献しているのにもかかわらず、ASCHからもSCEHからも役員に登用されないところを見れば、自分が軽んじられていることがわかる、と嘆いている。これに対してエリクソンは、ASCHの初期の役員が選ばれた経緯を説明している。指名や選挙をどこまで工作したかについても腹蔵なく語り、やんわりと、それとなく、ワイツェンホッファーはこのような役職につくには繊細すぎると匂わせている。自分が役員に選んだ男たちは、とても「面の皮の厚い」、論争の絶えなかったこの時期さかんにおこなわれた個人攻撃にもちょっとやそっとでへこたれないような連中なのだ、と述べている。エリクソンは、ワイツェンホッファーを『アメリカ臨床催眠学雑誌』の責任ある地位につけることにより、彼に対する評価を求めた。編者の知るかぎり、ワイツェンホッファーは今日までどちらの学会でも役員に選任されていない。

アンドレ・ワイツェンホッファーへ
1965年1月13日

親愛なるアンドレ

　学会に対するあなたの個人的感情の問題は、わたしのあなたに対する尊敬の念になんら影響を与えるものではありません。それは学会とは無縁のことなのです。

　しかしながら、ご参考までに申し上げますが、1958年の後半、あるいは実際には1959年の初めだったかもしれませんが、それ以降、ASCHはけっしてSCEHに反目などしていません。SCEHが、われわれが彼らに反目しているという虚偽の発言を再三再四おこなっているのは知っています。そんなことはしていません。それが厳正な方針なのです。ミルトン・V・クラインが学位を詐称していること、そしてそのことをわたしがある書評のなかで指摘したこと*は事実ですが、もしあなたの本の批評を書いていて、あなたが故意に学位を詐称しているのを発見したとしても、やはりそうしていたでしょう。わたしは、著者たるもの、断じて故意に読者を欺くようなことがあってはならないと思っています。しかし、それはSCEHに対する攻撃だったわけではありません。要するに、「政治的抗争」といっても、ASCHの与り知らぬ一方的なものなのです。われわれは、本来なら公表されてしかるべき報道原稿すらふるい落とし、SCEHに対する攻撃と受け取られるのを恐れて没にしてきました。

　〔このあとエリクソンは、SCEHの要人数名と、この学会の抱えている財政的・政治的難局に対する自分の見地を詳しく述べている〕

　あなたのことですが、ASCHに留まってくださったらと思います。編集発行人欄にあなたの名前がほしいのです。

　あなたの無意識がこの手紙を忘却のかなたへ追いやってしまわないうちに、お便りをくださいますか？

敬具
ミルトン・H・エリクソン, M.D.

---

*原注：『国際臨床実験催眠学雑誌（*International Journal of Clinical and Experimental Hypnosis*）』（SCEHの公式機関誌）の初代編集長であったクラインの編集したある本の書評のなかで、エリクソンは、クラインが実際にはEd.D.（訳注：Doctor of Education）である自分の学位をPh.D.と詐称していることに特に言及した。この書評は『アメリカ臨床催眠学雑誌』（1965, 7, 94）に掲載された。

第Ⅳ章

次に収めたベティ・エリクソンの手紙と、それに対するワイツェンホッファーの返信は、当時ワイツェンホッファーが編纂中だったエリクソンの論文集に言及している。この企画は 1957 年にバーニー・ゴートン医学博士が着手したのだが、彼は 1959 年に亡くなってしまった。その後ワイツェンホッファーに、そしてさらにジェイ・ヘイリーに引き継がれ、ヘイリーは『催眠と治療の高等技法』という題で選集を上梓した（ヘイリー，1967）。完全な論文集は、エリクソンの死後、1980 年にアーネスト・L・ロッシ博士（Ph. D.）の編集で出版された（Erickson & Rossi, 1980a-d）

アンドレ・ワイツェンホッファーへ
ベティ・エリクソンより
1965 年 1 月 27 日

親愛なるアンドレ

　何ヵ月も何ヵ月もたちましたのに、ミルトン宛てにお送りいただいた、ミルトンの本の編集原稿のタイプコピーは、わたしがやりかけの仕事を置いておくテーブルに積まれたままになっております。わたしはミルトンに、批判的に読んで意見や提案などを出してほしいと言われていたのです。何度か首を突っ込んではみたのですが、残念ながら現実を直視したほうがよさそうです。ともかく時間がないのです。ジャーナルの編集、校正、組み指定などはわたしが手伝うのですが、1つの号がかたづいたかと思うとすぐに次の号がやってきます。また、ジャーナルやミルトンの開業に関係した少なからぬ文通も、わたしの責任になっています。国際関係委員会をヤノフスキに引き渡したときには、これで余裕ができると思ったのですが、例によって、「仕事というものは割り当てられた時間いっぱいまで伸びてしまうもの」（パーキンソン）なんですわ。

　進行を妨げてしまったことを申しわけなく思います。でも、もうわたしを飛ばしていただくべきだと思います。そこで問題になるのは、ミルトンが今書いているもののどこまでをその本に入れるべきかということです。

　よい知らせか悪い知らせかはともかく（それはあなたの見方次第です）お

耳に入れておくべきだと思うのは、ミルトンときたら、ざっと書いただけのもの、半ば手を入れたもの、ほとんど完成したものと、おびただしい数の論文を診察室のあちこちにつっこんであるのです。おまけに、頭のなかにはさらに計画中のものがあるのです。

　言い替えれば、完全なエリクソン全集なんて、死後に**しか**出版できないということです。

　わたしとしては、もっと手前でとは言わないまでも**現時点**で打ち切りにして、そこまでのものを出版するべきだと思うのですが、いかがでしょう？　あなたも同じお考えでしたら、活動を開始するために次にしなければならないことはなんでしょう？

　ミルトンに言って、この手紙に添える一筆を書いてもらうつもりです。彼は明日から1週間サスカッチワンのレジーナに行きますが、メモ用紙に走り書きしてもらって、出かけたあとで書き写すことにいたします。

かしこ
ベティ・エリクソン

アンドレ・ワイツェンホッファーへ
1965年2月3日

親愛なるアンドレ

　あなたがそんなにも悲嘆に暮れているのは、わたしにとっても心痛のきわみと言うほかないのですが、いきさつを説明しますので、まあどうか読んでください。

　ASCHを設立するにあたってわたしがただちに悟ったのは、心理学に重きをおかなければ実現できないだろう、ということでした。だから、わたしは**自分**の選択としてフランク・パティ（Frank Pattie）を推薦したのです。彼は世話人一同によく知られているただ1人の人だったからです。わたしはあなたを知っていましたが、歯科医にも、内科医にも、あなたを知る人はいませんでした。あなたはすばらしい著書ではあっても、生身の人間ではなかったのだと申し上げたら、わたしの言わんとすることをわかっていただけるでしょうか。わたしはパティを創設会長に推す論拠を述べました。パティは

次のように指摘してきました。きみだって、Ph.D. こそ持っていないが、ぼくと同じくらい申し分なく心理学を引き立てることができる。そのうえ、医学や、精神医学や、精神医学ならびに心理学の専門家としての経歴も強調できる。世話人のなかにそのような人はほかにいないではないか、と。そんなわけで、個人的野心を燃やしている人々がほかにいたにもかかわらず、わたしが創設会長になったのです。異議の意思表示はありませんでした。

　学会を最終的に設立する前にわたしが力説したのは、医学と歯学の両方が関心を持続させる意欲を持てるようなやり方で立ち上げるべきだ、ということでした。むやみと性急に個人的野心を満たそうとしなければ、そうできるでしょう。したがって、会長の任期は、可能となり次第、1年に短縮されるということをよく踏まえたうえで、最初は2年と定め、より多くの人々が満足を得られるようにしました。また、わたしが初代会長になるのなら、次期会長には心理学者がなるべきだということでも意見が一致しました。パティは、初代会長として検討されたという強みがありました。それで決まりでした。医学と精神医学がしっかり強調されたあとは、背景に退いていた心理学を前面に出す番でした。

　われわれは第3代、第4代会長の問題も討議しました。医学と歯学から出さなければならないだろうが、でもだれを？〔エリクソンはある内科医の名前を挙げている〕は、ほか2人の医師と同様、虎視眈々となりました。3人が3人とも、人を焚きつけて士気を煽るのが巧みで、ひとたびなにかを達成するや、かならずめちゃめちゃにしてしまうという手合いでした。

　それは ASCH の危急存亡の秋でした。この3人の男たちをどう扱うべきか？　彼らは喉から手が出るほど会長の地位を手に入れたがっていましたし、手に入れたなら、それを使って学会をつぶすでしょう。

　わたしとしては、ハーブ・マン（Herb Mann）ならば、持ち前の豪胆さと外交手腕で、この3人の野望に燃えた破壊的な男たちをうまく扱ってくれるだろうと思っていました。それでハーブが会長に選ばれたのです。わたしがもう1期務めるという案も出ていたのですが、わたしは、この局面では（事実、本人が証明してみせたとおり）ハーブのほうが有能なのを知っていました。ハーブということですぐに意見がまとまりました。また、非常に多くの人や組織が、精神医学における催眠ばかりをやたら重視しているなかで、一

般開業医を選ぶことが重要なのは明らかでした。歯科医たちは、一般開業医が先に会長になるほうがいいと思いました。次に、第４代会長のことが問題になりました。もし歯科医たちが自らを学会の真に重要な存在だと思うならば、それは歯科医が務めるべきでした。〔アーヴィン〕セクターと〔ラリー〕ステイプルズの２人が衆目を浴び、野心満々で破壊的な数人の歯科医は影が薄くならざるをえませんでした。むずかしい決断でしたが、ASCH の存続を考慮しなければならなかったのです。会長職の代価として、要求がましい野心的な連中を、利他的な役員たちに囲まれた重要でない役職に振り分けて、満足させてやらなければなりませんでした。こうして、真に実効性のある役職はまともな人々の手に残され（なかには危ういのもありましたが）、故意ならざる破壊力は縮小されたのでした。

　さらに次期会長のことが問題になりました。セクターのあとはだれが務めるべきか？　最高会議の意見は、それは両方の学会に所属している者で、心理学が役割を果たすのが望ましい、ということで一致しました。指名推薦委員会は、この勧告に拘束はされないものの留意しました。あなたとエリック・ライト〔Ph.D., M.D.〕が検討されました。毎年大会に出席していることと、プログラムに参与していることが争点として持ち出され、絶対に役員にしてはならない男が、この点を押し出して激しく争いました。実効性のある役職から ASCH の存続に対する由々しき脅威を排除するというこの重大事は、彼の主張を受け入れることによって達成されたのです。たとえあなたが最近の会合に姿を見せていなかったとしても、また、ASCH として感謝のしるしを示すことはできそうにないとしても、あなたが ASCH に対しきわめて重要な貢献を果たしてきたことは十分認められはしたのですが。

　ここまでは、お手紙の最初の４行を読んですぐ書きました。今全部を読み終わったところです。

　「ご都合主義」という言葉を使っておられるのを見て胸が痛みます。けれど、われわれは実際、便宜のための手段に訴えたのです。〔エリクソンはある内科医の名前を挙げている〕は、もう少しで学会を破綻させるところでしたが、なにがなんでも、どんなことをしてでも、会長になるつもりでした。当初考えられた方針である、３種の専門職に対して力となれるものとして会長職を守るためには、多くの手管を弄さざるをえませんでした。別の男で、会

長候補者あるいは候補者リスト(ライトイン・キャンディデート)に名前が記載されていない候補者として指名推薦してほしいとあちこち懇請してまわり、執拗に指名推薦委員会に影響を与えようとしたのがいました。その懇請の押しの強さといったら並たいていではありませんでしたが、指名推薦委員長の精神力と清廉さもまたひけをとりませんでした。あらゆる圧力に抗し、忍耐も、がまんも、平静さも、威厳も、ユーモアのセンスすらもなくしませんでした。ほかにも、２人で手を組んで互いを支持し合っている望ましからざる男たちを、指名推薦委員会にむりやり指名させようとする本格的な動きがありました。このことがあってから、指名推薦委員会は、かならずさかのぼって３名の存命中の前会長と、現会長に指名された者２名で構成されるようになったのです。われわれとしては、もう政治屋どもが強引な圧力をかけようとすることはほとんどなかろうと考えていますが、あの手合いときたらみな徹底して利己的な野望の持ちぬしなので、わたしは大嫌いです。

〔エリクソンはある内科医の名前を挙げている〕は、何度もわたしを編集長の地位から追い落として自分が入れ替わろうとしました。素人の読者と科学に携わっている読者両方を対象とした記事に扇情的な写真をつけるとか、素人読者向けの挿し絵を入れるとかいったことでは、大した名案の持ちぬしでした。

彼は実際に〔エリクソンはASCHの２人の会員の名前を挙げている〕に自分を支持させ、彼らはおのれの過ちに気づいて苦い思いをしました。１人はいまだにそれを認めたがらず、なにもなかったふりですべてをうやむやにしようと努めています。もう１人のほうは責任を拡散させる傾向にあります。双方に過ちがある**はず**だと思っているらしいので。〔エリクソンは件の内科医の名前を挙げている〕は、自分が印刷業者に影響力を行使できるシカゴでジャーナルを発行させるよう、最高会議を説得するのにまんまと成功しました。おかげで、われわれは過剰請求と不正請求で2000ドルを越える損失をこうむったのですが、契約によって支払わざるをえませんでした。〔エリクソンはさらに名指ししたこの内科医による工作の数々を述べている〕

……あなたはこのごたごたに巻き込まれないですんで幸運だったのです。あなたは科学者であり、ひたむきな人です。わたしがやられたのと同じように〔件の内科医に〕くってかかられた日には、すっかり途方に暮れてしまっ

たことでしょう。

　わたしは精神科医ですから、どんな策謀にもなれっこです。わたしだって好きなわけではありませんが、いつ、どこで、だれから仕掛けられるかはわかります。これまでのところ、わたしは汚い政治の矢表に立ってきました。そしてこれまでのところ、ASCHの当初の目的は、現実に創設される以前に定められたとおりに守られてきました。さらに、どのような機関、組織、団体、財団、学会等々においても、表面下には、つねに多かれ少なかれ、巧みに隠蔽された確執や激しい争いが1つや2つはあるものだということをわたしは見てきました。

　われわれのなかには、あなたがきちんと評価されることを気にかけている者が少なからずいます。わたしにしても、あなたが受けて当然の十分な評価を受けるのを見たいと思っていますし、ほかの者たちも同じ気持ちです。

　あなたはないがしろにされているわけではありません。この医学－歯学－心理学の学会はまだ歩み始めたばかりの学会で、どこにでもある専門家同士のばかげた嫉妬が渦巻いているのです。そのような嫉妬は、ときには全州レベルで見られることもあって、ミシガン州の医師のあいだでくりひろげられたすさまじい抗争、そして彼らが心理学の博士号をソーシャルワークの修士号以下のものとみなしたことは、あなたもご記憶かもしれません。

　要するに、われわれは、いかな困難があろうとも、どこにでもいるけちで利己的な政治屋どもに牛耳られることなく、評価を受けるに値する人々がすんなり正当に評価されることを願う、科学的精神で物を考える人々の団体をゆっくりと築いているところなのです。

　発行人欄にぜひともあなたの名前がほしいし、論文要録部門でも、その他のところでも、あなたに力を貸してほしいのです。あなたはだれよりもこの評価に値する人ですし、そのあなたを失えば痛手になるでしょう。

　あなたが1人で考えて結論を出してしまわないうちに、この手紙がお手元に届けばよいがと思っています。

敬具

ミルトン・H・エリクソン, M.D.

アンドレ・ワイツェンホッファーより
ベティ・エリクソンへ
1965年4月12日

親愛なるベティ
　ミルトンの編集原稿についてのお手紙にお返事をさしあげるのが遅くなってしまったこと、どうかお許しください。お返事をさしあげたものとばかり思っていたのです。ミルトンの原稿に関するかぎりでは、わたしもいますぐそろえられるもので出版するべきだと思います。実のところ、編集原稿をお送りしたとき、わたしとしては、自分が書く予定の実験研究のところの短い導入部は別として、これが出版するものの全部と思ったものをお送りしたのです。ご記憶のことと思いますが、お願いしたのは、ミルトンに目を通してもらって、なにか言いたいことや、訂正したいことや、わたしがあちこちの導入部で述べたことに対して追加したいことがあったら、つけ加えてほしいということでした。もし目を通さずにこのままで出版するというのがミルトンの意向であれば、事を先へ進めて出版社探しにかかってもよろしいです。わたしとしては、せめて読むだけでも読んでいただくのが望ましいと思いますが。それどころか、序文かまえがきのようなものをお書きになってもいいくらいです。まあちょっとどうするべきかをお知らせください。それがわからないことには先の計画も立てられませんので。

　　　　　　　　　　　　　　　　　　　　　　　　いつも変わらぬ
　　　　　　　　　　　　　　　　　　　　　　　　　　　アンドレ

アンドレ・ワツェンホッファーへ
1968年10月25日

親愛なるアンドレ
　けさの便で、あなたが送ってくださった論文、『催眠と眼球運動　Ⅰ：催眠と相関関係にあると思われる、ゆっくりした眼球運動に関する予備的報告（Hypnosis and Eye Movements. I: Preliminary Report on a Possible Slow Eye Movement Correlate of Hypnosis）』を受け取り、とてもうれしかった

です。とりわけ、催眠の研究を再開しておられることを知ってうれしく思いました。貴重で示唆に富んだあなたの貢献が途絶えていることを、われわれ一同残念に思っていました。これをほんの皮切りに、今後もたくさんの研究をしてくださることを期待しています。

わたしは今年の4月、第10巻が完結したところで編集長を辞任しました。学会からはどうしても名誉編集長の称号を授けると言われたのですが。後任の編集長は、ニューヨーク州ハミルトンにあるコルゲイト大学心理学科の、ウィリアム・E・エドモンストン・ジュニア博士（William E. Edmonston, Jr., Ph.D.）です。エドモンストン博士は非常に有能な若者で、わたし自身が後任として選びました。彼の指導のもとで、ジャーナルはこれからも今までと同様、成功を収めていくにちがいありません。そんなわけで、あなたの論文は、ぜひ掲載するようにとの推薦状をつけて彼に送ります。

あなたとの文通もずいぶんになりますが、これからは今まで以上に頻繁にやりとりしたいものです。現在、わたしは限定したペースで個人開業を続けており、教育も多少していますが、身体の障害がますますひどくなったため、旅行はやめざるをえなくなりました。それでも、先週シカゴで開催されたアメリカ臨床催眠学会の年次大会だけは行きたいと思っていたのです。ところが、5月に腰骨を折ってしまい、きわめて順調に回復してはいるのですが、シカゴまでの長旅を考えると、予定していた旅行を断念せざるをえませんでした。サンフランシスコで開かれる来年の大会には参加できるでしょう。

教えていると言ったのは医学催眠の講座で、地元フィーニクス大学夜間部の主催でおこなっているものです。単位にはならない講座ですが、登録できるのは内科医、歯科医、心理学者、それに心理学の博士課程の学生で個人的に認められた者に限られています。わたしの教えている講座は今回で3期目ですが、このような総合的な卒後研修にこれほどの需要があるとは思ってもいませんでした。現在登録しているのは25名ほどで、すばらしい出席者数です。ほとんどの登録者はフィーニクス近郊からきていますが、今期および前期の講座にはトゥーソン、チャンドラー、ユマ、フラッグスタッフなど、毎週長旅を余儀なくされる地域からもきています。

敬具
ミルトン・H・エリクソン, M.D.

訳　注

※1：curative agent と therapeutic agent の違いについて、メリーランド大学主任心理学者である大谷彰氏におたずねしたところ、「はい、"The God cures."ですから」と言われた。cureするのは神であり、専門家はそれに手を貸してtreatmentする、それがtherapyだという考え方がある、とのことである。

※2：ナンシーの薬剤師、エミール・クーエ。眠りにつく前に、「わたしは毎日あらゆる点でよくなっていく」といった自己暗示を繰り返す治療法を案出した。1920年代に流行し、効能がおおげさに騒がれた。

※3：(1894～1963)。英国の詩人、小説家、思想家。『恋愛対位法』『すばらしき新世界』などの著者。この当時はカリフォルニアに住んでいた。

※4：ピュイゼギュール家の3兄弟はみな熱心なメスメルの弟子であったが、特に侯爵ピュイゼギュールは「人工夢遊病」を用いた新式磁気術を創始した。

※5：プリンスが『人格の解離』で報告した症例、ミス・ビーチャムの交替人格の1つ。「悪ふざけの好きないたずらっ子」で、主人格を「いじめて楽しんでいた」。プリンスはサリーに「催眠をかけて消えてなくならせた」。（パトナム著、『多重人格障害』より）

※6：一般に、複数の要素がいっしょになって1つのまとまりにまで体制化されることを融合と言い、きわめて速く継時的に呈示されるフリッカー刺激がちらつかずに1つに見えたり、近接した地点に交互に対象が呈示されるとなめらかな運動に見えたりするのは、知覚的融合と考えられる。このときの見かけの運動を仮現運動と言う。

※7：この論文によると、アンには半側不全麻痺、重度の失語症、失読症、右半身全体の痛覚過敏などの後遺症があり、数ヵ所の有名な医療機関で手術を含む治療を受けたもののはかばかしく改善せず、繰り返し希望を打ち砕かれて、無為の状態に陥っていた。最後に診察した一般開業医が、ある所見をヒステリー症がかぶさっているものと考えたことから、発作からおよそ11ヵ月後に、催眠療法を受けるためにエリクソンのもとに連れてこられた。エリクソンは、「トマトの苗誘導法」のときと同様、引き受ける前にだいぶ思い悩んだようである。3日間あれこれ考えたあげく、催眠と、催眠的技法と、この経緯のなかで患者自身が形成してきたフラストレーションと絶望のパターン、それにラシュレーの研究の意味するところを組み合わせることによって、援助できるかどうか「実験的に」探ってみることにした、と述べている。ラシュレーの研究とは、ラットを用いた実験により、大脳皮質のどこに損傷を受けたかということより、損傷の範囲の大きさが、獲得された学習に決定的に重要な影響を及ぼすことを見いだしたものである。夫は仕事の関係で長期に家を空けることが頻繁にあったため、患者はお雇い友だち（コンパニオン）とともにフィーニクスに滞在して治療を受けた。夫がフィーニクスにやってくるという状況が語られているのはそのためである。エリクソンは、数人のコンパニオン各々の持ち味を活かして治療に組み入れた。

※8：1も91も素数ではないとの指摘を受けた。エリクソンも患者も納得して

いるのだからかまわないようなものだが、厳密な読者のために一言お断りしておく。少なくともこの訳書の誤植ではない。

第Ⅴ章

催眠と反社会的行為をめぐって
ジョージ・エスタブルックス、ロイド・ローランド、ジョン・ラーソン、ジェイコブ・コン、ウェスリー・ウェルズ、フィリップ・エイメント

　以下に収めた数通の手紙は、催眠が反社会的に利用されうるか否かをめぐる熱い論争に関係している。ジョージ・エスタブルックス（George Estabrooks）とロイド・ローランド（Loyd Rowland）は、いずれも有名なアカデミックな心理学者で、催眠は、社会的倫理に反する暗示への盲目的な服従を促す際の補助手段として利用されうる、と確信していた。シラキュース大学の教授であったウェスリー・ウェルズ（Wesley Wells, 1941）は、催眠を利用した犯罪行為の誘発について書いた。エリクソンと妻エリザベスはこれらの議論に反駁し、催眠は、不行状の誘発にはずみをつけるより妨害する見込みのほうが大きい、との見解を示した。この論争はJ・エドガー・フーヴァー（訳注：当時のFBI長官）とFBIの注目すら引き寄せるところとなった。

　催眠を使って、被験者を好ましからざる行為をおこなうようにしむけることをめぐる論争には、長い歴史がある。すでに1927年に、シルダーとコーダース（Schilder and Kauders）は、自著『催眠（Hypnosis）』において催眠の悪用を概観し、エリクソン（1939）と同じく、催眠被験者は実験者の立場を承知しているので、反社会的行為が誘発されることはない、と主張した。

　最初の手紙は、論争の口火を切ったローランドの論文（1939）に関わるものである。彼はこの論文において、いかにして催眠状態の被験者を、生きたガラガラヘビに手をさしのべたり、実験者に向かって酸をかけたりするように誘導したかを記述した。実験者は見

えないガラスで保護されていたが、ローランドの主張によれば、被験者は保護ガラスのことを知らなかった。その後、エスタブルックス（1943）が同じく『催眠（Hyponotism）』と題する著書を出版したが、これは犯罪や戦闘行為における催眠の利用に関する自分の説を要約したものであった。

1939年の末、エリクソン（1939a）は、『精神医学』誌に掲載された『催眠が反社会的に利用される可能性に関する実験的研究（An Experimental Investigation of the Possible Antisocial Use of Hypnosis）』において、対立する見解を提示した。この論文において彼は、約50人の訓練された催眠被験者を対象にした一連の実験と、社会病質的な行為や、慣習に反した行為や、有害な行為や、さらには犯罪行為を犯させようとしておこなった努力を記述している。エリクソンの35の記述は、被験者に自分自身を肉体的あるいは精神的に傷つけさせる、自分の道徳律に背かせる、他人の所有物に手を出させる、などのさまざまな試みにわたっている。エリクソンは結論として次のように述べた。「これらの結果から終始一貫して明らかになったのは、すべての実験方法が、たとえ暗示された行為の多くが覚醒意識のもとでは本人に受け入れられたものであってさえ、被験者を催眠暗示に反応して好ましからざる行為をおこなうようにしむけることはできない、ということである」（Erickson & Rossi, 1980a, p.529を見よ）

エリザベス・エリクソンはこのテーマで2つの論文を発表した（1962, 1966）。最初の論文、『催眠における視覚に関係した変化に関する観察（Observations Concerning Alterations in Hypnosis Concerning Visual Perceptions）』では、催眠状態の被験者は環境からの手がかりに対して覚醒状態の被験者より敏感な場合があり、ローランドの実験の被験者も、自分が保護されていることに覚醒状態の統制群よりよく気づいていた可能性がある、と主張した。「見えない」ガラスも、統制群より、しかと見て取っていたかもしれないというわけだった。

この文通は、主唱者同士の学問上のやりとりの例である。それは、何年間にもわたって交わされた、鋭くはあっても親しみのこもった議論であった。ローランドとエリクソンのあいだで最後に文通が交わされたのは、わかっているかぎりで1962年である。2人は1946年にミシガン州で会っているが、ひょっとすると、エリクソンがルイジアナ州で講演をおこなった1959年にも会ったかもしれない。ローランドは、そこに住んでいたからだ。1946年から62年にかけての手紙は、短くて、数も少なく、間遠で、主として別刷り論文のやりとりや訪問に触れたものだ。彼らはその後も、催眠と反社会的行為という問題に関心を持ち続けたが、ローランドがこのテーマでさらに発表することはなかっ

たようだ。
　エリクソンとローランドの倫理を物語る別のエピソードもある。1946年、エリクソンはローランドに手紙を書いて、サルヴァトール・ルッソ（Salvatore Russo）が編集することになっていた論集の案に対する懸念を伝えた。その論集には、エリクソンとローランドの論文が再録されることになっていたが、ある俗流催眠術師の文も収められることになっていたのだ。ローランドはエリクソンに同調し、ルッソに手紙を書いて異議を申し立てた（その手紙はここには収められていない）。臨床催眠が専門家の手で倫理的に用いられるようにするために積極的に行動するエリクソンの姿勢を、ここにも見ることができる。

エスタブルックス

G・H・エスタブルックスより
1939年3月16日

親愛なるエリクソン
　色盲に関する別刷り、ほんとうにありがとう。正直言って、きみの論文でなかったら真に受けなかったところです。でも、『異常社会心理学雑誌（*Journal of Abnormal and Social Psychology*）』に掲載されたローランドの最近の論文だって、彼の実験技術を信頼していなかったら信じなかったでしょうけど。ところで、きみはあの論文をどう思いますか？

敬具
G・H・エスタブルックス

　編集者注：エリクソンのファイルに記録は残っていないが、この手紙に返事が書かれたことは明らかだ。エスタブルックスの次の手紙でやりとりが続いている。

G・H・エスタブルックスより
1939年4月10日

親愛なるエリクソン博士

　ぼくはやっぱり、ローランドのあの論文には見るべき点があると思いますね。きみは同意してくれないし、ハルは同意してくれないしで、ぼくは少数派ということになりますが、ぼくの取り組んでいる問題にとって、この種の実験は結構重要かもしれないのです。

　たとえば、被験者がああいう行動をとったのは、彼（訳注：ローランド）を信用していたからにほかならず、それにともなって生じる事態が過激なものであるだけに、自分がひどい目に会うのを彼がほうっておくはずがないとわかっていたのだ、ときみは書いていますが、これにはぼくも同感です。

　それでもこのことは、ぼくが取り組んでいる問題のある側面にとって、すごく重要であるように思えるのです。たとえばの話、ぼくを信頼している被験者を選んで、明日の午後3時に、きみに向かってピストルの引き金を引くように説き伏せたとします。ぼくはそのピストルに擬製弾ではなく実弾を装填します。きみは、きわめて由々しき危険にさらされるだろうという気がしますね。

　さらに、もしその被験者を、ぼく以外の人間によって催眠に入れられないようにするのが可能だとしたら（ぼくは可能だと思うのですが）、そして催眠に入れられたことに関する記憶をすべて消去できるとしたら（これについては、けっして確信があるわけじゃありませんが）、そうしたら、ぼくが特に関心を持っているこの観点からすると、ぼくの目的はほぼ達成されたように思えます。

　確かに、その被験者はある意味では犯罪を犯したわけではありません。ぼくを信用しすぎたがために、まんまと犯罪者の立場に立たされてしまったのです。でも、別の観点、つまり陪審の観点からすれば犯罪を犯したわけで、いったいどうすれば、その罪をぼくに引き受けさせることができますかね。ま、ぼくが間違っているかもしれませんが。

　この点について、カトゥン博士と延々議論しています。博士は、ご記憶かもしれませんが、『アルコール依存の心理学』を書いて、1896年にアメリカの指導的な権威だったかもしれない人です。彼は徐々に、ぼくの宗旨に転向しつつあると思います。あとは、ハルときみを転向させるだけですが、ぼくは快哉を叫ぶことになるでしょう。

敬具
G・H・エスタブルックス

G・H・エスタブルックスへ
1939年4月21日

親愛なるエスタブルックス博士

　議論を続けようじゃありませんか。目的は、わたしをきみの宗旨に転向させることではなくて、その逆ですがね。

　偽製弾を実弾にすりかえた本物のリボルバーを使っての架空の犯罪の話ですが、まちがいなく引き金を引かせることはできるでしょう。でもいいですか、その提案は10人ほどの被験者の前で持ち出され、全員がこう説明されたのですよ。「ええ、確かにピストルは発砲するでしょうが、別にその人に向けなくてもいいのです。ねらうにしても、慎重に当たらないようにねらうこともできるでしょう。でも大方、真上か真下に向けるでしょう。それも発砲することに同意したらの話ですが」わたしの被験者は、ほぼ全員が、いかなる事情のもとでもピストルをもてあそぶようなまねはしない、と自分から述べました。あれは架空の犯罪にすぎないので、わたしはわざわざそんな実験をしたことはありません。わたしの被験者たちに、わたしが人に向けて銃を発砲させる気だと納得させるなんてとうてい不可能ですし。

　さらに考慮すべき点は、偽製弾を実弾とすりかえる場合、きみはいったいどうやって被験者に対する自分の態度をコントロールし、緊張を悟られないようにするのか、ということです。ちょっとしたことにおいても、被験者というのは催眠者の緊張にきわめて敏感ですから、催眠者になにか好ましくない緊張があるように見えるというただそれだけの理由で、暗示は繰り返し拒否されるでしょう。わたしなら装填したリボルバーを被験者に手渡そうとは思いませんね。なぜって、こちらのしていることを気取らせないでおけるほど自分の感情をコントロールできるかどうか疑問だからです。

　ほかのだれからも催眠に入れられないようにするということに関してですが、わたしならそれを特定の場面に限定するでしょう。いちばんいい方法は、被験者を怒らせて、二度と催眠場面に立ち入るものかという気にさせること

ですが、その場合でも、腹立たしい場面を下敷きにして行動するには、その場面を十分に意識的に理解し記憶している必要があるでしょうから、犯罪を隠蔽するという目的には合わないでしょう。

これは100パーセント確信があると言っていいくらいなのですが、ほかのだれが被験者を催眠トランスに入れようとしても二度と入らなくなるようにするためにどんな手を打ったとしても、あっさり覆されてしまうでしょう。この種のことを実験でやってみたことがあるのですが、どんな手立てもやすやすとすり抜けられてしまいました。

なにについての記憶にしろ、催眠被験者の記憶を消し去るのはどうしても不可能です。想起させないようにすることはできても、経験とは現にあった事実なのですから、どこかに残りますし、適切な技法を使えば掘り出せるものです。それに、その内容がなにか大きな情緒的意味を持つものに関係している場合は、想起させまいとして抑え込もうとすれば、よけい情緒的なものになるばかりで、かえっていっそうすみやかに表に出てきてしまうでしょう。わたしの研究では、催眠に入れられたことの健忘や暗示されたことの健忘を引き起こそうとしても、健忘の期間を具体的に限定しないかぎり、結果はきわめて不十分なものでした。きみの被験者にしても、不快な出来事はどうしても自然に想起しがちだし、どんなやり方にせよ、抑え込もうとすればその傾向はますます顕著になるでしょう。

トランス状態で人にさせることができるのは、せいぜいその人が覚醒状態でやってもいいと思うことどまりで、不快な行動となると、たいていはそこまでも持っていけない、というのがわたしの強い実感です。催眠は、効果のほどの疑わしい、大して役に立たない補助的技術にすぎない、と思っているのです。お飾りの役でしかないのです。でも、きみも遅かれ早かれ、わたしと意見を同じくするようになるだろうと思います。わたしが今書いている論文を読むときを転向の日としましょうかね？

きっとここで、この最後のパラグラフのことで、うんと反論が返ってくるでしょうね。

敬具

ミルトン・H・エリクソン, M.D.

G・H・エスタブルックスより
1939年5月5日

親愛なるエリクソン

　4月21日付のお手紙へのお返事が遅くなったこと、お許しください。でも、実際の話、やたらめったら忙しいのです。心理学科の学科長と生物科学部の指導教官代理に任命されたもので、すでに頭の痛かったところへ、さらに動物学と植物学という頭痛の種が増えてしまいまして。

　率直に言って、きみはあの悔い改めない異教徒どもの1人だと思います。おそらくは、ヘンリー・フォードさながらの、啓蒙の光にも反応しなくなっている、がちがちの[※1]共和党員なんでしょう。同じくらい率直に言って、ひょっとするときみが正しいんじゃないかという気がし始めているのですが、どちらの主張にしろ、絶対に証明できっこないと思いますね。

　ぼくの実験は実質上予備的なもので、限られた領域の範囲内ではかなり決定的なのですが、包括的な主張をするには被験者数が圧倒的に少ない、ということは認めざるをえません。あの架空の犯罪、ぼくは実行させることができると思うんですよね。このことで、ローランドはぼくの考えを裏づけていると思うのです。確かに、この犯罪が実行されるとしたら、それは被験者が実験者に絶対的な信頼を寄せているからにほかならないでしょうけど。

　でも、それができたとして、お次はどうすればいいのでしょう？　催眠に入れられたことに関わるすべての記憶を消し去ることはできるでしょうか？　ぼくの実験は、できるということを示しているように思えますが、自分が被験者に緊張を味わわせないよう極力配慮していることは認めざるをえませんし、もちろん、きみの提案しているような場面には、どうしたって緊張がともなうでしょう。

　さらに、ここでもやはり、被験者を別の人が催眠に入れようとしても入らないようにできるか、ということが問題になります。やはりできるようにも思えるし、でも、すぐそこに電気椅子が待っている現実の生活場面でどうなるかなんて、やはりわかりません。

　それに、どうしたらそいつを証明できるかもわかりません。ルーズヴェルト氏が、近い将来、われわれを大規模な戦争に巻き込んでくれでもしないか

ぎり。そういえば、ある新聞通信員が、ルーズヴェルトは、いい戦時大統領になるだろうと書いていましたっけ。ひょっとしたら兆しがあるのかも。

戦争中だったら、あれこれ質問するばかな弁護士や、真犯人を捜す検察官にうろうろされることもなく、かなり自由にやれますからね。

同じ問題に対してさまざまな人が示すこういう反応は、実に興味深いですね。たとえばきみは、どんな人でもひどく動転することなしに人を殺せるものかどうか疑問だ、と言っています。ぼくは大戦のとき、第1カナダ師団の将校だったのですが、請合ってほんとの話、任務とあらば同じ人間を殺すほうが、路上の子猫を轢き殺すよりよっぽどためらいなくやれたでしょう。背景の問題にすぎないのです。その一方で、きみが報告している実験の多くは、ぼくだったら、そのあと1週間くらいぴりぴりしてしまうでしょう。ぼくにはあんなことを人にやらせる度胸は絶対にないです。被験者にやたら同情してしまうとかなんとかで。まあ、同じ人間というものに対するこの2つの矛盾する態度をうまく調和させられるのなら、きみはぼくより人間ができているんでしょう。

問題のその論文の写しをぜひ送ってください。このとおり、一族につながる強情さを備えた頑迷なバプティストですから、あのメスメル御大(おんたい)でさえ、ぼくを転向させられるかどうかあやしいものですが、もしぼくらがこいつを公開の場に持ち出して、学問上の問題として議論されるようにできれば、心理学に大きな貢献ができると思うんですよね。

ところで、きみの手紙の写しを〔J・エドガー〕フーヴァー氏と戦争省※2に送ってもかまいませんか？　ぼくは連中に、とっぴな主張をじゃんじゃん送りつけているのです。正直言って、あちらはそんなに真剣に受け取ってはいないと思いますけどね。きみのような、ぼくとはっきり見解を異にする人たちの説もファイルに入れておくほうが、彼らのためになると思うのです。つまるところ、できるかできないかということだし、ぼくらが知りたいのは事の真相なわけですから。

敬具
G・H・エスタブルックス

G・H・エスタブルックスより
1939年5月22日

親愛なるエリクソン

　原稿をお返しします。これはもう断然、この分野において今までになされたもっとも有意義な研究です。ぼくの意見では、事実の意味については、それ以上深入りしないで書き上げたほうがいいです。つまり、ぼくだったら安全な場所に錨をしっかり下ろしておくだろうということです。この結果の多くは、実際のところ実験者のパーソナリティ次第なのではないか、という非常に強い疑念を覚えるのです。

　たとえば、きみの結果とローランドの結果は、非常にはっきりとした対照をなしています。別の例が思い浮かぶのですが、それはニコルソン（Nicholson）とウィリアムズ（Williams）がそれぞれエルゴグラフ[※3]で得た結果で、ぼくはどちらも正しいのだと思うのです。この2人の研究者が見いだした結果のきわだった差異は、おそらくは動機づけという観点からもっともよく説明できるように思えます。そういえば、シーディス（Sidis）もある著書のなかでこういう所見を述べていて、声の調子を変えただけで、同一の被験者の黙従[※4]の度合いを大きく変えることができた、と言っています。

　もちろん、わが上司カトゥン博士にも繰り返し指摘してきたとおり、きみの使っている技法は、きみがたまたま非常に関心を持っているこの手の犯罪暗示において、ぼくだったらなによりも避けるような技法です。きみが被験者の意思との真っ向からの衝突に突入するところで、ぼくはいつも多かれ少なかれ、きみの結果と似たようなことになるんじゃないかと思ってしまうのです。だから、ローランドの実験にものすごく驚いたのです。正直言って、ぼくが予想したとしたら、被験者はすぐさま覚醒するか、もっときみの被験者に似たふるまいをするかの、どちらかになるものと予想していたでしょう。でも事実は事実です。彼の研究の先行きに興味津々です。

　ぼくが言いたいことは、「本物のラポールが確立されていれば、少なくとも一定数の被験者は、ほんとうにだまされて犯罪を犯しうる」に尽きます。実験者に害意などなく、ただある点を証明するために自分を使おうとしているだけなんだと完全に納得していれば、被験者はぼくのコーヒーに偽の毒

物を混入したり、すぐに破り捨てられるとわかっている小切手を偽造したり、偽の弾薬が装填されたリボルバーを人に向けて発砲するだろう、ということをぼくの不十分な実験研究は示しているように思えます。今述べたような実験の成否は、ひとえにその被験者の実験者に対する態度にかかっているように思えます。正直言って、ぼくはいくぶん気弱なところがあるので、きみの提案しているようなことを試してみたことはありません。考えられるかぎりの手を尽くして、被験者の意思との衝突を避け、とても興味深い実験を手伝っているんだ、それは特に意味のないちょっとした実験で、大なり小なりぼくへの好意からしていることなんだ、と思わせるようにします。

　被験者を、ほかの人が催眠に入れようとしても反応しないようにさせるという問題、あるいは催眠に入れられたことについてなにかしら覚えているという問題に関して、さらに調べる方法をなにか思いつきませんか？　この2つがかなり重要なポイントのように思えるのです。

　たとえば、ローランドの実験の場合です。被験者が自ら進んで彼の顔に硫酸を浴びせたことは、どうみても明らかです。グラスごと投げていたとしても、見えないガラスが実験者を守ってくれていたことを祈るばかりです。それは議論のために認めるとしても（きみはあまり認めないかもしれませんが）、ではローランドは、ぼくの案出した隠れみの方式で完全犯罪を犯すこともできたでしょうか？

　こういう点についてきみと議論するのは、ほんとに気が進まないのです。この手の実験は、ぼくが特に苦手とするものですし。ぼくはそれほど神経が図太くなくてね。だれにも詮索されることのない、戦争という状況でやらせてもらわないかぎり、この問題にほんとうに答えることはできないと思いますが、ひょっとしたら答えに近づくことはできるかもしれません。

　もう一度、この研究に対しておめでとうを言わせてください。もし、ぼくがこんな試みをしていたら、今ごろはさだめしユーティカ州立病院に入院していることでしょう。一方、ぼくだったら、結果をまとめるときは自分を拘束しすぎないようにするでしょう。退路は空けておくことです——用心のために。

　お許しを得て、この手紙の写しを〔J・エドガー〕フーヴァー氏に送ります。懸案の領域に関するあらゆる側面を彼の局で把握していてほしいので。

敬具

G・H・エスタブルックス

ローランド

ロイド・W・ローランドより
1939年11月14日

親愛なるエリクソン博士

　別刷りをお送りいただき、感謝しております。また、『対人関係の生物学と病理学雑誌（*Journal of the Biology and Pathology of the Interpersonal Relations*)』掲載の1939年8月の論文（Erickson, 1939a）[※5]で、わたしの実験にたっぷり紙面を割いてくださったことにもお礼を申し上げます。もっと早くにお返事をさしあげなくて申しわけありませんでした。速記者がいて助けてくれるわけではありませんので、休日かなにか、週に15コマ抱えている授業の切れ目を待たなければならなかったのです。

　あなたの被験者の行動とわたしの被験者の行動には、いくつかきわだった相違があります。あなたの被験者は、トランスに入っているあいだも自由に口を利き、あなたと話し合っているように見えます。わたしの被験者は眠ったような状態で、けっして自発的に話をしたりしません。答えもせいぜい「はい」と「いいえ」に限られていますし、われわれは、被験者と実験者との関係をつねに完全に協調的なものにしておくよう誠心誠意努力しております。あの発言、とりわけ弁明したり反論したりするような発言は、高度の意識性と結びついているような気がするのですが、それはどうも催眠とは相容れないように思えます。あなたの被験者は、最初は深いトランスに入っていて、あなたが記述しておられるような言い逃れをするあいだ、より浅い眠りに移行する、ということは考えられるでしょうか？　たとえば、彼らがさかんに自分の立場を弁護しているときに、幻覚を起こせるかどうか試してごらんになったことがありますか？　被験者を覚醒させる前にいったんより深い眠りに戻すために、心ならずも実験段階の終了時に少々時間をかける必要を

お感じになったことがありますか？　われわれの被験者は、トランスの最中やそのあとで怒りを示したことはありません。あなたはなんらかの点で、被験者をからかう傾向がおありなのでしょうか。

　もう1つ、『実験心理学雑誌（*Journal of Experimental Psychology*）』で報告した研究で確信したのですが、同一の被験者に情緒刺激を繰り返し与えますと、とりわけ同一の刺激を与えた場合には、反応が著しく減弱するものです。おもてに現われる行動は同じであるにもかかわらず、二度目、三度目の刺激はちっとも真剣に受け取らないのです。あなたが大まかに記述しておられる報告を拝見して、被験者の一部は、興奮させられるような刺激に繰り返しさらされて、「消耗」しているのかもしれないという印象を持ちました。

　さらにもう1つ、われわれの結果の不一致の説明になりそうな相違点があります。あなたの記載によりますと、病院の患者がかなり大きな割合を占めているようです。精神病院だと思いますが、過去に生きている人々を被験者に使って、どこまで役に立つものでしょう。その病院の患者の種類にもよるでしょうが。この夏、フォートワースにある合衆国麻薬中毒専門病院を訪問したのですが、名前は今ちょっと思い出せませんが、そこで会った精神科医の1人が、薬物中毒に催眠を使った自分の経験は、深い催眠に入っている人に途方もなく危険なことをおこなわせるのは可能だ、というわたしの主張を裏づけるものだと言っていました。

　自分の行動の理由について被験者がする説明づけを、あなたは結構真に受けていらっしゃるように思えます。わたしなら、態度に現われないかぎり、まず100パーセント割引きして聞くでしょう。だってほら、催眠に入っている人のする「説明」は、むかしから合理化の例として使われているではありませんか。

　あなたがお使いになったのが「比較的小さな罪」であることが、わたしの使った**比較的大きな罪**より抑制が効いた理由なのかもしれません。小さな罪はもともと被験者の経験の範囲内にあるものですが、ガラガラヘビをつかむとか人の顔に酸を浴びせるという行為は、現実にはあまり意味のないことなのかもしれません。

　一般に、わたしが催眠の実験的研究に好んで使うのは、（1）よく適応している被験者、（2）あまり何回も催眠に入れられたことはないが、すぐに

深い催眠に入る被験者、(3)完全に従属的な役割——反論などせず、ほとんどしゃべらない——をとって催眠に入っている人で、(4)だまし刺激は1回しか使わないようにします。わたしとしては、被験者の催眠履歴を完全に把握しておきたいと思うのです。ケーラーの類人猿たち[※6]の生育歴を把握しておきたいと思うのと同じで！　つまり、自他に害を加えさせる試みにとりかかる前に、一切の欺瞞を排しておきたいのです。

　われわれの結果が一致しない理由がなんであれ、これだけは言えます。被験者が、背に菱紋のある、あの巨大なガラガラヘビに向かってまっすぐ手を伸ばし、舌をちろちろさせ、頭部の袋をふくらませて、尾の先端の音響器官をかすんで見えなくなるほど激しく振り立てている、そのヘビの頭部からわずか数インチしか離れていない、見えないガラスに触れるさま——それより恐ろしい光景を、ダンテの第7圏[※7]のこちら側で目にすることはけっしてないでしょう。あまりじっくり思い出したくはない光景です。

　1つ確かなことがあります。あなたもわたしも、この問題を解決する前にまだまだたくさんの研究をしなければならないということです。よかったら、お時間があるときにまたお便りをください。もし、あなたの今度の論文の別刷りをコルゲイト大学のG・H・エスタブルックス教授にお送りになっていらっしゃいませんでしたら、送ってさしあげるときっと喜ばれると思います。

敬具
ロイド・W・ローランド

ロイド・W・ローランドへ
1939年11月24日

親愛なるローランド博士

　お手紙でご意見を聞かせていただきまして、たいへんありがとうございます。あなたが提起なさった問題点にお答えしてみようと思います。そうすれば、お互いにもっと理解を深めることができるかもしれませんし、われわれはどちらもこの問題に寄与することに大いに関心を持っているのですから。

　わたしの被験者のことですが、精神病者から正常者、子どもから中年、知能の低い者から高くかつ良質の者まで、さまざまです。しかし大部分は、正

常でよく適応している大学生です。

　われわれの被験者の行動の相違、とりわけわたしの被験者の「高い意識性」とあなたの被験者の「眠ったような状態」に関してですが、これは被験者に許された反応性の量の問題にすぎないと思います。被験者の行動を、眠ったような、抑制された、制限されたものにするのは全然わけないことですが、わたしはその状態を、その催眠被験者が一個の人間としてどのような人なのか、そしてその人の行動がどこまで影響を受けうるのかを知るうえで助けとなるものとしては、明らかに限界があると考えるようになったのです。ですから、わたしはたいてい次のようなやり方でトランス誘導をします。まず眠ったようなトランスを誘導し、次いで、さらに「あなたは眠り続け、ますます深い眠りに落ちていき、しまいには、眠ったまま、覚醒することなく、どんな暗示を与えられても、そのすべてに完全かつ全面的に反応できるということを心身で納得するようになる」という趣旨の、一般的な教示をねばり強く繰り返しながら、トランス誘導を続けます。この教示を十分に与えたあとで、完全な反応をする態勢が整ったら、整ったということがわかるように、言葉か身ぶりで知らせるようにと指示して（通常彼らが選ぶのは、こちらに顔を向けるとか、手を上げるとか、ぽうっとした感じの、なにかちょっと待ち受けるような身ぶりをするとかです）、自発的活動のパターンを設定します。それから、深く眠り続けるようさらに念を押したのち、徐々に現実と接触を持たせていくことによって、その自発的活動のパターンを入念に作り上げるのですが、それというのも、彼らは自分の置かれている現実場面との接触を完全に失ってしまうのがつねだからです。わたしはこれをするのに、たとえば、いくつかの椅子があるのに気づく、と暗示して、新しい席を選びなさいと言ったりします。多くの場合、それは被験者にとって至難の業ですが、ひとたび眠ったような状態を克服して新しい席を選んでしまえば、自発的活動の範囲がますます拡大していくための基礎が確立され、催眠状態で自発的な活動ができるようになるのです。

　このことに関連して、被験者がさかんに自分の立場を弁護しているときに、幻覚を引き出そうとしてみたことがあるかとたずねていらっしゃったので、次の例を挙げましょう。ある集団デモンストレーションでのことですが、わたしは、自分の使っている被験者がたいへんな大げんかをしたところだとい

うことを知っていました。けんかの相手からその事件のことを聞いていたからですが、被験者はわたしが知っていることに気づいていませんでした。デモンストレーションの途中で、わたしは被験者に幻覚行動を実演してもらうことにしました。そこで、部屋の外の足音とドアをノックする音を聞きなさいと教示し、あの人を部屋に入れようと思うので、その人の言うことを聞き、姿を見、その人に反応しなければならない、と言いました。それから、暗示された訪問者をなかに入れる動作をして、被験者がけんかした相手の名前で呼びかけてあいさつし、その人が現実にそこにいたらするとおりのやり方で椅子を置いてやりました。被験者はこの幻覚の訪問者の参入に怒りをあらわにしましたが、一般的な会話を交わしているうちは、表向きなにごともありませんでした。しかし、それも、わたしがなんとも気の利かないことに、先だっての被験者との派手な衝突について話してほしいと訪問者に求めるようなまねをして、会話の流れを変えてしまうまでのことでした。被験者は傍目にわかるほどはっとして、用心深い態度になりました。あらかじめ知識があったおかげで、わたしはその出来事が語られるのに耳を傾ける様子をしながら、うまく当てはまるような一般的なコメントをさしはさむことができました。被験者は最初はわたしに、次には架空の訪問者に、ひたと視線を当てて腹立たしそうに耳を傾けていましたが、そのうち特に対立しているけんかの核心部分にさしかかったと見え、会話に割り込んできて、彼の幻覚のなかで訪問者がしている主張に反駁し、あらためてけんかし始めました。あげくのはてに、この集まりから訪問者を追い出せとわたしに要求しました。単にいなくなると暗示することで訪問者を去らせようとすると、その暗示を受け入れるのを拒み、現実の人間にするのと同じように、ドアのところまで送っていって立ち去らせろと言って譲りませんでした。送り出してから戻ってみると、今度はわたしが被験者と仲直りしなければならなくなっていました。

　この事態の結末もまた同じように興味深いものです。数日後、覚醒状態の被験者と気軽なおしゃべりをしていたとき、彼はそもそものけんかについて話してくれたのですが、明らかに、わたしが前もってなにか知っていることには気づいていませんでした。ちなみに、この被験者はたいへん成功している腕のいい一般開業医です。

　それに、何度も同じような結果を見ているので、上記の話がただ1つの例

というわけではありません。なおそのうえに、通常の実験場面や、被験者が現にこちらに対して自分の行動を弁解している場面で、正の幻覚や負の幻覚を引き出したこともあります。引き出した幻覚は、一度ならず適切な手段によって検証できました。このような問題ではつねに用心が必要ですからね。催眠性の聾に関する論文（『一般心理学雑誌』, 19 巻, 1938 年 7 月号, p.127-150 および p.151-167）〔Erickson, 1938〕ならびに催眠性の色盲に関する論文（『一般心理学雑誌』, 20 巻, 1939 年 1 月号, p.61-89）〔Erickson, 1939b〕に、説明に役立つ実例をいくつか挙げておりますので、もしこれらの報告を読んでみたいとお思いでしたら、喜んでお送りします。こちらにも、1936 年の『実験心理学雑誌』に発表なさった、反復された情緒刺激に関する論文を送ってくださいますか？　ぜひ拝見したいです。

　被験者を覚醒させる前にいったん深い眠りに戻すために、実験段階の終了時に少し時間をかける必要を感じたことがあるか、ともたずねていらっしゃいますね。通常、わたしは被験者を静かに休ませて、覚醒の準備をさせるというやり方をします。非常に活動的であったその深い眠りからの覚醒は、被験者にとってかなり大きなショックになるからです。催眠の眠りに入っていながら活動的であるというこの独特な状態は、心理的にも生理的にも非常に徹底した順応をもたらすため、覚醒して通常の現実の状態に戻るのは明らかに重い負担となり、精神的苦痛や不快感、それにまたしばしば、ひどい頭痛を引き起こすように見えます。休ませて、こんなふうに段階的に覚醒させてやれば、こうした芳しくない反応を避けることができます。この休息段階は、トランスの漸減を目的としたものにすぎません。

　興奮させるような刺激に繰り返しさらされることによって、被験者が「消耗」してしまう可能性に触れていらっしゃいますね。同じ刺激に何度もさらされた被験者は慣れてしまうかもしれない、というのはまったく同感ですが、適切な暗示法を用いればそのような可能性は生じないはずです。

　被験者の自分の行動に対する説明を真に受けることについてですが、わたしは、合理化かもしれないということは重々承知のうえで信じたのです。たとえ合理化であっても、それらの説明は被験者の態度についてきわめて多くのことを教えてくれますし、パーソナリティの態度というのはけっして度外視できないものなのです。

要するに、わたしは催眠を奇跡を起こすものとみなしてはいませんし、トランスという限られた時間・限られた場面で、被験者がそれまでの人生経験を通して築き上げてきた態度や癖や習慣を、催眠を使って覆せるものかどうか、非常に疑わしいと思っているのです。心理療法をおこなうとき、患者は多くの場合、なにかちょっとした小さな癖や習慣を改めたいと切に望んでいるわけですが、本人の協力があってさえ、社会的に容認される行動を達成しようとするときにぶつかる困難を思うと、それだけで、性格や習慣の望ましくない改造などできそうもないように思えるのです。

敬具
ミルトン・H・エリクソン, M.D.

ロイド・W・ローランドより
1939年12月14日

親愛なるエリクソン博士

　11月24日付の長いお手紙、ありがとうございました。お返事として申し上げるべきことは特になさそうです。あなたは、ご自分の立場からりっぱに説明なさいましたし、おっしゃりたいことは、正確に理解したつもりですから。

　『一般心理学雑誌』1938年7月号および1939年1月号掲載のあなたの論文を見逃してしまいました。捜すこともできますが、お手元に別刷りがありましたらちょうだいしたいです。前のお手紙で触れた論文の別刷りをお送りいたします。

　またお便りをください。特に、なにか刺激的な研究をやってやろうというときにはぜひ。

敬具
ロイド・W・ローランド

ロイド・W・ローランドより
1945年11月6日

親愛なるエリクソン博士

最後にお手紙を交わしてから、ずいぶんと長い年月が過ぎました。どうやらわたしの名前は、あなたの郵送先名簿から削除されてしまったと見えます。急に執筆をやめておしまいになったとは思えませんから。1938年には、かなりすごいペースで書いておられましたね。たった今、『ジ・アメリカン』誌にお書きになった、ジェローム・ビーティの記事に目が留まり、おもしろく読ませていただいたところです。ちなみに、わたしは妻を催眠に入れられたためしがありません。優性とかなんとかという見地から、それがなにを意味しているかは知りませんが、ともかく一度はやってみたのですが、「ほらほら、なに大まじめにやってんのよ」と言わんばかりにじろりと見られました。

「2人でピストルを、1人でコーヒーを（Pistols for two, coffee for one）」という引用句に興味を引かれました。ある心理学者が、あなたに書評を書いてもらったあとで書いてよこしたということですが、こんなせりふを吐くのはエスタブルックス以外に考えられません。

あなたがわずか43歳だとは驚きです。わたしも同い年です。どういうわけか、お手紙をやりとりしていた1938年当時、あなたのことを年齢不詳、金髪白皙の北方系の人として思い描いていました。

あなたが出くわしたという引用句、「被験者500人において、パーソナリティの変化は、全面的なものにせよ部分的なものにせよ、一切見られなかった」は、少々意外です。わたしは3年前にそういうのを体験しましたが、まったく予期せぬことで、もう少しで大学中を混乱に陥れるところだったので、自分が教えているあいだは、もうそこでは催眠を使うまいと決心したほどでした。

国内で催眠がもっともさかんに使われている場所は、もしかするとオクラホマ州タルサにあり、その張本人は、タルサ大学の心理学の教授で、研究科の委員長であるL.S. マクラウド博士かもしれないとお聞きになったら、興味深く思われることでしょう。わたしの知るかぎりでは、博士はどれくらいこなしているかを公にまとめてはいませんが、何ヵ月も続けて1日4時間も催眠療法を使う時期があるのです。

いつになったら、催眠に入っている人に、自分や他人に危害を加えさせるのは可能だという考えに同調なさるのですか？　この点に関するわたしの実験は決定的だと思います。あなたが追実験をしてくだされればいいのにと思い

ます。

　　　　　　　　　　　　　　　　　　　　　　　　　　　敬具
　　　　　　　　　　　　　　　　　　　　　　　ロイド・W・ローランド

ロイド・W・ローランドへ
1945 年 11 月 6 日

親愛なるローランド博士
　お手紙を受け取ってちょっとびっくりしましたが、ペンをとってくださったことをうれしく思います。催眠の研究は今でもしていますが、以前ほど大々的にはしていません。戦時ゆえの任務の増加に加えて、教職のほうの仕事もぐんと増えたため、それだけでほとんど手一杯なのです。もうじきほかのこともできるようになると思いますが。
　「2 人でピストルを、1 人でコーヒーを」のことはおっしゃるとおりです。あれはエスタブルックスです。彼は近ごろ探偵小説を出版したらしいですよ。
　催眠被験者でたいへんな目に会われたとのことですが、それは十中八九、しっかり隠蔽された神経症か人格障害を抱えた被験者で、単にその障害をおもてに出す口実として、催眠を利用しただけだったのです。ですから、それを催眠のせいにするべきではないと思います。精神医学では、それまではうまく隠蔽されていた障害の覆いを取る手段として、些細なことがパーソナリティに利用される例が数多く見られます。
　金髪白皙で北方系で年齢不詳ではないということがわかっていただけてうれしいです。わたしは金髪白皙とは程遠いですし、年齢もはっきりしています。
　いつか心理学の会合でお目にかかれるといいですね。

　　　　　　　　　　　　　　　　　　　　　　　　　　　敬具
　　　　　　　　　　　　　　　　　　　ミルトン・H・エリクソン, M.D.

ロイド・W・ローランドより
1945 年 11 月 19 日

親愛なるエリクソン博士

お手紙ありがとうございました。催眠被験者騒動に言及したときは、言葉が足りませんでした。隠蔽されていた神経症の覆いがとれたのだということはよくわかっていましたが、わたしとしては、そのような学生に100人ものほかの学生たちの前で半狂乱を演じさせて、自分の身を危うくするわけにはいかなかったのです。実際にあとでわかったとおり、当人には泣きわめいたり釈明したりがとてもすばらしいカタルシスになったにはちがいありませんが、こちらにしてみれば少なからぬ身の危険があったのです。精神科医は免許を受けているので、心理学者より相当思いどおりにやれるのです。確かハルは、訴訟を起こされた場合に備えて25,000ドルの保険をかけていると思います。

敬具
ロイド・W・ローランド

ロイド・W・ローランドへ
1946年2月6日

親愛なるローランド博士

　サルヴァトール・ルッソ氏から、わたしの論文を選集に載せる許可を求める手紙を受け取りました。筆者のリストを見ますと、心理学の学位も医学の学位も持っておらず、いかさま師だとりっぱな人々から報告されている人物が載っています。この男の患者数人と接したわたし自身の経験も、いかさま師だという判断を裏づけるものです。さらに、彼の著作はどれも有能な人々から好ましくないと批判されています。

　この著者の著作を加えなくても、選集を編むのになんら支障はないと思います。したがって、わたしはルッソ氏に許可を与えることをお断りしましたし、催眠に対する一般の人々の知識が、最良の出所からのみ得られるようにあらゆる努力をすることは、われわれすべてに課せられた責任であると考えます。

　だれの実験であっても、実験の結果は公明正大に批判されるのが望ましいと思いますが、その研究の本質や、それをおこなう者の人格に重大な疑問があり、しかも無資格だという証拠がある場合には、そのような人物を容認す

るべきではないと思います。

また1人、無資格の人間を宣伝してやらなくても、R・Sと彼の〔催眠に関する〕ラジオ番組のおかげで、催眠はすでに十分な痛手をこうむっていると思います。ご意見をお聞かせ願えればうれしいです。

敬具

ミルトン・H・エリクソン、M.D.

編集者注：ローランドはこれに応えてルッソに手紙を書き、この目障りな著者を含めるのであれば、自分の論文の再録を許可することはさしひかえたい、と伝えた。

ラーソン

───────

1940年4月29日、デトロイト市裁判所裁判官診療所（Recorder's Court Clinic of the City of Detroit）の副所長であったジョン・A・ラーソン医学博士（John A. Larson, M.D.）は、犯罪者を調査する彼の法医学上の仕事のことで、内々にエリクソンに手紙を書いた。被告人が有罪か無罪かを判定するうえでの催眠の有効性について質問したのだ。ラーソンは、警察精神医学に関するモノグラフの発表に乗り気になっている、と述べている。

ラーソンはエリクソンの尊敬していた人物で、エリクソンはデトロイトを去ったとき、ラーソンが院長を務めるフィーニクスの州立病院で働くためにアリゾナに移り住んだ。

ジョン・A・ラーソンへ
1940年9月30日

親愛なるラーソン博士

以下の短い概略が、ご質問に対するお答えになるかもしれません。

被疑者が有罪か無罪かを判定する手段としての催眠の効力に関するご質問への答えは、催眠の使い方が直接的であるか間接的であるかにかかっていま

す。使い方が直接的であればあるほど、値打ちは減少します。逆に、間接的であればあるほど、値打ちや一般的有効性は増大します。しかし、同時にこの間接性が、得られた結果を即、直接、申し分なく、法的に立証する見込みを薄くしてしまうのです。

　例を挙げましょう。AはBを殺したのに、もっともらしく潔白を主張します。Aを催眠に入れて直接的に質問すると、（わたしが実験でトランス状態の被験者にうそをつかれたとき、そうであったように）かえっていっそうもっともらしく無罪を主張します。間接的な方法を使って、潔白だというAの主張を受け入れたように見せかけ、ほんとうにBを殺した者は——それは確かにAではないのだけれど——どうしても良心の呵責に苦しみがちだろうし、いきおい悪夢を見るかもしれない、そしてなにより、ほんとうの殺人者はそうした傾向から身を守るために悪戦苦闘せざるをえないだろう、ということに客観的に同意するようにAをしむけることができます。そしてさらに、ほんとうの殺人者は、自分が夢を見たということを知ったり、その夢を思い出したりしないようにするために、できるかぎりのことをせざるをえないだろうし、夢を見た可能性について質問されたら、夢など一切見ていないとたいへんもっともらしく否定するだろう、という趣旨の間接暗示を与えます。それどころか、ほんとうの殺人者は、完全に潔白の夢をたくさん見ることによってその問題に対処するかもしれないが、なにをするにしても、その行動は潔白な人の行動と同じ性質のものでなければならないだろう、と示唆してもいいでしょう。

　このように、間接的で一般的で客観的な話という形をとった暗示を被疑者にたっぷり与えて、行動への欲求と、特定の行動形態に対する病的な恐れを引き起こし、同時に、行動の総体としては相殺できる見込みも十分にある、と思わせることができます。単に有罪であるというその事実ゆえに、被疑者はこれらの暗示を受け入れ、それに基づいて行動せざるをえないでしょうし、回避反応を起こすたびに、なにかを避ける必要があるということをさらけだしてしまうでしょう。同時に、避けよう避けようとするあまり、ますます馬脚を現わしてしまうでしょう。

　しかし、間接-直接的なやり方で催眠を使う道も考えられます。催眠被験者の場合、どうしても明かしたがらない情報は、いったん見当識を失わせて、

こちらの知りたいことのある時期より前の過去に移す、という方法で聞き出せるということがわかっています。そうしておいて、夢または空想を暗示するか、率直に未来についてこうであってほしいという話し合いをすれば、被験者から未来についての推測を聞き出すことができますが、その話のなかに、ほかのいろいろなものに混じって、こちらの求めている情報の一部、またはすべてが含まれている、というわけです。

　たとえば、わたしの患者で、自分の犯したある反社会的行為に関連した情報を、どうしても明かそうとしない女性がいました。その情報を明かしてもらうことはきわめて重要だと思いましたし、あちらがその件について間違った情報を伝えてくればくるほど、ずばり告白してもらうことがますます重要になってきました。そこでわたしはまず、そのような反社会的行為は実に忌まわしくて、不愉快で、遺憾で、由々しきことだ、という感覚を彼女のなかに積み上げました。この確信がしっかり根づいたところで催眠に入れて、あらためてこの行為に対する同じ一般的な考えを植えつけました。同時に、けっしてそんなことをわたしに話したり認めたりしないし、もしそのことに関してうそをつく必要に迫られたらとても上手にうそをつくだろう、ということを銘記させました。その情報をこちらに漏らす可能性はまったくないことを納得させると、わたしは表向きこの件を打ち切って、ずっとむかしの、実際にはどうでもいい子ども時代の体験にえらくご執心になり、患者からその情報を引き出そうとしました。さんざん骨を折ったあげくに、子ども時代の体験に見当識を移せばその新しい情報が得られるのではないかという案を持ち出して、それが受け入れられると、さっそく患者の見当識を移しました。その結果として、わたしはその「退行した時期」にいる患者に、未来についてのみじめで不幸で不快ないやな夢を見る、という暗示をどしどし与えられるようになりました。その夢とは、患者が大人になったとき、どういうものかはわからないけれど不運な事情が重なって、なにかみじめで不幸で罪深いおこないをしてしまうというもので、しかも、はるか遠い将来についてのこの夢があまりにも耐えがたいので、安心させてもらうために、またそんなことにならないよう援助してもらうために、その夢をわたしに話すだろう、というわけでした。

　このような方法で、意識的・無意識的に抑圧されていた内容について、さ

らに多くの細部を含む十分な説明を手に入れたのですが、こうでもして引き出さなかったならば、それらは抑圧されたままだったでしょう。とはいえ、催眠被験者にそっぽを向かれてしまう可能性はきわめて大です。このようにして情報を入手したあとは、別の方法で入手し直す必要があります。それをするには、末梢的な細目を利用して被験者の連想の糸口にし、その連想からどんどん情報がもたらされるようにすればいいのです。そうすれば、被験者は、これらの一般的な連想から意味の特別な関係が浮かび上がってきて、その結果として、話さないでおいた内容が明るみに出たのだ、と思ってくれる見込みがあります。

　倫理的な意味となると、問題は非常に複雑です。神経症の患者や精神病の患者の治療に関しては、こちらはその患者の福利のために働いているのであり、患者に当を得た理解を与えるために、誤った考えや姿勢をなんらかの方法で打破する必要をたえず満たしているのです。したがって、患者の持っている誤った不適切なものを取り上げるのは、正当なことです。たとえ本人はそこまで意識していなくても、そもそもそれが目的でわれわれのところへやってくるのですから。これは本来、当人が考えているとおりのその人の福利のために働く、という問題です。

　犯罪者に関しては、まったく話が違います。犯罪者には真っ向から対立して働いているのであり、われわれを正当化してくれるのは、真実はすべてに優先し、社会のために個人を犠牲にすることの十分な根拠になる、という原則に対する忠誠以外にありません。したがって、倫理的問題は、社会を構成する１単位としての個人に対する忠誠か、それとも特定の個人を問題にしない全体としての社会に対する忠誠か、ということなのです。適正な倫理とは、どうしても個々のケースにおける社会的な意味と個人的な意味とによって決まる、妥協のようなものにならざるをえないように思えます。

　これに関係している法的原則について言えば、法によって定められた個人の権利に対する侵害があるのは、火を見るより明らかです。なんといっても被疑者に自分に不利な証言をさせるわけですから。わたしの思い違いかもしれませんが、確か当初、指紋が使えなかったのは、自分に不利な証言を強いるものだと解釈されたせいだったと思います。したがって、つまるところは、なにをもって自分に対する不利な証言とするか、という法律上の問題になる

わけです。いずれにせよ、わたしとしては先例となる試みに首を突っ込みたいとは思いませんね。

敬具
ミルトン・H・エリクソン, M.D.

コ ン

———————

　エリクソンと専門を同じくするジェイコブ・コン医学博士（Jacob Conn, M.D.）は、臨床実験催眠学会およびアメリカ医学催眠学術会議（American Board of Medical Hypnosis）の会長を務めた人である。亡くなったときは、ジョンズ・ホプキンス医科大学の名誉助教授であった。

ジェイコブ・コンより
1970年5月22日

親愛なるミルトン——
　あなたの力添えを必要としています。わたしは、催眠の危険性に関する論文を書いているところです。知ってのとおり、催眠の反社会的利用についてはさまざまな見解があります。ジョン・ワトキンス（John Watkins）〔有名な催眠の権威〕は、被験者に反社会的行為をおこなうようにしむけるのは可能だ、と考えています。あなたの研究は、逆のことを示しています。あなたは、本気で被験者に反社会的行為をおこなわせようとしていないとして「非難」されてきました。その非難はさらに、それ以前の精神身体的な実験ではもっと創意に富んだ技量を発揮したのに、被験者に反社会的行為をおこなわせようとしたときには「力を出し渋った」、とこう続きます。ワトキンスの研究（W・R・ウェルズの犯罪誘発の研究は、もちろんのこと）に対するあなたの見解を知りたいのです。それに、被験者に自分自身を傷つけさせるローランドの研究に対する見解も。

わたしはあなたと同意見ではありますが、催眠を利用して犯罪やその他の反社会的行動を引き起こすことに関して、お考えを聞かせてください。

チャールズ・マンソン事件[※8]において浮上してきた、この重要な争点を解明するのにお力添えいただければたいへんありがたいです。すなわち、殺人は催眠の助けを借りて遂行されうるか、という問題です。

あなたはこれらの疑問に答えるのに、もっとも適格な人だと思うのです。

敬具

ジェリー

──────

6月18日と19日付の手紙で、コンはエリクソンからの手紙に感謝するとともに、催眠の反社会的利用についてさらに質問している。6月25日付のエリクソンの返信は、これらのやりとりの末に書かれたものである。エリクソンと同じくコンもまた、催眠は反社会的行為を促進しないとの見解を持っていた。（さらに詳しくは Conn, 1982 を見よ）

ジェイコブ・コンへ
1970年6月13日

親愛なるジェリー

お返事が遅くなってすみません。でも、やれることがかなり制限されているのが実情なのです。

ご質問にお答えしますと、わたしが催眠と反社会的行動に関する実験を手際よくやらなかったと非難しているのは、ワトキンスに限ったことではありません。自分は大規模な研究をするエネルギーや意欲を持ち合わせていなくても、人の研究をあの手この手で貶めるのはいつでもたやすいこと。わたしは、なんらかの形で実際に被験者に反社会的な行為をさせられるものかどうか知りたかったし、進んで多種多様な技法を取り入れもしたのに、そういうことはあっさり無視されました。わたしは本気で、被験者に反社会的行為を遂行させたかったのです。これについては強力な動機がありました。なにしろウィスコンシン大学に在籍していたあいだじゅう、教養学部の学部長は、

危険な現象をもてあそぶ好ましからざる輩として、わたしを除籍することに執念を燃やしていたのですから（訳注：この話については第Ⅵ章のショアへの手紙に詳しく述べられている）。反社会的行為を引き出したいと強く願っていたにもかかわらず引き出せなかったことから、わたしは完璧な客観性をもって、実験を続けるべきだと思うようになりました。その結果わかったのは、被験者は、せよと言われれば、その行為におこなうに足るだけの価値をいくらかなりとも見いだすであろうのに、「完璧な客観性」はそれすら排してしまう、ということでした。この問題がいまだに論議されているということは、論議している人々に賢明な理解力が欠けていることを示しているにすぎません。反社会的行為と言うからには反社会的な行為でなくてはなりません。単なる実験室内での遂行行動ではないはずなのですが、ローランドやウェルズを始めとする人々は、きわめて注意深く、自らの研究を保護された実験室内での遂行行動に限定したのです。

反社会的行動における催眠に関するもっとも優れた議論を見ることができるのは、エスタブルックスが編集した『催眠：今日の問題 (*Hypnosis : Current Problems*)』のなかの、マーティン・オーン (Martin T. Orne, 1962) が書いた『反社会的行動と催眠』の章で、『実験研究における統制と実証の問題』という副題がついています。反社会的行動に関する研究は、わたしもほかの人々もはるかにたくさんおこなってきました。わたしはあるとき、発表することの適否についてナイト・ダンラップ (Knight Dunlap) に相談しました。彼の純学究的な熱意には唖然としてしまいました。そのような出版物を世間がどう思うか、わかっていないように見えたのです。なにごともなければ「善良で正常な人々」に、正真正銘の反社会的な行動をとらせうる（ちなみに催眠は使わないで）ことを実証した、スタンリー・ミルグラム (Stanley Milgram) の実験[*9]は、論争の嵐を巻き起こし、人間行動の根源的な本質を真摯に考える気のある人々からは称賛をもって迎えられました。

催眠ということで言えば、反社会的行動を誘発するのに催眠など必要ありません。それどころか、反社会的行動を誘発するうえで催眠は不利な条件になります。人はだれでも、反社会的なことをしているときは自己防衛的にならずにいられません。催眠状態では、自分を取り巻く外界に対する理解に限界があります。反社会的なことをしているときは、自分がどこにいて、ま

わりにどういう人がいて、今がいつで、どんななりゆきになりそうかを把握していたいものです。反社会的行動を誘発するのに用いられた催眠は、周囲の状況の把握を制限し、この制限がせっかくの努力を無にしてしまうのです。もしマスターズとジョンソン（Masters and Johnson）が催眠を使おうとしていたら、性的行動に関する彼らの研究[※10]は台なしになっていたでしょう。これはなにも反社会的行動が関係していたという意味ではなくて、それもまた人が意識を完全に保ち、できるかぎり自己防衛的でありたいと望むような場面だった、という意味ですが。

きわめて肯定的な結果が発表されている例はたくさん挙げられます。たとえば、デンマークのポール・リーター（Paul Reiter）博士のあの著書、『反社会的行為あるいは犯罪行為と催眠（*Anti-Social or Criminal Acts and Hypnosis*）』を考えてごらんなさい。彼は、この本をそっくり伝聞証拠に基づいて書きました。事件に関与した2人の犯罪者のどちらについても、催眠に入れられていたのかどうか、あるいは入れられる可能性があったのかどうか、つきとめようとはしませんでした。彼らが単なる言いわけとして催眠を思いついたのかどうかをつきとめようとしなかったし、自分がこの本全体の根拠としたすべてのことを、のちに本人たちが否定したということも一度も公表しませんでした。

自分の行為への責任という問題に対して、人はひどく感情的になります。善良なドイツ人のどれほどが、ナチスに対する責任を認めるでしょう？　自由な礼拝のできる地を求めて大西洋を渡り、本人が礼拝の自由を望んだという理由で、ロジャー・ウィリアムズ[※11]を荒野へ追いやる結果となったことに、どれほど多くの人々が清教徒の高潔さを見てきたことか。そしてアメリカを建国したこれらの高潔な人々のどれほど多くが、赤子や婦女子を含めて「よいインディアンは死んだインディアンだけだ」ということをたやすく学んだことか。ナチスの行動は、南北戦争のときの北軍の南軍に対する行動になぞらえられるかもしれません。このときも、兄が弟と、父親が息子と戦いましたし、南軍・北軍の捕虜収容所はナチスの強制収容所と似たようなものでした。

次に挙げる例は、きっとあなたの興味をそそるでしょう。ある男性とその妻はどちらも心理学者で、お互いを催眠に入れる能力があり、非常に優れた実験研究をすることができ、とても愛し合っていました。2人は、お互いを

対象として性的な実験をすることに興味を持ちましたが、がっかりしたことに、やってみると、どちらも相手が覚醒しているときに自分が催眠トランスに入っているのは不本意であることに気づきました。相談を受けたわたしは、さまざまな可能性を示唆してやりました。彼らはとても不承不承、お互いとの性交渉で催眠被験者役を務めました。どちらも、性交渉のあいだトランス状態に入っていることに憤りを覚えました。トランス状態に入っていることによって、なにかを奪われたように感じたのです。たとえそれが心から愛している配偶者であっても、催眠被験者を相手にセックスをすることに腹が立ちました。双方がトランス状態に入っていてもセックスはできることがわかりましたが、自分がトランスに入っていることに腹が立ちました。お互いがトランス状態に入っておこなう性交渉には、なにかが大きく欠けていたからです。催眠を満足のゆくように使う方法は、どうしても見いだせませんでした。それにもかかわらず、催眠にかけられてキスされたとか、催眠にかけたうえで誘惑されたと訴える若い女性はめずらしくありません。それどころかわたしは、催眠の実験をしている人たちに、被験者はあなたに性的な下心を抱いていて、催眠に入ったふりをしようとしていますよと警告してやらなければならなかったこともあります。愛人や恋人が優れた催眠被験者であることがわかったものの、覚醒状態ではすぐにその気になってくれるのに、トランス状態ではどうしても性交渉を許そうとしないので、がっかりした実験者たちも知っています。いつかこの問題について詳しく書いてみたいものです。

　夫が、深く愛し合っている妻を催眠に入れて誘惑するのにまるまる1年を費やして、結局は期待はずれに終わった例も知っています。性交渉には至ったものの、2人ともおそろしく幻滅してしまったので、わたしは夫と妻の双方を慰めてやらなければなりませんでした。裸で愛し合うのはすばらしいことですが、だからといって、零下10度のときに吹きだまりの雪の上でするものではありません。ひどい幻滅を味わうだけです。正真正銘の催眠トランスの現実と覚醒状態の現実とは、かけ離れたものなのです。でもまあ、反社会的な行為がおこなわれるときは、催眠はもとより、ありとあらゆる月並みな口実が言いわけに使われるものですし、フルトンが初めて作った蒸気船が爆発したというようなことに拍手喝采し、綿繰り機やハウのミシンを人類に対するとんでもない侮辱として排撃するのが人の性ではありますが。

そうはいっても、生きており、人生の伴侶と、数人の友と、ものわかりのいい子どもたちを持っているのはすばらしいことです。けれど、そのどれにしても絶対確実だなどと夢思うなかれ。人間を月に送るほうがよっぽど容易ではるかに確実です。

ジェリー、これであなたの質問に答えたことになればいいのですが。

敬具

ミルトン・H・エリクソン，M.D.

ジェイコブ・H・コンへ
1970年6月25日

親愛なるジェリー

わたしが実験のやり方を心得ていたかどうかについて、持ち出される果てしのない議論は、例外なく、実験室内での犯罪を本物の犯罪とみなせるという希望的観測や積極的誤解に基づいています。あれはワトキンスとだったかと思いますが、こういう趣旨の議論をしたことがあります。看護師を催眠トランス状態にして、はっきりと覚醒しているかのように職務を遂行せよという暗示を与え、本人には知らせずに冷蔵庫のなかの牛乳に毒物を混入する。そして、彼女が職務を遂行する過程でその毒入り牛乳を患者に飲ませたとしたら、その結果はきっと「反社会的行動を誘発するのに催眠が使われた」と言われるだろう、と。

催眠被験者は、自分がなにをしようとしているのかをわかっていなければなりません。犯罪をおこなうのだ、反社会的行為をおこなうのだという意識を持っていなければならないし、反社会的行為もしくは犯罪行為をおこなうのだという認識に、少しでも変更や妨害が加えられたり、その行為がいかなるものであるかについて少しでも思い違いがあったならば、反社会的な意味はゼロになってしまうのだ、ということをわきまえていなければなりません。

もし犯罪を誘発するために催眠被験者の認知（perceptual awareness）を変えようとするならば、あなたはさらに自分自身の主観的態度を変える、という問題を抱え込むことになるでしょう。つまり、リボルバーに実弾が装填されているのを知りながら、空包が装填されていると被験者に告げるには、

よほど自分の態度を変えなければならないでしょう。なぜなら、その拳銃を人に向けて、引き金を引けなどと言えるわけがないことを、あなたは知っているからです。あなた自身の主観的態度に変化が起きているでしょう。ローランドがいわゆる見えないガラスの後ろに立って、被験者に向かって、わたしに酸を浴びせなさいと言えたのは当然です。彼はおのれの安全を承知しているということを無意識に表わしていたし、催眠被験者というものは驚くほど鋭敏なのです。

　犯罪をおこなう人が完全に保護された状況に置かれており、遂行行動自体が作りごとにすぎない場合、実験室犯罪その他のいわゆる「反社会的」行動が実行可能だということは、わたしも全面的に賛成です。そのような行動に催眠は必要ありません。使うことはできても、不必要なつけたしです。けれど、本物の犯罪や正真正銘の反社会的行為であるためには、それについての認識と意図がなければなりません。そのような認識や意図が、自己防衛的な態度を生んでしまうのです。

敬具
ミルトン・H・エリクソン，M.D.

ウェルズ

　ウェスリー・ウェルズ（Wesley Wells）との往復書簡は、多くの理由で重要である。これは、われわれが発見した、ただ１つのエリクソンを非難している手紙だ。ウェルズは、エリクソンの催眠技法や反社会的行動を誘発するための実験方法を厳しく批判していた。催眠を擁護する、高く評価されている学究であった彼は、催眠によって反社会的行動を誘発することはできないとするエリクソンの見地を、科学としての催眠の発展のためにならない、と考えていた。この文通は、催眠によって誘発された反社会的行動をめぐる論争における対照的な立場をさらに詳しく示すよい例である。

　ウェルズはハーヴァード大学で訓練を受けた心理学者で、シラキュース大学の心理学教授であった。1940年までに催眠に関する論文を５つ著していたが、その大部分は催眠

現象と覚醒催眠に関するものであった。ここに収めたウェルズの手紙のうちの1通は、教え子のマーガレット・ブレンマン（Margaret Brenman）に宛てたものだが、彼女はマートン・ギル（Merton Gill）との共著で、催眠の精神分析理論に関する重要な教科書を著し、師をもしのいで名を馳せるようになった。

1941年の論文で、ウェルズは1事例において催眠を用いた技法を記述したが、それは、催眠感受性の高い被験者に直接暗示によって幻覚を生ぜしめ、それによって反社会的行動を誘発する、というものだった。被験者は「自分のコート」のポケットから金を抜き取るよう暗示されたが、そのコートは実際にはウェルズのものであった。次いでその行為の健忘を植えつけられた。ウェルズは、これをもって、催眠が強力な影響力を持つ証拠だと主張した。催眠を使って、健忘のような催眠現象において解離を引き起こせるならば、催眠を使って道徳律からの解離も引き起こせるだろう。ただしそれには、対象がきわめて催眠感受性の高い被験者であることが条件だ、と考えた。それゆえウェルズは、ローランドやエスタブルックスを支持し、催眠は反社会的行動の誘発の妨げになると主張するエリクソンに反対したのである。

エリクソンの言葉が引き合いに出されているブレンマン宛ての手紙で、ウェルズは、ブレンマンが彼の実験を反復して同じ結果を得、エリクソンの研究を否定したことに触れている。ブレンマンに関してここで言及されている論文は、1942年の『催眠による反社会的行為および自傷行為の誘発実験（Experiments in the Hypnotic Production of Anti-social and Self-injurious Behavior）』（*Journal of Psychiatry*, 5: 49-61）である。

1940年に書かれた手紙のなかから以下に収めたのは、ウェルズがエリクソンに送った、催眠によって誘発された反社会的行動に関する論文、『催眠による犯罪の誘発実験（Experiments in the Hypnotic Production of Crime）』（Wells, 1941）の予稿に関わるものである。

ウェスリー・R・ウェルズより
1940年8月19日

親愛なるエリクソン博士
　7月23日付の2通のお便り、ありがとうございました。〔注：これらの手紙はエリクソンのファイルにはなかった〕

ついに編集者に論文を提出いたしました。あなたには第2稿をお送りしました。最終稿、というか、最終稿（第3稿）のつもりだった原稿は、60ページ以上になってしまうことがわかりました。そこで50ページに縮めました。しかし、本質に関わるような変更はありません。ただ、訂正の脚注をつけて、お手紙のことと、あなたの論文の被験者50（75）人は500人のなかから選んだ[※12]と述べておられることに触れておきました。しかし、この訂正を加えたところで、あなたの失敗が適切な技法を使わなかったことによるものだ、ということがいっそうはっきりするだけです。

あなたは、90パーセントは催眠に入れられるし、70パーセントは「深い夢遊トランスに入れられる」とおっしゃっておいでです。わたしが言いたいのは、あなたは、1人としてほんとうに深い夢遊トランスに入れたことがない、と自ら認めておられるのだということです。それに、ほんとうに深い催眠に入った被験者をごらんになったこともないにちがいありません。さもなければ、ご自分の失敗をお認めになるでしょう。この2つのことはハルにも当てはまると思います。

この論文を書いたあと、そしてこの前のお便りをさしあげたあとで聞き及んだところによりますと、反社会的行為に関するあの論文を発表なさる前に、コルゲイト大学のエスタブルックスが、そこまで書くなと警告したとか。彼は、退路を開けておくように警告したのです。あなたに対するわたしの批判の要点は、ご自分がある結果を得られなかったからといって、大胆にもそのような結果は出るはずがないと主張しておられる、ということです。そのような論証の欺瞞性は、エスタブルックスの目に明らかだったとおり、今やあなたの目にも明らかなはずです。

わたしの実験は、あなたとは関係なくおこないました。そのときはまだあなたの論文は発表されていませんでした。しかしながら、この夏、結果を全部まとめ上げるにあたっては、1939年のあなたの論文を見過ごすわけにまいりませんでした。

最終稿では、さらにもう1点、あなたの研究に言及させていただきました。加筆した統制実験の問題に関する議論のなかで、外科麻酔のために催眠を利用する実験を論じたのですが、あなたが歯科手術のために起こそうとして果たせなかった催眠による感覚消失について、ハルが述べている話（Hull,

1933, p.252) を引き合いに出させていただきました。わたしが歯科手術のために催眠による感覚消失をほどこして、完璧な成功を収めた2つの事例と対比させたのです。論文では述べませんでしたが、この手紙で申し上げるならば、催眠による感覚消失の誘導に失敗した話をハルに書かれてしまって、成功例について書いてもらえなかったとはあいにくなことです。ひょっとすると、ハルの本が出版されて以降、あなたも完璧な感覚消失の誘導に成功なさったかもしれません。まだでしたら、きっと一度でいいからしてみたいものだ、あるいはわが目で見てみたいものだ、と思っておられることでしょう。ハルによれば、あなたの被験者は「すすり泣いて身もだえした」とのことですが、それは感覚消失が不完全であったことの十分な証拠です……ペンシルヴェニア州立大学で開催されるアメリカ心理学会の9月大会に参加する予定を組んでもよろしいです。あなたも参加なさるなら、その機会にわれわれの共通の問題について討論できるかもしれませんから。

敬具

ウェスリー・R・ウェルズ

編集者注：ハルの教科書の正確な表現は、「患者はすすり泣いてひるんだ……」(p.252)である。また、エリクソン所有のハルの本には、タイプで打った次のような訂正文が貼付されている。「『患者は一度に6本の抜歯を受けたが、4本目までは痛みを感じている様子を見せなかった。5本目にかかったとき、彼女はひるんですすり泣きをもらした。感覚消失暗示を強化したところ、それ以上痛みの徴候を示すことなく抜歯は完了した』M・H・E」

ウェスリー・R・ウェルズへ
1940年8月22日

親愛なるウェルズ博士

　きわめて遺憾ながら、あなたの原稿やお手紙は、科学への貢献というもっとずっと尊い目標をまっすぐに目指すものではなく、わたしの知性や尊厳や経験に対する個人攻撃を目的としているように見えます。わたしを攻撃することでどうしてあなたの論点が深まるのか、さっぱりわかりませんし、人身攻撃的な議論で他人の文献をひっかきまわすのは、無益でむなしいことのよ

うに思えます。そんな議論は、読んで気持ちのよいものでもなければ実りあるものでもなく、考察中の問題になんら資するところがありません。

わたしを人間として攻撃するのではなく、わたしの実験を研究方法として批判してくださっていたらどんなによかったろうと思います。実験そのものを批判するのは、たいへん望ましいことだと思います。そのような批判は、しばしば科学の発展において真の貢献となるからです。だからこそ、ローランドの実験を批判する際、わたしは実験そのものに限って自分の見解を述べたのですし、あなたにも、実験者であるわたしにやたら非難を向けるよりも、わたしの実験自体に批判的考察を加えていただきたいと思うのです。

しかしながら、あなたは明らかに一歩踏み出してしまわれたようですから、こちらとしては応戦に備えられるよう、どこに発表なさるおつもりかおたずねする以外にできることはありません。秘書に写しをとらせて返送させますので、論文の改訂原稿を一部拝借できますか？

もう1つ申し上げたいことがあります。それは、ハルが著書に書き入れた、催眠による感覚消失に関する、非常に誤解を招くいいかげんな話を鵜呑みにしていらっしゃることについてです。わたしはその体験を1928年の初めにハルに話したのですが、1933年、明らかにハルは事実に基づいた確かな話をわたしから聞き出す代わりに、前に聞いた話の記憶を頼りに書いたものと見えます。当時われわれはさかんに文通していたというのに*。しかもハルはその話を引用としてではなく、他人の体験を自分流に言い替えたものとして述べているのですから、あなたがせっかくの文通を利用して、わたしからじかに事実を聞き出そうとなさらずに、ハルからの又聞きを、わたしを攻撃するためのもう1つの武器としてお使いになったことにいささか驚いております。それにまた、わたしの経験に関するハルの不適切で誤った記述が、あなたの実験にどんな関係があるのでしょうか。

APA（訳注：American Psychological Association, アメリカ心理学会）の大会できっとお目にかかりましょう。

敬具
ミルトン・H・エリクソン, M.D.

---

*原注：この往復書簡はエリクソンのファイルに残っていなかった。

エリクソン博士に送られた写し
ウェスリー・R・ウェルズより
1940年9月7日

親愛なるブレンマンさん

　今は自宅ですが、来週からは週末を除いてほとんどシラキュース大学の宿舎にいるようになりますので、郵便物は上記の住所もしくは大学宛てにお願いします。

　ペンシルヴェニアの州立大学で開催されていたA.P.A.の大会から夕べ帰ってきました。1日早く引き上げてきたのです。会いたかった人とはほとんど全員と会ってしまったし、疲れてもきたし、早く家に帰って自分の仕事に戻りたかったのです。残念だったのは、昨夜おこなわれた退任する会長の講演を聞きのがしたことと、どんな人だか見てみたかったのに、マズローの論文の口頭発表に居合わせられなかったことです。1,200人を越える人々が大会参加者名簿に記名しました。マズローは、昨日の午後のプログラムに載っていました。会って、この夏あなたが彼のクラスの学生たちといっしょにやった、催眠の研究について聞いてみたかったのですがね。でも、帰宅したら8月31日付のお便りが届いていて、直接あなたから実験の報告を聞けたので、とてもうれしかったです。あなたときたら、1ヵ月かもっと前、研究を始めたばかりのとき以来、便りをくださらなかったのですもの。

　忘れるといけないので、最初にあなたのお手紙で触れてあった、あまり重要でない事項を取り上げ、そのあとで、わたしがエリクソンと交わした会話とあなたの実験のことを書きましょう。

　……さて、いよいよこの手紙のほんとうに重要な部分、あなたの実験に関係した部分と、エリクソンに対するわたしの印象です。彼と1時間、話し合いました。会えたことはもちろんよかったのですが、あまり満足の行く会話ではありませんでした。でも、いくつかわかったことがあります。彼はウィスコンシン大学でハルと知り合ったのですが、あまりよく思っていません。当人が言うには、お互いさまだとか。とはいえ、エリクソンも反社会的行動に関するあの論文を出したことで、ハルを始めとする催眠の実相を暴いた気になっている連中の同類に堕したのです。

わたしの実験は、エリクソンの論文を知る前に計画し実施しました。それだものだから、エリクソンは、わたしのしたことが安易で、見えすいていて、なんの証明にもなっていないと主張したのです。彼の実験を追実験したところでうまくいかないでしょうに。このことをあなたに知らせて、機会があったらエリクソンの実験の一部を追実験してみるよう、助言しようと思っていたところでした。彼は、あれはきみのコートだったのだから、きみは被験者にポケットから金を抜き取る許可を与えたのだ、と言うのです。前に、あなたへの手紙に、自分のコートではなく別の人のコートを使ったほうがいいと書きましたよね。どのみち被験者は自分のコートだと思い込まされるのですから、もちろん同じように簡単でしょう。わたしが自分のコートを使ったのは、暖かい日で、ほかのコートが壁にかかっていなかったからです。わたしはこの目的のために、自分のコートを持っていったのです。だのにエリクソンは、被験者に第三者のハンドバッグをのぞかせようとしただけで、なにかを盗ませようとしたわけでもないくせに、自分はもっとずっと困難なことをやってみようとしたのだ、と主張しているのです。エリクソンのやった実験の一部を追実験してくださったことをうれしく思います。わたしの実験よりずっと簡単だったにちがいありません。「肯定的な結果を得るのはきわめて容易だった」と書いておられますもの。まあ、あなたはエリクソンの主張の1つを封じるために手を打ったわけですよ。エリクソンができるはずがないと言ったことの具体的な例をやってのけたのですからね。

エリクソンからきた手紙を送ります。返してくださいね、でも急ぐには及びません。概して、催眠の理論と実践に関する力量や知識にしても、心理学の知識にしても、彼のは話をする前に思っていたほどですらないと思います。たとえば、錯覚と幻覚の違いもわかっていないのです。被験者を催眠に入れて、後催眠暗示によって友人の犬が犬ではなくキツネに見えるようにさせて、それを撃たせるという例を挙げたところ、被験者はその犬のいるところではない、どこかほかの場所にキツネを見るだろう、と言うのです。かならずそういうふうになるものなんだ、と声高に断定的に主張するのでした。でも、わたしは錯覚と言ったのですし、錯覚と言ったら錯覚のことです。実在しないキツネを追いかけている犬を見るだろうとか、犬を見ないで、現実の犬の前を走っている実在しないキツネを見るだろう、とか言ったのではありませ

ん。それは負の幻覚や正の幻覚の場合の話です。錯覚の場合は、誤って知覚されている対象が存在しているのですが、対象の存在している場所に知覚されているのであって、被験者が自分の見たキツネを撃ったら犬が撃たれるでしょう。でも、この点についてエリクソンと議論してもむだでした。

半月から１ヵ月のうちにわたしの論文の別刷りがお手元に届きますが、それには統制実験の部が加わっています。われわれの実験のような実験で統制実験をするなんて、わたしに言わせればとんだ茶番です。お読みになれば、わたしの言っている意味がわかるでしょう。実際、春にあなたも同じ考えを口にしていましたしね。でも、先々統制実験をしてないじゃないかなどと言わせないために、同じ被験者に同じ教示を、でも催眠は抜きでもう一度与える、という茶番をきちんとやっておくのが賢明でしょう。物のわかった人があなたやわたしの論文を読めば、こういうケースで統制実験を要求するなんてばかばかしいのがわかるでしょうけど。

エリクソンが手紙の１つで主張しているのですが、それに２日前にも言っていたのですが、本物の犯罪は、催眠を使わない実験者が引き起こしてきたというのです。むろん、わたしも討論のなかで、犯罪は通常、催眠以外の方法で引き起こされると認めましたよ。でも、われわれの実験では催眠を使ったのであって、暗示や不当威圧といったこれらの別の方法を使ったわけではありません。エリクソンは、外科医学や産科学上の目的で完璧な感覚消失を誘導したことがあると主張しており、わたしも、実際やりこなしたのだと思います。でも、病院でおこなわれている手術で、催眠など使わずに、エーテルその他の化学薬品で感覚消失を引き起こしている事例は何千とある、だからきみの事例で感覚消失を引き起こしたのは催眠じゃなかったんだ、と言ってやっても同じくらい筋が通っているでしょうけれどね。

あなたのブルックリン大学の実験についての単なる覚え書きは、ぜひほしいというわけでもありません。でも、わたしがお送りしたのと同じような、ほんの下書き程度でもいいですから、１篇でも２篇でも論文がまとまったら、写しを送っていただければと思います。わたしの論文の批評を書き送ってくださらなかったので、がっかりしたのですよ。きっと有益な批判をしてくれたでしょうに。どんなものでも、送ってくだされば喜んで読ませてもらって、役に立ちそうな講評をしてさしあげます。出版のことでも同じです。これか

ら数ヵ月は忙しくて、出版に向けて研究をまとめる余裕はないかもしれませんね。わたしも学期中は出版向けの執筆はできません。でも、あなたがこれを書き上げたときには、出版社捜しで喜んでお力になりましょう。わたしでお役に立てることがあればね。

エリクソンは、わたしが彼に対して個人的に含むところがあると思っているのです。わたしが彼の実験についてなにも知らない時点であの実験をしたものだから。ローランドの論文を読んだときは、うれしくなって、これぞ真の貢献だと思ったものです。「もちろんだとも、ローランドが催眠を使ってやったようなことを催眠はやれるんだ」、そう思いました。彼の出した結果は、わたしもそうなるだろうと思うようなものでしたからね。しかし、わたしに言わせれば、エリクソンのあの論文は発表するべきではありませんでした。わたしは、催眠というものを少しずつ広めていきたいと思っているのです。エリクソンが書いたような論文は、暴露屋や懐疑論者を喜ばせるだけです。書いたのがだれであろうと、あの論文は批判される必要がありました。ちょうどブランウェル（Branwell）やシルダーとコーダースといった面々が批判される必要があったのと同じように。ペイラー（Paylor）は長いつき合いの最良の友の１人ですが、その彼があの論文を書いたのだとしても、わたしは批判するのが自分の義務だと思ったでしょう。エリクソンは、わたしの論文に反論を書いて、同じジャーナルに発表したいと言っています。おそらくそうするでしょう。せっかくの評判を落とさないためにも、２日前に口にしていたような批判を、またぞろ繰り返すような愚かなまねはするなと警告してやりましょう。あなたがすでに彼の実験の一部を追実験し、彼が得られるはずがないと主張した結果を得ている、ということを教えてやるつもりです。

エリクソンを納得させようなどと思わずに、あなたはあなたの道を行くのがよいと思います。彼はこう考えているように見えます。わたしは感覚消失、痛覚消失、聾などの１、２種類の研究ですばらしい成果を収めた、だからわたしの出す結果はすべてすばらしいんだ。ひきつけ以外、なにも治せなかった医者を思い出します。それでも本人は、ひきつけが治せるんだから人が治せるものはなんでも治せる、と思っていました。

あなたは、エリクソンのあやまちは技法にあるのではない、特に優秀な被

験者を選びそこねたことにある、と書いておられます。これを書いたときは、まだわたしの手紙を受け取っていなかったので、実験に使った 50 (75) 人の被験者は 500 人のなかから選んだのだ、とエリクソンがわたしに書いてよこしたことをご存じなかったわけです。本人が使ってみて優秀な被験者だとわかったのなら、その多くは第一級の被験者だったにちがいありません。わたしは、彼の技法がまずいのだと確信しています。催眠の技と暗示の技の区別がついていないのだと思います（テイラー Taylor と同様に）。この分野でめざましい結果が出たのを見たことがないものだから、自分の出した結果がいかにお粗末かがわからないのです。わたしはそう思いますね。でも、肝心なのは、彼が自分の実験から導き出してもさしつかえない結論とは、次のようなものでしかないということです。「これらの結果から言えるのは、わたしはこれまでのところ、催眠に入っている人に好ましからざる行為を誘導するのに成功したためしがない、ということである」云々。ところがそうはしないで、実験を発表するにしてもこの結論はさしひかえておけというエスタブルックスの忠告を聞き入れずに、「首を突き出し」たのです。「これらの実験結果から言えるのは、催眠の悪用は不可能だということである」などと書いて――。実際のところは、催眠が反社会的行動を誘発した例は文献に数多く記録されていますし、わたしは自分の実験でエリクソンが不可能だと言ったことをやってのけましたし、あなたも催眠を始めた最初の年に同じことをやってのけました。しかも、あなたの研究でなによりなのは、エリクソンの実験の一部を反復して、彼が一切反論できなくなるようにしたことです。それなのに 2 日前、彼はあつかましくも、自分の結論は細心の注意を払って書いたのだ、とのたまったものです。「催眠を悪用して……好ましからざる行為をおこなわせるのは不可能である」云々という主張も、「わたしには」の一言が入ってさえいればまったく適切だったでしょう。つまり、彼がまだ成功したことがないという話なら、わたしもすぐに認めますとも。でも、彼がこの先もっと優れた技法や理論を身につけて、自分自身が前にやった実験の誤りを証明するということもありえなくはない、と思っています。

　あなたの論文が発表される前に、彼に写しを送ってやったらいいと思います。あなたの論文はこんなふうになるんでしょうね。わたしはウェルズの実験を追実験し、同じ結果を得た。さらにエリクソンの実験の一部を追実験し

たところ、正反対の結果を得た、とね。

エリクソンはどうして、あの結論のような無分別な言明ができたのでしょう。「わたしはやってみた。できなかった。だからそれはできないのである」。これがまさしく彼の論文の論理です。

わたしは、エリクソンに手紙を書くでしょう。この手紙は写しをとっていますから、上記の論点の一部をあらためて書く手間を省くために、彼の研究に関係した後半部分の写しを送るかもしれません。エリクソンに自分の論理の誤りをわからせる方法、なにか思いつきませんか？　わたしの考えている意味での催眠のために、エリクソンにはもっともっと多様な催眠技法に触れて、感覚消失以外の分野でもめざましい成果を上げられるよう精進してほしいと願っています。

ところで、彼が言うには、ほんとうは歯科手術のために完璧な感覚消失を起したのに、ハルは著書の252ページでその事実をすっかり曲げて、エリクソンは事後に痛みの健忘を引き起こしたが、感覚消失は起こせなかった、と書いたのだそうです。エリクソンは確かに感覚消失あるいは痛覚消失を引き起こしたのだ、とわたしは思います。ハルが手紙で人づてに聞いたことをこのように歪曲したという話を、いつかなにかの論文に入れたいと思っています。ハルが催眠の信用を落としたがっているように見えることと、ぴったり符号する話ですからね。ハルは、催眠を理解するのに必要とされる種類の心理学、すなわち下意識過程、解離、再生健忘、完全な記憶と並存している再認健忘にまったく疎いので、彼と議論してもなんにもなりません。シラキュース大学の博士号を持っているリューバ（Leuba）は、わたしが10年かもっと前に催眠を教えた男ですが、その彼が催眠に関するりっぱな論文を口頭発表したセッションで、ハルは座長を務めました。発表の大部分に対するハルのコメントは、事態がのみ込めていない冷笑的なものでした。

ところで、エリクソンは催眠の発展に真摯な関心を持っています。ハルは見込みなしです。エリクソンも見込みがないとは思いたくありません。あなたの技法や、あなたのしている実験を学ぶ機会が彼にあればいいのにと思います。大胆にも、わたしだって、あなたに負けず劣らずちゃんとした催眠のやり方を教えてやれるだろうにとさえ思うんですよ。あなたに教えたときよりはるかに困難でしょうけど。実際の方法に関するかぎり、あなたがほとん

ど白紙の状態で始めたのにひきかえ、彼のほうは正しくない知識がいっぱい詰まっているわけですから。でも、もちろん、彼にしたって、そうそうあらゆる分野で、めざましい成果を上げるすべを身につけるというわけにもいかないでしょう。今さらもっといい方法を学ぼうという気になるには、あまりにも年季が入りすぎているし、自分の方法を信用しすぎていますしね。

　この問題に関心を持ってくださったことをほんとうにうれしく思っています。何年か後には、この分野での実験研究に復帰できるといいですね。また、遠からず、ご自分の得た結果をうまくまとめることができるといいですね。わたしの論文は『心理学雑誌（Journal of Psychology）』1941年1月号11巻のp.63-102に掲載される予定です。

ウェスリー・R・ウェルズ

エイメント

　エリクソンは舞台催眠に徹頭徹尾反対し、生涯を通じてそれが少しでも使われなくなるように努力した。1956年3月19日、歯科医師のフィリップ・エイメント博士（Philip Ament, D.D.S.）はエリクソンに手紙を書き、ニューヨーク州バッファロー市の市会議員が、「舞台催眠を違法とするという趣旨の……条例を可決したがっている」ことを知らせた。エリクソンの返信は、催眠の舞台興行に反対する根拠を簡潔に述べている。

フィリップ・エイメントへ
1956年4月1日

親愛なるエイメント博士
　ニューヨークでおこなわれたセミナーからたった今戻ったところで、とりいそぎお返事をさしあげます。
　わたしは30年以上にわたって、催眠に関心を持ってまいりました。実験研究についても、臨床研究についても、これをテーマに幅広く著述してまい

りました。多種多様な患者を相手に豊富な経験を積んできたことは、すでにご存じのとおりです。

その経験に基づいて、以下のことを申し上げたいと思います。舞台催眠が一般大衆に有害なのは、大勢の不安定な人々が、直接的にか間接的にか、なんらかの援助が得られればという必死の思いで、被験者に志願するからです。その結果として、惑わされ、感違いし、混乱し、ふつうなら彼らの助けになるであろう治療法からしばしば遠ざかってしまうのです。さらに、舞台催眠は、催眠の実相やその利用法について大衆に誤った考えを抱かせますし、この点では現に一般大衆にあだをなしています。

偽医者や、癒しの技をほどこしているつもりになっている人々の手で催眠が使われることは、精神衛生にとって、外科手術がそういう者たちの手でおこなわれるのと変わりない問題と言えます。手術の場合ほど、すぐにそれとわかる危険ではないにしてもです。これまでの経験のなかで、患者の混乱した支離滅裂な考えを整理してやらなければならなかったことが何度もありましたが、この大勢の患者たちは、舞台催眠術師や舞台催眠を使う無資格の者に、いいかげんで、人を惑わすような、またしばしば無神経なやり方で、催眠を乱用された人たちでした。

もっと詳しく述べることもできますが、とりあえず今述べたような理由から、催眠の使用を専門的な資格を持つ者だけに限る法律および条例の可決には、諸手を挙げて賛成です。そのような専門的な資格を持った者に、博士号ないしそれに相当する学位を有する認定された心理学者、ならびに歯科医、ならびに内科医を含めたいと思います。また、より高度な教授科目をもつ、正式に認可された機関の心理学部門の監督のもとで催眠が用いられることにも賛成したいと思います。

この手紙がご要望にかなっていればよろしいのですが。

敬具

ミルトン・H・エリクソン, M.D.

訳　注

※１：原文には rock-rid〔ママ〕とある。rock-rib の間違いか。
※２：1789-1947 年に国防・軍事を担当した連邦政府の省。その後陸軍省となり、さらに国防総省に吸収された。
※３：筋肉が収縮するときの作業量を測定する装置。
※４：質問に対して「はい」と答える傾向。
※５：この章の初めで『精神医学』に発表されたと述べられているのと同じ論文のこと。"Psychiatry: Journal of the Biology and Pathology of the Interpersonal Relations" が、完全な名称である。
※６：ケーラーは 1917 年に『類人猿の智慧試験』を著し、7 匹のチンパンジーを使った実験によって、チンパンジーが回り道、道具の使用・製作などの洞察を表わす行動を示すことを明らかにした。
※７：原文では、Dante's seventh circle。『神曲　地獄篇』（集英社）に載っている図を見ると、地獄は漏斗状の層構造になっており、死者は犯した罪の重さにしたがって地獄のより深部へと送られるらしい。1 つの層がさらに細分化されているうえ、訳者によって訳語が異なるので断言はできないが、おそらく暴力を用いた者の行く地獄である第 7 圏のことで、それにふさわしい阿鼻叫喚の地獄なのであろう。
※８：マンソンは麻薬中毒のヒッピー狂信家で、「ファミリー」と呼ぶカルト的な集団を作り、1969 年に殺人事件を起こした。
※９：ミルグラムのおこなった服従に関する実験については、第Ⅵ章を参照されよ。ミルグラムの一連の実験は、心理学者への信頼と被験者の健康や尊厳を危険にさらしたとして批判された。
※10：アメリカの婦人科医マスターズと夫人で心理学者であるジョンソンは、男女の性行動に関する実証的研究をおこなった（1966）。
※11：清教徒は 16 世紀に英国国教内に起こったプロテスタントの 1 派で、国教会に対し教理・礼拝の簡略化とより厳格な規律を求めて対立した。彼らが宗教的迫害を逃れて 1620 年にアメリカに渡り、植民地を開いたことは周知のとおり。ウィリアムズは、1636 年にロードアイランド植民地を建設した急進的な清教徒の 1 人。サムエル・モリソンの『アメリカの歴史』（集英社文庫）によれば、彼らは「他のニューイングランド各植民地の雰囲気が窮屈であると感じ、その教会と国家の制度に対し声を大にして反対し」「マサチューセッツ湾植民地ないしプリマス植民地から紛争を起す者として追放され」た。
※12：論文では、75 人以上の被験者のなかから選ばれたおよそ 50 人から得られた結果に基づく内容を提示する、と述べられており、500 という数字には言及していない。

第Ⅵ章

さまざまな文通相手
専門家およびその他の人々

専門を同じくする人々

―――――――

　1942年6月13日付のグリフィス・ウィリアムズ（Grifith Williams）からの手紙に対するエリクソンの6月17日付の返信は、"利用"（ユーティライゼーション）の原則の古典的な実例になってくれる。ザイク（1992）によれば、利用は、「患者もしくは環境のいかなる側面に対しても、治療者が戦略的に反応する態勢ができている」ときにのみ成立する（p. 256）。利用は、トランスもしくは治療目標（もしくはその双方）を促進するためにおこなわれる。それは、エリクソンの心理療法においてきわめて重要な概念であった。利用とエリクソン派の治療との関係は、解釈と精神分析との関係と同様である。だが、治療者は、抵抗の下部構造を暴くよりはむしろ、抵抗を利用して、その抵抗を建設的な方向に向けるのだ。

　1942年には、「二重拘束」（ダブルバインド）や「症状処方」の概念は存在していなかった。にもかかわらず、エリクソンは、「抵抗」行動（覚醒しないこと）を利用した拘束の仕立て方を明瞭に描写している。被験者を建設的な方向に導くように計画された一連のステップを、この方法によって入念に作り出している。幻覚（催眠現象）、「詭弁」（知的かけひき）、催眠から睡眠への移行（生理的過程）、行動化（人格傾向）――どれを利用するにも、戦略的に、抵抗の実行可能な形態をふたたび覚醒するという催眠の目標に向けている。

グリフィス・W・ウィリアムズより
1942年6月13日

親愛なるエリクソン博士

　わたしは、催眠の研究でぶつかる障害についての資料を集めようとしているところです。素人がつねに関心を持つ障害の1つは、実験者が催眠に入った被験者を覚醒させることができない、というものです。文献を見ても、この現象についての論及はあるにはあるものの、散見されるにすぎません。

　このような事態にじかに遭遇なさったことがありますか？　ときどき新聞で見かけますが、あいにくわたしは切抜きをとっていないのです。ポール・C・ヤングがしばらく前になにかこのような事態に手を焼いたらしいので、手紙を書いたのですが、まだ返事がありません。

　もし、このことに言及している新聞記事の切り抜きなり、この現象の本質に関するご意見なりをお持ちでしたら、そのような情報をいただけるとたいへんありがたいです。まれとはいえ、実際にある現象らしいですね。解催眠できない被験者というのは初めからヒステリー症だったのかもしれない、とお考えになりますか？　さらに言えば、解催眠の障害は退行の1つのあり方で、被験者は環境との現下の接触から離れさせてくれるような行動へと退行しているのでしょうか？　また、確かめるのは非常にむずかしいでしょうが、ナルコレプシーはこの解催眠の障害といくつかの点で類似している、自己誘導性催眠の一種なのではないか、とも思っております。

　これらはわたしが頭を悩ませている疑問の一部でありまして、どんなことでも提供していただけそうな情報がありましたら、喜んでうかがわせていただきます。自動書記による無意識の精神活動に関する、あなたのご研究を読み返しているところです。最初に拝見したときも興味深いと思いましたが、あらためて読んでおりますと、ますます興味をそそられます。こういう研究がたくさん生みだされれば、行動の力学の本質が、今よりはるかによく見通せるようになるのではないでしょうか。でも、いったいどうすればこういう実験場面を設定できるのか、わたしには見当もつきません。ともあれ、すばらしいご研究に対しおめでとうを申し上げます。

　　　　　　　　　　　　　　　　　　　　　　　　　　　　　　　　敬具

さまざまな文通相手

グリフィス・W・ウィリアムズ

グリフィス・W・ウィリアムズへ
1942年6月17日

親愛なるウィリアムズ博士

　お手紙を受け取って、とてもうれしかったです。お便りをいただいたこともうれしいし、論じておられるのがわたしも前々から関心を持っていた問題だからです。

　でも、個々の質問にお答えするのではなしに、スケッチふうな書き方で、この問題に関するわたしの経験をざっとお話ししましょう。さらに文通を重ねていって、あわよくばこのテーマ全体について、得心のゆくような考えを体系的に表現することができたら、と思うのです。

　しかし、手始めに、ナルコレプシーや眠りてんかんやカタプレキシー※1が、催眠あるいは自己誘導性催眠(ヒプノレプシー)に関係しているというような考えは、すべてお捨てになるよう提言したいと思います。この点に関しては、いろいろ研究してきまして、まったく無関係であるとはっきり申し上げられます。

　まず第1に、催眠トランスからどうしても覚醒しようとしない被験者というのは、実際には単純な技法の問題となるにすぎません。わたしは二、三、やっかいな経験をしてから、こういう被験者を相手に楽しむことを覚えました。つまり、当人にはトランスからの覚醒をうまく拒んでいると思わせておいて、こちらはこの拒否を利用して、この点に関してたっぷり実験をさせてもらうのです。実際のところ、こういう人たちの拒否を扱うのには、多くの技術的手続きが使えます。こちらの論理が通じるような、非常に知的な被験者の場合は、こちらが覚醒させられないことを相手が確信したところで、おおよそ次のように説明します。「わたしは、あなたが暗示に反応して眠りに落ちるまで、ゆっくりと、だんだんに、眠りを暗示してきました。つまり、あなたの今の状態は、わたしの暗示を条件としているのです。ですから、あなたの今の状態は、わたしの言うこと、わたしの暗示すること次第なのです。それでは、こう暗示します。精一杯、眠ったままでいようと懸命に努めなさい、目覚めまいと懸命に努めなさい」

こうして、わたしは事態をそっくり逆転させたわけです。覚醒に抵抗するよう命じ、わたしが言葉で表わした要請に従って眠り続けることを、その人の義務としたのです。このような詭弁を使われると、被験者はわたしに暗示されないかぎり覚醒できなくなりますが、同様に、わたしの暗示なしには眠ったままでいることもできません。そして、トランス状態では、詭弁を使われてもまず打開できないものです。

さもなければ、その人のトランス状態は、「自分の眠りがいっそう深まってくることに終始気づきながら、ゆっくりと、だんだんに、すっかり眠ってしまう」というわたしの暗示を条件としていることを説明してから、同じようにしてわたしは、「ゆっくりと少しずつ目覚める準備を始めなさい」と暗示することもできるのだと言って、覚醒暗示をどんどん積み上げていきます。極度にがんこな被験者の場合、このようにして、目覚めなさいというわたしの暗示を受け入れることによって、眠った状態を維持せざるをえなくさせることができます。つまり、被験者は眠った状態を維持し、わたしの暗示を受け入れるのですが、その暗示が覚醒を強いるわけです。両刀論法の２つの角を利用した方法です。

さもなければ、やはり覚醒の拒否を受け入れたように見せかけておいて、ゆっくりと、被験者がなんらかの行為をおこなうようにしむけていきます。その行為が十分に準備され、開始の合図を与えたら、それが実行されている途中で、行為の完了とともに覚醒することに気づかせます。しかし、被験者にしてみれば、行為の過程はすでに進行中であり、多かれ少なかれ自動的にやりきるわけです。

その場合もやはり、被験者はトランス状態があまりにも心地よいので、トランスに入ったままで、完全にわたしなしですまそうとするかもしれません。たとえば、心理学科でのデモンストレーションで、わたしは被験者に幻覚で映画『ラスプーチン』を見るように求めました。彼がこの映画を見たことがあるのを知っていたのです。そして、被験者は幻覚を見るにつれて、それについてわたしと話し合ったり、なにか述べたりしました。この幻覚行動のデモンストレーションを十分やったところで、被験者を覚醒させようとしたのですが、相手はひどくいらだたしそうに、黙っていてもらいたいと言いました。最後まで見たいんだ、映画館を出て行きたいならどうぞご自由に、でも

自分は映画が終わるまでいるつもりだし、二度目の上映も最後まで見るつもりだというのでした。わたしは技法の実地指導の格好の機会だと思い、そのやっかいな事態を一同がのみこんだのを見きわめてから、被験者といっしょになって映画を見始めました。彼はふたたび、とても楽しそうに映画についてわたしと話し始めました。わたしは適当な頃合を見はからって、映画がなんだかおかしくなってきたみたいだ、どうやら映写機の調子がちょっと悪いらしいと暗示し、映写技師が直してくれるといいが、と言いました。そんなようなことを三言、四言、言ってから、映写機がえらく早回りしだした、画像がぼやけて焦点が合わなくなってきた、映写機はほんとうにいかれてしまったらしいから、どうみても中断は避けられないだろう、と暗示しました。そして、もう一度、わたしの思い違いだといいがと言い、でもやっぱり思ったとおりじゃないかと思う、と言って前言を修正しました。それからすぐ、映写機がすごい速度で回転している、ますます画像がぼやけてきた、とうとう機械が壊れて映画が止まってしまった、という趣旨の暗示をやつぎばやに与え始めました。これらの暗示に、被験者はどうしても抵抗できませんでした。わたしは、静かに座って映写機が直るのを気長に待とうじゃないか、そうすればすぐに続きが見られるから、と言いました。そのあいだにほかのいろいろな問題を取り上げてもよかろう、というわけで。

　上記のは、ほんの1例にすぎません。別の集団の前、別の被験者ででもこのようになったことが何度かありますが、事態をコントロールするには、だれもがふつうに経験したことのある、外的な要因や力を使うという方法がきわめて効果的でした。

　覚醒のプロセスの扱いが困難をきわめるのは、なんといっても被験者の見当識が過去にあるときです。これについては、『季刊精神分析』に掲載された、『催眠下で子ども時代の重要な時期に戻ることによって治療に成功した急性のヒステリー性抑うつの症例（The Successful Treatment of a Case of Acute Hysterical Depression by a Return Under Hypnosis to a Critical Phase of Childhood）』と題する別刷りの、592ページの脚注[※2]をごらんください〔Erickson & Kubie, 1941〕。その脚注で述べているとおり、ひたすら被験者との接触を維持し、被験者が現に体験している心的現実を念頭に置きつつ、それに合った暗示を与えさえすればよいのです。

さらに、これもまたごく単純な方法ですが、特に被験者がそれなりの教育を受けている場合など、自然の眠りと催眠の眠りとの違いをざっと説明してから、あなたは眠りたいのであるから、トランスの眠りが自然の眠りに変わっていく、と暗示します。こうするとすみやかにラポールが失われて、自然の眠りに落ち、すんなり覚醒します。おまけに、実験の手順としても申し分ありません。

　さもなければ単純に、ちょうど昨晩とかこの前の月曜の晩とかに眠ったのと同じように眠り続ける、と暗示することもできます。被験者は眠るんだと主張していて、彼の一切の力点は**眠り**に置かれているのですから、このような暗示は躊躇なく受け入れられ、被験者は知らず知らず、この前の月曜日の夜に眠ったのと同じように眠り始めます——それは目覚めることのできた眠りだったわけです。

　さらに、これもやはり両刀論法の２つの角を使う方法ですが、少し形が違います。被験者がわたしの暗示を物ともせずに眠ったままでいようとしている、と確信したら、相手の行動を額面どおりに受け取って、覚醒に抵抗しなさい、あらゆる手を尽くして覚醒しないようにしなさい、という趣旨の暗示を与え始めます。すぐおわかりになるように、存在しないものに抵抗することなどできませんから、抵抗すればするほど、覚醒はさしせまった可能性としてますます現実味を帯びてきます。こうなれば悪循環が起こるだけで、そこから脱するには、わたしの要請に従って覚醒するか、自然に任せて覚醒するかしかありません。これと多少似ているのが、なかなか反応しない被験者に、手のどんな動きに対してもよく注意して抵抗するように奨励して、手浮揚を誘導する場面で、経験からおわかりでしょうが、多くの場合、これによって手浮揚は促進されます。

　つまり、簡単な技術的手法によって、問題は確実かつ楽に解決でき、しかも申し分のない実験場面が得られるのです。

　以上に述べたことの背景となっているのは、次のようなタイプの被験者を扱った経験から得られたものです。

（１）トランスに入る前に、すっかり準備ができるまでは覚醒するまいとひそかに心を決めていた被験者。

（2）わたしには知らせずに、第三者と示し合わせて同様のことをしようと決めていた被験者。
（3）ほかの研究者が、わたしに対しておこなう明確な実験として、このアイデアをもちかけていた被験者。わたしはそのことを知っている場合もあれば、知らない場合もあった。
（4）トランス状態があんまり心地よいので、全面的にわたし抜きですまそうと決めた被験者。
（5）このような問題の適切な取り扱い方を見つけるための明確な実験として、わたしもしくは第三者から、いかなる覚醒暗示にも抵抗しとおすようにという暗示を与えられた被験者。
（6）見当識が過去にあって、催眠者との接触を完全に失った被験者。
（7）わたしをだまそうとして故意にトランスを装った被験者。たいていの場合、見ている人々のなかにこの企みを知っている者がいた。
（8）ニュース記事に載っている、不運な当事者本人の談話（数年前、『タイム』誌にそういう談話が掲載されました）

信頼できる情報を入手できた3つの新聞記事では、被験者はみんなヒステリー性の神経症患者、催眠者は経験の浅い者で、被験者が起こしたのはヒステリーのエピソードであってトランスではなかったのですが、催眠者がひどく取り乱したことがヒステリー反応を助長したのでした。3例ともトランス現象は微々たるものでした。

さらに、わたしもヒステリー症の若い女性を3人経験しています。いずれも、専門家ないしそれに準ずる人々の集まりで、講義とデモンストレーションをしていたときのことでした。いずれの場合も、ヒステリー症の女性は泣き叫んだり、金切り声を上げたり、どうしても覚醒できないとかなんとか、そんなようなことを言って、派手な場面を作り出そうとしました。わたしがどう扱ったかと言いますと、1つ目は、医師の集まりだったので、女性の行動が催眠とどのように異なるかを指摘して、急性ヒステリーの実例であることを即座に証明してみせました。ご想像どおり、参加者にとっては大成功の夕べとなり、女性は、わたしの思いのままにデモンストレーションでの役割を務めて、みんなを満足させたことで満足して帰るしかありませんで

した。もう1人の女性の場合は、ヒステリー性の失声と麻痺が起きて、自然の眠りに落ちるまで治らないだろう、と暗示しました。さらに、その自然の眠りから覚めると、自分のふるまいを恥じるあまり、みんながそのことを忘れてくれればいいと思い、ほかの人たちが忘れてくれればというこの思いのせいで、自分も忘れてしまいたくなるだろう、と暗示しました。また、あとでわたしとこのことを話し合って、適切な場面で十分な理解を得られるようにするために、二、三、治療的な暗示も与えました。3人目の女性の場合は、あなたの怯えた叫び声は次第に質が変わって、しまいには長く引き延ばした喜びの叫びになるだろう、この喜びはたくさんのしあわせで楽しい夢や空想から湧いてくるもので、あなたはその夢や空想に没入し、講義時間が終わるまで、それを外部からじゃまされないように守ろうとするだろう、と暗示しました。また、講義の時間が終わったあとで、少々心理療法を受けるために診察室でわたしと個人的に会ってはどうか、とも言いました。（でも、この種のことでは、わたしの精神医学の経験が大いに物を言っています）

　この手紙がお役に立てばと思います。もし上記の内容をお使いになりたいなら、ご自由にお使いいただいて結構ですが、その節はぜひ原稿を拝見させていただきたいと思います。また、この内容がお役に立つようでしたら、記録を調べて、取り急ぎ書いたこの手紙に書きもらした点を補足したいと思います。

敬具
ミルトン・H・エリクソン

　前にも述べたとおり、1940年代半ばには、エリクソンは広く名を知られるようになっていた。あまりの評判に、臨床家たちが助言を求めて、やっかいな患者を送ってくるようになったほどだった。そのような1つの例が、マンシー（Muncie）博士がこの紹介状で述べている夫婦である。しかし、どのような問題で助言を求めたのかは不明である。エリクソンは博士に紹介の礼を述べ、治療についての詳細を教えてほしいという頼みに応えている。

ウェンデル・マンシーへ
1946年7月8日

親愛なるマンシー博士

　アラバマのみなさまに心からお礼を申し上げます。

　初回面接で、催眠は使えそうにないことがわかりました。

　その代わりに、すべての思考と感情と行動の方向性を徹底的に変えるために、組織的で秩序だった努力を払いました。結果は満足のゆくものでした。わたしは1週間たたないうちに、荷物をまとめて送り返すことができました。実のところ、2年7ヵ月にもわたって強固なパターンが持続していたことから見て、もっとずっとたいへんな苦労を覚悟していたのですが、どうやらわたしの用いた意識の方向性を変えるという方法は、まったく申し分のないものだったようです。

　もう一度、ほんとうにありがとうございました。

敬具

ミルトン・H・エリクソン，M.D.

　編集者注：1946年7月15日、マンシーはエリクソンに手紙を書いて、件の夫のどんな点を扱ったのかをたずねた。また、催眠は使わないほうがよいと判断した理由も質問した。マンシーは、エリクソンのもたらした成果をいかに喜ばしく思っているかを述べて、手紙を結んでいる。

ウェンデル・マンシーへ
1946年7月18日

親愛なるマンシー博士

　あなたのお手紙にお答えするのはとてもむずかしいです。臨床的な理解というのは、言葉だけでは伝えにくいものなので。

　第1に、あの男性はたいへん感じのいい知的な人で、あらゆることを徹底的に知性化するので、彼の真の感情に触れるのは不可能でした。加えて、曖昧かつ追従的とも言えるようなやり方で、あくまでも知的レベルで遇される

ことを求めていて、単に適切な情緒的反応をことばで表現するだけなのでした。

　第2に、彼の精神運動性の行動は、ことごとくすこぶる非個人的でした。足を組むにつけ、握手をするにつけ、こちらの話を聞こうとして真剣に身をのりだすにつけ、はたまた帽子をかぶるにつけ、すべての動作があまりにも機械的できちんと制御されているので、人柄の真の現われもなければ、自分の抱えている重大な問題を実感していることをうかがわせるものもありませんでした。第3に、自分の問題に対して抱いている情緒的関心はというと、解剖学的・生理的機能の知的理解や、その個々の事項の社会的な意味に関連づけられていて、個人としての誇りや自尊感情、あるいはお望みなら自己愛と言ってもいいですが、そういった自分自身の感情には関連づけられていませんでした。

　これに反して、妻のほうは屈辱や当惑や憤りを抱き、深刻に悩み、絶望し、傷ついていました。こうしたことを、彼はただ言葉で言うばかりで、個々のことについて話し合うときも、あくまでも真剣に、どこまでも知的に全幅の注意を傾けるので、身の内になんの情緒的反応も起こらないのでした。しかし妻のほうは、半分は注意深く耳を傾けながらも、もう半分では、自分の気づいていない抑圧された感情と格闘していました。

　催眠とは、なによりも被験者自身の経験に基づく作用ですから、この人をトランスに入れても、知性化によって制限されたトランスにしかならないだろうと思いました。だから、当人の全般的な姿勢である知性化によって、わたしといっしょに問題を扱わせたのです。

　かくて治療は、知性化パターンの「削減」という問題になり、わたしは彼を、幼少期に実際に体験したかもしれない、おそらくはしたであろう情緒的反応に、つぶさに直面させました。これによって、彼は過去の情緒的体験に対する自分の理解を知性化するために、それらの体験を想起せざるをえなくなりました。要するに、知性化の手段として、生々しい情緒的記憶を呼び覚ますことを余儀なくされたのです。こうなると、わたしは、知性化を推し進める材料をもっと手に入れるための自己探索や自己精査の過程として、前思春期の行動に入っていく許可を与えられることになりました。続いて、間接的に、思春期・青年期前期・青年期後期の行動に取り組む許可も与えました

が、この寛容さとともに、干渉しとやかく言う親(おや)的な態度も投入して、無意識のうちにわたしに反抗できるようにしてやりました。

　その結果として、彼のおさめた最初の成功は、実のところわたしの反対に対する反抗に基づいていたのです。

　続いて、成功をもたらした感情や反応や感覚体験の一つひとつが細かく検討されたので、彼はそのような場面における個人的感情を鋭く意識するようになりましたが、知性化するためにはそれらを意識する必要があったのです。

　さらにわたしは、親(おや)的なとやかく言う態度を、7月4日の独立記念日に郊外を旅行することを全面的に禁じる、という形にして利用しました。彼はデトロイト市じゅうをドライブしてまわることによって、たいへん骨を折ってこれにそむきました。

　彼がこのデトロイト市内めぐりについて正確に説明しているあいだ、こちらは郊外をドライブしてまわってはならないという指示を無視されて、なんとなくおもしろくない思いをしていること、かたや彼は、厳密に指示に従い、実際に言われた言葉に背くことなくドライブしてのけてご満悦であることをよくわからせるように気を配りました。すると、彼は明らかに、自分は自分のやり方でやれるんだ、怖い親が社会的レベル・個人的レベルのどんな要求をしてこようと、ちゃんと対応できるんだ、という爽快な気分になりました。その結果として、自らの能力のほどを見いだす責任をすべて彼自身が引き受けることになったのです――それには、数時間以上の間隔を空けずに成功してはならないと特に指定しておいたにもかかわらず、1時間のあいだに二度の成功を収めることも含まれていました。その指示に正当な理由があるわけではないということは、こちらも認めましたがね。

　駄目押しは、ほんとうはわたしの援助など必要としておらず、実際のところ、わたしは、彼がもともと持っていた能力を発見させるという点で役立ったにすぎないのだということを、わたしに対してはっきりさせるように注意深くしむけることでしたが、それはもちろん、実際には彼自身に対してはっきりさせるということだったのです。

　以上に申し上げたことで、わたしがこの問題をどのように扱ったかということが多少明確になればと思います。このような機会を与えてくださったことにあらためてお礼を申し上げます。

敬具
ミルトン・H・エリクソン, M.D.

───────────

　ウェンデル・マンシー宛ての1946年7月18日付の手紙で述べられている、エリクソンのコンサルテーションの要約は、彼の手法の柔軟さを実証している。この症例は、トランスを用いない催眠療法の実例と見ることもできよう。ここでは、エリクソンは、患者のパーソナリティの特質や自尊心や自己愛や反抗的行動や知性化を利用して、巧みに治療を導いている。記述から明らかなのは、小さな漸進的な変化を起こすのに、エリクソンが（知性から感情を）「解離」した状態を利用したことだ。その過程で、彼は自分の治療的影響力を増強するために抵抗を奨励した。しかし、これは慎重に制限された抵抗、建設的な行動が引き出されることを見込んだ抵抗だった。患者は「郊外」をドライブしてはならないと命じられたが、市内だけをドライブすることによってエリクソンの指示をかわす、賢い方法を見つけてのけた。

　この症例の記述は、エリクソンがいかにして現にあるパーソナリティのパターンを利用し、患者が持ってきたものを取り上げ、望みどおりの目標へ向かって少しずつ歩を進めていったかをよく示している。彼の介入が患者の連想を変えるように調整されていることに注目してほしい。エリクソンは、患者の思考様式を見きわめ、建設的な連想を確立するように戦略的に誘導しているように見える。行動課題や命令（この場合は、『知的』精査のために子ども時代の記憶にアクセスすること）は、新たな連想のもとに内なる生活を再構築するための、的確な手段であると言えよう。治療課題は、かならずしも「脱感作」を意図したものではなく、連想を再構築させるためのものだったのだ。

　バーナード・ラギンスキ（Bernard Raginsky）は、1950年代の催眠の指導者の1人であった。モントリオールで開業している内科医で、臨床実験催眠学会で活躍しており、時折財政問題に悩まされていた同学会を熱心に援助していた。ラギンスキはエリクソンに「ミスター催眠」の名を奉った。

　ミルトン・クラインは、『国際臨床実験催眠学雑誌』の創設時の編集長であった。彼とエリクソンは少なからず対立しており、エリクソンの9月21日付の手紙が書かれた当時、両者の反目は最高潮にあった。

　ハロルド・ローゼン（Harold Rosen）もまた、催眠界において強い影響力を持ってい

たが、やがて催眠の危険性に関して独善的になった。エリクソンはさまざまな機会に、ローゼンの論証法に対して、口頭で、文章で、反論した。

バーナード・B・ラギンスキへ
1956年9月21日

親愛なるラギンスキ博士

　ご記憶のことと存じますが、レスリー・M・ルクロンは、わが催眠セミナー講師団の一員でありました。しかし、いっしょにやっていくうちに、われわれは次第にそのことを遺憾に思うようになりました。彼が職業倫理にもとるおこないをしているように思われたからです。このことは、セミナー終了後の会合において、本人とのあいだでますますあからさまに議論されるようになり、彼は立腹のあげくサンフランシスコで辞任するに至りました。

　そのときに、ルクロン氏が、小学3年生を教えた経験しかない自分の妻を、心理学者として自分とともに専門業務に当たらせる気でいることを、他の講師団メンバーに伝えました。彼が最近その旨を発表したものの複写写真を同封します。

　さらに、4月以降、わたしは3人のいかさま師の訪問を受けましたが、この者たちは全員が催眠家だと触れ込んでおります。それぞれが、フィーニクスに診療所を開設するつもりであり、ルクロンとしていたのとやや似たような形でわたしと提携したい、と述べました。1人は、8年生までの教育を受けていました。残る2人のうち、一方はインディアナ州の形而上学の学位工場から、もう一方はロサンジェルスにある学位工場から、金で博士号を買っていました。3人とも、口々にルクロンの診療所の様子を述べ、ルクロンの扱った事例を詳細に説明しましたが、それらはわたしも知っている事例でした。彼らがわたしに話したことの真実を疑う理由はありません。現在までのところ、3人のだれもフィーニクスに移ってきてはおりません。

　ルクロン氏が臨床実験催眠学会の会員として留まることが望ましいかどうか、非常に疑問に思いますし、同じく、機関誌の編集委員会のメンバーとして留まるのが望ましいかどうかも疑問だと思います。それ以上に、氏がカリフォルニアで立ち上げようとしている臨床実験催眠学会の特別支部も、この

支部の会員資格が徹底的に調査されるまでは、認めるべきではないと思います。

さらに準会員資格に関する問題がありまして、こちらはリチャード・N・クラーク〔住所を挙げてある〕のことです。

この内科医はたいへん有能で正直で誠実な人なのですが、軽率にも、チャールズ・エドワード・クック（なんの学位も持っていません）およびSF作家のA・E・ヴァン・ヴォークトが書いた『催眠ハンドブック』に、まえがきを書いてしまいました。

わたしはクック氏に会ったことがあり、手紙を交わしたこともあります。また、なんの訓練も受けていないこの素人治療者によって深刻な被害を受けたと思われる患者を、少なからぬ人数、診ております。クック氏はなんとかして、わたしに自分の本のまえがきを書かせようとしましたが、まったく職業道徳に反する間違ったことだと思ったので、断わりました。クック氏が確言したところによりますと、その本を執筆するにあたり、ルクロン氏から手厚い専門的助言や指導を受けたとのことです。この言葉の真偽は存じません。しかしながら、クラーク博士のまえがきが載っておりますし、この本が出版される前に、クック氏は確かに、クラーク博士がルクロン氏の発案でそのようなまえがきを書いていると言っておりました。臨床実験催眠学会の会員たる者は、断じてクックとヴァン・ヴォークトが書いたような本に名前を貸すべきではない、と考えます。

問題の本は、カリフォルニア州ロサンジェルスのグリフィン・パブリッシング・カンパニーが出版しておりますが、複数の人間から確かな話として聞いたところでは、これは自費出版だけを扱っている小さな印刷会社だということです。

この手紙の写しを、ミルトン・クライン博士、ハロルド・ローゼン博士、およびフランク・パティ博士に送ります。

敬具
ミルトン・H・エリクソン，M.D.

エリクソンは催眠を守ろうとたえず努力していた。1958年10月30日付の手紙も、催眠に対する無知な非難に対抗するために彼のとった処置を示すもう1つの例である。また、エリクソンがその誤った主張をもっと公の場で持ち出すのではなく、V・G・ヘンリーに宛てて中身の詰まった手紙を書き、感謝をこめた個人的な調子で結んでいることにも注目してほしい。

　ヘンリーはアメリカ臨床催眠学会宛てに手紙を書いたが、それは当時会長を務めていたエリクソンのもとへ転送された。エリクソンはフィーニクスで個人開業に追われながら、歩み始めたばかりの学会の地歩を固めるべく先頭に立って尽力し、機関誌の編集もしていた。それでもなお、危機感を覚えた会員の懸念にていねいに対応する手間を惜しまなかったのだ。

アメリカ臨床催眠学会気付　シーモア・ハーシュマン医学博士
V・G・ヘンリー・ジュニアより
1958年10月18日

親愛なるハーシュマン博士
　これを書いておりますのは、昨日わたしの手元に届きました、さる製薬会社発行の小冊子に掲載されている論文に注意を促すためです。〔出所を明らかにする情報が添えられている〕
　もしかするとそちらにも同じものが届いているかもしれませんが、この小冊子に収められている最後の論文には、1958年5月16日に、カリフォルニア州サンフランシスコで開催されたアメリカ精神医学会第114回年次大会において、B・T博士が発表した論文が引用されております。この論文によれば、T博士はカリフォルニア州ロングビーチで、精神科の個人開業をしているとのことです。以下に、この冊子に載っている彼の論文から何ヵ所かを引用します。
　（1）「催眠では、短期集中型の心理療法ほどよい結果が得られない」
　（2）「催眠は、そもそも個人の成熟を助けるものではない。それどころか、未成熟な段階に発達を固定してしまう」
　（3）「催眠の過程では、患者は現実に対する統制を放棄し、この重要な機能を催眠者にゆだねなければならない。かならずしもすみやかに、また健康

的なやり方で統制を取り戻せるとはかぎらない」

（4）「催眠では、むりに患者を退行させようとしなくても、それでも退行が起こる。本人が扱う準備のできていない感情を呼び覚ますことによって、多くの重篤な情緒障害が突然引き起こされることがあるのは、この過程においてである」

（5）「過去9ヵ月間に、わたしは催眠によって引き起こされた急性の情緒障害の患者を数名、診ている。この患者たちは、歯科麻酔として、あるいは情緒的問題の症状を除去するために、あるいは単なる余興として、催眠をほどこされていた」

（6）「催眠の危険性と効力の疑わしさを考えると、精神科では特にそうだが、一般的に言っても、催眠は心理療法の技法としてほとんど価値がないと思う。産科、外科、歯科において当たり前な麻酔法として用いるのは危険であると思う。子どもに対して当たり前に用いると、情緒的成長を妨げるのは必至である」

（7）「催眠は、自らの積極的な統御によって困難を解決する機会を奪い、受動的・幼児的な適応を押しつけるので、最大限の注意を払って用いなければならないと思う」

T博士の論文は、サンフランシスコ大会のすぐあと、インディアナポリスの新聞に引用されました。わたしが引用しているこの論文自体は、おそらく医師の、それにひょっとしたら一部の歯科医の手元に届くだけでありましょうが、依然としてT博士の考えが素人の目に触れる機会はあるわけです。うちの学会からだれか、エリクソン博士あたりが、こちらの立場からの説明を示して論駁してもよいのではないかと思うのですが、いかがでしょう。T博士が精神医学の分野で、あるいは内科医として、どのような立場の人なのかは存じませんが、彼の見解がわれわれ大部分の確信しているところと相容れないのは確かです。

敬具
V・G・ヘンリー・ジュニア，M.D.

V・G・ヘンリー・ジュニアへ
1958年10月30日

親愛なるヘンリー博士

　これでも催眠に関する文献や心理療法に関する文献にはかなり通暁しているつもりですが、わたしの知るかぎりでは、催眠に関連してT博士の名前を目にした覚えはありません。アメリカ医師会のプログラムに載っているのを見たのが初めてです。

　アメリカ精神医学会の名簿で見ますと、彼の受けた訓練に催眠の特別な訓練は含まれていません。論文を一読したところ、かなり独断的なことを言っていますが、催眠の使い方や本質についてなんにもわかっていないということだと思います。

　「催眠では、短期集中型の心理療法ほどよい結果が得られない」という言葉を挙げておられます。この言葉が正当と言えるのは、「わたしの経験では」という但し書きがついた場合にかぎります。確かに彼は、わたしの経験や、りっぱな成果を上げているその他多くの人々の経験から物を言うことはできないでしょうから。

　「催眠はそもそも個人の成熟を助けるものではない。それどころか、未成熟な段階に発達を固定してしまう」と言っています。これなど、信じられないくらい無知な発言です。催眠とは特殊な意識状態なのです。当然のことに、意識状態が人を成熟させたりいたしません。教育することもないし、年をとらせることもありません。単なる意識状態にすぎませんが、その状態において、人は心理療法を受けることができるのです。T博士が人を成熟させないということを根拠に催眠を批判するのは、人は水を飲んでも成熟しないと言うのと同じくらいばかげています。

　また、彼は、催眠の目的は成熟させることだと匂わせているようです。外科手術を受ける60歳の患者に催眠で知覚麻痺を起こすのは、成熟させるためだとでも思っているのでしょうか？　病的なまでになった嘆きや悲しみを癒すのにおこなう心理療法が、成熟の問題だと思っているのでしょうか？　癌患者を痛みや迫りくる死に適応できるようにしてあげることが、成熟の問題だと思っているのでしょうか？　催眠を用いた分娩が、成熟の問題だと思っているのでしょうか？　そもそもどうしてこんなことを言ったのでしょう。

　あなたが挙げておられる3つ目の引用文では、「催眠の過程では、患者は現実に対する統制を放棄し、この重要な機能を催眠者にゆだねなければなら

ない。かならずしもすみやかに、また健康的なやり方で取り戻せるとはかぎらない」と力説しています。こんなのを読むと、あまりにも事実に反しているので、いったいこの人は催眠の経験があるのだろうかと首をかしげてしまいます。

　4つ目の引用文のなかでは、患者はかならず退行すると独断的に述べています。またもや、いったいこの人は催眠の経験があるんだろうか、頭のなかで想像しているだけなんじゃないかと思ってしまいます。また、同じ引用文のなかで、重篤な情緒障害が引き起こされることもあるとも述べています。きちんとした精神医学の訓練を受けた者が、情緒障害を引き起こすことはないと思いますし、催眠は、当然ながら情緒障害を防ぐために用いられるのです。専門家が自分の専門の枠内で使うかぎり、害をもたらすことなどありえません。

　催眠によって引き起こされた急性の情緒障害の患者を数人診ている、という5つ目の発言について言えば、この人は催眠に関して自分の事例をデータとして出すのにも、同じくらい不注意なのでしょうか。過去の事実を報告する場合でさえ、容易に確かめられる発言の正確さに気を配らないのですから。

　催眠の効用を軽視していることに関しては、豊富な知識があって言うのならまだしも、なんの裏づけもない強い思い込みから物を言っているように見えます。

　特殊な意識状態が情緒的発達を妨げるなどというのは、それだけで相当思い切った発言で、信用を落としたくなかったらこんな言葉はうっかり口にしないようにするべきです。

　最後の文句、すなわち、催眠は受動的・幼児的な適応を強いる、というものに関しては、またもや、こんな拙劣でいわれのない考えをこの人はいったいどこで拾ってきたのだろうと思ってしまいます。

　けれども、医学の歴史は、他のあらゆる科学的努力の歴史と同じように、無知な輩の独断的な言明に満ちています。精神分析に対して浴びせられた数々の中傷的な言説を思い出します。われわれはみな「フルトンの愚挙」や「ライト兄弟の狂気」[※3]を知っています。わたしが今までに読んだなかで特におもしろかった「科学」文献の1つは、提案された新しい鉄道線路を時速15マイルで走行することの危険性について、大まじめに、「事実に基づいて」、

懇切丁寧に書かれた調査でしたが、人体はそのような風圧には耐えられないから、軽率にもそんなものに乗った人はすぐに窒息してしまうだろう、というのでした！　あいにく著者やこの論文の載っていた本を控えそびれてしまい、その後図書館のその書架のところへ行く機会もありません。でも、ほんとうに人を魅了する論文で、しかもものすごく論理的だったんですよ。当時はきっと単に読まれていただけでなく、かなり広く信じられていたのだろうと思います。

　またお便りをいただければうれしいです。

敬具

ミルトン・H・エリクソン, M.D.

―――――――

　1960年9月1日、ボルチモアの一般開業医、ウェスリー・エーデル医学博士（Wesley Edel, M.D.）は、肥満女性患者の事例について相談するために、エリクソンに宛てて手紙を書いた。検討してもらうために、たくさんの文書（手紙や報告書）を同封した。問題の患者は、以前、エリクソンもよく知っているある女性精神分析家の治療を受けていたが、この分析家は催眠に関して物議をかもすような見解を持っていた。アメリカ医師会の有力な立場にあり、医師会を催眠批判の演壇に利用した。

　エーデルの患者は、見たところ分析治療からなんの益も得ていないようだったし、エーデルによれば、分析家は「この患者に、催眠を使われることへの怒りや不安を植えつけた」。エーデルは続けて、「わたしは、暖かな、治療に有効な関係を築けたと思います」と述べている。エリクソンに対する質問は、自分が「この症例を続けていってもかまわない」かどうかについてだった。

ウェスリー・エーデルへ
1960年10月1日

親愛なるエーデル博士
　お送りいただいた事例の資料は、細心の注意を払って、よく考えて、検討いたしました。

この患者を扱おうという分別には、なんの疑問も持ちません。ご説明しましょう。

患者の親子関係には、破壊的な感情的相互作用がたくさんありました。その結果として、あなたの患者は過食になぐさめを求めるようになりました。これは、その当時は感情的な目的にかなっていました。年月が経つにつれて、この過食は習慣的パターンになりました。ついには、急場をしのぐのに使われる習慣になりました。なぜなら、それはしっかり身についた習慣であり、状況とは無関係なので修正されることもなかったからです。それゆえ、いつなんどきにも、どんな種類のストレスに対してでも、手軽に使われるようになっていたのです。

心臓病によくない活動についてＲ博士が持ち出したまったく不適切なたとえより、もっとずっと適切で意味があるのは、次のようなたとえです。

12歳の少年が、親に反抗して、こっそり納屋の裏へ行ってタバコを吸います。15年後、彼は習慣としてタバコを吸っています——いかによく適応していようと、その15年間に受けた「児童分析」と「成人精神分析」で徹底的に「精神分析」されていようと。

両親への反抗はなくなっていても喫煙を続けますが、タバコへの嗜好が身についてしまっているので、これからもその習慣を持ち続けるでしょう。ストレスに会うとタバコに火をつけるでしょう。それがパーソナリティの防衛だからではなくて、ストレスに会ったとき、人はなにかをする必要があるし、喫煙はさらなる行動の開始の象徴的行為だからです。

患者が葛藤なしにタバコを吸っているからといって、喫煙に関連した健康上考慮すべき事柄が問題にならなくなるわけではありません。しかし、それは習慣なのであって、その他多くのあらゆる種類の行動パターンが習慣化し、有害な習慣として正される必要があるかもしれないのと同じです。

さて次は、あなたの患者とあなたが彼女にしている治療についてです。

あなたの患者には長年続いている習慣があります。それは、子ども時代やごく若いころとは違って、もはやパーソナリティの防衛ではありません。ほかのもっとよい学習がなされないところで持続している不必要な習慣なのですが、それ以上に、当人の身体への負担となっているのです。そのようなものとして直すべきなのであって、肥満を直すとほかの問題が出てくるとか、

肥満がほかの問題を取り除くのだというようなでたらめをわざわざ吹き込みでもしないかぎり、肥満の解消がパーソナリティの問題を強化するとは考えられません。たとえば、糖尿病の患者を、血糖の増加によってできたおできを糖尿病が治るまでそのままにしておくようにしむけるべきではありません。おできを切開して膿を出すという当面の問題を扱い、しかるのちに糖尿病の治療を開始するでしょう。R博士の警告は、こう言っているのと大して変わりません――「大酒飲みの酩酊状態は、基底にあるパーソナリティの問題を根絶するまで直してはいけません」。言い替えれば、患者を酔っ払った(あるいは肥満した)ままにさせておいて、この先数年間「精神分析」をしなさい、というわけです。

長年しっかり持続している習慣を取り除くと、かならず新しいもっと悪い症状が出る、ということに関しては、考えることをしない人が後生大事にしている、あのおなじみの敗北主義的な迷信を調べてみましょう。

痛む歯や欠けた歯という症状を除去したせいで、踵を骨折した患者なんて聞いたことがありません。何千、いや何百万もの頭痛が、もっと悪い症状をきたすことなく取り除かれています。無謀な自動車事故で骨折した腕を直したからといって、けっして(と断定的に申し上げます)取り除かれた腕の骨折という症状が両足の骨折と置き換わったりしません。考えてもごらんなさい、医学や歯学の多くは、実際上、症状除去に基礎を置いているのです。

治療に対するもっとずっと賢明な理解の仕方は、不必要な病気やくせや習慣を取り除いてやれば、道が開けて、患者が必要としているかもしれないその先の(あるいはより深い)治療が可能になる、という考え方です。

あなたの患者について言えば、ずっとむかしに作られた習慣によって維持されている、じゃまっけな脂肪の層を取り除くうえで、ぜひとも本人に手を貸してもらい、協力してもらうことをお勧めします。きっとあなたは彼女に向かって、体重が正常であれば両親との関係がよくなる、などといったたぐいのことはおっしゃらないと思います。そんなことを言うのではなく、きっとこう言うだけでしょう。「そして、さあ、何トンもの物を持ち運ぶのに力を使ったり、その何トンもの物を維持するのに時間を使ったりする代わりに、今度はその力と時間を、あなたのパーソナリティの必要にもっと効果的に対処するのに役立つように使うことができます。体重問題に力と時間をすり減

らしていたときより、もっとずっと効果的にね」

　あなたは一般開業医なのですから、患者の必要を満たしてやる資格があります。いや、義務があります。「ひどい日焼けのことはほんとうにお気の毒ですが、あなたはパーソナリティにいささか欠陥があるせいで、日光に身をさらしすぎてしまったのですから、十分な年月をかけて精神分析を受けて、パーソナリティの深奥に隠された根深い自己破壊的傾向を正すまでは、症状として治療してはなりません」──事実上、こんなことを言うのではなしに。

　科学のほかの分野ではどこでも、新しい考えや新しい発見がいつも喜びをもって迎えられ、それがまた新しいいっそう優れた考えや発見を追い求める刺激になっているのに、精神医学ではなぜそうではないのでしょう。われらが友人、R博士がしきりと教えているがごとく、ひとたび発表された言説は、いつまでも最終的な宣言であり続けなければならないのです。たとえば、1890年に、フロイトはある所説を述べました。今日、彼の信奉者たちは何年何十年をただ流れるに任せ、最初に述べられた所説や理解からこれっぽっちも逸脱したがりません。なぜなら、彼らにとっては、過去のその宣言が未来永劫の絶対的真実だからです。多くの「精神科医」がそのように考え、そのように教えているのです。

　末筆ながら、あなたとあなたの患者さんのご健闘を祈ります。あなた方は、その患者の成功と幸福という共通の目標を達成するためにともに努力しているのです。

　儀式的な信念を固持しようとする人々の誤った考えが、科学の進歩に屈しますように。

　　　　　　　　　　　　　　　　　　　　　　　　　　　　敬具
　　　　　　　　　　　　　　　ミルトン・H・エリクソン，M.D.

────────

　エリクソンは、足専門医にも、彼らの仕事の枠内で催眠によって意思疎通する方法を使うことを教えた。それも、医学界の支配者層の多数が、足病学を好ましく思っていなかった時代のことである。

　足専門医のチャールズ・オーモンド（Charles Ormond）は、ある同業者が用いてい

るフット・ストラッピングと称する過激な手法に懸念を抱いて、エリクソンに手紙を書いた。オーモンドは、この手法の効力は、実際に身体にほどこされた技術よりはむしろ暗示によるものだろう、と考えた。オーモンドの手紙は、自分たち夫婦が、以前、自宅でのチキンのディナーにエリクソンを招待したときのことに触れるところから始まっている。

チャールズ・オーモンドへ
1962年2月26日

親愛なるオーモンド博士
　なにはさておき、あの最高の団子入りチキン・シチュー(チキン・アンド・ダンプリング)を用意してくださった方によろしくお伝えください。
　フット・ストラッピングに関するお便りのことですが、医療の領域には、足にほどこすなにか特別な手当てをほどこすのを中心とした、奇跡の治療法を奉じる新しい一派が周期的に出現します。前にあったそのような治療法で思い浮かぶのが2つありますが、1つは、デトロイトに近いカナダで営業を始めた踵ねじり療法で、痔からふけ症まで、なんでもかんでも踵の関節をいじって治すのでした。もう1つは「足の裏ツボ療法」で、足の裏のさまざまなツボをしかるべくもんだり押したり叩いたりして、なにからなにまで治すのでした。どちらのブームも1年か2年続き、評判のよい男たちが踵ねじり療法師やツボ・マッサージ師になるために医業を投げ打ち、やがて熱狂の波が引いてみると、こんなことさえなければ聡明で通っていたはずの大勢の人々が素寒貧になって途方に暮れており、身を滅ぼした専門家もいたのでした。
　わたしとしては、その男の熱狂的な自信と人心を巻き込む熱意が、効果的な心理療法になっているのではないかとしか申し上げられません。信じようとする決意はおそろしく強い力ですし、多くのいかさまは、真剣な、本心からの信念においておこなわれるのですが、それでもやっぱり偽りであり、いかなる信念をもってしても科学的なものにはならないでしょう。
　わたしが守っており人にも勧めているのは、そのような人々には近づかない、ということです。ブームというのは少しすると息絶え、それからまたなにか新しい装いをして息を吹き返すものです——踵ねじり、足裏マッサージ、

フット・ストラッピング、お次はなんでしょう？

あなたと奥さまがシアトルで楽しくお過ごしになれるといいですね。

敬具

ミルトン・H・エリクソン, M.D.

次に収めたクリフォード・モーガン博士（Clifford Morgan, Ph.D.）宛ての手紙だが、この件に関する手紙はこれ以外になく、エリクソン夫人にも、この時期に論文要録の執筆や編集に関する動きがあった覚えはない。エリクソンの要請に対する返信は記録に残っておらず、彼は『心理学論文要録（Psychological Abstracts）』に力添えしなかった。

クリフォード・T・モーガンへ
1963年1月25日

親愛なるモーガン博士

『アメリカの心理学者（The American Psycholpgist）』の最近の号に、ここ数年、催眠に関する論文が十分に取り上げられていないという意見が載っておりました。医学、歯学などの科学ジャーナルに続々と論文が発表されていることを考えますと、たいへん残念なことだと思います。そこで、この点で『心理学論文要録』のお役に立てたらと思う次第です。

当方の資格ですが、アメリカ精神医学会、アメリカ心理学会、アメリカ精神病理学会を始めとする諸学会の会員です。

わたしは、1930年代の初めから1940年代の終わりにかけてのおよそ17年間、『心理学論文要録』のために、定期的に医学および心理学の論文、本、ジャーナルの抄録を作っておりました。それに、犯罪学の研究を幅広くおこなったことがありますので、そちらの文献の抄録も作っておりました。

『アメリカ臨床催眠学雑誌』の抄録を定期的に提供させていただきたいと存じます。これにつきましては、なにぶんわたしが編集長でありますので躊躇なさるかもしれませんが。また、『国際臨床実験催眠学雑誌』の抄録も作らせていただきますし、迅速な仕事をお約束します。そもそも抄録作りをや

めたのは、病気でできなくなって、それが長引いていたためと、その後は心理療法の個人開業を始めるのに全精力をとられてしまったためでした。

わたしは、スペインの催眠ジャーナル2誌の編集長と文通しておりますし、わたしの編集しているジャーナルのために、世界じゅういたるところから定期的に抄録を受け取っております。

できればぜひお手伝いさせていただきたいと存じます。

直接ご照会いただくには、次の方々にお問い合わせください。カール・P・ロジャース博士（Carl P. Rogers, Ph.D., ウィスコンシン大学心理学および精神医学部）、アーネスト・R・ヒルガード博士（Ernest R. Hilgard, Ph.D., スタンフォード大学）、ロイ・M・ドーカス博士（Roy M. Dorcus, Ph.D., カリフォルニア大学ロサンジェルス校）、ドナルド・G・マーキス博士（Donald G. Marquis, Ph.D., マサチューセッツ工科大学）、ノーマン・R・F・マイアー博士（Norman R.F. Maier, Ph.D., ミシガン大学）。いずれもわたしの編集スタッフではありません。ご質問があればなんなりと喜んでお答えいたします。

ぜひともお役に立たせていただければと存じます。

もし、わたしが編集長だということで抄録を任せるには不適切だとお考えでしたら、現在はオクラホマ大学、以前はスタンフォード大学におりました、アンドレ・M・ワイツェンホッファー博士をご推薦申し上げたく存じます。ワイツェンホッファー博士はわがジャーナルの共同編集者で、抄録作りにかけては幅広い経験の持ちぬしです。

お返事をお待ちしております。

敬具

ミルトン・H・エリクソン, M.D.

同封：『アメリカ臨床催眠学会雑誌』編集発行人欄。

アメリカ臨床催眠学会の著名な会員、シェルドン・コーエン医学博士（Sheldon Cohen, M.D.）は、1975年から1982年まで、学会機関誌、『アメリカ臨床催眠学雑誌』

の第3代編集長を務めた。エリクソンは、コーエン博士への手紙で、ジャーナルのためにある本の書評を依頼しているが、それは博士から引き受けてもよいとの申し出を受けていたからであった。書評の依頼に続いて、エリクソンはコーエンが薬物の毒性に関する論文を発表したことについて祝いの言葉を述べ、薬物反応に関わった自分自身の経験を語っている。

シェルドン・B・コーエンへ
1963年12月23日

親愛なるコーエン博士

　ついでながら、『ペニシリンに起因する脳損傷』で医学上の啓蒙に貢献してくださったことに対し、心からの感謝の意を表したいと思います。この論文が『JAMA（訳注：Journal of American Medical Association, アメリカ医師会雑誌）』に発表されたことを、たいへんうれしく思います。薬物への反応によって起こる急性脳症候群は、平均的な内科医が思っているよりはるかに頻繁に見られるもので、つねにと言っていいほど誤診されていると思います。

　わたしも何回か、精神医学の顧問医師として呼ばれていったとき、その症状は薬物に対する中毒性の譫妄状態だとわかり、薬物を切ったところ症状がおさまった、という経験をしています。

　たとえば、わたしはリブリューム（訳注：クロルジアゼポキシドの商品名）は比較的安全な精神安定剤だと考えており、ときどき処方します。ところが次のような事例で、助言をするために呼ばれたのです。若い男性で、基本的には安定しているものの、家庭内にかなりの緊張があって、別の医師からリブリュームをもらって、ほんのときどき少量を服用していました。ある晩、わたしの息子の目の前で1カプセルを飲んだところ、突然「気を失い」始めました。息子と男性の妻が近くの病院の救急医療室に連れていったのですが、もう少しで入院手続きが終わるというときに突然意識を取り戻し、失見当識をともなう急性譫妄状態を呈しましたが、あとで話を聞くと明らかに中毒性のものでした。病院の受付係は、すぐさま、病院の方針として精神科患者は入院させられないと言い出し、担当の内科医を呼ぼうとすらせずに、サナト

リウムか警察へ連れていくように勧めました。息子と妻は男性を私立の精神病院へ連れていき、入院はさせてもらえましたが、はっきり精神病と診断され、妻は、おそらく長期の入院とショック療法が必要になるだろうと告げられました。その場合は、3日間は私立病院に入院させるにしても、経済的な事情を考えると、その後は州立病院に頼るしかない、と妻は腹をくくりました。ところが翌日になってみると、若者はわななき震えてはいたものの、完全に意識清明で見当識もしっかりしており、退院となったのでした。わたしはそのとき彼に会ったのですが、明らかに中毒性の残遺症状を呈しており、急速に回復しつつありました。それ以来（3年前のことです）彼はけっしてその薬には手を触れず、並外れて優れたバランスと分別を見せています。

　また、抗生剤がもとで長期にわたる脳障害を起こした、非常に重篤な事例も2例、見たことがあります。一方の患者は、この薬剤が原因で重い脳炎になりました。神経学的徴候は局所的なものだったのですが、ことによると、薬剤がパーソナリティを攪乱したために、全身化したのかもしれません。もう1人のほうは、最終的には完治したものと思います。また、抗ヒスタミン剤に対する反応により、1ヵ月にわたって完全な身体的虚脱状態に陥った事例も診たことがあります。医師は気を悪くしましたが、わたしは患者の夫を別の内科医（わたしの患者）のところへ行かせました。この医師は、抗ヒスタミン剤は一切投与しないと請け合いました。しかし、クロル＝トリメトン〔抗ヒスタミン剤〕に関してはわたしが間違っているのだろうと判断したものですから、彼女はまたもや入院しなければなりませんでした。今では、夫はアスピリンやベーキング・ソーダでさえわたしの許可なしには摂取させようとしません。顧問医師たちに処方させないでおくためには、許可をもらうのをあきらめて、夫に署名させて彼女を病院から連れ出させるしかありませんでした。

　その女性は、今はもうだいじょうぶです。

　ある友人が開業したばかりのころ、美しい若い女性に、頭痛がするのだが、アスピリンに過敏なのでそれは処方しないでくれ、と言われました。彼は自分のほうがよくわかっていると考えて、女性にうそをつき、5分後、警察と葬儀屋を呼ぶはめになりました。彼は「薬品に対する特異体質」をすごく気にしてはいるのですが、その言葉を赤い大文字で書いて、カッコに入れて、

そのカッコに骸骨とぶっ違えの骨のマークを添えてはいないのです。

　また、さほどむかしのことではありませんが、地方州立病院のある研修医は、ペニシリンを打たれたら死んでしまうという女性の言葉を一笑に付しました。注射されて5分後、女性は死亡しました。

　ですから、なぜわたしがあなたの論文を気に入ったかおわかりでしょう。

　問題の本について、ご決断をお待ちしています。興味を持っていただければと思います。

　　　　　　　　　　　　　　　　　　　　　　　　　　　敬具
　　　　　　　　　　　　　　　ミルトン・H・エリクソン, M.D.

　A・レヴィツキ（Levitsky）は、尊敬されている専門家仲間で、当時エリクソンとともに『アメリカ臨床催眠学雑誌』の編集に携わっていたが、重い精神障害の非常にやっかいな症例をエリクソンに提示した。それに対して、エリクソンは自分の2つの症例を引き合いに出したが、そこで彼が持ち出した治療法は目をみはるようなものであった。患者を治療する際、エリクソンがどこまでやるかは尋常の範囲を越えていた。エリクソンの用いたような治療法をレヴィツキが実行できたとは思いがたい。

　エリクソンの治療法は、専門家にふさわしい尊厳を保つための適正な「配慮基準」にかなっていたのだろうか？　エリクソンの治療法はどのように正当化できるのだろうか？　ここには、明確にできる臨床的な論点がたくさんある。エリクソンは、生命に関わる事態で治療にあたっていた。そのようなとき、第一義的な問題は、専門家の尊厳ではない。患者の健康である。エリクソンのとった手段は極端であったが、患者は極端な問題を抱えていたのだ。治療法の熾烈さは問題の熾烈さに比例する、という見解をとることもできるだろう。

　現代の臨床家でエリクソンのしたようなことをする人はいまい。現代の倫理はそのような治療を禁じている。では、われわれはエリクソンの方法の倫理をどのように理解すればよいのか？　それは、目的が手段を正当化するということではなく、エリクソンの技法を現代の倫理というレンズで見ることはできない、ということだ。今日、利用できるさまざまな精神医学的介入法は、エリクソンの時代にはまだ開発されていなかったのである。

　エリクソンが資質を重視していることに注目してほしい。患者は、治療の達成に必要な

資質を自らのうちに持っている、と彼は確信していた。病的な思考法を変える心理的な力を持っていると確信していたから、ただ、自分の考えは不健全だという事実に反駁の余地なく直面させられるような状況に患者を置いたのだ。エリクソンは、患者には活性化されうる生物学的な資質が備わっていると確信しており、自分の思い切った方法は患者に内在する自己防衛機制に訴えるものである、ということに特に言及している。彼の意図は、患者に一杯食わせることではなくて、隠れていた能力を経験を通して発見させることであった。

　ハーバートの症例（訳注：6月11日付の手紙に述べられている男性の症例のこと）は、『ミルトン・H・エリクソンとの会話　第1巻』（Haley, 1985）、『アンコモンセラピー』（Haley, 1973）、『私の声はあなたとともに』（Rosen, 1982, 邦訳：二瓶社、1996年刊）の3本に記述されている。

A. レヴィツキより
1963年5月23日

親愛なるミルトン

　一縷の望みをかけて、あるむずかしい心理療法の問題についてご相談したいのです。いくらあなたでも、どうしてくださることもできないかもしれません。それは重々承知していますが、たとえそうでも、失うものはなにもないでしょう。

　問題の症例は、3年ほど前に精神病を発症した30歳の長老教会派の牧師で、わたしどもの病院に入院しています。彼は、神に物を食べるなと命令されているという妄想を持ちました。抑うつ的になり、自殺のおそれがありました。おそらくもっとも適切な診断は、パラノイアの特徴を備えた精神病性のうつでしょう。もっとも、パラノイアの要素は見きわめにくいのですが。

　家族的背景　父親と母親はきわめて知的な、「感じのよい」人たちです。息子の病気を心から心配しています。極度の完璧主義を自覚しています。わたしが見きわめえたもっとも病的な要素は、家の内外を裸で歩きまわるこの家族の習慣ですが、これは、そのほかのなんとなく清教徒的で、いささかポリアンナ的な[※4]態度とはそぐわない「リベラリズム」です。とはいえ、何

度も接しているうちに、この両親を好きになってしまったと言わざるをえません。

治療経過 治療を開始して１年半になります。わたしどもは変則的な方法をとっており、３人の治療者で複式治療をしていますが、いずれも男性です。そのうちの１人、ミラー博士は、臨床心理学者であるとともにメソジスト派の牧師でもあります。

1. 最初のうち、患者はとてもよい関係を作り、心理療法で再先のよいスタートを切るかに見えました。
2. しかし、まもなく食物強迫がぶり返し、物を食べないという決意を貫けないことにひどく打ちのめされて、かなりきわどい自殺企図をしました。奇異になり、糞尿を垂れ流し始め、ごみバケツをひっくり返すとか、他患や職員に向かって時折、本気でないジャブを出すといった拒絶症的行動を示しました。しかし、つねに接触は保たれており、思考障害をきたすことはありませんでした。何ヵ月ものあいだ面接を拒み、わたしどもは病棟へ出向いては、拒絶に会って引き上げるのみでした。
3. 数ヵ月間、彼は経管栄養とさじによる介助で養われていました。
4. １年前に、めざましい回復を見せ始めました。定期的に自宅へ外泊するようになり、社会的活動をたくさんやり、ときどき治療者といっしょに昼食をとりに外出しました。病院内の責任のある仕事をあてがわれましたが、きちんとこなしました。大学の授業に出て、よい成績で及第しました。わたしどもは大いに元気づけられました。
5. つい最近、突然事態が悪化しました。８日間の外泊許可を得て、牧師のための卒後セミナーに参加していたのですが、自分の問題の一部についてグループで討論し、自分は「誠実に」行動してこなかったという思いを抱くようになりました。自殺念慮が再燃し、わたしどもは現在、自殺予防措置をとっています。

要約 彼のメインテーマは、自分は物を食べないよう要求されたのであり、クリスチャンとして真に誠実であるならば屈服してはならなかったのだ、というものです。むりやり食べさせられるのはかまわないが、自分でとって食

べるのはいけない。したがって、自分はとうてい許されない罪を犯してしまったのであり、なんの見込みもない、というわけです。この患者は、ほんとうによくなる前に、なにか重大な危機を切り抜ける必要があるような気がします。神の恩寵を受けている状態に戻れると感じるためには、非常に深刻な試練、ことによると罰のようなものが必要そうなのです。

　以上の話から、なにか助言していただけるかどうかわかりませんが、わたしどもとしては、ちょっと行き詰まってしまった感じなので、どんなご示唆でもいただければたいへんありがたいです。最近のある面接の要約を同封します。1つはわたし自身が要約したもの、1つはミラー博士のもの、1つは患者自身のものです。お返事をいただけますか？

敬具
A・レヴィツキ, Ph.D.

A・レヴィツキへ
1963年6月11日

親愛なるエイブ

　5月23日付のお便りについては、うんと考えましたが、精力は注ぎ込みませんでした。7月号のまとめ組み校正刷りの最終版を訂正しているところなのです。おまけに印刷業者を変えたので、締め切りが変わって前より早くなってしまいまして。

　あなたの患者のことですが、実質的にこうしたらと言えるようなことはありませんが、例ならいくつか挙げられます。

　アーサー・P・ノイエス医学博士（Arthur P. Noyes, M.D.）は、ロードアイランド病院の院長でした。ある女性患者が、神に栄養物の摂取を禁じられていると主張していました。経管栄養をほどこしても、そのたびにすぐ嘔吐してしまい、どんどん体重が減っていきました。ノイエス博士は、きみが担当しろ、なにをしてもいい、と言いました。

　わたしは実効性のある方法をとりました。患者にパンティーをはかせ、なまのタラ肝油をたっぷり含んだ高カロリー液体栄養食の入った水差し、経管栄養用のチューブ、わたしの計画をおもしろがってくすくす笑っている看護

師たち、それに、砕いた氷の入ったいくつかの大きなバットと空のバットを1つ用意していきました。

　患者は、わたしに経管栄養をほどこされるがままになっていましたが、すぐにぜんぶ吐き戻しました。わたしはそれを空のバットに受け、水差しに戻し入れて、ふたたび経管栄養をほどこしました。吐き戻されると空のバットに受けました。それを水差しに戻し、今度はきみも戻さないでおくだろうと請け合って、胃に注ぎ入れました。わたしがチューブを抜くと、合図を受けた看護師たちは、てのひらいっぱいに氷をつかんで思いっきり彼女の身体をこすり、おまけにパンティのなかにも詰め込みました。

　患者は看護師から逃れようとしましたが、そうするには相手はあまりにも打ち興じていました。そのうえ、今まで何度となく床にモップをかけさせられたお返しもしていたのです。40分後、看護師は身体を拭いて服を着せてやりました。わたしは戻っていって（立ち去る前、15分ほど様子を見ていました）、その女性に、吐瀉物を二度も胃に流し込まれたことでわたしをどう思っているか、端的なわかりやすい言葉で述べさせてやりました。こちらはなんの説明も言いわけもしませんでした。

　次の経管栄養の時間になると、わたしはふたたび全装備と看護師をともなって彼女のところへ行きました。

　女性は冷たい一瞥をくれると、主なる神は食物の罪深さという重荷をおまえの肩に移したもうた、と宣言し、グラスを要求して中身を飲み干し、なまのタラ肝油の味と、わたしの食物の整え方の見識のなさについて、称賛とはほど遠い意見を述べました。

　次の食事のときは、ほかの患者たちといっしょに食卓につきました。

　でも、彼女がわたしに好感を持ったとは思いません。

　次の症例は、6ヵ月ものあいだ、日夜、病棟の一隅にねまき姿で立っていた男性です。自分には生ごみを入れる管など一切ない、管がない以上、始まりもなければ終わりもないわけで、どうして床が糞尿で汚れるのかわからない、と妄想的主張をしていましたが、それにもかかわらず1日に2回、経管栄養を受けていました。

　1週間のあいだ、わたしは定期的に経管栄養をおこない、そのたびに、次の月曜日、きみはまちがいなく喉と胃があるという証拠を自分の内側から受

け取るだろう、と話しました。

　その月曜日、わたしは慎重に経管栄養をほどこし、きみはすぐにも喉も胃もあるという証拠を自分の内側から受け取るだろう、と言い添えました。彼はいつものように、経管栄養なんてフーディニーの曲芸と同じで、まったくの見せかけにすぎないと主張しました。

　その朝の経管栄養食には、いつもの高カロリー液体栄養食のほかに、多量の重炭酸ソーダとなまのタラ肝油が入っており、わたしはそれを、胃に確実に空気が押し込まれるようにするために、間隔を空けながらチューブに注ぎ込み、仕上げに酢を加えました。

　チューブを抜いてから、なまのタラ肝油の匂いがする最初のげっぷが出てくるまでにそう時間はかかりませんでした。

　その日の夕方、二度目の経管栄養の時間がやってくると、わたしは2つの食餌をたずさえていき、もしまだ喉と胃がないのなら、今朝やったのと同じように経管栄養をするつもりだが、喉と胃があるのなら、もう一方の水差しの中身を飲むこともできる、と言いました。彼は口達者に答えました、「くそっ、あんたの言うとおりだよ、おれには腹も喉もある。1日中、腐った魚のげっぷが出てたんだ」。

　彼はもう1つの水差しの匂いをかぎ、自分にチューブを挿入して流し入れました。

　この協力的な行動から数日すると、わたしは、もうじきベッドで横になって寝る方法を教えるつもりだ、と毎日言い始めました。

　どんなふうにしてやったのかというと、彼を空っぽの水治療法用の浴槽に入れて、抑制カバーをかけたのです。こうして、ベッドでこそありませんでしたが、彼は寝ていました。でも、わたしは、格別状態の悪い騒がしい患者が両隣の浴槽に入れられるようにとりはからいました。毎朝、彼は病棟のいつもの隅に陣取って、自分で自分に経管栄養をおこないました。

　しまいに、わたしは病棟か個室のベッドのどれかを選ぶように言いました。彼はもぐもぐと、どうせ一晩じゅう仰向けに寝ていなければならないのなら、いつも金切り声をあげている「きいきい野郎ども」といっしょに空の水治療法用の浴槽を使うより、ベッドを使ったほうがましだ、と言いました。

　彼はいつもものすごく用心して、自分の排泄した大便や小便の溜りに足を

踏み入れないようにしていたので、わたしは、きみが腸の出口を持っていることを教えてあげよう、と言いました。彼はこの考えをあざけり、わたしが下剤を混入したことには気づかずに自分で経管栄養をしました。

それから、わたしは無抵抗の彼をベッドに仰向けに抑制しました。あちらは「あんたのお気に入りの水なし浴槽に逆戻りか」とあざけっただけでした。

わたしは夜勤者に、30分ごとに巡視するように、しかしどんな懇願にも耳を貸さないように、という指示を残しておきました。

翌朝解放されると、彼は一直線に病棟のトイレに向かいました。あいにく鍵がかかっていました。看護人が合う鍵を見つけようとしてポケットを探っていると、看護人とそのご先祖のことを精魂傾けて達者に描写しましたが、ほめている描写は1つもありませんでした。

彼がようやく便器に座り込むと、わたしは出ていって、きみは腸の出口を持っていない、としつこく主張しました。彼は、こちらがしゅんとしてしまうようなあざけりをこめて、いったいおれが今なにをしてると思ってるんだ、と言いました。

このころには、わたしは経管栄養をやめるのがよいと思うようになっていたので、1週間のあいだ、いついつの月曜日の朝、鍵のかかった朝食室に牛乳の入ったグラスが2つと水の入ったグラスが1つ置いてあるだろう、と説明して聞かせました。彼は、神に飲み込む力を取り上げられているので、牛乳や水に興味を持つことはない、と言いました。

いつものように経管栄養食をとりましたが、わたしがアトロピンと塩をどっさり入れておいたことを知りませんでした。わたしは、彼の部屋に鍵をかけ、洗面所(トイレ)に鍵をかけ、すべての噴水式水飲み器の水を止めておくように指示しました。

翌朝、彼は洗面所に行かせろと言ってドアをどんどん叩きました。洗面所は鍵がかかっていました。今度は水飲み器に突進しました。水は止まっていました。朝食室へ飛んでいき、ドアを開けろと要求しました。看護人が開けてやると、そこにいるわたしを素通りして駆け込んできて、3つのグラスを空にし、もっとよこせと要求しました。わたしは、固形物を食べることを教えるのはいつがよいかという質問で切り返しました。彼はじろりとにらみつけると、すべての支系にいたるまで、わたしの家系図全体について痛烈な意

見を述べ始めました。ご先祖さまのだれ一人として、ほめてもらえるようなことは1つもありませんでした。彼の形容詞の豊富さは驚くばかりでした。

それから、わたしは、自由意志で飲み込むことでこんなにいいスタートを切ったのだから、せっかくやり遂げたことをむだにするべきではない、と言いました。

そこで、その日（寒いロードアイランドの真冬でした）、暖かく着込ませると、運動場を行ったりきたり行進させました。本人が飲むと言ったときはいつでも介護付添人が水を与えました。

その晩は、食事もしないうちに文字どおりベッドに倒れ込んで、たちまちぐっすり眠ってしまいました。

翌朝、2人の看護人に厨房の一番いい匂いのする隅に引っぱっていかれ、1日中そこに立って、匂いをかぎ、よだれをたらし、生ぬるい水だけをもらっていました。

その晩、寝ようとしてベッドに倒れ込んだとき、わたしは朝食になにを食べたいかとたずねました。鋭い目つきでこちらを見てから、こう言いました。「ハムと、卵と、トーストと、ステーキと、ハッシュド・ブラウン・ポテト（訳注：ゆでてつぶしたジャガイモを平たく伸ばしてかりかりに揚げたもの）と、ゼリージャムと、牛乳と、コーヒーと、パイと、果物」

彼は早めに朝食をとることを許され、そのあと、わたしはよい匂いのたちこめている厨房の隅に連れていきました。

コック長はすばらしく温かい心を持った陽気な女性で、ものすごく太っていました。わたしの指示に従って、自分の「誕生日」のための特別のごちそうを用意し、患者のそばにテーブルを据えて、席を2つしつらえ、「内輪の」お祝いに加わらないかと誘いました。彼はそうしました、それも堂々とした態度で。

わたしは彼に厨房の作業をあてがい、まもなく彼の体重は精神病になる前の240ポンドになりました。それが80ポンドにまで落ちていたのです。

彼は患者としてはお役ご免となり、コック助手として雇われて、そこで15年間働き、60代後半に冠状動脈血栓のため急死しました。

ロードアイランドを訪れたときにはいつもハーバートのところに立ち寄り、2人して、わたしの使った方法を何度も心から笑い合ったものです。

症状にうまく対処できて、反感で始まった人間関係もやがては温かい友情に育っていく、そんな手立てを思いつくのに、ひょっとしたら上記の話がなんらかの点でご参考になるかもしれません。

　吐瀉物を胃に戻したことで、あの女性がわたしを許してくれるまでには何ヵ月もかかりましたが、最後には愛情深い友人になってくれましたし、彼女もまたわたしの使った手段を笑っていました。

　思うに、精神病とは熾烈なものであって、有無を言わせぬやり方で患者の必要を満たすのに役立つ、同じように熾烈な手段をしばしば必要とするのです。

　あの女性は吐きたかったわけではありません。神がそうさせたのです。本人にはどうすることもできなかったのです。だから、わたしは二度吐き出されたものを彼女の胃に戻し入れたのです。そして、もし忘れられないような体験をしたかったら、砕いた氷で顔を洗われながら同時に背と腹をこすられ、おまけに股ぐらにも氷を入れられてみることです。

　いかにも、わたしは心理療法的なおしゃべりをしましたが、そのとき彼らはわたしに注意を払う用意が十分できていたのです。

　いついかなるときにもきわめて重要なのは、見た目にはどんなにばかげたことをしていても、精神病ではないおのれ自身をしっかりと保ち、けっして見失わないことです。この手の治療においては、このことが最高の力を発揮するのです。

　あなたのこの患者について言えば、これまでの治療は彼の病的な主張に対してあまりにも思いやりがありすぎ、従順すぎて、だからうまくいかなかったのです。おれの大事な「誠実」はかけがえのないものなんだから、自分の世界がそれを中心にまわることを要求してもいいんだ、などという言い分がどうして受け入れられてきたのでしょう？　どうして彼は、「与えることと受け取ること」に関する自己流の考えを尊重してもらい、ひとさじひとさじ養ってくれという傲慢な要求に、美徳を見いだし続けなければならないのでしょう？　せめて、他人の目から見れば、こんなのは「誠実を保とう」とする謙虚な試みとして受け入れてほしいという願いなんかではなく、奴隷のように奉仕してくれという尊大な要求に見えるのだ、ということをわからせておやりなさい。

わたしは彼らの間違った行動に敬意や思いやりをかけたりせず、内在する生得的な自己防衛欲求や、自己防衛について学習してきたことのすべてに訴えかけたのだ、ということにお気づきになるでしょう。

　同じような症例をいくつも挙げることができますが、そのどれにおいても、患者の病的行動は無慈悲に否定され、わたしの病的ではない行動が優勢となり、彼らの内なる自己防衛欲求は回復状態に至るまでに高められ、みんな最終的には友だちになってくれました。

　お返事が遅くなって申しわけありません。なにせ、えらく忙しくて。

敬具
ミルトン・H・エリクソン, M.D.

―――

　アメリカの心理学者、スタンリー・ミルグラム（Stanley Milgram）は、心理学史上特に有名な実験の1つをおこなった。ナチスドイツにおける盲目的な忠誠という現象に当惑したミルグラムは、権威への服従の力学を研究した（1963, 1965a）。一連の実験のなかの中心となる実験において、「先生」役の被験者は、単語リストの暗記をしていることになっているサクラの「生徒」に、電気ショックを与えた。「生徒」が間違いを犯すごとに、ショック（本物ではなかったが、被験者はそのことを知らなかった）の電圧が上げられた。「生徒」が（身体を固定されている椅子から）「出してくれ！」「心臓がおかしいんだ！」と懇願するふりをしたにもかかわらず、全員男性からなる被験者のうち65パーセントの者が、装置のパネルに表示されている「危険」電圧域にまで達する（偽の）ショックを与えた。計画どおり続行せよという実験者の要求に従ったのである。ミルグラムは、権威への服従は行動に多大な影響を及ぼす、と結論づけた。

　ミルグラムの実験に対して、大論争が巻き起こった。多くの人々がこの研究の被験者は強制されたのだと考え、そのことに異議を唱えた。実験被験者をだますのを減らし、事前に十分な説明をおこなって同意を得ることを増やそうという声の高まりが、人間を対象とした研究の倫理的ガイドラインの強化につながった。ミルグラムは、服従のほかにも権威主義や情報過多といったテーマを研究し続けた。

　エスタブルックス（1943）は、催眠は犯罪を犯すよう促すのに利用できるし、本人の同意がなくても被験者を催眠に入れることは可能である、とした。

スタンリー・ミルグラムへ
1963年11月4日

親愛なるミルグラムさん

　『異常・社会心理学雑誌』1963年10月号に掲載されたあなたの論文、『服従の行動研究（Behavioral Study of Obedience）』に、たいへん感銘を受けました。これは相当広範囲に及ぶ意味を持つ、非常に重要な貢献だと思います。他人に害を与える行動や、被験者自身の道徳律に反する行動を左右するうえで、催眠関係の持つ効果を評価しようとする研究がおこなわれてきましたが、わたしに言わせれば、これらの研究は、実験室という場面の影響や、実験者への献身を貫くのが被験者の暗黙の義務になっているということにあまりにも無頓着でした。

　あなたの実験的研究は、長らく無視されてきた、あるいはせいぜい表面的に扱われるにすぎなかった、人と人との関係、人と場面との関係という領域を拓くものです。

　第2次大戦中、戦略事務局（訳注：現在のCIAの前身）は、あなたがたいへんみごとに提示なさったこのテーマに関係のある文献に載っている、あらゆることに多大の関心を寄せていましたが、信頼できる研究の少なさにいたく失望したものでした。

　わたしは要請を受けて、ドイツ人および日本人に関連したプロパガンダ活動に直接利用する目的で、両方のタイプの関係のあり方について相当の研究をしましたが、これは公表されない研究でした。ですから、あなたの研究のことでは個人的に恩を受けているような気がするというのもおわかりいただけるでしょう。

　この別刷りを分けていただけるだけ、できれば6部か8部、送っていただければたいへんありがたく思います。郵送料として間に合うと思われる分の切手を同封します。

　この注目すべき研究報告と関連要因に関する透徹した分析に対し、おめでとうとありがとうを申し上げます。

敬具

ミルトン・H・エリクソン, M.D.

スタンリー・ミルグラムより
1963年11月12日

親愛なるエリクソン博士

　11月4日付のご親切なお便り、ありがとうございました。印刷ができあがり次第、喜んで『服従に関する行動科学的研究』の別刷りを送らせていただきます。ご希望どおり8部お分けできると思います。後続の論文が出ましたら、そちらの別刷りもお送りいたします。

　OSS（訳注：戦略事務局）との戦時中の体験に触れていらっしゃいますが、わたしが服従というテーマに関心を持つようになったのも第2次大戦のときからです。ヒトラーの常軌を逸した命令が、おそらくはまったく正気の人々の手で、てきぱきと能率的に実行されたという事実を、わたしはいまだ完全には信じられずにいます。わたしのそもそもの関心は、権威への服従という部分で測定可能な文化的差異があるかどうかを見るために、まずこちらで実験をお膳立てし、次にドイツにおいてそれを追試することにあったのです。

　感想をお寄せくださってたいへんありがとうございました。

敬具

スタンリー・ミルグラム

――――――

　1967年4月10日、ミルグラムはエリクソンに手紙を書いて、エリクソンが『アメリカ臨床催眠学雑誌』に発表した論文で、自分を引き合いに出していることを仲間から知らされた、と述べている。ミルグラムがその論文の別刷りを求めたことにより、4月14日付のエリクソンの返信が書かれた。

スタンリー・ミルグラムへ
1967年4月14日

親愛なるミルグラム博士

　別便にて、わたしの論文、『実験室催眠と臨床催眠：同じ現象か違う現象か？

(Laboratory and Clinilal Hypnosis : The Same or Different Phenomena?)』〔Erickson, 1967〕の別刷りを4部お送りします。

　あなたのご研究には、探求に値するものがたくさん示唆されていると思い、かねてからたいへん感銘を受けております。わたしは長年にわたって、催眠のいわゆる反社会的利用に関する実験の大部分は価値がない、と主張してきました。なぜなら、実験者が実験室という場面における応諾への圧力に気づいていなかったから、あるいは、自然に似せた場面を構成しようと努力した場合でも、それでもまだ、構造化された場面における権威の重みをはっきりと理解していなかったからです。ときとして肯定的な結果が生じるのは、催眠を使ったこと自体というよりむしろこれが原因なのです。そしてこの条件が、覚醒下と催眠トランス下とで等しくして統制するのがきわめてむずかしいものなのです。

　権威と服従という領域での今後のご研究に興味津々です。

敬具
ミルトン・H・エリクソン, M.D.

スタンリー・ミルグラムへ
1969年4月1日

親愛なるミルグラム博士
　あなたの論文、『権威に対する服従と不服従の条件（Some Conditions of Obedience and Disobedience to Authority）』と、この論文に対する批判的評価を拝読したところです。あなたの研究に対する自分の評価が不十分であったことにいささかぎくりとするとともに、社会的集団というものは個人から成り立っており、一個人の気まぐれが社会的集団をぞっとするような破滅に導きうるということを社会学者がわかっていない、ということにも驚かされました。
　あなたの研究は、ごくあたりまえの人が、自分の行動に対する責任を回避するだけでなく、この回避を生活の一部とみなして助長するということを、実験によって、統制された場面において証明しています。
　長年にわたって、医者と看護師は、患者の記録を隠したり秘密にしたり改

ざんしたりしてきました。わたしがインターンをしていたとき、腫瘍が見つかるものと思って男性の腹部を切開した外科医がいました。その「腫瘍」が実はひどく膨張した膀胱であるのは絶対確実だと思う、とわたしは言っておいたのですが。わたしの言ったことが正しくて、手術前にカテーテルを挿入しておくべきだったことがわかると、彼は腹立ちまぎれに外科用手袋をはずして手術室の床に投げ出し、麻酔医の抗議も無視して、素手で男性の腹腔内を荒々しく探ってカテーテルを使い始め、最後に開腹部を縫合してしまいました。わたしはこのとき手術に立ち会っており、記録をとることになっていたので、見たままを詳しく書き留めました。症例記録にすべての事実を書き入れ、自分の名前はもちろん、看護師たちの名前、麻酔学専門医の名前、当の外科医とその助手の名前も記しました。すべてを正確に記述しました。それを自分のタイプライターでタイプし、患者がそれから24時間以内に突然、急性腹膜炎を起こして死亡したという事実を臨床記録に書き添えました。わたしの正直さに病院長がどう報いたかというと、別の経路からこの事件のことを聞いて記録を調べさせたうえで、わたしを院長室に呼んで、インターンは首だと言い渡しました。そして、きみが合衆国じゅうのすべての病院のブラックリストに載るようじきじきにとりはからうつもりだから、認定を受けたどの機関でも研修期間を終了することはできないだろう、と言いました。アメリカ医師会のブラックリストに載せるつもりだ、とも言いました。さらに、問題の手術と死亡原因については、もっとずっと適切な報告書を作成させたし、コロラド州医療局 (Colorado State Board of Medicine) に対し、きみは倫理的に見て医療をおこなう心構えができていないと通知するつもりだ、と言いました。そこでわたしはこう切り返しました。あのオリジナルの報告書には6人の目撃者に頭文字を署名させてあることにお気づきですか？ それにカーボンコピーはどうしましょうかね？ それはまだわたしの手元にありますし、目撃した人たちはそれにも頭文字を署名しているんですよ。さらに、わたしの持っているカーボンコピーのうちの1枚は、問題の患者の記録に綴じ込まれ、わたしがインターンの研修期間を終了するまでのあいだずっとそこにあるでしょう、と言いました。

　これはほんの1例にすぎませんが、あなたは病院で書かれた「事故報告書」を読んで、体よく糊塗されているのに気づいたことがありますか？　わ

たしはあります。この種のことを、45年間、見聞きしてきました。同じ医師、同じ看護師、同じ助手たちの扱った患者に、同じ「事故」が繰り返し起きていることに気づいてきました。実のところ、わたしは勤務したどの病院でも人気賞を獲得したためしがありません。

ちょうどこのごろ現われつつある、「被虐待児」に関する無数の報告について考えてごらんになったことがありますか？　虐待児の存在は、警察にしろ、医師にしろ、親にしろ、病院当局にしろ、知らないわけではないのに、わたしの知るかぎりでも45年間にわたって隠蔽されてきたのです。最近になって、ようやくこの症候群にいくらか関心が向けられるようになりました。孫娘が鎖骨を折ったとき、わたしの娘は医師に対して、子どもの身体をくまなく検査してほしいと主張しました。また、どんな事故のときにもそういう要請をして、被虐待児はどのような家庭からも出る可能性があり、良心的な医師ならば、自分自身の責任においてすべての症例で徹底的な検査をおこなうべきだ、ということを医師にしっかり認識させるよう、父親から言いつかっているのだとも話しました。

かなり最近のこと、わたしはある若い母親を面接にこさせたのですが、彼女はこう言いました。「わたしはわが子を虐待なんかしたくありません。夫だってそうです。なのに、うちの子の1人は、故意に負わされたひどいやけどの痕があるし、もう1人は、足に熱湯でできたやけどの痕があります。2人とも子どもたちを愛しているのに、あの子たちがなにか間違ったことをすると、かっとしてわれを忘れてしまうんです。子どもたちを医者に連れていったとき、その先生はこのこと全体を大したことではないとみなしました。だから、わたしたち夫婦はあなたのところへ精神医学的援助を受けにきたんですし、どなたか信用できる小児科医を教えていただくつもりなんです」両親は、どちらの側の祖母も断じて孫たちに会わせるわけにはいかない、と言いました。

これはほんの1例にすぎず、引き合いに出せる例はたくさんあります。LSDを始めとするさまざまな薬物を、無害だということを「証明する」（あるいは無意識のうちに試す）ために、12歳にも満たない弟妹にわざと飲ませる、10代後半の少年たちのことはどうでしょう？　レストランに置いてある角砂糖のいくつが、知りもしない人に対する悪ふざけとしてLSDを

「少々」まぶされてきたことか、だれも知らないし、知るすべもありません。警察はこのようなことについて知ってはいても、口にしたがりません。わたしは、そういういたずらされたキャンディのせいでひどい状態になった12歳以下の少年を2人診たことがあります。キャンディを配った10代の子は、非難されると、「楽しみ方はいっぱいあるし、だれにも証明できっこないよ」とうそぶきました。どちらの少年も同じ10代の子を名指ししました。どちらの少年もお互いのことを知りませんでした。まともな社会人と思われるのに、「まんまとやってのける」快感のために犯した、信じがたいような残酷な行為について得々として話す人を、わたしは何人も見てきました。

　人間の人間に対する酷薄さは、「りっぱな」人々が知りたがらないようなものなのです。O博士〔有名な精神医学の研究者〕などは、不快な事実を発見する方法論にのみ関心を持ち、その不快な事実には関心を持たない人の第一級の例です。M博士〔有名な精神科医〕は、まれにしか使われない言葉の知識や、みごとな機知や、それを働かすときの頭の切れのよさをひけらかすのは好きでも、身体的虐待に耐えられなくて離婚を求めた7人の妻に対しては驚くほど無関心でいられる男の実例です。酒が入っているときだと腹蔵なく話すのですが。

　アプトン・シンクレアの『ジャングル』※5は、過去の話ではありません。安全対策の無視、利潤に対するあくなき関心を考えてごらんなさい。ウェスト・ヴァージニアの炭鉱労働者は、炭鉱町も立法府も人命になんら顧慮していないことを、先ごろ身をもって示したばかりです。アリゾナの銅山についてはよく知っていますが、そこでも大切なのは利潤だけ、人命ではありません。自動車における明白な安全対策無視についてはどうでしょう。それにまた、食品医薬品局の終わりなき戦いを考えてごらんなさい。人命は使い捨て、追求されるのは利潤。そして、ともすればこうした事実から目をそむけるか、あるいはO博士にならって、ブレーキの欠陥より車体の塗装の出来不出来に注意を向けるかなのです。これは、説明に役立つ実例のほんの1つにすぎません。

　プエブロ号※6に関する新聞記事はきっとあなたもお読みになったでしょう。わたしは第1次大戦の記事も、第2次大戦の記事も、朝鮮戦争の記事も読み、無数の悲劇の詳しい個人的な物語を知りました。故意に無益で致命

的な任務を与えられて、ときには大勢で、派遣されたその人々の身の上には、希望的観測すら持てなかったのでした。

　このテーマでお書きになった論文はほとんど拝見していますが、オーン（Orne）とホランド（Holland）による批判的評価のなかで引き合いに出されている論文、『ロストレター・テクニック*7：社会調査の一手段』（The Lost Letter Technique : A Tool of Social Research, *Public Opinion Quarterly*, 29, 437-438, 1965）のことはよく知りません。この論文の別刷りがお手元にありましたら、1部送っていただけますか？　よろしくお願いします。

敬具
ミルトン・H・エリクソン, M.D.

　　　編集者注：ミルグラムからの返信は、エリクソンのファイルに残っていない。

スタンリー・ミルグラムへ
1969年6月20日

親愛なるミルグラム博士

　わたしは身体障害のため車椅子を離れられないものですから、映画館に行くことはありません。でも、妻はときどき、特に興味をそそられた映画を見に行きます。

　テンピーの近くの町に、特にアリゾナ州立大学の学生に娯楽を提供している映画館があります。その町に大学があるのですが、フィーニクスからおよそ12マイルのところです。この映画館は、だいぶ前から、毎週土曜日の深夜に、いわゆる「アングラ」映画というやつを上映しています。妻は、5月に上映予告のちらしを受け取って、『実験』というタイトルの映画の説明に興味をそそられ、先週の土曜の深夜、そこへ行くことにしました。ご自分の研究が「アングラ」短編映画のもとになっているのをご存じかどうか知りませんが、ご自分の研究に触れているものならなんでも関心がおありなのは知っていますので、妻はあなたのために余分のちらしを数枚手に入れ、この20分作品の感想にあなたも興味をお持ちになるのではないかと考えた次第です。この手の映画にしては、実のところ並以上だと思ったそうです。単

純化しすぎとはいえ、さほど不正確にはならずにあなたの実験を描写していました。実験手続きが説明されたあとで、被験者が1人だけ登場し、もちろん、自分の行為に煩悶しながらも犠牲者に罰を与え続けました。映画の最後は、軍服姿の兵士の行進している足のワンカットでした。あなたのお名前は出てきませんでしたが、実験をおこなった科学者は、かなり無情で冷淡、それに実験の結果にやたらご満悦らしく描かれていたということです。

　これらの映画は、主として、美術の授業での企画の一部として、あるいは自主制作作品として、大学院生や学部の学生たちの手で作られているらしいです。あなたの研究がこの作品のもとになっているのは、なかなかおもしろいと思います。たとえ、ちらしに載っているお名前がとてもへんな綴りになっているとしても……

　あなたの実験研究の社会的な意味に関してですが、『アメリカの科学者（*American Scientist*）』の1969年夏号に掲載された、ビブ・ラタネ（Bibb Latané）とジョン・M・ダーリー（John M. Darley）の『傍観者の「無関心」（Bystander 'Apathy'）』という論文に、あなたも目を留められたでしょうか。著者らの結論によれば、パニックや暴力的行動が社会的に伝達され増幅されうるのとちょうど同じように、社会的抑制や、最初は主観的に緊急事態だと受け取られたにちがいない出来事に介入することへのためらいもまた伝達・増幅され、それに基づいて行動方針が決定されるというのです。この実験研究が示しているとおり、不介入というのはきわめて伝染しやすいと見え、居合わせたほかの人々が案じていないように見えると、被験者は一般に、行動を起こす必要がなくなるように状況を再定義してしまうのです。

敬具
ミルトン・H・エリクソン, M.D.

編集者注：1969年7月1日付の短い手紙で、ミルグラムはエリクソンに礼を述べて、その映画を見てみたいものだと述べている。

――――――

　エリクソンとミルグラムの往復書簡は、エリクソンの関心が、心理的な面だけでなく、

社会的な面にも向けられていたことを示している。彼は「幅広いレンズ」で世界をながめ、日々の生活の営みに影響を及ぼす危急を鋭く意識していた。かならずしも病理的な偏りが非人道的行為を引き起こすわけではなく、いわゆる正常な人々が、傲慢で命を脅かすような行為に手を貸しうるということを、明らかにはっきりと認識していたのだ。

さらにエリクソンは、非人道的行為に対して行動を起こすよう呼びかけた。生涯を通して、専門を同じくする人々の非倫理的なふるまいに断固として対決した。1969年4月1日付の手紙で語られている病院でのインターン研修に関する逸話は、ひるむことを知らない不屈の意志のほどを実証しているが、それは倫理的な催眠のために、彼のおこなった努力のきわだった特徴であった。

ロナルド・E・ショア博士（Ronald E. Shor, Ph.D.）は、有名なアカデミックな催眠の研究者で、長年にわたってハーヴァード大学の心理学教授を務めた。自分の研究に加えて、ハーヴァード集団催眠感受性尺度を開発し、催眠深度というようなテーマについて注目に値する理論的著述をした。また、催眠体験を理解する方法として、全般的現実指向（generalized reality orientation）という概念を導入した。ショアは、催眠の歴史をまとめるための情報収集の過程で、エリクソンを始めとする研究者たちと関わりを持ったものらしい。

1931年、リチャード・ハズバンド（Richard Husband）と教え子のデイヴィス（Davis）は、歴史的重要性を持つ催眠深度尺度を考案した。ハズバンドの手紙は、彼が催眠に残したものを考慮してここに収めた。

リチャード・ハズバンドから
1959年10月2日

親愛なるショア博士
　わたしの発表した催眠の研究に関して鋭いご質問をいただきましたが、わたしをつかまえてしまったのは、どうもまったく的はずれのようです。
　第1に、わたしはけっしてこれに熱烈な興味を抱いていたわけではありません。あの研究はクラーク・ハルのもとで始められたもので、彼がイェール

大学に移り、わたしがウィスコンシン大学の彼の地位を引き継いだときに、学位論文を書こうとしていたデイヴィスも引き継いだのです。研究計画はすでにでき上がっており、わたしは実験と学位論文の執筆の監督をしました。その後、デイヴィスが発表可能な形式と長さで書くのに手こずっていたので、わたしがそれをしたという次第です。

　第2に、この研究がおこなわれた学年は30年も前ですし、この領域に関しては、それ以上なにもいたしませんでしたので、すっかり念頭から消え去っていたものと思います。

　デイヴィスは、修士号を取得したのち心理学の分野を離れ、現在はデュポン社の販売担当重役をしています。ときどき会っており、8月にも会ったばかりです。ペンシルヴェニア州のウェストチェスターに住んでいますが、彼にお聞きになっても包括的な答が得られるかどうか、やはり非常に疑わしいと思います。

　お役に立たないことばかりで申しわけありません。気の利いたはったり(ブラフ)などとても思いつけませんので、へたなこと(フラフ)を申し上げてお手間を取らせるよりは、いっそ無知をさらけだしたほうがましでしょう。ともあれ、関心をお持ちいただいてありがとうございます。

敬具
リチャード・W・ハズバンド

ロナルド・E・ショアへ
1964年2月19日

親愛なるショア博士

　ハル博士がどういうことから、催眠に関心を持ち始めたのかは存じません。知っているのは、わたしが彼の受けもっていた医学部進学課程の心理学のクラスに入るまでは、せいぜい年に1回、春の初めに、クラスの学生たちの前でデモンストレーションをおこなう程度にすぎなかったということです。

　わたしは他の人に混じって、翌日の授業で使う被験者を確保するための夕べのセッションに志願しました。わたしはだめな被験者でしたが、それはもっぱら、わたしの関心が学ぶことにあって体験することにはなかったからで

した。

　ハルのやり方は、被験者を背もたれのまっすぐな椅子に座らせて、頭をできるだけ後ろにそらさせ、鉛筆のような短い棒を鼻梁の数インチ上にかざし、先端についている小さな青いガラス玉を注視させて、瞼がゆっくり閉じて、深い呼吸をして、ぐっすり眠る、と暗示するものでした。10人か12人の志願被験者を相手に、およそ6時間をかけて、ついにそのうちの1人を、今にして思えばみごとな夢遊トランスに入れることに成功しました。実際、それからまもなくしてそれが夢遊トランスだとわかったのですが、というのも、自分がその同じ医進の学校友だちを使ってみて、彼にはハルが試してみようともしなかったたくさんのことができる、ということを見いだしたからでした。

　その翌日、ハルがそのごく単純なデモンストレーションをおこなった日の晩に、わたしは、件の被験者と別の医進の学校友だちを自分の部屋に連れてきました。もう1人のほうは前夜志願してはいなかったのですが、デモンストレーションの最中の彼の奇異な行動に興味をそそられたのです。わたしは自分がハルにやられたとき、首が苦しくて腹立たしく思ったので、1人を楽な姿勢で椅子に座らせ、1人をベッドに寝かせました。

　わたしはただ、心地よく感じて深く息をしなさい、瞼が少しずつ閉じてきて眠り始め、「ぐっすり眠ってしまう」だろう、と暗示しただけでした。基本的にハルの言い方に従ったのですが、注視させるのにガラス玉を使うのはやめました。わたしには不必要に思えたのです。

　幸運にも、2人はどちらも夢遊トランスに入る被験者であることがわかり、わたしはすぐさま彼らにどんなことがやれるか、調べにかかりました。最初にしたことの1つは、「ぐっすり眠った」ままながら、目を開けて話をし、質問に答えるよう求めることでした。たまげたことに、どちらもわたしが見え、わたしの声が聞こえているにもかかわらず、お互いは見えていないということがわかりました。これは偶然でした。わたしはこのことを説明するのに、「ぐっすり眠ったまま目を開けると、あなたはわたしと話をし、わたしの質問に答えるでしょう」という言い回しをしていました。2人は目を開けて、わたしを見ました。わたしはチャールズのほうを見ながら、「少年のころの生活史を話してください」と言いました。仰天したことに、2人はそ

ろって自分の生活史を語り始め、しかも、見たところどちらも互いの言っていることは聞こえていないようなのでした。あまりの驚きにわたしは茫然としてしまいました。わけがわかりませんでした。やっとのことで、「生活史はもう結構です」と言いました。それから、まだベッドに寝ているチャールズのほうを見て、「ちょっと起き上がってもらえますか？」と言いました。チャールズはすぐにベッドの上に身を起しましたが、ジョージは「でも、ぼくは起き上がっています」と言いました。わたしはすぐに大急ぎでこの顛末を記録しにかかりました。

それから、彼らの手足を動かして不自然な硬直した姿勢をとらせ、ちょっと部屋を出ていくがすぐに戻るから、と言いました。隣の部屋へ行って、学校友だちに、わたしの部屋に友だちが2人きているから話をしにくるよう声をかけました。レスターは部屋までついてきましたが、彼らの異様な姿勢を見て唖然とし、2人に向かって、「そんな格好で座って」どうかしたのかと聞きました。2人には、レスターの姿も見えなければ声も聞こえないようでした。レスターは怯えた様子でしたが、わたしが万事だいじょうぶだと請け合うと、なにしろこちらは3年生、むこうは1年生だったので、わたしの保証を受け入れました。わたしは、彼らの手足を下ろしてやってくれと言いました。彼はそうしようとしましたが、抵抗に会い、どうかしたんですかと聞いても返事が返ってきませんでした。そこで、あの人たちは耳が聞こえず目も見えないのかとわたしにたずねてきました。レスターは歯学部進学課程の学生で、自分に理解できないことのせいで明らかに困り果てていました。わたしは壁に向かって話しかけるかのようにして言いました、「だれがこの部屋にいるかおたずねします。さあ、答えてください」。チャールズもジョージもそれぞれに、「ぼくです」と言いました。レスターは、この一見ばかげた質問に当惑した様子で、なにも言いはしなかったものの、彼らの答えにびっくりしていました。わたしはさらに「ほかには？」と聞きました。チャールズもジョージも、「あなたです」と言いました。するとレスターは怯えた様子になりました。「ほかには？」2人はふたたび、「それだけです」と言いました。「ほかにはだれもいませんか？」「はい」

レスターはいっそう怯えて、「この人たちきっと狂っちゃったんだ、ぼく、出ていきます」と言いながら、ドアに向かいました。わたしはそれをひきと

めて、彼らは医進の心理学の授業の仲間で、自分たちは今朝、教授がチャールズに催眠をかけるのを見て、わたしが催眠をやらせてもらおうと思ってチャールズとジョージ（もう1人のほう）を部屋に呼んだのだ、と説明しました。これを聞くと彼の不安は消え、自分にもぜひ催眠をかけてほしいと熱心に頼みました。椅子に座らせてやり始めると、3分くらいでやはり深い夢遊トランスに入り、すぐに目を開けて、どうやらわたしだけを見ているようでした。

わたしは彼に、同じ部屋のなかにだれがいるかについて、さきほどと同じ質問をしてみました。でも、運よく、意図してではなくいつもの習慣で、「レスター」と呼びかけてから、「この部屋にはだれがいますか？」と言ったのです。彼は「ぼくです」と答えました。次に、わたしはなにも考えずに、前にやったとおり、「ほかには？」とたずねました。なんとも仰天したことに、3人全員が「あなたです」と答えました。わたしは次の質問もしました。「ほかには？」3人全員が「だれも」と答えました。

わたしはチャールズとジョージのカタレプシーを解き、大体「楽にしてください。わたしはちょっと書きものをしますので、目を閉じて全身楽にしていてください」というようなことを言いました。

わたしは大急ぎで彼らのしたことを残らず書き留め、そしてこのあと、いよいよ山場を迎えたのでした。

当時、わたしはハルに実験心理学を教わっており、この科目にものすごく興味を持っていて、実験心理学者になることをちょっと考えてさえいました。このため、ハルに、ほかの同級生よりずっとたくさんの実験を割り当ててもらっていました。そのうえ、土曜と日曜の多くは、ハルとジャストロー（当時、心理学科の学科長でした）が概要を考えてくれたさまざまな実験をして、実験心理学研究室で過ごしていました。ジャストローは観念運動活動に関する自分の論文の別刷りをくれましたが、それを独自の発見として発表していました。その後、ふとしたことから、あるフランス人が1850年代に同じような論文を発表していたことに気づきました。ジャストローは自分の過ちにいたく恥じ入り、わたしがその論文に熱烈な関心を持っているのを知っていたので、わたしを研究室に呼んで自分の過ちについて告げ、科学的良心の大切さについていろいろ話してくれました。今思うと、わたしに不誠実だと思われたくなかったのです。この男の深い苦悩に、わたしは強い感銘を受けま

した。わたしは彼の論文を読んで、実験室で観念運動活動の実験をおこなう手はずを整えていました。この最初の計画は、おそろしくぞんざいなものでした。志願被験者はいつも簡単に集まり、わたしは土曜日の午後か日曜日に被験者といっしょに実験室へ行き、長いテーブルに向かって、座面がテーブルと同じくらいの高さのスツールに腰かけさせました。被験者の影が壁にくっきり映るように照明装置が配置してありました。壁には、短い間隔で、目立たないように目盛りがつけてありました。テーブルの上には、さまざまな間隔で、ナッツやリンゴやバナナやチョコレートやオレンジの山が置いてありました。ハルの助けを借りて（彼は機械の達人でした）、目盛のあるばね動力つきのプランジャを用意してありましたが、これは、ゴムのボールをテーブルのそれ用に設けられた溝に押し出す役目をするもので、プランジャである目盛分を押すと、それにほぼ見合った距離だけボールがころがっていくのでした。この装置は被験者から見えないようになっていました。

確実にきちんと操作できるようにするために、初めの被験者たちで数回試行をおこなってから、被験者に基本的に次のような教示を与えました。

「背筋を伸ばしてまっすぐに座ってください（テーブルは低くて、天板全体が楽に見渡せました）。これからあなたの見ているその溝にボールをころがします。ボールはそこにある山のどれかのところ、あるいはその近くで止まるでしょう。ボールは何回もころがします。もしそれがどれか同じ山の横に合計で3回止まったら、あなたはその山をもらえます。手前で止まったり、行きすぎた場合はもらえません。あなたのものになるには、いろいろな山の横に引いてある、2本の白線のあいだでボールが止まらなければなりません。その白線の間隔は、ボールの直径の倍の長さになっています。では、わたしの言っていることがどういうことかわかるように、手でボールを置いて、食べ物の山の手前、横、向こうの位置を示してごらんにいれます」

「始まったら、まっすぐに座って、ボールをよく見ていてください。そしてボールが止まったら、どこで止まった場合でも、大きく2つ息をしてください。そうしたら、またボールをころがします」

わたしはボールをころがすたびに、壁をつたって動く被験者の影に注目しました。ボールをある山のところまで行き着かせたいと願うあまり、あるいは、速くころがりすぎてお目当ての山を行き過ぎてしまいそうなときは、速

度を落とさせたいと願うあまり、被験者が無意識に右や左に身体を傾けるにつれて、影が動いたのです。まもなく、この知らず知らず身体を傾ける行動が、被験者がどの山を選んでいるかを明かしてくれることがわかりました。実験の途中で、被験者のスツールは、テーブルの端から端までのあいだを、あるときは各々の山の正面になるように、あるときは山と山の中間になるように、無作為に移動されました。ハルもジャストローもこの実験を見に実験室にやってきましたが、わたしの関心は発表することよりもいろいろなやり方で実験をおこなうことにあったので、この実験は発表されませんでした。それに、わたしは当時も今も、論文を書くときは何度も書き直して、ものすごく時間をかけるのです。さいわいなことに、この無意識の運動に関する実験を、催眠を使った実験を始めるずっと前にしていたのでした。

　チャールズ、ジョージ、レスターとともにしたその晩の出来事を詳しく書き留めたあとで、わたしは彼らを使ってすることを本格的に捜し始めました。午前7時に始めて午後4時ころまでいっしょにやりました。まず思い浮かんだのが、ハルとジャストローの関心をあれほどまでに引きつけた、あの観念運動実験のことでした。わたしは、あれと瞼を閉じることとの類似性を引き出しました。そこで、次のように暗示しました。「目を開けて、ボールが床の上をころがっていくのを想像してください。そして、たとえ想像のなかで、途中でボールの速度が落ちてきたとしても、向こうの壁のところまでころがっていけと一心に念じてください」3人とも、あの実験室実験で目にしたのと同じ、自分では気づかずに無意識に身体を傾ける行動を繰り返し示しました。それからすぐ、わたしは、目を開いた状態でボールを見ていると想像することをふしぎに思い始めました。彼らの行動から、実際に幻覚でボールを見ているのだと確信しました。ボールが止まると大きく2回息をするのですが、そのタイミングがそれぞれで異なることにも気がつきました。わたしは、ボールは手前で止まることもあれば壁まで行き着くこともあるだろう、もし近くで止まったら大きく2回息をし、壁に当たったら大きく3回息をしなさい、と暗示していました。それぞれがこれに従ったものの、別々のときに息をし、彼らの呼吸は一致しませんでした。1人が2回息をしても、ほかの者は2回だったり3回だったりしました。わたしは、**ボールを見ていると想像**し、それが壁に当たるかどうかに注意しなさい、と言っていたのですから、

たとえ彼らがボールを見ていると**想像している**のだとしても、壁のほうは幻覚で見ているにちがいない、と結論づけざるをえませんでした。そこで、ボールの色をたずねました。2人は赤だと言い、1人は青だと言いました。それを聞いて、さしせまった疑問が浮かびました。わたしは、ボールの腹に2つ3つ画鋲を刺しますから、画鋲が床に当たってカチッと音がするたびに声に出して数えてください、と言いました。それぞれが数えた回数は異なっていました。

1つのことが終わるたびに、それを書き留めました。

わたしは、小学校のときに知っていた女の子で、寒さに震えているかのように歯をカチカチ鳴らせるようになった子のことを思い出しました。

ものすごく寒くなって歯がカチカチ鳴るだろう、と暗示しました。レスターはうまくやってのけました。わたしは、なにをしているのかとたずねました。「吹雪がひどくなる前に、この馬車で家まで帰り着かなきゃ」と答えました。レスターはノースダコタ州の農場の出でした。

この答えで新しい視野が開けました。「来年の夏、あなたはどうするつもりですか？」彼は歯をカチカチ言わせながら、「このくそいまいましい農場を離れて、ウィスコンシン大学へ行くんだ」と答えました。

そのことを書き留めたあと、よく考えてからたずねました、「あとどれくらい行かなければならないんですか？」。「10マイル、それに吹雪がひどくなってきている」「たどりつけると思いますか？」「ここから2マイル先のウィリアムズの農場に寄って、泊めてもらったほうがいいかもしれないな」わたしは、それはいい考えだと思う、馬を納屋に入れたら（ご存じのように、わたしも農場育ちですから）ウィリアムズ一家は在宅で、家のなかは暖かいということがわかるだろう、と言いました。

まもなくわたしは、彼の身体が、わけのわからない奇妙で部分的な動きをしているのに気づきました。なにをしているのかとたずねると、馬具をはずしているところで、馬たちを空いている馬房へ入れて、家のなかに入って暖まるのだ、という答えでした。そう言ったかと思うと、チャールズとジョージを見つめて、「気になさらないのはわかっていたんで、勝手に入って空いてる馬房に馬を入れさせてもらいました。吹雪はひどくなってくるし、すっかり凍えちゃうしで、とても家までたどりつけないと思ったんです。父さん

が心配しないようにちょっと電話します。(チャールズのほうを向いて)ああ、おばさん、ありがとうございます、コーヒーをいただければありがたいです。身体が暖まりますからね」。

それで、彼が幻覚で、ジョージとチャールズをウィリアムズ氏とウィリアムズ夫人に見ていることがわかりました。

このことを書き留めていたとき、ふいに当惑するような考えが浮び、質問できるようになるが早いか、たずねました。「わたしはだれなんですか？」「わからない。ウィリアムズ家の友人かな。いや待てよ。きみは２、３マイル手前からいっしょにいたな。だから、あの店で荷馬車を止めたときに乗ってきたにちがいない。きみはぼくに話しかけていたね。へんだな、きみがだれだか聞かなかったね。吹雪になりかかっていたんで、気もそぞろだったんだろうな。だれなんだい？」

「ウィリアムズさんに聞いてみたまえ」

彼はジョージを見て、こちらに向きなおって言いました。「エリクソンという人だと言っているけど、ぼくはきみを知らないな。うちから10マイル北に住んでいるエリクソン家となにか関係があるの？」

「ウィリアムズさんに聞いてみたまえ」

彼はジョージのほうを向いて、声に出さずにくちびるだけを動かして質問し始めましたが、それをやめて、耳を傾けるような様子をしたあとで、こちらに向きなおって「ウィリアムズさんは、エリクソンという名前の人だと言ってる」と言いました。

「どこからきたか聞いてみたまえ」彼はジョージのほうを向きましたが、脇を向いて、「どうも、おばさん。うまそうだな」（コーヒーのこと）と言いました。飲む動作をし終えてから、「彼は、きみがウィスコンシン大学からきたと言ってる。ぼくが来年行くところだ。なんだ、そのことはさっきくる途中で話したね」。

このことを記録しているあいだに、どうやって彼をノースダコタのウィリアムズの家からこの下宿屋のわたしの部屋に連れ戻すか、という疑問が浮かびました。

やっと思いつきました。「ねえ、きみの名前は？」

「レスター・T――だ」

「どうなの、マディソン（訳注：ウィスコンシン州の州都で、ウィスコンシン大学の所在地）へ行ったらどんな部屋に住みたいですか？」
　彼は、現実の自分の部屋を、好ましい可能性として描写し始めました。これが絶好の機会を与えてくれました。「なかなかいい部屋になりそうですね——実際、いい部屋ですよね？　そしてきみは自分の部屋が気に入っているんでしょ、そうじゃない？」
　彼は下宿のわたしの部屋に戻っていました——どうやらわたしと2人きりで。
　それから何週間かして、父親の農場から10マイル北に住んでいるエリクソン家（実在する人々でした）や、8マイル離れたところに住んでいるウィリアムズ家や、ウィリアムズ夫人が金髪で、ウィリアムズ氏が黒髪であること（チャールズは金髪、ジョージは黒髪だったのです）についてたずねたときの、レスターの当惑ぶりといったらありませんでした。さらにわたしは、1年前、吹雪のときにウィリアムズ家の農場に立ち寄ったかどうか、たずねました。彼はみな事実だと認め、明らかにいっそう当惑した様子でしたが、1週間ほどして、「ちょっと、あなたはぼくに催眠をやらせたことがありましたよね。そしてぼくの私生活をのぞき見してたんだ。そういうのは気に入りませんね」と非難してきました。
　一部始終を話して聞かせても、「ほかのことも聞いたかもしれない。二度と催眠になんか入れさせませんからね」と言いました。
　のちに、わたしの行動を見張らせてのぞき見させないようにするために、友人たちを立ち会わせてもいいならという条件で、被験者になろうと申し出てくれました。それにもかかわらず、わたしは完全な失敗を喫しました。その後もやってみたのですが、やはりだめでした。
　それから30年以上のちのこと、ある州の歯科医の集まりで講演していたとき、丸々と太ったはげ頭の歯科医が壇上に上がってきて、催眠に入れてほしいと言いました。わたしは、その男の顔に浮かんでいる奇妙な微笑が解せませんでした。彼はつけ加えて言いました、「そしてわたしがトランスに入ったら、『あなたは特にわたしに言うことがあります』と言ってください」。
　彼はすみやかにトランスに入り、わたしは指示されたとおりに言いました。相手は深い夢遊トランスに入って、目を開けると、こう言いました。「ノー

スブルックス通り222番地。おそろしく寒い吹雪。ウィリアムズ家はうちから8マイル。わたしは父に電話した。コーヒーはうまかった。エリクソン家は父の農場から10マイル北に住んでいる。さあ、もう思い出したろう。覚醒させてくれたまえ」言われたとおりにすると、彼は問題の出来事を語りました——以前はわたしを信用していなかったが、今では、本人がその気にならないかぎり、催眠被験者の過去をのぞき見することなどできないのを知っている、ということも含めて。

でも、あの晩のことに話を戻しましょう。わたしは、感覚消失、麻痺、離人感、健忘、記憶増進など、思いつくかぎりのことをジョージとチャールズとレスターでやってみて、それぞれの手順を詳しく書き留めました。くる晩もくる晩も相手を務めさせたので、しまいには彼らもそんなにこき使われることに反発するようになりました。わたしはほかの被験者を3人見つけました。1人につき最低でも20時間は取り組みましたが、どの被験者のトランス誘導もみじめな失敗に終わりました。その後、もっと優秀な被験者を偶然に2人見つけ、自分にできるあらゆることをやってみました。

それから、自分の書いた報告書をハルのところへ持っていきました。彼は自宅に持ち帰って詳しく検討し、ジャストローにまわし、ジャストローも詳しく検討しました。それから、ハルは、自分の研究室の大学院専任講師まで含めて、心理学科と哲学科と医学部の教授および専任講師で関心のある人全員の前で、わたしが特別なデモンストレーションをおこなう手はずを決めました。わたしにレスターとジョージとチャールズを連れてくるようにと言い、自分も被験者を連れてくるから志願者を募ってもよい、と言いました。あとになって聞かされたのですが、ハルもジャストローもわたしが極端に走りすぎていると思い、それが理由でこの集まりをお膳立てしたのでした。その集まりで、わたしはハルとジャストローから計画書を渡され、それに従ってやることになりました。それは基本的に次のようなものでした。まず、多数の未知の被験者を一度に1人ずつ受けつけて、レスターかジョージかチャールズに見合う者が1人、2人見つかるまでやってみる。そのうえで、レスター、ジョージ、チャールズを始め、わたしが報告書に書いた者たちから引き出したものに匹敵するタイプの行動を、その人たちから引き出す。疑われていることがわかった今、実演してみせるのはわたしの望むところでした。

さいわいなことに、ハルは優秀な被験者を数人選んでくれており、わたしが1人ずつ相手取るあいだ、残りの者は別室に留め置かれていて、なにがおこなわれているのか知ることができないようになっていました。どの人も、自分の呼ばれる番がくるのを首を長くして待っており、そのときはわかりませんでしたが、このことが大いにわたしを助けてくれたのです。午後6時から始まったセッションは午前2時まで続きました。ハル、ジャストロー、医学部の生理学の教授たち、精神科医のローレンツ博士、薬学部のレーヴェンハート博士、全員が、わたしの思いつかなかったようなことを引き出してみてはと提案しました。

　この晩がたいへん有益だったので、心理学科の学科長であったジャストローとハルは、きたる9月にセミナーを開くこと、わたしに今学期中の空いている時間をすべて注ぎ込んで催眠の実験をおこなわせ、綿密に記録をとらせることを申し合わせました。催眠の実験に時間を注ぎ込めるようにするために、わたしは心理学の2つの科目でAを与えられて出席を免除されました。ハルもジャストローも二、三、提案はしてくれましたが、大部分は自前のものでした。さらに夏のあいだも、綿密な記録をとりながら、思いつくかぎりの催眠実験をすることになっていました。そして9月になったら、週に一度、午後2時から4時までのセミナーで、わたしが30分から1時間をかけて自分の資料を参加者に手順よく提示し、そのあとで院生がそれについて討論する、というわけでした。セミナーはたいてい午後6時にまで及び、日曜日に集まることもよくありました。わたしのプレゼンテーションは、わたしの記録、デモンストレーション、それに手近の被験者を使って、明確に答えたり、討論や持ち上がったさまざまの問題点を例証することからなっていました。2学期には、おもにわたしのおこなった実験を再現するために、グループ全体がそっくり一連の実験をおこないました。この大部分がイェール大学でも繰り返されました。そしてそれが、ハルの著書に載っている研究のおもなものだったのです。

　ある不幸な出来事があって、それはけっしてわたしの咎ではなく、別の人間の悪意あるしわざだったのですが、ハルはその件に関するでたらめな情報を調べもせずに鵜呑みにしてしまい、わたしに対してひどく敵意を抱くようになりました。それでも、イェール大学で、ミルドレッド・ミッチェルの思

慮を欠いた判断と、ある頑迷な精神科医の敵対行動によって窮地に立たされたときには、またわたしに手紙をよこして支援を求めてきたし、わたしもそれに応えたのですが。ハルはまた、うかつにもしばらくのあいだ専門家でもない人物の保証人になってしまい、いまだに食い物にされています。それやこれやで催眠に対して苦々しい思いを抱くようになり、すっかり関心をなくしてしまっただけでなく、いかなる形でであろうと催眠と結びつけられることに腹を立てました。どんな会合にも顔を出そうせず、著書に触れられるのもいやがりました。

　ちゃんとした根拠もないのに、急にわたしに敵意を持つようになったことが、彼の著書でわたしの功績が一切認められていない理由なのです。たった1ヵ所、わたしの名前が引き合いに出されているところは、全国麻酔専門医大会でおこなった、歯科感覚消失のデモンストレーションに関する歪曲された話です。わたしは医学生でしたが、合衆国における麻酔学の長老で、そのころずっとわたしの研究に関心を寄せてくれていたラルフ・ウォーターズ博士が、プログラムに乗せてくれたのです。ハルの短い言及では、歯科診療室でのセッションにすぎないような書き方になっていて、しかも事実そのものがゆがめられていますが。*

　取り急ぎしたためました。この手紙からお求めの情報が得られればよいがと思います。

　記憶しているかぎりでは、デイヴィスとの関わりはありませんでした。

　ハルが催眠に関心を持っていた期間のことですが、始まりがいつかは存じません。あの6ヵ月に及んだわたしの実験三昧の日々まではごく表面的なものであったのは確実で、あれから非常に関心を持つようになったのです。

　研究者としての彼の最大の欠点は、臨床感覚が欠如していたことでした。彼は、イスタブルックスのレコードの1枚を1回かければ、すべての被験者

---

*原注：ハルの著書、『催眠と被暗示性』（1933）のなかのエリクソンに言及している部分は、どうみても言及された本人をうれしがらせるようなものではない。ハルは、「痛みをともなわないと思われる抜歯」についてエリクソンが自分に語った、と述べている。しかし、問題の患者（思春期の女性）は「抜歯のあいだじゅう、すすり泣いてひるんだ」と伝えている。（ハルの認識をエリクソンがどのように訂正しているかについては、ウェスリー・ウェルズとの文通〔p. 274〕を見よ）

に一様に深いトランスを誘導できると考えていました。それでいて、異なる被験者が同じ量の学習を達成するには、瞬間露出器（訳注：むかし使われた視覚実験用の刺激提示装置）を異なる回数、のぞかせる必要があることはわかっていたのです。

敬具

ミルトン・H・エリクソン, M.D.

　ちなみに、わたしは大量にあるこの古い資料を出版用にまとめているところですが、そのアイデアはハルからもらったものです。ハルのところには数個の書架があって、一応書き上がっているがまだ最終稿にはなっておらず、彼の手が空くのを待っている原稿——ほとんど最終的な形になっている資料がたくさん入っていました。わたしも彼にならってそうしているのです。

　ハルは自著を、「催眠を、経験に裏打ちされた確固とした基盤のうえに確立するために、力を合わせて努力したことを記念して」、20名の協力者に捧げた。エリクソンはこの協力者のなかに入っていなかった。しかし、ミルドレッド・B・ミッチェル（エリクソンの1964年2月19日付の手紙で言及されている）は、ハルのリストに載っていた。

ロナルド・E・ショアへ
1964年3月2日

親愛なるショア博士
　あなたが興味をお持ちになりそうなことで、先日の手紙に書きもらしたことがあります。学生時代に催眠をやっていたとき、ウィスコンシン大学教養学部の学部長であったジョージ・セラリーは、わたしを望ましからざる学生として大学から追放し、催眠の研究を大学のカリキュラムから排除するために、長期にわたって激しいキャンペーンをくりひろげました。そこで、わたしは、追い出されないようにするために、薬学部の教授でひたむきな実験主義者であったA・S・レーヴェンハート博士、医学部の副学部長で生理学の

教授であったM・メイク博士、心理学の教授で当時クラーク・L・ハルの上司であったジョーゼフ・ジャストロー博士、精神医学の教授であったW・F・ローレンツ博士、ウィスコンシン州精神医療局（Psychiatric Field Service of the State of Wisconsin）の局長で、ウィスコンシン州での開業資格を持つ弁護士でもあったフランク・C・リッチモンド博士といった面々を捜し出しました。みな科学研究に深い関心を寄せている人々で、わたしは大学で望むとおりのものを確実に手に入れようとして、教養学部の１年生のときにこの人たちと近づきになっておいたのです。この人たちの庇護があったおかげでわたしは無事だったのですし、ハル博士が催眠のセミナーを公式カリキュラムに入れることができたのも、彼らの影響力あってのことだったのです。

　最初の手紙でこのことを書きもらしてしまい、すみませんでした。この男たちは催眠に大きな影響を及ぼしたのですし、のちにわたしがインターンとして受け入れてもらえたのも、彼らの力添えがあったからでした。なぜなら、セラリー博士はそのときもまだ、わたしにふさわしい罰を与えようとたゆみなく努力していたからです。

　取り急ぎ。

敬具
ミルトン・H・エリクソン, M.D.

ロナルド・E・ショアより
1964年3月19日

親愛なるエリクソン博士

　いろいろと役立つことの書いてある、すごくおもしろいお手紙、たいへんありがとうございました。わたしのおこなっている歴史的調査はごく簡潔に書くことになっており、あなたが述べておられる出来事も、もっとも重要な部分を二、三、要約させていただくにすぎませんが、ぜひぜひ早々にご自身の手でまとめて発表していただきたいと思います。ここ数ヵ月、われわれの分野の歴史を研究してきて、わたしの到達した確固たる結論、それは催眠の科学的理解の歴史において確かな位置を占めている20世紀の人間といえばただ2人、あなたとハルだ、ということです。ハルは、学術的な量的研究と

いう今後も続いていく伝統を開きました。そしてあなたは、臨床の伝統において、群を抜いてもっとも大胆かつ独創的な、影響力の強い人物です。

　デイヴィスがハルの弟子だと知ったとき、デイヴィスの深度尺度は、あなたの発想からヒントを得たものなのではないかと思いました。ご指摘のとおり、ハルは臨床的な感受性が乏しいといいますか、欠如していました。たとえあなたご自身は、一元的な催眠深度尺度にきわめて批判的であるにしても、デイヴィスの尺度に代表されるような診断的・臨床的なアプローチは、ハルの方法から生まれたというより、あなたの方法から生まれたというほうがはるかにありそうに思えたのです。

　これらの重要な出来事をお書きになるときは、当時のあなたの大学での身分をもっと十分に明確になさるといいでしょう。たとえば、医進の心理学とはどのようなものなのでしょう？　あなたは、1927年に文学士号を取得し、1928年に文学修士号と医学博士号の**両方**を取得していらっしゃいますね。これは、学部の教養課程と医学部の養成課程が合体したようなものだったのでしょうか？

　ハルが教室でやっていた、おざなりな催眠デモンストレーションが、あなたの催眠現象の初体験であったものと思います。しかし、それ以前から、催眠、あるいは他の、なんらかの点で通常とは異なる体験のあり方に関心を持っていらっしゃったのですか？

　貴重な細部をさらに思い出していただくうえで、ひょっとすると記憶を新たにするのに役立つかもしれないと思い、ウィリアムズの書いたハルの催眠研究に関する短い報告も同封いたします。この報告はおそらくあなたもよくご存じでしょうが、写真複写があればわざわざ捜し出す手間が省けるでしょうから。

　あらためて、ありがとうございました。

敬具
ロナルド・E・ショア, Ph.D.

編集者注:アンドレ・ワイツェンホッファーは、自分の書いた教科書、『催眠の実際（The Practice of Hypnotism）第1巻』(1989)のなかで、催眠深度尺度を解説している。彼によると、1931年に発表されたデイヴィス－ハズバンド尺度は、不感から深いトラ

ンスまでの5つの催眠深度を概説している。弛緩から負の幻視にわたる、さまざまなテスト暗示と反応が挙げられている。デイヴィス−ハズバンド尺度は、催眠トランスの深さを量的に示そうとする、アメリカ人による初の試みであった。

ロナルド・E・ショアへ
1964年3月27日

親愛なるショア博士

　わたしの文学士の称号は、文学士号を持っていると言ってインターンに出願できるようにするために、正式には1927年に授与されました。ほんとうは1924年の学年だったのですが、必要とされる学位論文を修士論文と一本化する許可を得ていたので、提出を延期していたのです。当時インターンの資格を得るのはなかなか困難でしたし、わたしは教育をおこなうインターンの資格がほしかったのです。そんなわけで、学士号は1927年に授けられたのですが、1928年の6月に文学修士号および医学博士号と同時に授与されたのです。

　わたしの教養学部の記録は、めちゃくちゃです。わたしは苦心して進み、大部分の同級生のように医学博士号だけで満足しませんでした。医学課程と同じ時間におこなわれている教科を聴講させてくれるよう、学科長たちにかけ合いました。最終試験ではかならず90点をとります、89点だったら落第で結構です、と請け合ったので、受け入れてもらえたのです。そんなふうにして履修証明はたくさんもらったのですが、それは履修単位時間の証明ではありませんでした。医学部の履修単位時間で卒業できることがわかっていたので、予備必修科目は飛ばして、同じ科目の上級をとりました。たとえば、ドイツ語前期の聴講届を出して、授業にはほとんど出席しないで、その時間を、ドイツ語の図書室で、辞書をひきひきドイツ語の小説を読んで過ごしているわたしに教授が気づくようにしました。そして、わたしが求めているのは読む知識であって話す知識ではないし、同級生が間違いを犯すのを聞いている時間はないのだ、と言いました。うまいことやって、ドイツ語の小説を翻訳することで、非常に難しいドイツ語の試験に合格しました。

　ときには正規の受講届を出さないで、教授にかけ合って非公式に聴講させ

てもらうとか、自分で本を読むとかして、ちゃんと勉強したかどうか見てもらうために最終の口頭試験もしくは筆記試験を受けて、科目を履修しました。社会学はまったく非公式に履修したのを思い出しますが、その同じ時間にすでに2つの科目の聴講届けを出していました。この正統でないやり方のことで、いつも教養学部のジョージ・セラリー学部長ともめていて、あちらは同じ時間に2つの科目を履修していることを理由に、何度も退学させようとするものの、優秀な成績の説明に窮してしまうのでした。おまけに、わたしはむこうを困らせるのを楽しんでいましたし、男子部学生部長のグッドナイト博士は、大学というものは教育を目的とするところで、管理上の規則を強要するところではないと言明していて、わたしの頼もしい味方でした。

　この手紙が、学生時代のわたしの気迫をお見せした以外に、なにかお役に立つかどうか疑問ですが。

　取り急ぎ。

敬具

ミルトン・H・エリクソン, M.D.

　カンザス大学の心理学教授、M・エリック・ライト博士 (M. Erik Wright, Ph.D., M.D.) も、催眠の有名な著述家であり実践家であった。次に収めたエリクソンの手紙は、ライトのアメリカ臨床催眠学会会長としての在任期間の始まりを示しているように見える。

　エリクソンのポリオ後症候群（当時はまだ発見されていなかった病気）のことが述べられている最初の3パラグラフはごく個人的なもので、エリクソンとライトが親密な間柄であったことがわかる。1965年までには、エリクソンは動きまわるのに車椅子を使うようになっていた。

　アメリカ臨床催眠学会と臨床実験催眠学会との分裂後まもなく、両学会を統一するための予備交渉が始まった。エリクソンは、その構想には達観した態度で従っていたものの、別の面に対して強い懸念を抱いていた。

エリック・ライトへ
1964年11月19日

親愛なるエリック

　ようやく少し動きまわれるようになりました。この脊髄神経根症候群というやつは、ポリオの置き土産で、脊柱のねじれからきており、もう長い長いおつき合いです。教養学部時代にも医学部時代にも何度も入院し、そのたびに運動や知覚の独特な変化と消失を起こすものですから、神経科医や心理学者ごひいきの研究対象になっていました。

　このエピソードというのは、右側二頭筋の残りと左側二頭筋の一部を失い、それより小規模ですが、両側の三頭筋を失い、右足の感覚がなくなってしまったのです。数年前、メイヨー（訳注：外科医の兄弟が設立したクリニックの名前）の主任神経学者は、フィーニクスに滞在しているあいだ、どの神経が損傷を受け、どの神経が死んでしまったかをつきとめながら、楽しい時を過ごしたものです。

　わたしがどう感じているかと言えば、まあ、車椅子のお世話になるまで生きていられればありがたいくらいなものだということは、ずっと前からわかっていましたからね。その時は、いまだしといえども遠からずです。3年前、当時のエピソードに関して、かかりつけの地元の神経科医は脊髄造影法も含めて徹底的な検査をしたすえに、車椅子のやっかいになる時期がきたと確信しました。でも、わたしは、筋肉の補償作用と特別教育は驚くようなことをやってのけるものだ、と請け合いました。ぞっとすると言えばぞっとする話ですが、自分の筋肉が1つまた1つと次第に萎縮していくのを観察するのは、この年月、いくぶん興味深いことではありました。そうするなかで、わたしは人間行動を観察する際にかすかな手がかりをよく注意して見ることを学んだのだと思います。

　ところで、2つの学会の関係改善に関する11月2日付のお便りのことですが、わたしは大賛成です。それどころか、改善を促進するために、筋の通ったことならどんなことでも厭わずにやりますよ。以前、そのような委員会が結成されたとき、わたしは以下のようなことを提案している手紙を受け取りました（そのとき交わした文通の分厚いファイルを今でも持っています）

1．ASCH（訳注：アメリカ臨床催眠学会）を解散する。
2．ジャーナルはIJCEH（訳注：国際臨床実験催眠学雑誌）に委譲する。

3．ASCHの資金はSCEH（訳注：臨床実験催眠学会）に委譲する。……
4．われわれの会員名簿を改訂して、多数の会員を除名し、多数の正会員を準会員に格下げする。
5．われわれの役員および編集者を排除あるいは降格する。

その見返りとして、われわれは、それ以上の処遇に値する傑出した数人を除いて、SCEHの準会員になることを許され、われわれの予約購読者名簿は、SCEHのジャーナルに引き継がれるのです。

お返しに、あちらはわれわれを祝福し、あちらのためた負債を払わさせてくださる、というわけでした。正確な数字こそ知りませんが、このとき4000ドルから5000ドルのあいだの負債を抱えていたのは確かな事実です。負債はほかにもありましたが、はっきりどんなものでどの程度のものかは知りません。

現時点ではどうかと言いますと、事実としてわかっているところでは、2人の男がSCEHの負債5000ドルを個人的に引き受けています。また、印刷所の請求書がごっちゃになったせいで、IJCEHの予約購読者名簿はこちらの3分の1以下だということがわかりました。また、確たる証拠はないものの、信頼できる情報によれば、IJCEHは周期的に個人的資金によって救われているということです。また、わたしは確実に、共同編集者をやめさせてSCEHの人間と入れ替えてはどうか、ともちかけられています（この提案から1年とたっていません）。SCEHが引き継ぐあいだに、わたしは名誉編集長になるための措置をとる、というわけでした。わたしは、まぬけな愛想よさで応えました。そのときに、SCEHが崩壊寸前で、10月の大会は失敗に終わり、大会の費用をまかなうのに個人的な資金が必要になるだろう、ということを聞かされたのです。

あけすけにつけ加えられたところによると、彼らとしては面子を立てたいし、SCEHのほうが歴史的に古い学会なのだから、学会が一本化されること、それもできるだけ歴史のある学会に一本化されることは、みんなの利益になるだろう、というのでした。

ASCHの海外会員数がIJCEHをはるかに上まわっていることは、率直に認められたものの、同時に、彼らの広報部門のほうが断然優秀であることも

認められました。このことはASCHにとってきわめて重要な利益だ、と指摘されました。

　合併に尽力した見返りに、わたしは大きな名誉やら賞やらをどっさり授かることになっています。

　このたいへん異例の観測気球的な会合で、わたしはひどくどっちつかずでいながら友好的にふるまっていました。会合が始まる前の雑談でテープレコーダーの話が出て、そのおかげで、戦略的な位置に一見なにげなく置かれているブリーフケースに注意を促すことができました。あけっぴろげに、無邪気に、テープレコーダーが入っているんですねと言って、わたしも1つ手に入れたいと思っているので動かしてみせてくださいよ、リモコンを操作してみせてくださいよ、と頼んだのです。うまくとりつくろってはいましたが、わたしの無邪気な好奇心は、会談の相手をだいぶ困らせたと思います。

　以上は、単に保身に長けた数人の不実を暴くための話で、これを前置きとして、次のことを言いたいのです。

　2つの学会の合併には賛成です。われわれの現在の財政事情がどうあれ、あちらの負債を引き受けることには反対です。あの負債の一部がどうしてできたのか知っていますし、どうもうさん臭いのです。

　催眠を3種類に分ける、根拠のない3分割には反対です。歯科医が歯科催眠でなく医学催眠あるいは心理学催眠を用いたという理由で医療過誤訴訟になる可能性について、弁護士から相談を受けたことがあります。弁護士からのこうした問い合わせは3つの州からありました。そういうのは気に入りませんね。特定の部会に信任を与えようという提案はおかしいです。催眠の訓練についてある部会に判断させるというのは、それはそれ。部会を3つにするのは、仲間のために重要なポストをひねり出すためであって、また別の話です。

　言い替えれば、合併するならする、でもよけいな安ぴか装飾はなしでいきましょう、ということです。

　彼らはまた、自分たちが正会員資格として認めている文学修士号の取得者をASCHの正会員として認めるべきだ、とも主張しました。われわれの規約を変えるべきでしょうか？　わたしはそうは思いません。もっとも、会友のような低いレベルの会員資格なら考えてもいいでしょう。聖職者、弁護士、

言語療法士などを含めてもいいかもしれません。

　要するに、これまでのところ、彼らはこちらに要求してくる一方でしたし、あちらの上層部によれば（少なくとも8人の口から聞かされました）、SCEHとその機関誌の存続は非常に危ういのです。彼らが有利な取り決めに持ち込もうとするのもむりはないと思います。しかし、われわれの学会の不利益になるようなことには一切賛成できません。

　このところの（9月以来）個人的資金の投入により、多少時間や力にゆとりができたとはいえ、支援金もじきに底をつくでしょう（かなり確かな話として、そう聞いています）……

　……しかし、今やあなたが会長なのですから、もちまえの機転と外交的手腕で、SCEH問題を手際よく処理してくださるものと全面的に期待しています。

　わたしには個人的関心はありません。催眠を前進させてくれることならなんでも賛成です。自分の望む催眠における個人的評価はすべて得てしまいました――1つを除いて。ジャーナルの編集を10年間やりとおしたいのです。わたしは委員の地位などいりません。編集をし、家族を養い、催眠を促進したい、それだけです。あなたという人を知っているので、あなたの誠実さには全幅の信頼を置けますから、あなたの考え出すことにはすべて同意します。だから、エリック、がんばってください……〔エリクソンは合併委員に推す人の名前をいくつか挙げている〕

　……あなたの仕事をうらやましいとは思いませんが、きっとしっかりやってくださるものと信じています。心をこめて。

敬具
ミルトン・H・エリクソン, M.D.

　ミルトン・エリクソンは、『アメリカ臨床催眠学雑誌』が創刊された1958年7月から1968年の7月まで編集長を務めたあと、ニューヨーク州ハミルトンにあるコルゲイト大学のアカデミックな心理学者、ウィリアム・エドモンストンに手綱を渡した。編集長職を譲る前の1965年にさえ、エリクソンはエドモンストンに原稿の講評を依頼している。

以下に収めた手紙が興味深いのは、エリクソンの重要な論文の1つ、『オルダス・ハクスリーとともにおこなった、さまざまな意識状態の本質と特性の特別な探求（Special Inquiry with Aldous Huxley Into the Nature and Caracter of Various States of Consciousness）』(Erickson, 1965a) が発表される6ヵ月前に交わされたものだからである。エリクソンはエドモンストンの編集上の助言に留意したと見え、論文では問題の脚注が抜けていて、まえおきも全然「くだけ」ていない。エリクソンの論文は、エドモンストンがジャーナルの2代目の編集長を務めているときに発表された。

その時代の指導的知識人の1人であったハクスリーは、1920年代・1930年代に作家として名声をあげた。『みごとな新世界』は、初期の作品のなかでもっとも有名である。エリクソンとの共同研究ののちも、彼は意識への関心を持ち続けた。1954年に発表された『知覚の扉』と1956年に発表されたその続編、『天国と地獄』では、ハクスリーの幻覚剤体験が詳しく語られている。

ウィリアム・E・エドモンストンより
1965年1月4日

親愛なるミルトン

　同封されていた原稿をたいへん興味深く拝見させていただき、以下のことをご提案申し上げたいと存じます。原稿の出だしは、今のまえおきより、2つ目の脚注に出てくるのと同じような記述で始めるほうがよいように思えます。今のまえおきは、ジャーナルに載せるものとしては、いささかくだけすぎているのではないかと存じます。

　ハクスリーの家にあったノートが焼失してしまった[※8]ことは、確かにたいへん不運だと思いますが、あの興味をそそる日についての記述のなかで、エピソードをもっと具体的に詳しくお書きになれるのではないでしょうか。たとえば、ハクスリーは、深いトランスのどのような現象に対して、どの程度反応したのでしょう？　最初の軽いトランス、中くらいのトランス、深いトランスについての討論をもっと思い出すことがおできになりますか？　これらの討論についてもっと詳しく説明していただければ、読者にとってたいへん有益であろうと思います。また、深いトランスと「深い内省」[※9]との対比が、もっと明確にならないものでしょうか。

思うに、わたしが言わんとしているのは、原稿を読み終わるまでに、満たされない感じ、結末のない感じを抱いていた、ということのようです。ひょっとすると、現実離れした法外な期待を抱いて読み始めたので、期待が大きすぎたぶん、幻滅は避けられないことだったのかもしれませんが。次の2つのことが、ハクスリーの体験をわたしにとってもっと意義深いものにしてくれるだろうと思います。（a）あの多事な1日のあいだに交わされた知的刺激に満ちた討論が、もっともっと詳細に述べられていること。（b）あなたの記述しておられる出来事に読者が付与しそうな意味について、もう少し筆者であるあなたの考察が加えられていること。この2つが加われば、原稿はさらに魅力を増し、いっそう意義深いものになるでしょう……

あなたとご家族のみなさまに新年のごあいさつを申し上げます。

敬具

ウィリアム・E・エドモンストン・ジュニア, Ph.D.

ウィリアム・E・エドモンストン・ジュニアへ
1965年1月6日

親愛なるビル

原稿はよく検討してみます。まえおきのことは、きみの言うとおりだと思います。ハクスリーがなんらかの形でそれを入れるつもりだったのは知っていますが、どんなふうにするつもりだったのか、今となっては知る由もありません。わたしには彼のような文学的才能はありませんしね。

そうですね、わたしもあの終わり方は気が抜けたような感じがしたので、自分のメモをもっと徹底的にさらってみることにしました。きっともっと詳しくメモを説明できるでしょう。

きみのところに時間引き伸ばしマシーンが1つくらい余っていませんか？1日たった24時間ではどうしたって足りません。

敬具

ミルトン・H・エリクソン, M.D.

次に収めたウィリアム・エドモンストン宛ての手紙は、エリクソンが自発的に書いたものらしいが、返信は残っていない。後輩のエドモンストンは、エリクソンに選ばれた後継者として、『アメリカ臨床催眠学雑誌』の編集長を務めた。

問題の手紙は、学者や専門家の世界における政治的策謀や人身攻撃を率直に暴露している。こうした策謀や攻撃は、苛烈な批判という形をとることすらあった。それをここに提示するのは、ミルトン・エリクソンに対する理解を深めるためであって、過去の抗争をすっぱ抜いて古傷を開くためではない。

エリクソンは、人がえてしておのれの利益を図りがちであることを鋭く見抜いていて、明らかに、催眠やASCHとそのジャーナルに対して一部の人々が抱いているたくらみのことを、エドモンストンに知ってほしかったのだ。破廉恥な輩の権謀術数や見えすいた策略、そしてまた彼らが陰謀を実行するためにどこまでやりかねないかを、率直に述べている。自分の言いたいことをわからせるために、豊富な実例を挙げている。エリクソンは、エドモンストンが、編集長という新たな役割につきものの問題に敢然と立ち向かうだろうと考えたし、無知ゆえの思い違いなど一切してほしくなかったのだ。

また、エリクソンの人柄を考えてみるとよい。彼は綿密な人で、ジャーナル編集長としての務めも含めて、どんな仕事においても細部にまで気を配った。同じようにふるまうよう、エドモンストンを励ましている。エリクソンはまた生来の倹約家でもあり、経費はつねに最小限に押さえるよう、しきりと促している。さらに、エリクソンは力強い人で、独裁的になることもできた。必要とあらば手袋を脱いで鉄拳を見せよ、とエドモンストンに助言している。

ウィリアム・E・エドモンストン・ジュニアへ
1967年11月9日

親愛なるビル

　長年にわたって――『アメリカ臨床催眠学雑誌』第2巻が発行されて以来――〔彼はASCHの有名な3人の会員の名前を挙げているが、ここではそれぞれをX、Y、Zとする〕を始めとする人々は、「**真っ赤な大うそ**」に身を投じることによって、編集長職を奪い取ろうと努力してきました。3人

とも、わたしがよく講演に招かれることをひどく苦々しく思っていたのです。フランク・パティとわたしの不和について話をでっち上げましたが、それは何度も徹底的に打ち砕かれました。実際のところは、フランクとわたしは数巻でとても楽しくいっしょに仕事をし、その後、大学が彼に本の執筆を依頼してきたのです。フランクがこの仕事をやめてからも、彼とわたしと妻はよく手紙をやりとりしています。きみがフランクのことをどの程度知っているのか知りませんが、とてもすばらしいユーモアのセンスの持ちぬしです。ベティにきた手紙を数通と、わたしにきた手紙を1通同封しますから、読んでごらんなさい、とてもゆかいですから。でも返してくださいね。彼の書評はものすごくおもしろいものになるでしょうし、1月に出る書評で彼が引き合いに出している著者たちを見て、たまげる人が大勢いるでしょう。〔共同編集者だったパティは、『AJCH』1968年1月号で、メスメルに関するある本を批評して、こっぴどくやっつけた。のちに、権威あるメスメルの伝記を著した〕

わたしが編集長職を引き受けたときは、最初から、定評のあるジャーナルとして確立させる、という期待を突きつけられていましたし、編集の経験はまったくありませんでした。それにもかかわらず、ジャーナルの第1巻は成功を収めました。わたしは、もっぱら発行部数を伸ばして、財政的な成功を収めるために、低価格を維持しました。Xは、ジャーナルがはなから成功しているのを見ると、それを素人向けの雑誌に変貌させるための計画をいっぱい立て、わたしが編集長職を投げ出すものとすっかり当て込んで、表紙をデザインさせ、自分の裁量で学会にその費用を支払わせました。われわれが最初の出版社を断念せざるをえなくなったとき、Xは、シカゴでジャーナルを出版したほうがいいと執行委員会に納得させました。Xは、科学出版物に関連した多くの物事に不慣れな、金儲け主義の出版社を契約して雇いました。1年間で、われわれはジャーナルで2000ドルの損失を出しましたが、それでもなお、ジャーナルはいまだに学会に利益をもたらしているのみならず、記事にしても、SCEHが発行しているジャーナルの3倍です。外国の論文もはるかにたくさん載せていますし、論文要録も載せていますが、あちらの論文要録は自前の論文のものだけで、書評はめったに掲載されません。そして、この事実にもかかわらず、われわれのジャーナルは、ただ1号を除いて、ど

んなに遅くなってもいつもあちらより先に出ています。それなのに、かなり確かな筋からの情報によれば、あちらの編集長は1号につき2000ドルもらっていて、大部分の仕事をほかの者に委任しているのです。われわれの現在の発行部数は3000部を越えていますが、これはうちのようなタイプのジャーナルにしてはずばぬけて多い部数で、SCEHのジャーナルの3倍です。これが達成できたのも、初めは6ドル、その後は8ドルと価格を低く抑え、図書館および公共機関にはさらに低い価格で提供してきたからです。図書館および公共機関に低価格で提供したことによって、さらに予約購読者が増え、世界中いたるところで、いっそう広く出まわるようになったのです。SCEHの「国際ジャーナル」は、われわれが定期購読者を有している多くの国々で、名前すら知られていません。

　うちの学会員は、学会費を納めるだけでジャーナルを手にすることができます。あちらの学会費はもっと高く、特別分担金を請求し、年次大会への参加には参加費を徴収し、出されもしないごちそうのためのチケットをさばかせます。国際学会に入っている会員には特別料金を請求し、幹部役員と委員と会員の人名簿を出します。それがまたとても薄っぺらな人名簿で、故人となった会員や以前の会員の名前も含まれています。われわれの使っている印刷所はあちらのジャーナルも印刷しているのですが、誤って、われらが競争相手のジャーナルの印刷代の、支払期限をだいぶ過ぎた請求書を送ってきたものですから、実際の印刷部数によるジャーナルの規模ばかりか、実際の予約購読者数までわかってしまったのです。

　XとYとZは、『AJCH』を乗っ取りたがっています。彼らは、ジャーナルを一新して、まったく別のものにしたがりました。わたしが執行委員会に対し副主筆を認めるよう求めなかったと非難していますが、それはまったくそのとおりで、求めなかったのにはもっともな理由があったのです。ジャーナルを成功させるためには、発行人欄になるたけ多くの大学名が挙がっていることが重要だということがわかっていました。これは、催眠に関するもう1つのジャーナルが受け入れられるうえで、欠かすことのできない要件でした。Yが自分の身を案ずるあまり、そしてまた終身在職権を手に入れたい一心で、講師団の他の面々といっしょになって歯学部で催眠を教えることに反対しているのを知ったとき、わたしは彼を編集者の地位からはずしまし

た。終身在職権を得たあとも、再び任命するに値するとは思わなかったので、代わりにケイ・トンプソンを任命しました。フレデリカ・フライターク（Fredericka Freitag）博士の名前が載ったことによって、また、わたしがデイトンの航空宇宙研究所とサンアントニオの航空宇宙医学校で講演したことも相まって、米国空軍は催眠に対してこれまでよりずっと受容的な姿勢を取るようになりました。その結果として、空軍は2人の空軍士官がわれわれのジャーナルに発表することを許可したのです。また、わたしの義理の息子が空軍における催眠の使用について包括的な論文を書くことを許可しましたが、それはとっくに時代遅れになっている規則書では規制されていたことでした。一部にはこの論文のおかげもあって、義理の息子は強く願っていた臨時の派遣任務を与えられました。それは全軍参謀士官学校（Armed Forces Staff Officers College）への配属で、海軍、陸軍、海兵隊、空軍のあらゆる士官が望んでいるものです。

　われわれのジャーナルは、鉄のカーテンの向こうでも受け入れられています。鉄のカーテンの向こう、南アメリカ、ドイツ、その他さまざまなところで再発表するために、わたしのものにかぎらず、論文の転載許可を求める要請がきています。

　アリゾナ州立大学は、催眠の価値を見きわめるために両方のジャーナルを6巻、研究しました。われわれのジャーナルを求めて連絡をとってきたとき、ただちに提供してあげました。彼らは研究することになっていた6年分の巻を求めて、あちらのジャーナルやあちこちの大学に手紙を書きましたが、手に入りませんでした。最終的にわたしに問い合わせてきたのですが、これも提供してあげることができました。2つのジャーナルの評価は、断然こちらを賞賛するものでした。

　XとYはERF〔ASCHの教育部門〕の終身理事になりたいと思い、そのことではわたしもいっしょに動くだろうと考えました。3人の終身メンバーを含む14人の委員会になる予定でした。わたしは、だれであろうと終身メンバーになるのは望ましいことではないと考えたので、彼らに代わってそれをつぶし、あちらはかんかんになりました。わたしは、編集長職も、だれであろうと1人の人の手に終身ゆだねられるべきではない、と思います。学会の利益のほうがもっと重要だと思っているのです。

わたしは、学会内部の利己主義な人々全員の敵意をかき立ててきました。原稿をはねつけて、どっさり恨みを買ってきました。たとえば、L博士とXはある論文を発表しましたが、それには、この研究の基礎となっている質問紙の3分の1は、情報が不完全だったのでね、3分の1はどういうわけか紛失し、データは残る3分の1に基づいている、と書いてありました。実は最初、全データに基づいた原稿がXから送られてきて、Xの秘書は、パーセンテージについてベテランの助けを借りたほうがよいと助言している、ある医学専門のゴーストライターの手紙を同封していたのです。アンドレ・ワイツェンホッファーが原稿を検討し、大々的に書き改めるよう広範囲にわたって助言しました。Xは、全情報の完全な記録がわたしの机の引き出しにしまってあるとも知らずに、ほんとうに質問紙の大部分を紛失してしまったのだとL博士に信じ込ませました。L博士がXにだまされて利用されているのをわたしが知ったとき、L博士はわたしに対して猛烈に腹を立てましたが、L博士とXのこの論文は、不正確な点や間違った情報でいっぱいです。

　どんな組織でも、責任のある高い地位についていれば、人の敵意をかき立てるのは避けられないことですが、きみは行く手に降りかかる石や矢を耐え忍ぶに値するものを、きっと学ぶことができると思います。編集長になるずっと前、わたしは編集に関わる諸問題について知りたかったので、さまざまな精神医学ジャーナルの編集者と文通していました。カール・マーチソン〔『一般心理学雑誌』の当時の編集長〕のことも個人的な友人として知っており、彼が編集長としてのあらゆる苦労について語るのに耳を傾けたものでした。このようにして知ったすべてのことが、大いにわたしを助けてくれました。

　Xは毎年、ジャーナルをどこか別のところから出版させようとします。ウェイヴァリー・プレス社は、少なくとも150の科学ジャーナルを出版しています。科学用語やさまざまな参照事項に関して、著者の犯した間違いを編集者が見落としてしまったとき、あちらで訂正してくれることもしばしばです。さまざまな論文に添えられた参考文献を、著者が著者名を間違えて綴っていたので、訂正してくれたことも一度ならずあります。このようなサービスはとても役に立ち、大いに助かりますが、間違いはどこのジャーナルでも生じるものなのです。ベティとわたしは、『科学（Science）』や『アメリカ精神医学雑誌』でミスプリントを見つけたことがあります。ショアとオーンの共

著を出した出版社は、欄外見出しでとんでもない間違いをしています。たとえば、307ページでは欄外見出しが"Three Dementions of Hypnotic Death（催眠死の3つの次元）"となっていて〔正しくは、Three Dimentions of Hypnotic **Depth**（催眠深度の3つの次元）〕、しかも、その間違いはその論文中この1ヵ所だけなのです。ジャーナルの10月号を校正していたら、わたしの論文の表題の「さらに進んだ（further）」研究のところがfutherになっていましたし、"pantomime"という単語は、いろいろな出版物で"n"で綴られていますが、わたしの論文の1つでも欄外見出しがそうなっていました。タイプで打たれたコピーと校正刷りでは正しく綴られていたのに……

……W博士は10月に、4月まで待ってもらえるなら書評を書くと約束しましたが、それが再来年の4月だとは言いませんでした。書評をする人には、何度も何度も手紙を書かなければなりません。ある人は、4冊分の書評ができていて、「来週」仕上げをする予定だと請け合います。別の人は、数冊分の書評が「明日」送るばかりになっていると言いますが、これが何ヵ月待っても、いっこうに届きません。わずかながら迅速に書いてくれる人もいます。書評用の本を受け取るのを待たずに、自分から進んで書いてくれる人もいます。そういう人たちは、自分の購入した本の書評を書いて送ってくれるのです。

本人が送ってよこした論文を掲載したことに抗議している非難の手紙も、たくさん受け取ります。1年たってよくよく考えたら、論文に入れておいたらよかったのにと思う変更点がいくつか見つかったから、というのです。

今ベティから、報われる点もあると言ってあげなさい、苦難のことばかり言って脅すのはやめなさい、と言われました。きみは自分のぶつかる苦難を承知しているべきではありますが、それを補って余りある喜びを見いだして、うれしい満足を覚えるだろうと思います。

秘書が、こう言ってあげたらどうかと言いました、「おじけるな、続行せよ」って。

だいじょうぶ、ビル、きみはとても有利な境遇にいると思います。論文を読んで選ぶことについて学んでみたいという人もいれば、校正刷りを読むことに興味を持つ人もいるし、科学論文の書き方を身につけたいという人もいるでしょう。こんなふうにして、きみは自分の荷をぐんと軽くすることがで

きます。クラーク・L・ハルの著書だって、厳密に言えばハルが1冊の本にまとめたもので、大部分は教え子たちの発表した論文やタイプで打ったレポートに基づいていました。彼はまったく個人的なことでわたしに腹を立てて、でたらめの引用をした1ヵ所を除いて、わたしへの言及をすべて自分の原稿から削除してしまい、わたしがウィスコンシン大学とイェール大学で彼に手を貸したことへの謝辞が入っていないことに、イェール大学の大勢の学生が抗議すると、わたしに対して猛烈に腹を立てました。

ジャーナルの編集をしていると、非常に大勢の人々、科学研究のほかの分野の人々とさえ接触を持つようになります。これもきみの得る報酬であり、これのおかげで山と浴びせられる批判も物ともしないでいられます。

わたしは自宅に診察室を構えていますから、編集室も自宅です。非会員や海外の予約購読の需要になんとか対応できたのも、ベティの粘り強い努力があったればこそでした。定期予約購読は、ようやく中央事務局に移管されましたが、ベティは、ゆくゆくは海外のほうも引き渡せればと思っています。ジャーナルがケンタッキーで印刷されたときは、フランク・パティが、自分の家族に形ばかりの報酬を支払って、封筒に入れたり仕分けしたり束ねたりといった、料金別納割引郵便を送るのに必要なすべての作業をやってもらいましたが、これは一連の商業用語で表わせるほどの多岐にわたる作業なのです。フランクの家族やわたしの家族に手伝わせることで、われわれはジャーナルの原価を抑えたわけですが、そうせざるをえなかったのも、Xが学会の金を扱っていて、法外に無節操な使い方をしていたからでした。

Xが熱心に主張してくることには、よくよく用心することです。この助言を確かめるには、〔エリクソンは有名なSCHの役員の名前を挙げている〕に手紙を書くとよいです。彼は、Xの行動にたびたび憤慨させられてきました。催眠セミナーが終焉を迎えたのは、フィラデルフィア、ニューオーリンズ、デイトン、オハイオで開催されたセミナーをXがわざとぶち壊したからです。これらのセミナーが総崩れになったことにより、催眠セミナーは合衆国中のホテルのブラックリストに載ってしまいました。彼は、使いもしない個室料金で1600ドルもの請求書をため、講師をすることになっていた最後の3つのセミナーをすっぽかして、学会を1年間赤字に陥れました。にもかかわらず、この男には多くの物事をうまく押し進める力があるのですが、ひとたび

成功させてしまうと、今度は懸命にぶち壊そうとするのです。

　こんなことがほんとうにありうるのだということを、アカデミックな世界の人々の多くはあまりよくわかっていません。わたしは、ウィスコンシン大学の２つの学科でそれが起こるのを見ました。ウェイン州立大学の生物学科でも、ミシガン大学の心理学科でも見ましたし、イェール大学でも見ました。学者先生たちはみな、なにが起きたのかわからず、学科内の一破壊分子が、どうしてその学科を一から建て直さざるをえないような状態にしてしまえるのか、よく理解できないのでした。そういえば、〔南西部の２つの大学〕の心理学科も、たった１人のメンバーに徹底的にひっかきまわされて、どちらも今なお再建の途上にあります。きみが編集長になれば、これがそういうことかとわかる機会があるでしょうし、身のまわりに起きていることをいっそうよく理解し、冷静に距離を置いて見られるようになるでしょう。

　わたしは、健康上の理由で、1948年にミシガン州を去りました。その健康上の問題に見舞われる以前から、いずれミシガンを去らなければならないことはわかっていました。なぜなら、この11,000床の病院[※10]の部門長たちが、こぞって立ち去ろうとしていたからです。わたしは最後の組の１人でしたが、1949年に、政治的な汚水溜めを全国的に認められた病院に築き上げた男が亡くなると、もとの汚水溜めに戻るのにたった１年しかかかりませんでした。ちゃんと再建を遂げたのは、やっとここ８年以内のことです。

　この手紙では、具体的な指示はほんのちょっぴりしかしてあげられませんでしたね。それはまたあらためて。

草々
ミルトン

ウィリアム・E・エドモンストン・ジュニア博士へ
1968年4月4日

親愛なるビル
　わたしは1930年代の初めに、いくぶんは偶然から、いくぶんは好奇心から、編集長職の問題に、そしてまた編集長職の重要性にも関心を持つようになりました。さまざまな心理学者から、ジャーナルの編集長職がアメリカ心理学

会の会長職につながりうることを学びました。きみのことを何年間も見てきて、そうなれる資質があると思っていました。

　むかし、マーガレット・ミードとわたしは、エイブ・マズローに、自分の出版物に対する批判は、なんでもこだわりなく、気軽に、気持ちよく受け入れることがとても大切なのだと熱心に言いきかせました。わたしたちはどちらもエイブその人と、たとえちょくちょく同意できないことがあるにしても、彼の思考力とに大いに感服していました。2人とも、エイブがいつの日か、心理学の分野における傑出した人物としてふつう以上に認められるようになるだろうと思い、本人にもそう言ったものですが、まさかAPAの会長になろうとは思いもよりませんでした。※11

　心理学畑、医学畑の編集長たちと知り合いになって、わたしは多くのことを学びました。その1つが、ジャーナルはどんなことがあっても、著者に、ほかの著者が発表しようとしているものに気づかせて、論争の媒体になってしまってはならない、ということでした。そんなことができるのは、そのジャーナルが非常に大きな科学学会の事実上唯一の機関誌である場合だけです。たとえその場合でも、望ましいことではありません。『アメリカ医師会雑誌』の編集長だったフィッシュバインは、ほかの著者の発表論文を出版前に見せてしまうことの愚かさについて、詳しく教えてくれました。これが愚かだというのは、そんなことをすれば、どちらの著者も編集長に恨みを持つようになり、編集長が戦場として使われる、という単純な事実によります。また、仮に編集長が編集長であり続けるとしたら、そしてジャーナルが存続するとしたら、編集長はわからずやの頑固者であらねばならない、とも教えられました。いやそれどころか、編集長はきわめて専横でなければならないのです。さもなければ、ジャーナルはだめになってしまうでしょう。

　これは心理学と医学に限ったことではなく、地質学のような他の科学分野のジャーナルや、木材の利用法に関するジャーナルや、園芸に関するジャーナルについても言えることです。そのことで言えば、『タイム』誌が創刊されたときは、10対1で2年以上もつまいと言われたものです。『タイム』誌の編集者とは文通でずいぶん話し合いました。『英国医学心理学雑誌』に論文を発表したとき、編集長から、長年この仕事をしているが、まったく手を入れる必要のない原稿はあなたのが初めてだ、という手紙をもらいました。

"secondly"の代わりに"second"を、"behaviour"の代わりに"behavior"を使うという誤りは犯しているが、そういう使い方は明らかにアメリカ人特有のものだから、それをとがめるのはあら捜しというものだろう、と書いてありました。

『精神衛生学（*Mental Hygiene*）』の編集長とは長いこと文通していましたが、そのなかで彼はわが身の不幸をぶちまけていました。というのは、論文に変更を加えるときは執筆者の許可を求める、というのがそのジャーナルの方針だったからです。綴り間違いの単語を訂正したり、あるべきところにカンマを入れたり、改行したりといったことに対して、たびたび舞い込んでくる罵りの手紙のせいで自分の生活はみじめなものだ、と書いていました。そもそもこの文通は、あちらがわたしの原稿に変更を加えてもいいかどうかたずねてきたのが始まりで、わたしは、長らく編集に携わってきた経験をお持ちなのだから、出版に向けて原稿を整えることにかけてはあなたのほうがずっと適任でしょう、と書き送ったのです。

実際のところ、何人の編集長とこの問題を話し合ってきたかしれませんが、20人は下らないでしょう。そしてわたしのこの好奇心が、ジャーナルを発展させるうえで大いに役に立ったのです。1950年代の後半まで、自分が編集長になろうとは思ってもいなかったのですが。

編集長の破滅のもとになるものの1つは、発表原稿を提出したあとで書き改めたのを送ってよこし、さらにそれを書き改めたのを書き改めたのを書き改めたのをといった具合に、郵便配達夫さえうんざりしてしまうまで、新しい改訂版を送ってよこす著者です。

もう1つの問題は、著者にゲラ刷りの校正をさせると、彼らはきまって、入れるべき新しいもっといいセンテンスやパラグラフを思いついたり、省くべきセンテンスやパラグラフを見つける、ということです。まとめ組み校正刷りの場合でさえそれをやるのです。ゲラ刷りの段階で論文全体を書き改めたあと、まとめ組み校正刷りの段になってさらに大々的に改変しておいて、こちらが本人の送ってよこした最終的な形で出版したと言って、際限なく批判を浴びせてくるのです。だからわたしは著者にゲラ刷りを送ったり、まとめ組み校正刷りを送ったりしないのですが、いちばん厳しく批判してくるのは、原稿を送ってきて、書き改めたのを送ってきて、さらにその書き改めた

のに挿入してほしい改訂原稿を送ってくる著者です。

　科学者として訓練を受けた人々のどれほど多くが、情報の出典を示す際に著者をすっかり取り違えたり、著者の名前を綴り間違えたりするか、驚くほどです。わたしがウェイヴァリー・プレス社に固執する理由の1つは、あそこは相互参照システムがあって、常時それを使って、参考文献や引き合いに出されている著者の名前をチェックしているからです。ウェイヴァリー・プレスは少なくとも150のジャーナルを出版しており、この種の出版物を専門にしています……従業員は会社に対してきわめて忠実です……Xが、わたしが抗議したにもかかわらず、シカゴの会社にジャーナルを出版させてしまったときは、どの著者もさんざんな目に会いました。たとえば、別刷りの値段はページ数で決まるのですが、新しい規則によって、それぞれの別刷りごとにあらためて活字に組まなければならない、ということにはまったく言及がありませんでした。ジャーナルの活字は即刻ばらされ、別刷りは、組合の規則に従ってまったく新しい仕事として組みなおされなければならなかったのです。そのうえ、一般の商業的な出版社は、科学出版物にはまったく関心を持っていません。都合次第で著書目録の一部を省いてしまうこともあります。まとめ組み校正刷りにどんなにていねいに目を通したところで、編集者にはなんの権限もありません。あちらは自前の校正者を頼りにしているのですが、その人たちは職業的な校正者にすぎず、科学に関する事柄に通じているわけではありません。

　うちのようなジャーナルは、商業的な出版物に較べて発行部数が少ないので、彼らの優先順位では最下位に置かれます。そこへいくと、ウェイヴァリー・プレス社は科学ジャーナルをよりどころにしています。それ以外に考えられる出版社といえば、ちっぽけな町の印刷屋だけで、今ではごくわずかしか残っていません。ジャーナルが発行されたばかりのころは、そういう印刷屋に頼んでいましたが、そこは最初のうち、どれだけ時間がかかろうが自分の仕事に誇りを持っている男が1人でやっていて、われわれは彼の健康に依存していたものです。

　わたしは、ジャーナルのあの号やこの号の出るのが遅いと批判している手紙をたくさん受け取りました。特に強硬で口達者な批判の一部は、原稿を送ると約束しておいて、原稿を送る暇ができるまでに3年以上かかるにしても、

催促するたびにかならず約束の手紙をよこす人々からのものでした。

　編集長はプログラム委員長にも翻弄されますが、〔彼らの一部〕は故意にジャーナル作りの手抜きをしようとしました。〔彼らの1人〕が送ってくる原稿といったら、新聞社に配布する発表の謄写版刷りか、予備的な要約だけでした。

　編集長はまた、学会内の特に利己的な連中にも翻弄されます。毎年毎年、役員の地位にしがみつきたがる連中です。たとえばXは、ある役職を10年間握って、ほかの者には譲らないと主張してきました。Zは、2年間にわたって教育研究財団の金を規則正しく目減りさせているにもかかわらず、現職に留まり続けると主張しています。Yは、役員の地位につかせろと執拗に要求してきました。こういう利己的な連中にとっては、学会の利益や繁栄などどうでもいいのです。10年間というもの、Yは歯学の論文要録を1つも送ってきたことがありません。彼の論文はどれもみなリライトしなければなりませんでした。

　不愉快な内容ばかり長々と書きつらねてしまいましたが、それでもビル、わたしはきみに編集長になってもらいたいのです。なぜなら、きみの将来を築いていくうえで、それは好ましい影響を及ぼすだろうし、たいへんな思いはするかもしれませんが、最終的には多くの報酬を得られるだろうと思うからです。

敬具
ミルトン・H・エリクソン，M.D.

ウィリアム・E・エドモンストン・ジュニアへ
1969年1月30日

親愛なるビル

　すべての寄稿文を、著者の素性や論文の志向性やアプローチとは関係なく、その価値だけに基づいて評価したい、という気持ちにはわたしも共鳴します。しかし、実際問題としては、この理想主義的な基準はあまり志の高くない人々に利用される道を開いてしまう、ということをわきまえているべきだと思います。こうした陥穽について知ってもらうのにいちばんいい方法は、実際に

あった2つの話をすることだと思います。

最初のは、ベンジャミン・ピーター〔編集者注：架空の名前〕という男と、カール・マーチソン博士と、ウィスコンシン大学でわたしの心理学の教授だったクラーク・L・ハル博士に関わる話です。1941年のいつごろか、ピーターは、なんの学位も持っていないことを率直に認めながら、当時『一般心理学雑誌』の編集長だったカール・マーチソン博士に論文を提出して高覧を請いました。その論文は催眠に関するものだったので、マーチソン博士はクラーク・L・ハル博士に送って講評を依頼しました。ハル博士は、当時、現代的な科学的志向性を持った唯一の催眠の教科書と考えられていた本の著者として有名だったからです。ハル博士は、その論文にとりたてて感銘を受けたわけではないと思いますが、「いくつか見るべき着想がある」と考えて、掲載を認めました。ピーターは、結局のところ、とても非情で利己的な男であることがわかり、実際、いまだにこの判断ミスから利益を吸い上げています。『一般心理学雑誌』は、言うまでもなくまったくちゃんとした刊行物でした。マーチソン博士は学問的な気まぐれを企てて、当時、投稿規定になにか次のような一文を入れていました。「当編集長は、心理学専攻の大学生が、教授から課題としてあてがわれて書いた書評を受け取って評価するのはごめんこうむりたい。したがって、執筆者が心理学の博士号を持っていないかぎり、こちらの要請なくして書かれた書評の掲載は考慮の外である」

ピーター氏は大学に入学しはしたものの、成績不良と不完全履修により1年目の途中で中退していました。しかし、論文——ちなみに、催眠にやたらめったら単純化した解釈を加えたもの——が掲載されてまもなく、パークアヴェニューに治療室を開き、心理学者を名乗って、患者たちに1000ドル以上の料金を請求しました（しかも1940年代の話です）。そして、どういうわけか、まんまともてはやされるようになりました。『ライフ』誌がかなりの紙面を割いて彼の記事を載せ、『リーダーズ・ダイジェスト』『タイム』などのいくつかの大衆誌も同様でした。どの記事のなかでも、彼は学位を持っていないことを認め、心理学を専攻するつもりだったのだが、問題だらけの世の中が自分の貴重な力を大いに必要としているというのに、「ネズミが迷路を走るのを観察して時間をむだにしている」ことに気づいたのだ、と述べていました。このせりふはいつも、学位を持っていないのにもかかわらず、心

理学の博士号を持っていない者は書評を提出することすらまかりならぬとされているほどの、一流の心理学専門誌に論文を発表したことがある、という事実とともに述べられるのでした。彼はまた、有名な催眠の権威であるその名も高きクラーク・L・ハル大博士が「後援してくれている」、と繰り返し主張しました。

マーチソン博士は憤慨しました。ハル博士は、この主張に逆らおうとしてみたり打ち消そうとしてみたりしましたが、どうあがいても実際に発表を勧めてしまったという事実から逃れることはできませんでした。しまいには、苦い思いをつのらせたあげく催眠から完全に手を引いてしまい、学者としてのその後の日々は、学習理論の研究に舞い戻って過ごしました。催眠の話題には触れることさえなく、催眠と聞いただけで極端な反応を示すので、同僚はたびたび面食らいました。また、きみも耳にしたことがあるかもしれませんが、イェール大学の学生に関係した訴訟以来、ハルは催眠との関わりを否認したというひそかなうわさが広まりました。ほかにも彼の苦い思いを募らせる、なにかそのようなことがありました。しかし、彼はすでに催眠そのものに背を向けてしまっていました。

ピーターは成功を収め続けました。しかし、年月がたつにうちに、これからは心理学の資格が売りになるということに気づき、自分も時流に乗ったほうがいいと考えました。そこで、前に入学した大学に戻って4年の課程を終え、心理学専攻の理学士の学位を授与されました。わたしは彼の履修した科目と成績の証明書を入手しましたが、しっかりした純学問的な勉強が要求される科目は最低限に履修して、主専攻学生に義務づけられているものをぎりぎりで満たしているやり口には、舌を巻いてしまいました。彼の成績証明書は、お砂場科目やミッキーマウスまんが科目のような、単位をとりやすい科目でいっぱいです。ニューヨーク州は、ついに1961年、心理学者の資格認定法を可決しましたが、このような法律のつねとして「祖父」条項[*12]が盛り込まれていました。「祖父」条項の規定によれば、最低でも心理学の理学士号を持っていなければならず、これがその人の持っている最高の学位である場合には、加えて心理学者としての12年間の実務経験と、現役の心理学者2名の推薦がなければならないことになっていました。修士号を持っている場合は、要求される経験年数がもっと少なくてすみました。ピータ

ーは、もちろん「経験」年数はありましたし、自分の出版物のおかげで、推薦してくれるお人好しの心理学者2名を調達することもできました。のちにこの論文をふくらませて、ごく薄っぺらな本にして出していて、それによってさらに世間に知られるようになっていたのです。付随的な話ですが、わたしは1946年に、サルヴァトール・ルッソの編集している本に1章、寄稿してほしいと求められました。クーンとルッソが編集したこの本、『現代催眠(*Modern Hypnosis*)』は、1947年に出版されました。ルッソが最初に挙げていた寄稿者は、みな適切に選ばれた信望のある人々だったので、わたしは承諾しました。ところが、本を拡張するにつれて、彼は試験的にピーターの書いた章を加えました。わたしはただちに手紙を書いて、ピーターが寄稿しているような本に名を連ねるわけにはいかないので、このままこの章を入れておくのなら、わたしは降りざるをえない、と伝えました。これに対しルッソは、最初、自分が編者なのだから寄稿者の真価を判断するのは言うまでもなく自分だけである、あなたの辞退を残念に思う、とかなり横柄に言ってよこしました。しかし、わたしとはまったく別に、ほかの著者たちからも同じような辞退の手紙が彼のもとに届くに及んで、ほどなくわたしはしきりに恐縮している2通目の手紙を受け取りました。まちがいなく、彼は、自分が著名な寄稿者たちをさしおいてピーターを選択しようとしていることにふいに気づき、「おれはなにをしようとしているのだろう?」と自問したのです。ルッソはさらに興味深いことを書いていました。あるつてを使って慎重に調べたところ、ピーターの本はみな、エルサ・マックスウェル[*13]や、その他同じような名士の本や論文のゴーストライターをしているのと同じ人物による代作であることがわかった、というのです。ルッソは原著論文だけを出版しようとしていたので、これはピーターをはずすために使った口実だったのだと思います。

　ちなみに、ルッソは独自に調査して、ピーターが別刷りを要求して、あるゴーストライターに渡していたことをつきとめ、そのゴーストライターに会って事情を聞いたのでした。あらためてピーターの著書を調べると、いくつかのパラグラフには示唆に富んだ調子がありました。いろいろな心理学の文献に目を通してみると、そのゴーストライターが間違って引用したり、意味を取り違えたり、ピーターの説明を「体系的に表現する」ために慎重に改ざ

んした元の文を、いくつも見つけることができました。

　数年後、ピーターは、催眠は利用し尽くしてしまったこと、次なる治療法は自分が最初に書いたもののもう一方、すなわち、条件反射だということに気づきました。彼は〔自分の〕治療〔モデル〕に関する本を出しました。わたしの手元にも1冊ありますが、2人で目を通したあとでフランク・パティの下した評価、「信じられないくらいひどい」にわたしも同感です。ところが、どういうわけか、ピーターはかの高名なホースリー・ガント（Horsley Gantt）博士に、自分がわかって物を言っているのだと信じさせることに成功しました。それはおそらく、ガントが〔心理学のある見地〕の専門家ではあっても、明らかに治療についてはぜんぜん無知だったからでしょう。それに、ガントの書いた称賛の書評を見ますと、どうも耄碌してきているのではないかと思います。ともあれ、これがピーターを新たな、そして今まで以上においしい方面へと送り出しました。自分の出版物とこの称賛の書評のおかげで、1964年に東部のある大学で開講されようとしていた、条件反射療法に関する教科課程を担当するのに適任だということを、イアン・スティーヴンスン（Ian Stevenson）博士ならびにジョーゼフ・ウォルピ（Joseph Wolpe）博士に納得させることができたのです。わたしはウォルピ博士に手紙を書いて、ピーター氏の経歴を知らせました。しかし、きみも気づいているかもしれませんが、ウォルピは多くの点でものすごく単純素朴な人ですし、スティーヴンスン博士もそれに輪をかけたような人ですから、輪廻転生というような、さまざまなとっぴな方面にすっかり夢中になってしまいました。そんなわけで、ピーターの名前はカリキュラム表に載り続けました。この長い話の教訓は、もしマーチソン博士とハル博士がもっと慎重で、無資格であることを理由に最初の発表を拒んでいたならば、ピーターのその後の経歴は少なくともとんとん拍子にはいかなかっただろうし、さらに、故ハル（訳注：1952年没）は自分の後ろ盾だった、**といまだに**主張していることもなかっただろう、ということです。

　次に簡単にお話ししたいと思うのは、ルイス・ウォルバーグ博士と、自己催眠に関する著書を出したL・Sという人物に関わる話です。ウォルバーグは、この計画段階の本に「いくつかよい着想がある」と思ったので、ふとした気の緩みから、二、三、役に立つコメントを書き送ってしまいました。そのあ

とで、Sがまったく無資格であるだけでなく、自分の著書を始め、考えうるあらゆる形の自己宣伝のなかでウォルバーグの言葉を利用していること、またそんな資格はなに1つ持っていないのに、種々の教育を始めとする新規開発事業に乗り出していることを知って、ショックを受けました。

ワイツェンホッファーは、自分の責任において、Sの本に好奇心をそそられて、Sがいつどこで自動車修理工や、保険外交員や、なんでも屋として半端な仕事をしていたかをつきとめました。ウォルバーグはSCEHのジャーナルともども、この男に威光と幸運を与えてしまったのです。Sの本が出版されてまもなく、ウォルバーグは、釣り糸に数珠つなぎになった魚が描かれた絵葉書を送ってきましたが、それには「大きな口※14をしっかり閉じていたら、こんなことにはならなかったでしょうに」という哀れを誘う言葉が添えられていました。

この長い手紙の教訓は、編集長が論文を受け入れるか却下するかの判断をしなければならないとき、著者の素性や経歴についての知識は、編集者の判断とまったく無関係ではない、ということにすぎません。内容と提示の仕方だけを考慮できれば言うことはないのですが、あいにく現実はそう理想的にはいかないのです。

ルクロンは、もちろん、自分の名義で申し分なく容認できる出版物をたくさん出しています。しかし、最近書いているものの傾向を見ると、彼には用心するに越したことはないと思います。

編集長だったとき、わたしは、ピーターやSのような著者の書いた論文や本は、ちゃんとした著者の参考文献リストに**挙げる**ことすら認めず、削除していました（むろん、かならず著者に断ってですが）。これは無慈悲な、あるいは勝手な裁断ではありません。この連中は、そのような言及を終生利用してはばからないのです——「わたしの論文は、『アメリカ臨床催眠学雑誌』に基本的な参考文献として挙げられている」などと言って。

わたしが編集長としてこの徹底的な禁圧を断行した（そして、ジャーナルのため、学会員のため、そしてまた食い物にされる一般の人々のために、きみもぜひそうするように忠告します）著者には、以下の人々がいます。〔エリクソンは9人の名前を挙げている〕

要望があれば、上記のどの人物についても喜んで詳しい経歴をお話ししま

す。

敬具
ミルトン・H・エリクソン, M.D.

———————

　モントリオールのウォルフガング・ルーテ医学博士（Wolfgang Luthe, M.D.）に宛てた、エリクソンの 1965 年 6 月 15 日付の手紙は注目すべきものである。なぜなら、ルーテとシュルツ（Schutz）は、多くの点で催眠と似ている、自律訓練および自律法（autogenic training and methods）の共同創始者だからだ。エリクソンは、明らかに彼らの研究を高く評価し、催眠を無節操におこなう輩の最たる例とみなしたＢ博士のような人物に、2 人の方法が汚されないようにしたかったと見える。

　エリクソンはまた、当時アメリカ臨床催眠学会の会長であったライトに宛てた 12 月 16 日付の手紙でも、Ｂ博士に対する懸念を述べている。

ウォルフガング・ルーテへ
1965 年 6 月 15 日

親愛なるウォルフガング
　もっと前にお手紙をさしあげるつもりでいたのですが、あいにくパリ大会以来、手紙を書けるような状態ではなかったのです。デトロイトのワークショップには参加しましたが、その後入院して徹底的な検査を受けていました。今は自宅で元気にしていますが、仕事はまだごく限られたスケジュールでしています。
　今これを書いているのは、あなたならシュルツ博士に対する影響力を利用して、博士が非常に非倫理的な、好ましくない団体に仲間入りしてしまうのを防げるのではないかと思うからです。この団体が最近配布しているパンフレットの複写コピーを同封します。われわれ倫理的な専門家の学会や教育機関に所属する者すべてがＢ博士に手を焼いてきたことは、よくご存じのことと思います。彼が持っている医学士号はれっきとしたものなのですが、あの派手で芝居がかった出版物や宣伝広告や講習のせいで、彼の関わっている団

体や発起人になっている企画は、とうてい容認できないものになっています。これまでのB博士の偉業の実例には、あなたもでくわしたことがあるにちがいありませんし、彼の書くたぐいの本は、〔エリクソンは出所を示している〕の書評でたいへん適切に評価されています。そのうえ、B博士の催すさまざまな講習や集会には、舞台催眠術師や舞台催眠の興行主が頻繁に参加しています。

B博士が企画した現在の3週間講習で、同じく講師を務めているのは、英国のP博士です。P博士も、何年も前は専門家の仲間内で高く評価されていたのですが、彼の発表するものや関わっている団体はどんどん劣悪になり、先ほど引用した書評からもおわかりになるとおり、まじめな科学者にはとうてい受け入れられないものとなっています。

もう1人の講師、ロッテルダムのV博士のことはまったく知りませんが、このパンフレットに記載されている資格は大したものとは思えません。

内科医のM博士は、いくぶんましな資格を持っているようですが、もしほんとうにフランスの催眠界で認められているのならば、先だってのパリでの国際会議で名前くらい耳にしていただろうと思います。

講師を務めているほかの2人の内科医も、アメリカ臨床催眠学会の海外会員です。こういう人たちばかりだったら、このプログラムへの参加について倫理委員会に問題を提起することになんのためらいも覚えないでしょう。しかし、現時点でそうするつもりはないのは、シュルツ博士の参加が問題にされるのは避けられないからです。

ご存じのとおり、R博士は、精神科医の仲間内では高く評価されています。しかし、何年も前に催眠に関する本を出版して以来、わたしの知るかぎり、重要な研究や著述は一切していません。さまざまな人々が、この本が匂わせていることや結論づけていることの重大な誤謬や、関連ある事実のとりこぼしを指摘している、たいへん適切な評価をさまざまな人々が発表しているにもかかわらず、彼はこの本のいろんなあやしげな結論を繰り返しているばかりのように見えます。ご存じかもしれませんが、2、3年前、彼はある宗教団体に入るために精神科医稼業から引退すると発表しました。ところが、パリでは「聖戦」を再開しようとしていましたし、B博士のプログラムへの登場もそのような繰り返しの1つです。

M博士に関して言えば、わたしは何年も文通していますが、その間ずっと彼の能力や専門的な見識を非常に疑わしく思ってきました。われわれの学会への入会を申請したことを知っていたら、その時点でいくつか問題を提起していたでしょう。しかし、今までのところは、発表したいと言って提出してくる論文が、かなりとりとめのない、いささか混乱した代物で、採用されたためしがないということを除けば、はっきり不利なことをつかんでいるわけではありません。シュルツ博士は、アメリカ催眠研究所のいかがわしさにぜんぜん気づいていらっしゃらないにちがいなく、参加を撤回してくだされればと思っています。ご健康があまりすぐれないのを存じておりますので、ほかに思いつかなければ、健康状態を理由になさればよいでしょう。そのあと適当な時間をおいてからなら、わたしとしてももっと気兼ねなくR博士、M博士の関与を問題にできるでしょう。

　ドイツ医学催眠学会とアメリカ臨床催眠学会との提携の正式な手続きがもう少しで完了するというときだけに、今このことが公になるのは特に具合が悪いのです。この件での正規の実務は、現在ワシントン D.C. のセント・エリザベス病院で専門医学実習を受けている、クラウス・トーマス博士が進めています。このような問題を不愉快なもめごとに仕立ててうれしがる人がかならずいますので、われわれはできるかぎり慎重にかつ如才なくやらなければならないと思うのです。

　この件についてお返事をお待ちしています。

敬具

ミルトン・H・エリクソン, M.D.

追伸　住所人名録と自分のファイルを調べたところ、わたしが間違っていました――R博士は、国際臨床実験催眠学会の会員ですが、アメリカ臨床催眠学会の会員になったことはありません。とはいえ、シュルツ博士には、くれぐれもB博士の講座から手を引かれますよう願ってやみません。博士のお名前はすでに公表されていますが、主催者の地位や資格について、だまされて思い違いしていらっしゃるものと思いますから、それが批判や非難につながることはないでしょう。

　パリでお約束したとおり、木に追い上げた猫に完全に注意を引きつけられ

て、「催眠トランス」状態になっているわが家の犬、ロジャーのスナップ写真を同封します。

エリック・ライトへ
1965年12月16日

親愛なるエリック
　あのご都合主義のいかさま師連中が売り込んでいるたぐいのたわごとの見本をお送りします。
　というのは、この男、〔G博士〕は、B博士*と同じく、まともな大学の学位を持っていて（はるかに見劣りするものですが）、「いかさま師」という言葉に異議を唱える人もいるかもしれませんが、この資料をざっと調べていただけば、そう呼ぶことに同意なさるだろうと思うからです。
　たとえば、ルイス・ウォルバーグですが、元なんでも屋、元自動車修理工、元保険屋、元舞台催眠術師、元日雇い庭師など、さまざまの元なんとかであるいかさま師、S氏の書いた本を熱烈に推奨してしまったことに気づきました。それというのも、原稿の評価を頼まれたとき、礼儀正しく、「いくつか興味深い着想があるかもしれない」と書いてしまったからです。ルイスは、「大きな口を閉じて、あんな頼みを無視してさえいたら」と言っていました。S氏言うところのその熱烈な推奨がもとで、SCEHの書評子は、S氏が大学教育を受けていないことや、自分の舞台催眠術師的考えに価値を持たせるために、信頼すべき本から引っぱってきた内容を慎重に言い替えていることに気づかずに、その本に長い、情け深い評価を与えてしまったのです。
　わたしが数年前に診ていた患者の母親は、精神科ソーシャル・ワーカーをしていましたが、完全に精神病的なパラノイアでした。壮大な、委曲を尽くした新しい治療システムを開発し、担当のクライアントをそれに──いわば多人数の二人精神病（フォリー・ア・ドゥ）のようなものに引き入れ始めました。それは、進化・発展を遂げてかけ離れたものになっていたとはいえ、フロイトの学説に基づいていたので、彼女は行間をあけずにタイプした原稿（シングルスペース）のりっぱなフォルダーを、

---

*原注：有名な催眠の教師で、倫理的でないとエリクソンが確信していた俗流催眠術師たちと提携していた。

A・A・ブリル博士※15が滞在していたホテルへ送りました。博士は、親切にも、受け取りの通知を出しました──「興味深い原稿をお送りいただき、ありがとうございました。そのうち時間ができたときにでも読ませていただきます」といったようなのを。

それからというもの、彼女のパンフレットにはこう銘打ってあります。いわく、「わたくしは、A・A・ブリル博士からじきじきに熱烈な私信をいただきました。博士はわたくしの研究を『興味深い』とおっしゃり、わたくしが開発してきたものをすべて、ぜひ詳しく検討してみたいと述べておられます」。

この女性はもちろん意識していかさま師をやっているわけではありませんが、いまやブリル博士は自分の熱烈な弟子だと信じ込んでいます。アーネスト・ジョーンズ博士※16にもこれとまったく同じことをやり、結果もまた同じでした。配布用の写しを作っていて見せてくれました。彼女のために一筆書くのは遠慮させてもらいましたが……

G博士への返信は、秘書が、わたしの名前は使わずに、なんの銘も入っていない便箋に書くでしょう。「真にあなたのものである」という結びの言葉すら使わないでしょう。そんな言葉を使えば、「M・H・エリクソン博士は、わたしが資料を送ってあげたことに感謝し、彼は真にわたしのものだと言っている」と言えるようになってしまいますから。G博士は結構抜け目がなくて、たとえ軽くでも自分を支持してくれた人からきた手紙を転載しておいて、その人たちの重要な交友関係を並べ上げれば、読んだ人の頭のなかではなんとなくぜんぶがごっちゃになって、本物の親交の後光効果が全体に広がる、ということを十分承知しているように思えます……

敬具

ミルトン・H・エリクソン, M.D.

エリクソンは、教え子や仕事仲間に助言する際、手控えるようなことはしなかった。6月28日付の手紙を見れば、自分が無分別だと思う身の処し方を、トゥジェンダー(Tugender)に思いとどまらせたかったことは明らかだ。ここでは、ほとんど間接的ではない！

だが、自分の見解を具体的に述べ、M博士のせいで不運な目に会った人々と直接連絡をとる機会をトゥジェンダーに与えている。エリクソンは、プライベートなコミュニケーションにおいては率直で、求められればためらいなく自分の意見を述べた。

ヘンリー・S・トゥジェンダーより
1965年6月22日

親愛なるエリクソン博士

　同封しましたのは、一流紙に載る全国新聞雑誌連盟配信の週報、『今週』の切り抜きです。われわれの大切なもの——すなわち催眠を、一般の新聞がどのように扱っているかに興味をお持ちになるかもしれないと思い、これをお送りすることにしました。それに、記事の最後のほうであなたのことに触れていますので、ことによるともうごらんになったかもしれませんが……

　わたしは、大学で臨床訓練の指導をしているM博士にお手紙をさしあげました。『臨床実験催眠学雑誌』にお書きになった書評に賛辞を述べて、ついでに思い浮かんだことをちょっと書いただけだったのですが、その手紙にお返事をくださり、それがまた博士の教えている大学で研究を続けないかというお誘いのようなものでしたので、うれしいやら驚くやらでした。その後、講座の概要を受け取りましたが、アリゾナ州で非常に高く評価されていたオペラント条件づけはもちろん、催眠療法も含まれています。フロイトその他のアプローチも認められています。わたしは、こういう折衷主義が好きです。そこに申し込もうと思います。例のとおり推薦状が必要です。ここの職に就くとき、あなたは「いかしたの」を書いてくださいましたし、ひょっとしたら、今度も書いてやろうという気になってくださるかもしれません。わざわざ「創作」していただかなくてもすむように、この前のお手紙のカーボンコピーをお送りしてもよろしゅうございます。わたしの代わりにあなたからのお手紙を受け取れば、M博士はきっとものすごく感銘を受けるだろうと思います。

　ご家族のみなさまは、いかがおすごしですか？　お元気でいらっしゃることと思います。エリクソン夫人とお子さんたちによろしくお伝えください。いつかまた、アリゾナへ足を伸ばし、ちょっとお寄りして「こんにちわ」を

申し上げたいと思っております。わたしはアリゾナ州がすっかり気に入ってしまい、そちらに教えに戻れなかったことは、いろいろな意味でつくづく残念でした。でも、〔この大学〕はなかなかよさそうです——なんといってもカリキュラムに催眠が含まれているのですから。われわれはすぐに、M博士の関心を確かめられるでしょう。そしてそこでの影響力も。

敬具

ヘンリー・S・トゥジェンダー

ヘンリー・S・トゥジェンダーへ
1965年6月28日

親愛なるヘンリー

　M博士について洗いざらい書いたり、あなたを推薦してあげたりすれば、わたしはあなたの友情を失い、博士の熱烈な支持者にしてしまう危険を冒すことになります。さもなければ、博士をあなたの容赦のない敵にしてしまって、あなたは、いったいどうしてエリクソンはおれの時間をむだにするようなことに手を貸したのだろう、と思うでしょう。あるいは、まさかとは思いますが、宗旨替えをして、しようもない術語を使ってとうとうと弁じたてるような人になってしまうかもしれません。たとえば、赤ん坊のことを表現するのに、「イドの力と超自我の力とのせめぎあいにおける、自我装置の実存的出会いを示す現実装置であり、これによって内海への回帰という基本的な精神力動的強迫が最高潮に達する結果、取り入れが、続いて送り出しが起こるのである」などと、ばかみたいな説明をする人に。

　さてM博士は、完璧にりっぱな男として出発しました。多くの点で素朴で、厳密に科学的であるにはあまりにも信じやすかったとはいえ、催眠と心理療法にすばらしい貢献をするようになりました。懸命に励んでいましたし、正直でした。

　しかし、野心がM博士にとりつき、彼は、強い印象を与えるような言葉で物を言うことが、名声を手に入れ、科学的な功績を上げ、人々の上に立つ手段だと確信するようになりました。

　まもなく、このやり方には重要な要素が欠けていることに気がつきました。

すなわち、「政治的技巧」です。この言葉の意味するところは、だれに対しても感じのいい時宜に適したことを言い、真実かどうかという疑問は一切無視して、ただ言葉を飾って真実らしく見せかけ、そしてこれをもとに、真実に似ているところを防壁にして、事実を歪曲していると非難されないようにすることです。たとえば、「あの人は医学士号を取得しなかった」なんて軽率なことを言ってはなりません。「切に望んでいた医学士号を取得しなかったのは、ほんとにお気の毒ですよね」と同情的に言うのです。言っていることは真実です。その人はX年にY大学で医学士号をとりたかったのですが、戦争というじゃまが入って、W年にT大学で取得したのです。この最後の事実を抜かせば、医学士号を持っていないことで、みんながこの気の毒な男に同情するようになります。M博士はこの手のことに長けていて、うちの海外名誉会員の1人にこのとおりのことをしかけ、おかげでこの会員は、地元の医者仲間から、第2次大戦のせいで一部の記録は入手不能ではあるが、ほんとうに医学士号を持っているのだということを、たいへんな手間をかけて証明させられるはめになりました。当時、M博士は、海外でアメリカ臨床催眠学会の威信を失墜させる運動に携わっていたのです。

　年月が流れるうちに、M博士はますますものやわらかに、狡猾に、巧妙になり、人は彼に熱烈に追従し心酔するか、背中にナイフを突きつけられておとなしくしているかのどちらかです。

　彼はあなたにわたしのことをすばらしい人だと言うでしょう。もしあなたがそれに同意すれば、1年後、すばらしい推薦状をもらうでしょう――どこへ出してもまちがいなく突き返されるようなのを。そこに書かれているのは、彼がいつもできるだけあなたのためを思って、何度も何度も大目に見てやった汚点だらけの履歴だからです。あなたの推薦状を読んだ人は、M博士の忍耐強さや、寛容さや、あくまでもあなたを信じようとする心意気を賞賛するでしょう。そしてあなたの履歴を読むとすぐ、清掃班に命じてあなたを大通りに追い出し、あなたの足跡が残っていそうな場所を1つ残らずごしごし拭き清めさせるでしょう。

　M博士といっしょにやってきた人はみんな、M博士の複製になっているか、さもなければ、敢えて自分の頭で物を考えようとして、専門家としての道を徹底的に叩きつぶされてしまったか、そのどちらかです。

推薦状がほしいですか？ M博士は喜んでそれを受け入れるでしょうが、それは、わたしに対する敬意を最後の一片まで捨てさせるべくあなたを再教育せんがため、あるいはあなたを滅ぼさんがためなのです。

そういうことなのです。わたしなら、M博士といっしょにやるくらいなら道路清掃の仕事をするほうがましです。

お便りをください。そうそう、M博士と関わり合って不運な体験をした人たちを知りたければ、名前を教えてあげてもいいですよ。もっとも、ほとんどの人は傷跡を隠したがっていますが。

敬具

ミルトン・H・エリクソン, M.D.

催眠——そうです、M博士の思っているような催眠——それが問題なのです。そしてそれだけのことなのです。わたしは、彼の提出したオリジナルの研究についての論文は、すべて論拠薄弱であるとしてはねつけるでしょう。でも、人のアイデアを書き換えるのはうまいものです。

―――――――

ジル・ド・ラ・トゥレット症候群（トゥレット病とも呼ばれる）は、自動的な運動性チックをおもな特徴とする。痙攣運動は特に上半身に多く見られ、まばたきやしかめっつらに始まり、不随意的にしゃがむ、スキップする、跳び上がる、かつまたは頭を振るに及ぶ。舌打ちする、鼻を鳴らす、うなる、叫ぶ、咳をするなどの音声チックもまた頻繁に見られる。患者の3分の1から60パーセントは衝動的に卑猥語を発するが、これもこの障害の特徴である。

トゥレット症候群の原因はまだわかっていない。長年にわたって中枢神経系（CNS）の機能障害が疑われているが、CNSの異常はこの障害のおよそ半数に見いだされるにすぎない。今日の治療法は、一般に（ここに述べられている症例の場合と同じく）ハロペリドールのような抗精神病薬と心理療法の併用である。しかし、処方した薬物は、たえず作用をチェックする必要があるし、つねに効果があるとはかぎらない。症状は軽快と増悪を繰り返すため、いっそう管理がむずかしい。

この病態は、1885年にフランスの神経科医、ジル・ドゥ・ラ・トゥレット（Gilles

de la Tourette) によって初めて記述されたが、合理的な治療法はなかなか現われなかった。患者はむかしからきまって奇矯な人とみなされ、その症状はたいてい悪魔憑きか精神の病によるものとされた。施設に収容されるか、社会から追放された人として生きるのがトゥレット症候群の人々の定めだった。しかし、1960年代の終わりから1970年代の初めころまでには、この症候群の精神医学的管理にもっと注意が向けられるようになっていた。1970年11月21日付のエリクソンからフローレンス・シャープ（Florence Sharp）に宛てた手紙には、エリクソンがこの疾患の治療のために「仕立てた」方法が説明されている。エリクソンは患者の少女と1回面接したあと、シャープ博士に紹介した。博士は高く評価されている心理学者で、カリフォルニアで開業していた（シャープは、のちにアーネスト・ロッシと共同で、エリクソンの講演集を制作出版した）。以下に収めた問題の少女（ここではR・Gと呼ばれている）に関する参考資料は、母親から提供されたものである。

　エリクソン（1965b）は、これ以前に、トゥレット症候群の成人2人におこなった心理療法を記述した論文を書いている。どちらの症例も、症状が鎮静して成功したと報告されている。この論文ではまた、トゥレット症候群の少年2人に治療を試みたが「完全な失敗」だった、とも報告されている。明らかに、エリクソンが（シャープへの手紙でと同じように）1例のみ治療に成功したことがあると主張している場合は、青年だけを指して言っているのだ。

母親から提供されたR・Gに関する資料

　1970年にあなたにお目にかかったあと、サンタ・バーバラのキャロル先生が〔R・G〕にハルドル（訳注：ハロペリドールの商品名）をくださいましたが、量のことは先生の記録にありません。わたしの記憶では、夜に2錠、朝に1錠でした。

　その後、先生はわたしたちをUCLAへ行かせ、娘はそこに7ヵ月半入院していました。週末には自宅に帰ってきていました。脳波も染色体も正常だったそうです。実際、前より聞き分けがよかったです。退院するとき、同年齢の子どもたちと交わらせなさい、と言われました。

　うちと道を挟んでお向かいに、先生の友人が住んでいましたが、離婚してトゥーソンに引っ越し、再婚して、6人の子どもがいました。その人たちが、

子どもをしばらくうちに預けなさいと言いました。そうすればほかの子どもたちの近くにいることになるので、わたしたちもいいことだと思いました。あの人たちは娘を学校に入れ、最初は特殊学級に入りました。〔R・G〕はよくがんばり、特殊学級からいくつかの普通学級のクラスに移りました。

　スペイン語のクラスに入っていましたが、先生は、神経質なのでときどき自分のそばに座らせる、とおっしゃいました。また、言語の才に恵まれているので、このクラスを続けさせなさいともおっしゃいました。ホームルームの先生は、ホームルームではよくやっていて、とても活発だとおっしゃいました。また、6人の子どもを含めて家中の人が、悪態をついたという理由でいつもあの子を平手打ちにしている、ともおっしゃいました。

　でも、娘を預かっている家の人たちは、悪態をついたら厩肥で口を洗うことにしたのですが、厩肥をとろうとしてかがんだとき、〔R・G〕は女主人をたたき、女主人とその夫にひどく打ちすえられました。両目のまわりにあざができ、何日間か鼻血が出て、歯が2本折れました。

　わたしたちが行くと、学校側は学校を続けてもよいと言ったので、わたしたちはサンタバーバラの家を売ってトゥーソンに引っ越してきました。いざやってくると、娘はその学校を出されて、ハイスクールの特殊学級に入れられました。

　これは最終的な拒絶のように思えました。あの子は自分をぶち始め、血が出るまで耳をぶち続けるようになりました。それに、学校ではなんにもしなくなりました。あの子はその学校に行くのがいやで、友だちのいるところに戻りたかったのです。自分や人をぶてないようにするために、両手にソックスをはめました。ぶてないようにするために、袖を通さずにセーターを着ました。

　さらに、「こんちくしょう、隣近所のくそったれどもが」と叫ぶようになりました。裏庭に出て、声をかぎりにわめくのです。

　近所の人たちは、わたしたちを出ていかせるために訴訟を起こそうとしています。自分たちが家を売るわけにはいかない、自分たちの損害に対する責任はわたしたちにある、と言っています。

　〔R・G〕は学校から放り出されるまで、こんなことはしなかったのです。これは1976年の5月のことでした。

もしあなたのお力で、あの子がこんなことをしなくなるようにしてくださることができたら、あの人たちは訴訟に移さないでしょう。さもなかったら、あなたから、これはトゥレット症候群なのだと言ってくだされば、やっぱり訴訟をやめてくれるでしょう。

わたしたちは、国立衛生研究所臨床センター（National Institute of Health Clinical Center）に入所させるようにやってみるつもりです。お医者さまたちに、入所を勧める旨、一筆書いていただかなければなりません。シャピロ先生も書いてくださるでしょう。

主人とわたしは、娘はあの人たちといっしょに暮らしてぶたれる経験をしてから、前よりずっと具合が悪くなったと思います。それに、あの子はこのことが頭にあって、あそこへやったことでわたしたちを恨んでいるのかもしれないと思います。あの子を預かってもらうために、あの人たちに毎月100ドル以上払っていました。

フローレンス・A・シャープへ
1970年11月21日

親愛なるフローレンス

ひょっとすると、すでにこの子どもと面接なさったかもしれませんが、いずれにしてもR・Gをご紹介します。あなたもこの種の障害に精通しておかれるべきだと思いますので。両親は、信じられないほど多くの内科医や神経科医や精神科医や心理学者のところへ連れていきましたが、どこでもその場しのぎの応対ばかりで、診断については一度も言ってもらえませんでした。いや、だれも診断をしなかったのです。両親がサンタバーバラから電話してきて、12歳になる行為障害の子どもを抱えており、そちらへ連れていきたいと言ったとき、わたしはもう少しで手を引くところでした。さいわい彼らが、問題の中心は悪態をつくことと卑猥な言葉を使うことだと言ったので、この病態の見きわめがついた人がいないのは絶対確実だと思い、すぐに予約を入れました。この子どもは、ジル・ドゥ・ラ・トゥレット症候群にかかっているのです。始まりは5歳ごろで、そのためあらゆる学習においてたいへんなハンディキャップを負わされることになりました。哀れな少女は、たた

かれ、殴られ、鞭打たれ、およそ考えられるあらゆる種類の罰を受け、この病気を少しでも理解してくれる人は1人もいませんでした。1対1で面接したとき、子どもはすぐにわたしを試して、どれほどショックを受けたり困ったりするか見ようとしましたが、わたしが反感を示さないので、心底仰天しました。それからもう少し気合を入れて試してみましたが、「こういう言葉を言わずにいられないせいで、きみはどれほど困っているの？」とたずねると、ものすごくショックを受けていました。その質問で、彼女自身の苦しみをわたしが多少なりとも理解していることがわかったのです。

　知っているかぎりでは、レオ・カナー（Leo Kanner）とわたしがそれぞれ1例ずつ、この病態の治療に成功しています。ここ数年、精神安定剤を用いて治療し、れっきとした研究分野として研究しようという試みに関心が向けられています。1971年にメキシコ・シティで開催される予定の国際会議で、この病態に関するセッションを設けてほしいとの要望はあったものの、プログラムの計画に特別なセッションが組み入れられるには至りませんでした。しかし、これをテーマにした論文がいくつか発表されるでしょうし、発表者の一部が個人的に集まって、各々の考えを討論することが見込まれます。ミネソタ大学のF・S・アバズアハブ・シニア博士（Abuzzahab, Sr., M.D., Ph.D.）に手紙をお書きになってもいいでしょう。博士は、患者の頭文字と、この病態に関心を持っている医師の名前をまとめてリストにしようとしています。

　この少女とはほんのちょっと会っただけですが、両親とは長い時間面接し、この病態についての情報は悲しいほど乏しいことや、どんな症状もけっして直そうとしないで、患者のすることはすべて全面的に受け入れてやる必要のあることを理解してもらおうと努めました。激した悪い言葉を口にしたり、卑猥な言葉で反応したり、たくさんの風変わりで奇異なチックが出てしまうのを、患者はまったくどうすることもできないのです。この女の子は、床をのたうちまわり、髪の毛をもみくしゃにし、両手を振りまわすのですが、気の毒に、本人はこんなことはひとつもしたくないのに、抑えられないのです。みんなに当然抑えられるはずだと思われているのを知っていて、自分の意に反して反感を招いていることがわかるので、他人に不愉快な思いをさせている以上に自分自身が苦しんでいるのです。

わたしも同じような症例を扱ったことがありますが、発症は7、8歳ころ、以来徹底的に虐待されていました。ただし、その少年には溺愛型の母親がいて、発症前はいろいろなことを教えて、それを自慢にしていました。この少女の場合は、自分に役に立ちそうなことを学ぶチャンスがありませんでした。学校教育もごくわずかしか受けていません。学校友だちはこの子にがまんできなかったし、あまりにも多くの教師が、この子が友だちにがまんの限界を越える害を与えているかのように反応して、仕返しをしました。カリフォルニア州法のもとでは、教育委員会は、この子に教師を1人つけるでしょう。あなたがその教師に理解させなければならないのは、この子のすることすべてを全面的に受容する必要があるし、また、受容しているということを示そうとして、同じ言葉を使ったり動作をまねたりして、あざけるようなことがあってはならない、ということです。教師はあらゆる点で健常な自分自身でありながら、この子のすべてを全面的に受け入れる必要があるのです。わたしがあの少年を扱ったときも、わたしのぶざまな動作を、けっして少年の動作に同情してわざとしているのだと思われないように、念には念を入れなければなりませんでした。あの子はあの子でどうしようもないのと同じように、わたしもわたしでどうしようもないのだ、ということをわかってもらわなければならなかったのです。いったんその点がはっきりすると、わたしと患者の仲はそれまでよりずっとうまくいくようになりました。

　こういう患者が一般にどのような経過をたどるかと言いますと、いよいよ反感を招くようになって、しまいには州立病院に収容され、そこでもすぐに裏手の病棟へ追いやられて、荒廃するに任され、たいていは入院後数年で死亡します。症状行動もまた衰微して、つぶやきやうなり声になり、ますます活動性が低下してしていきます。わたしはいろんなことをするように少年を励ましましたが、その励まし方にはとても気を使いました。母親がかわいい坊やに料理を教えるのを自慢にしていたことを知ると、わたしはごく自然に、自分の料理の腕前を「自慢」しました。

　これが自分に対する励ましだなんて少年にはわかりませんでしたが、実のところは励ましだったのです。少年が幼いころ、母親は室内装飾の大切さを教え、自分の寝室の壁を装飾するのを手伝ってやっていました。わたしもつい、農場のわが家の自分の部屋や、学生時代に住んでいた部屋をどんなふう

に飾りつけていたか、思い出を語りました。実際、わたしの過去には、彼の過去と一致するものがものすごくたくさんあったので、共通の経験の基盤を打ち立てることができました。わたしの過去についての話のどれほどが作り話かなんて、患者は知る必要がありませんでした。この患者を受け入れたときが15歳。ハイスクールの1年目を終えさせるだけで3年かかり、それも最低限の成績でかろうじての及第でした。

　もしあなたがこの少女を患者として引き受けるなら、両親に、彼らはなんの権限もない雇われお手伝いにすぎず、あなたの命令には絶対服従だということを理解させなければならないでしょう。教師にも同じことを理解させなければならないでしょう。この少女は、犬やウサギのような愛玩動物が好きです。庭でなにかを育てるのが好きです。青いアマトウガラシの実をいくらでも食べたがります。もし一度に12粒食べたがったら、あなたが食べさせたいと思った数より2粒よけいに食べてしまったと思わせて、満足感を味わわせておやりなさい。あの子は少しばかり、反抗する権利を持つ必要があるのです。

　わたしの患者の場合は、不精にさせてやらなければなりませんでした。彼はすぐに、2本の指を汚くしていたら、わたしが望ましいと思う数より1本よけいに汚れていることになるし、全部の指を汚くしていたら、わたしは1本だけよけいに汚れていると思う、ということに気づきました。言い替えれば、こちらが確実視する限度を、実際に起こることよりちょっぴり低めに設定するわけです。それが彼らにすばらしい自由の感覚を与えるのです。こうして、わたしの患者は、10本の指を汚くしてものすごく不潔でいることも、2本の指を汚くしてものすごく不潔でいることもできましたが、わたしはけっして本気で叱りはしませんでした。要するに、わたしは彼が望むだけ多く、あるいは望むだけ少なく指を汚くしていられるように、ある幅の自由を与えたのですが、その幅がどんなに狭くても、少年はわたしをちょっぴりやかましいやだなと思うことができて、気楽でいられたのです。このことをのみこむまでにずいぶん時間がかかりましたが、そのころまでには自分なりのしっかりした基準を作り上げていて、わたしをだしに使って楽しんでいました。

　この少女の運動間協応[※17]には、身体的におかしなところがあると思います。神経学的な欠陥なのか、学習の欠陥なのかわかりませんが、それがなん

であれ、けっして正そうとするべきではありません。彼女の病態をそっくり受け入れることは、あなたにとって非常によい教育経験になるにちがいありません。その経験から新しく学んだことを、ほかの大勢の子どもたちの行動に応用できるでしょう。わたしは、この少女が10代を切り抜けて、20代でこの病態から回復できる可能性もある、と思います。それは保証できかねるにしても、あなたがこの少女から教育についてたくさんのことを学べるということを確信しています。

　精神科医、神経学者、足病医、心理学者、精神分析家、医学畑・パラメディカル畑のいろいろな人たちがこの患者と会ったのに、だれ1人として彼女の病態がわからなかったとは、あきれた話です。わたしは、電話で、「問題児なんです、毒づくんです」と聞いただけで診断がつきました。

　両親には、ひょっとしたらあなたが治療を引き受けてくれるかもしれない、と話してあります。引き受けてもらえないかもしれない、とも言っておきました。また、わたしは引き受けられないし、わたしの知るかぎりでは、それ以外にこの患者が治療を受けられる見込みはない、とも話しました。

　精神安定剤に関しては、パンフレットをお送りします。これがお役に立つでしょう。精神科医に処方箋を書いてもらわなければならないかもしれませんが、ごく慎重に使ってください。最初の1週間は最小量から始め、それを1回だけ服用させます。翌週もこれを繰り返して、効果を見ます。それから、最小量を週に2回、2週、試してみてもいいでしょう。そして、だいじょうぶそうだったら、1週間のあいだ、1日おきに1服飲ませてごらんなさい。薬をやめて、肯定的なものにしろ否定的なものにしろ、なんらかの反応があるかどうか見てみます。わたしに考えられるのはこの薬だけです。わたしは、週1回、0.5ミリグラム投与しても絶対安全だと思いますが、あなたはその半量だけ使いたいと思うかもしれません。用心がとても大切です。

　生理が始まって、やっかいな思いをなさることはないと思います。わたしが間違っているかもしれませんが。この点については聞いてみませんでしたが、わたしの知っているすべての症例で生理はきませんでした。ちなみに、この病態は女児より男児のほうに頻繁に生じます。もしあなたがこの少女を患者として引き受ければ、記録上最初の女児になるでしょう。

　いつでもお気軽にお便りをください。

敬具
ミルトン・H・エリクソン, M.D.

―――――――

　フローレンス・シャープへの手紙に述べられているエリクソンの治療法は、患者が望ましい方向へ向けて最小の戦略的な進歩を遂げるのを手伝う、という彼独特の方法のよい例だ。毎度のことながら、ここでも彼は、いかにしてこれらの小さな変化が治療的進歩という鎖の環を形作っていくかを実証している。また、患者の自主的な努力をつねに尊重し、本人の欲求や価値観が表現されるに任せる（この症例では、反抗によって）というやり方も、はっきりと表われている。

F・S・アバズアハブ・シニアへ
1972年5月13日

親愛なるアバズアハブ博士
　あなたの最新の別刷り、『ジル・ドゥ・ラ・トゥレット症候群の臨床像とその取り扱い方（The Clinical Picture and Management of Gilles de la Tourette's Syndrome)』を拝受したところです。興味深くかつたいへん不可解なこの障害の研究において、あなたの国際登録簿は非常に貴重な情報源となるでしょう。
　もう1人、追加していただく患者に関する情報を同封します。残念ながら、わたしはこの子どもと1回会ったきりで、州外の方でしたので、自宅にもっと近い心理学者を紹介したのですが、わたしの知るかぎりでは、両親はこの紹介に従いませんでした。その心理学者に、今後のケアのための説明や助言をしたためた長い手紙を出したのですが、今日にでも彼女に手紙を書いて、その後この子どもに会ったかどうか聞いてみるつもりです。子どもの頭文字はR・Gです。正確な生年月日は聞いていませんが、わたしが診察したのが1970年の11月半ばで、そのとき12歳でしたから、1958年と見ていいでしょう。一人っ子です。問題が始まったのは5歳のときで、知能は平均より上に見えましたが、病態に関してひどい誤解を受けてきたため、学習に多

大な不利益をこうむっており、11歳以降は登校していませんでした。チックや強迫的な手の動きやさかんな身ぶりをともなう典型的なトゥレット症候群の症例でしたが、問題の中心は「悪態をつき、卑猥な言葉を使う」ことでした。何人もの内科医や神経学者や精神科医や心理学者がこの子どもに会っていましたが、トゥレット症候群と診断をつけた人は1人もいませんでした。

もしわたしの紹介した心理学者がこの子どもと会っていましたら、その後の情報をあなたにお送りするように頼むつもりです。

敬具

ミルトン・H・エリクソン, M.D.

――――――

1976年9月13日、デイヴィッド・M・フリードランド博士（David M. Friedland, Ph.D.）はエリクソンに手紙を書き、ASCHの出版物でエリクソンの誘導法の1つを読んだと述べて、エリクソンの方法の論理的根拠について質問している。さらに、エリクソンのやり方についてもっと学びたいのだが、「ほんとうに感じをつかむのに少々苦労している」と述べている。以下に収めた10月19日付の手紙は、エリクソンの返信である。

11歳の夜尿症の症例は、『ミルトン・H・エリクソンの心理療法セミナー』（J. K. Zeig, 1980, p.79-84）のなかで、もう少し詳しく報告されている。エリクソンは、この話を訓練用の症例として利用し、生徒たちがその少女の治療をするとしたら、どんな戦略を使うかを探りながら教えている。フリードランドへの手紙で説明されている症例は、エリクソンのやり方に見られるいくつもの重要な一般的パターンを例証している。エリクソンが本人の準拠枠で患者に会い、彼女の意欲をかき立てる挑戦から始めていることに注目してほしい。次いで、彼は、なめらかに話をつなげて無意識過程の話に入っていった。

その話をしているあいだに、ゆっくりと、経験に訴えることによって、概念を築き上げた。説教などしなかった。そんなことより、少女の理解と興味を刺激するような、参照できる経験（無意識の作用の実例）を示してやった。エリクソンの忠告の論理には一分のすきもない。だがそれは、勢いを得ながらゆっくりと盛り上がってゆき、症状コントロールの暗示が与えられたときには既成事実になっていた。

エリクソンの方法が心理教育的ではないことに着目してほしい。彼は患者に新しい技能を教えようとはしなかった。それよりも、すでに身についている学習を刺激して、患者が

その学習を治療的変化につながるような形で組み立てなおせるようにしてやった。

　1976年12月28日付の短い返信で、フリードランドは、エリクソンの論拠の「感じが前よりよくつかめた」ので、今後はもっともっとエリクソンの方法を使うだろう、と述べている。

デイヴィッド・M・フリードランドへ
1976年10月19日

親愛なるフリードランド博士

　わたしは、人は一人ひとりが独自の存在なのであり、そのような人を治療するとき、自分の知識や潜在能力は二次的なものだと思っています。被験者が、あらゆる点で第一なのです。患者や被験者は、自分がなにを望んでいるか、どんなことができるか、ほんとうにはわかっていません。さもなければ援助を求めたりしていないでしょう。わたしは見当をつけ、推測することができますが、**わたしは知らない**ということを**知っている**のです。

　だからわたしは、1対1方式の関係を築くのです。そのうえで語りかけるのです、患者が自分自身の経験と潜在能力に照らして解釈できる言葉を使って。ある症例を引き合いに出そうと思いますが、それを注意深く検討してごらんになれば、わたしがトランスと治療に対する一切の責任を患者に負わせていることがおわかりになるでしょう。

　何年も持続している膀胱炎の病歴を持つ11歳の少女が、わたしのところにやってきました。何度も膀胱鏡検査を受けたあげく片方の腎臓を失っていて、眠りに落ちて筋肉が弛緩したとたんにベッドを濡らし、起きているときも、笑ったりびっくりしたりしたはずみに着衣を濡らしてしまうのでした。近所の人も学校友だちもみんなそのことを知っていて、兄弟は彼女に「ひどいあだ名」をつけました。医師や精神科医や心理学者などが彼女を「治療」してきましたが、長年の努力にもかかわらずどれも効果がありませんでした。

　わたしの治療は、次のようなものでした。「そうか、きみはベッドを濡らすんだ！　きみがそれをやめたいのかどうか、わたしにはわからない。気持ちのいいものじゃないからやめたいと思っているということはわかるし、きみは快適でいたいんだと思うけどね。でも、膀胱のコントロールというのは、

きみの無意識の心、つまり心の裏側のすることなんです。どんなふうになるかというと、歩くとき、無意識の心はきみの足を互い違いに出してくれるし、のどが渇いたら渇いたと教えてくれるし、きみにはわからなくても、のどが渇いたとき何口水を飲めばいいのか教えてくれる。それどころか、きみの無意識の心は、きみが知っているのに知っているのを知らないことをたくさん知っているんです」

「ところで、この診療室の床のカーペットも、本棚も、ファイリング・キャビネットも、きみにとっては別に重要じゃなくて、自分の問題だけが重要なんだと思います。そしてコントロールは無意識の心がしてくれるんだから、だからちょっとあの文鎮を見てごらん、しゃべらないで、じっとしているんだよ。わたしの言葉に耳を傾ける必要すらないんだ、だって、きみの無意識の心、つまり心の裏側が、わたしの言うことを聞いて理解できるくらい、わたしはきみのすぐそばにいるんだもの。そしてわたしが話しているあいだに、きみの呼吸はゆっくりになって、脈拍が遅くなって、血圧が低くなって、筋肉の反射も変わりました。そしてもしかすると、身体がくつろいでいる、とても快い感覚に気がつくかもしれないね。そしてこれを楽しみながら、いっそ目を閉じてしまいましょう。だって、ますます身体が心地よくなってきて、その心地よさから気をそらすほど興味のあるものなんて、なんにもないんだから。しばらくのあいだその身体と心の心地よさを楽しんだら、わたしはある簡単な質問をしますが、きみの無意識の心は、わたしが理解できるようにごく簡単に答えてくれるでしょう。では質問をします。『トイレに座っておしっこをしているとき、知らない男の人がドアから首を突き出したら、きみはどうしますか？』」

少女はちょっと身体をこわばらせて、簡単に答えました、「固まっちゃう」。わたしは続けて、「そのとおり、きみは固まっちゃって、おしっこを止めるでしょう。そしてその人が首を引っ込めたら、きみの無意識の心は、きみの身体の力を抜いて、またおしっこを始めるでしょう。でもね、なにも固まっておしっこを止めるために、知らない男の人にトイレをのぞきこんでもらわなくてもいいんです。どうやって始めて、どうやって止めるか、きみは知っているんだし、また始めて、また止めて、ってやっているうちにコントロールできるようになるんだから。そして、1日のうちに何回か練習の機会があ

るだろうけど、もし練習するのを忘れたり、急ぐあまりに練習しそびれたりしても、心配はいらないよ。なぜって、いったん練習を始めれば、きみのコントロールする力は——今まではチャンスがなかったんだけど——伸び始めて、伸び続けていくし、もっと練習する必要があるときは、きみの身体がかならず思い出させてくれるからね。ところで、すぐにおねしょをしなくなるなんて思っちゃいけません——初めてそうなるのに2週間かかるかもしれないけど、でも1回そうなったら、もっともっとしょっちゅうそうなって、やがて完全にコントロールできるようになります。もちろん、3ヵ月でいつもベッドが乾いているようになったら驚きだけど、6ヵ月たたないうちにいつも乾いているようになるというんだったら、2人とも確信が持てるね。では、しばらくのあいだその心地よさを楽しんで、それからここへ戻ってくることができます」。**治療終わり！**

さて、もしわたしが資格のある正統な精神分析家だったら、あの11歳の夜尿症の少女で、週5回、3年間の心理療法計画を立てることもできたでしょう。そうする代わりに、わたしは、「催眠暗示や教示や命令」を使わないでトランスを引き出すのに1時間使いました。そんなものは使わないで、さりげなくて、穏やかで、淡々としていて、確信に満ちた、期待のこもった声で、人が一生を通して経験するさまざまなことに触れました。ただ触れただけでした。それから、本人が考えてみたこともなかった、自分の問題を矯正につながるように扱う能力を話題にし、単純だけれどおおげさではない希望を与え、それから、その希望を終生続く身体機能に結びつけました。回復に関係している現実を話題にし、彼女の意欲をすごくかき立てる、でもすぐにそういうものだとは悟られない、期限を指定しました。彼女のことでは絶対的な自信があるという態度を示しましたが、それはこちらの一方的な態度でしたから、彼女は反論したり疑ったりすることができませんでした。それから、ほっとして確信を持った状態で、家に帰ったのでした。

2週間たたないうちに、少女は初めてベッドを濡らさなかった記念に、手編みのタコの人形を持ってきてくれました。それはおそらく、わたしはただのおねしょったれなんだという忸怩たる思いを抱くことなしに人に贈った、初めての子どもらしい贈り物だったのです。

6ヵ月たたないうちに、友だちや親戚の家に泊まって、長く滞在すること

さえできるようになっていました。

今は10代半ばですが、過去の問題はもはや単なる思い出にすぎず、とてもよく適応しています。

クリスマス・シーズンには、姪たちそっくりのニュース満載の手紙を書いてきます。

この手紙があなたのご要望にかなえばよいと思います。

敬具

ミルトン・H・エリクソン

エリクソンに接近した多くの人々と同様に、レナード・ハンドラー（Leonard Handler）も技法について質問した。明らかに、エリクソンは技法にはあまり重点を置かず、弟子たちに、患者の現象学を理解できるようになれと助言したのだ。そうすれば、患者の現象学的場の内部で微妙な暗示の持つ喚起的な性質が、自然とよくわかるようになる、というわけだった。

エリクソンの手紙とそこで引き合いに出されている症例は、彼の方法のむだのなさを示している。彼は、治療においてかならずしも深遠なことを言うわけではなかった。しかし、遠くまで及ぶ影響力を持つ連想過程を刺激することによって、単純なコミュニケーションの一言ひとことを、患者の内部で生きいきとしたものにした。

ある意味で、エリクソンの治療の芸術性は、見る者に強い印象を与える単純な線を使って描いた画家、パウル・クレーの作品に似ている。クレーと同様に、エリクソンは方法の単純さから生まれる効果の複雑さをよく知っていた。

手紙のなかでエリクソンが言及している別刷りとは、『人間行動における音源の重要性についての催眠による実地調査（A Field Investigation by Hypnosis of Sound Loci Importance in Human Behavior)』(Erickson, 1973) である。フランクの症例（論文のp.100-105）において、エリクソンは、罪悪感の除去に関係しているきわめて間接的な技法によって、「親分風を吹かせる頑固者で、いつも警戒心が強くて、論争好きな」(p.101) 患者のペイン・コントロールをしてのけた。この症例は、間接的方法によって治療目標を達成するには、患者の動機づけと準拠枠の利用が有効であることを例証している。

レナード・ハンドラーへ
1974年1月31日

親愛なるハンドラー博士

　1月11日付のお手紙へのお答えとしては、一般的なことしか申し上げられません。わたしは1965年以来、車椅子の生活で、開業のほうもはっきり限定しておこなっています。それだけの興味が持てて、かつ長期の治療を必要としない患者を数人診ているのです。残りのエネルギーは、目下、2巻か3巻になる本をアーニー・ロッシ博士（訳注：アーニーはアーネストの別称）と共同制作するのにとられてしまっています。

　フィーニクスへ出向いてくだされば たいへん好都合です。いつどのくらいエネルギーを出せるかわからない、わたしの状態につき合うのを厭わないとおっしゃるならですが。

　ことによると、こういう例をお話しすることで、ご質問に一般的にお答えできるかもしれません。催眠を使っている大部分の人は、催眠を被験者に暗示を伝達する方法と考えており、あまりにもしばしばこれこれのことをしなさいという直接暗示を与えます。わたしが催眠を使うときは、そういう暗示には頼りません。催眠者とは、あることがなされるのを望んでいるということを示す人であり、これが被験者によってなされるのです。さらに理解しておかなければならないのは、催眠者は被験者の準拠枠に則って催眠をおこなうべきだ、ということです。もっとよくおわかりいただけるように例を挙げましょう。若い農夫が「今日はいい日だ」と言います。なぜなら、婚約者といっしょにピクニックに出かけようとしているからです。別の日に、同じ若い農夫が「今日はいい日だ」と言うかもしれません。それは、太陽が照り輝き、空には雲1つなく、干し草はまさに刈り取られる頃合だ、という意味で言っているのです。彼の準拠枠は自分自身ではなく、自分と自分が手ずから果たすべき務めとの個人的な関係です。同じ農夫がまた別のときに「今日はいい日だ」と言うかもしれません。空は厚い雲に覆われ、大気は雨の匂いがし、納屋にはもやがたちこめていて、ここ6週間というもの雨なしだったので、ほんとうにそういうつもりで言っているのです。彼は、自分自身や、自分となにかとの直接的な関係だけを包含する準拠枠ではなく、そのほかの世

界をも包含する準拠枠を使っているのです。

　人は意思を伝達するために言葉を使うのですが、文学作品を見れば、言葉同士の個々の関係が特別な意味を伝えていることがわかります。わたしは、フランク・ベーコンがある劇で舞台に登場すると、その夜の花形になってしまうことから学んだのです。彼が口にするせりふはたったの一語。舞台に出てきて「ノー」と言うのです。わたしは彼が何とおりの言い方で「ノー」と言うか、数えてみました。その言葉には16の異なる意味がありました。次の晩もその芝居を見に行って、同じ16とおりを数えましたが、いろいろな意味、いろいろな命令、いろいろな哀願、いろいろな警告、いろいろな非難が、すべてその同じ言葉で表現されているのでした。一座の人々に話しかけるとき、こんなふうに言えば、全員をひっくるめることができます。「あなたはいらっしゃい、〔間〕あなたはいらっしゃい、あなたはいらっしゃい、そして（間）あなたもわたしとごいっしょに」。最後の「あなた（訳注：you は単数も複数も同じ）」をそのほかの言葉と区別するようなやり方で切り離しているのです。

　別刷りを同封しますが、これは、なにが求められているかを示すようなことは一切言わないで、いかにしてめざす結果を得たかを例証しているものです。フランクの症例において、わたしは単に、特定の記憶を想起させ最終的に治療的成果をもたらした、間接的技法を例証したかっただけです。

　もし以下に挙げるジェイ・ヘイリーの著書をご存じでなかったら、注文なさるといいでしょう。『戦略的心理療法(Strategies of Psychotherapy)』(Grune & Stratton 社刊, 1963)、『催眠と治療の高等技法：ミルトン・H・エリクソン医学博士選集（Advanced Techniques of Hypnosis and Therapy: Selected Papers of Milton H. Erickson, M.D.)』(Grune & Stratton 社刊, 1967)、『アンコモンセラピー：ミルトン・H・エリクソン医学博士の精神医学的技法(Uncommon Therapy: The Psychiatric Techniques of Milton H. Erickson, M.D.)』(W. W. Norton 社刊, 1973)

　お手紙の第2パラグラフについて申し上げられることがもう1つあります。患者あるいは被験者がわたしたちのところへやってくるとき、自分は当然なにかをするものだと思ってやってきます。もし本人が心のなかに、自分のしたいことについてなにかはっきりした考えを持っていて、こちらになに

か神秘的な力があると思っているのなら、こちらがなにを言おうと実際には大した違いはありません。たとえば、わたしが今日会った患者は、明日の歯科手術で痛い思いをしなくてすむように備えをしておきたいと思っていました。彼女は関節炎を患っていましたし、前に2回自動車事故に遭っていましたし、前にも歯科手術を受けたことがあって、またもや歯医者へ行くことを思うといい気持ちがしなかったのです。わたしは娘の休暇中のおもしろい話をしましたが、それは痛みとはなんの関係もない、むしろとても楽しい話でした。話が終わって、彼女がまだ笑っている最中にわたしは言いました、「あなたはその話を楽しみました。あなたは痛みを感じないのを楽しむことができます。あなたの無意識はそのことを知っています」。彼女はたちまちトランスに入りました。だって、そもそもわたしに会いにきた目的は、トランスに入ることだったのですから。わたしが娘の話をしているあいだ、彼女は無意識のうちに、心のなかで「さあ本題に入りましょうよ、わたしをトランスに入れてちょうだい」と言っていたのかもしれません。これが一般に散りばめ技法[※18]の持つ効果なのです。

とりとめのない手紙になってしまいました。よろしかったらまたお便りをください。

敬具
ミルトン・H・エリクソン, M.D.

ラルフ・W・オーガストへ
3月8日

親愛なるオーガスト博士

手浮揚法は、1930年に、ウースター州立病院で、実験研究ならびに病院職員におこなった講義のなかでさかんに使いました。また、ロードアイランド州立神経病・精神病病院（Rohode Island State Hospital for Nervous and Mental Disease）の職員におこなった講義でもさかんに使いました。

もしほんとうに初期の出版物でこれに言及したことがあったとしても、どれで最初に言及したのか、覚えがありません。また、ウィスコンシン大学の医学部進学課程時代、1923年と1924年に実験研究をしたときにも、やはり

最初に使いました。混乱技法を考案したのもこれと同じころで、その後少しずつ手を加えていったのですが、詳しく説明する形で発表したのは、われわれのジャーナルの1959年7月号の例16が初めてでした。*

これで用が足りればよろしいのですが。というより、ぜひこの話を脚注としてまとめてくだされればと思います。

敬具

ミルトン・H・エリクソン, M.D.

他の専門職の人々

歯科医

アーヴィング・I・セクターへ
1954年11月5日

親愛なるセクター博士

　あなたが書いてくださった手紙に大喜びしています。いや、ご自分でもう一度読めるように返送しますよ。ここまで読んだら、わたしの手紙はひとまず脇へ置いて、ご自分の手紙を読んで、理解できるかどうか見てみたくなるかもしれませんね。もしうまくいかなくても、この手紙をもっと先まで読めば、ご自分がなにをそんなにみごとにやってのけたのかわかります。

　送ってくださった自動書記のことですが、大いに興味をそそられました。あなたは紙の右側を上にして書いたり、上下さかさまにして逆向きに書いたりしています。つまり、あなたは自動書記にかけては断然有能で、あとは思いついたことや考えたことを書き留める練習を積みさえすればよい、ということです。

　ところでわたしは、11月14日の夕方にシカゴに着くはずです。あのセミナーに参加していたハーシュマン博士が、自分の患者を大勢わたしに診させ

---

*原注：今思い出しました。それ以前に、ルクロンの『実験催眠』所収のわたしの論文で、混乱技法に言及していました。M・H・E

たがっているからですが、そのときお目にかかる機会を作れるでしょう。ですから、この手紙はあなたが持っていて、そのとき返してくださるようにしたらどうでしょう。

　あなたに誘導したトランスに関するわたしのメモに沿ってお話ししますと、ご自分の手紙の最初のセンテンスを読んでごらんなさい、かなり不完全であることに気づくでしょう。それもそのはずです。あなたはあの手紙を、26日に書かなければならなかったのです。ほかの日ではだめだったのです。10月の26日か、11月の26日か、12月の26日でもよかったでしょうが、ともかく26日でなければならなかったのです。さらに、わたしのメモによれば、あなたは「遂行する」という言葉を使わなければなりませんでした。この言葉が、あなたの手紙の第2パラグラフで使われているのに気づくでしょう。それに、手紙のこの部分が、あなたのいつもの書き方で書かれていないことにも気づくでしょう。それは、ふだんの書き方から、そのパラグラフの4行目以降の書き方への移行段階にある筆跡で、語と語の間隔が目立ち、文字の作りもとても目立っています。「完全な健忘……」で始まる5行目は、特に間隔を空けて、とても強調して書かれています。そのセンテンスの終わりの二語、「……その行為」では、文字が小さくなっていることに注意してください。ふたたび筆跡が変わって、「あなたが言った」を特に強調しています。つまり、実行するようにあなたに与えられた後催眠暗示とは、26日に手紙を書き、そのなかで「遂行する」という言葉を使い、完全な健忘を表明し、しかも同時に、それが後催眠行動だということがわたしにわかるように実行することだったのです。手紙のあちこちの筆跡を比較して、それらが著しく変化していること、しかもその変化は患者によってもたらされた中断とは無関係だということを見てみると、おもしろいでしょう。

　図について言えば、あなたは線を引くのに、各々の線の半分がその線の上のほうに、半分がその線の下のほうになるようにしたということに気づくでしょう。それが、実際のところあなたが手紙を書いてしたことなんじゃありませんか？　でも、このことはシカゴで話し合えばいいですね。

敬具

ミルトン・H・エリクソン, M.D.

第Ⅵ章

アーヴィング・セクター (Irving Secter) のエリクソンとの初めての出会いに関する話は、『エリクソン流心理療法　第１巻：構造 (Ericksonian Psychothrapy, Vol.1 : Structures)』(Zeig, 1985, p.605-615) に載っている。この章とエリクソンの返信は、前にその本に発表されたものである。

　　わたしが初めてミルトン・エリクソンと出会ったのは、1954年8月でした。わたしが参加したシカゴのワークショップで教えていたのです。そのころには、わたしはすでに臨床で催眠を使っていましたし、さまざまな教育場面で自分の体験をほかの人々と分かち合っていました。人が催眠状態に入るのを援助するのはうまくいっていましたが、自分自身はその状態を体験したことがなかったので、内心失望を感じていました。わたしはこのことをミルトンと話し合い、トランスに入れてほしいと頼みました。
　　ワークショップのあいだじゅう、ミルトンは大勢の人から個人的に教えを請われれました。ミルトンが使った手の１つは、残り時間が5分か10分になるまで、これらの要請に答えるのを延ばすことでした。そうすると、「ほんとうに学びたいんだったら、手早くやったがいい」という状況になるのでした。わたしの場合、ミルトンがやってきて、「なにかわたしにお望みのことがあったんですって？」とたずねてくれたとき、まるまる1時間残っていました。

起こったことは以下の手紙に要約されている。自動書記の内容は次のように読める。[※19]

　　"Write me something you did posthypnotically.（あなたが後催眠暗示によってしたことを手紙で知らせてください）" "write me" は、用紙を上下逆さにして、左から右に読むと認められます。
　　"something did" は、用紙の右側を上にすると２行目に見られます。thing には、はっきりした "h" があり、"g" のあるべきところには独特の "p" があります。これらはもちろん "posthypnotically" と

いう語を表わしています。

　その自動書記が、1954年9月25日の午後4時40分から45分のあいだになされたことに注目してください。ミルトンに宛てたわたしの手紙は、1954年10月26日に書かれました。

　わたしはいまだにこれらの手紙を読み返しては楽しんでいます。

　エリクソンと出会ったことにより、わたしたちは手を組むことになりましたが、それは4半世紀以上にもわたって続きました。わたしたちは100以上のセミナーやワークショップで教えました。同時に、わたしは彼から学びました。彼は、両方の領域でわたしの進歩に貢献してくれたのです。わたしたちは、アメリカ臨床催眠学会の発展のためにともに働きました。

　ミルトンはわたしのおこなった研究を指導してくれ、その結果として、いくつかの論文を掲載してくれました。今日のわたしの臨床的相互作用は、すべて彼に教わったことから影響を受けています。

　この時期に関する重要な部分は、『エリクソンとのセミナー──初期のころ (Seminars with Erickson: the Early Years)』 (Zeig, 1982) と題する章ですでに述べています。今書いているこの章は、前に発表したものの姉妹篇です。この章を読んで興味や好奇心をそそられた方は、『初期のころ』(p.605-606) を参照してください。

足病医

K・P・ハーディーより
1959年12月23日

親愛なるエリクソン博士
　2年前になりますが、カリフォルニア足病治療高等専門学校 (the California College of Chilopody*) の主催で、シアトルでおこなわれたあなたの催

---

*原注：当時、chilopody は足病治療を指していた。現代の施療者は podiatrist と呼ばれている。

眠セミナーに参加させていただきました。あれ以来、自分の施療において、主として痛みや心配の緩和に催眠を利用していますが、たいへん有用な補助的手段になっております。

わたしはある行為に対して一部の同僚から批判を受けておりまして、あなたのご意見とご助言をお聞かせ願えればありがたく存じます。

今問題となっている症例は、多発性疣贅〔イボのこと。この症例の場合は足の裏にできたイボ〕の14歳の女子です。わたしは注射法を用いたのですが、1ヵ月たっても予後は依然不確かでした。そのとき、後日さらに注射が必要となった場合に備えて、被暗示性を調べることにしました。二、三の標準的な被暗示性テストを実施しましたが、どういうわけかどれも否定的で、明らかなものにしろ暗示的なものにしろ、反応は一切ありませんでした。

この子どもが催眠に入らなかったこと、すべての暗示に積極的に抵抗したことは、関係者全員が認めております。

上記のことは認めながらも、一部の同僚は、そのようなテストは反応のあるなしに関わらず催眠を使っていることになるし、次のような予防措置が必須だと考えています。

1．両親の承諾を得ること。
2．終始、施療室内に第三者を立ち合わせること。

（わたしはこの症例で上記の予防措置を取っていませんでした）

このような予防措置は、理論上は理にかなっていますが、実際問題としては非常に困難だと思うのです。特に次のような場合は。

a）さらに治療が必要になるかどうか、はっきりしない場合。
b）問題の患者が優れた被験者ではないかもしれない場合。
c）人目にさらされることによって、被暗示性の真の評価がむずかしくなる場合。

次の点についてお考えをお聞かせ願えればありがたく存じます。

a）以上にざっと述べたわたしの行為について。
　b）被暗示性を調べる場合、また催眠の使用が実際に予期される場合に、一般に必要とされる予防措置について。
　c）まったく反応のなかった被暗示性テストも、催眠の一種になるのかどうかについて。

　この件につき、お知恵を拝借できればほんとうにありがたく存じます。

敬具
K・P・ハーディー, D.S.C.[※20]

K・P・ハーディーへ
1959年12月31日

親愛なるハーディー博士
　長年にわたって幅広く催眠を使ってきた経験を持つ内科医として、また精神科医として申し上げれば、あなたのご質問には以下のようにお答えできます。
　1．催眠が両親から承諾を得るほどのものではないのは、外科手術のように患者の姿形を変えてしまうわけではない、そのほかのあらゆる処置が両親の承諾を得るほどのものではないのと同じです。まったく当然のことながら、患者は専門家の治療を求めてやってくるのであって、どんな治療をするべきかを決めるためにやってくるわけではありません。患者は受け入れるかもしれないし拒むかもしれませんが、何番手の針を使うか、どんな治療法を使うか、どんな策略を使うかを「承認する」権限を持つのは、けっして望ましいことではありません。彼らは問題を理解しているわけではないし、かといって、十分に説明してやれるものでもないからです。
　催眠をおこなうことについて両親に承諾を求めるのは、よほど用心深くて小心な内科医や歯科医だけだと思います。わかってもいない両親にそんなものを求めたら、かえって不安にさせてしまい、患者はせっかくの利益を得られなくなってしまいます。
　2．つねに第三者を立ち会わせておくことが求められたのは大むかしの話

で、もはやカソリック教会でさえ、催眠の使用に対してそのようなことは要求していません。かつては出産に付添いの婦人(シャプロン)の立ち会いが要求されたものですが、さいわいにも、専門家による治療に付添人が立ち会うこと自体が廃れつつあります。第三者の不在によって、悪意のある人や無知な人にゴシップを流されたり、適応不全の患者からばかげた非難を受けたりといった危険を冒すことになりますが、実際のところ、医術が新たな発展を遂げるときは、そのようなことが言われるものなのです。精神安定剤が広く用いられるようになったときは、診察室での精神安定剤の投与は、シャプロンの面前でしたほうがいいのではないかというような、ばかばかしい話が聞こえてきたものです。

　一般に、わたしは第三者を立ち会わせる必要を認めませんし、たいていの内科医や歯科医もそのように考えています。産科医、泌尿器科医、婦人科医の場合、彼らの関係は特殊な部類に入りますが、それは催眠を使うからではなくて、仕事が人目をはばかる性質のものだからです。

　3．催眠テストが催眠になるかどうかというご質問ですが、尿糖が陰性の検査が糖尿病だとは思えません。同様に、心臓病が否定された検査も心臓病という診断の根拠にはなりません。また、血圧を測定しようとしたのに患者が断固抵抗しとおしたとしたら、血圧を測ったことにはなりません。

　被暗示性テストや催眠テストに関して言いますと、実のところわたしは、患者にわからないほど間接的にでなければ使いません。患者には自分の能力についていかなる疑いも持たせたくないからです。

　最後に、医学および歯学の医療過誤保険会社は、第三者の立ち会いを要求していません——そのような「付き添い」は、しばしば患者の反応を妨げたり抑えたりしてしまいます。

　これ以上やっかいな思いをしないですむといいですね。

敬具

ミルトン・H・エリクソン, M.D.

　項目3の、被暗示性テストに関するエリクソンの答えは、催眠に対する間接的アプロー

チと軌を一にしている。エリクソンは、九分どおりどんな人でも催眠から利益を得ることができる、と確信していた。相手にわからないように催眠感受性を評価するというのは、患者のなかの、達成に向かう好ましい構えを崩さないようにと配慮していたことの現われだ。

　催眠感受性テストは、催眠の伝統的な学派から出た研究者たちによって開発された。そのようなテストの基礎となっている理論は、催眠感受性とは1つの特性あるいは技能だ、と考える。持っている人もあれば持っていない人もある、というわけだ。さらに、このテストの提唱者たちは、1マイルをどれほど速く走れるかを測定するのとほぼ同じやり方で、どの程度催眠感受性を持っているかを測定できる、と考えている。催眠感受性テストには、被験者がさまざまな催眠現象（幻覚、カタレプシー、健忘など）を達成できるかどうかを確かめるための、一連の暗示が含まれている。テスト暗示が与えられ、反応が表にまとめられると、被験者の催眠感受性の度合いを示す評点が得られる。

　催眠感受性テストの臨床的有用性は再々疑問視されているが、催眠研究では定石的に用いられている。今日の研究では、スタンフォード催眠感受性尺度（SHSS）(Weitzenhoffer & Hilgard, 1959, 1962) の3つの形式（A式，B式，C式）がもっとも広く用いられている。

　エリクソンは、数人の足専門医と何年も文通し、症例について専門的アドバイスを与え、足病治療に活かせそうな催眠の利用法について教えた。また、足専門医の団体に対し催眠や精神医学の問題について話をして、彼らのあいだでたいへん高く評価されていた。

ジャック・T・サンダースより
1960年3月3日

親愛なるエリクソン博士
　理事会において、あなたがアメリカ心身足病治療アカデミー（The American Academy of Psychosomatic Podiatry）の名誉会員第1号に選ばれましたことを、謹んでお知らせいたします。会員証はまもなく発送される予定ですが、直接お目にかかって贈呈することができたらたいへん光栄でしたのに、残念です。おおげさに申せば、あなたはアカデミーの成立に責任がおありなのですから、近い将来、われわれのプログラムにより近しく一翼を担っていただけるのでは、とわれわれ一同期待しております。これまでにいただいた

お力添えとご助言はたいへん有益でした……

敬具
ジャック・T・サンダース, D.S.C.

ジャック・T・サンダースへ
1960年5月12日

親愛なるサンダース博士
　アメリカ心身足病治療学会の名誉会員第1号に選ばれたとのご通知、とてもありがたく存じます。あなた方の支部が結成されたことは、足病学のさらなる発展に大きく寄与するものと確信しております……

敬具
ミルトン・H・エリクソン, M.D.

――――――

　足専門医は、アメリカ臨床催眠学会の初期のころ、本部会員として受け入れられていなかった。にもかかわらずエリクソンは、催眠の健全な実践を促進するという点で話が通じ合う個々の足専門医を応援した。彼の診察室の壁には、足専門医団体から贈られた謝意を表わすプレートがかかっていた。

ウェンデル・B・レノルズより
1970年10月17日

親愛なるエリクソン博士
　わたしは7、8年前から、アメリカ臨床催眠学会の地方支部の会員になっております。会員になってから、催眠の初級と上級に相当するように組まれた講習をいくつか受講してまいりました。臨床的実践においても実験的実践においても、そこで学んだ技法の多くを活用してまいりました。あなたがカリフォルニアでなさったご講義に何度か出席したことがありますし、デイヴィッド・チーク（David Cheek）博士のお話も楽しく拝聴させていただきま

した。

　催眠を真剣に学ぼうとしている者たちに、あなたが伝えようとしてこられた基本的な教えに、わたしはつい最近になってやっと気がつきました。ある日、あなたの教科書、『催眠と治療の高等技法』を四苦八苦して少しずつ読み進んでいたとき、提示されている題材を貫く糸を見つけたような気がしました。何度も読み返すと、さまざまなそういう糸が何本も見つかりました。今は『アメリカ臨床催眠学雑誌』にお書きになったものを読み直しているところですが、まるで初めて読むかのように感じられます。わたしの手持ちのジャーナルは、がっかりするほど不ぞろいなのですが。

　あなたの教科書、『催眠における時間歪曲』の内容をあらためて探求するのを楽しみにしておりますし、『臨床催眠と実験催眠』のなかの論評もすべて読みなおすつもりです。運よく個人的に録音できたご講義が3つあるのですが、何度も何度も聞き返したものですから、今ではすてきな音楽のように耳になじんでしまっているほどです。

　ですが、これらの教材だけではあまりにも不十分なように思えます。手持ちの録音テープを補ってくれる別のテープをどこで入手できるか、教えていただければと思います。

　もしやご自分の全著作物のリストをお持ちではないでしょうか。今でもときどきご講義をしていらっしゃるのでしょうか。そして、していらっしゃるなら、わたしも聞かせていただくことが可能でしょうか？　わたしは今フローレンス・シャープ博士と文通しておりますが、ひところ博士があなたの録音テープを収集しようとしておられたと記憶しております。

　あなたの教えをつぶさに学ぼうとする企てに、どんなことでもお力添えをいただければたいへんありがたく存じます。

敬具
ウェンデル・B・レノルズ, D.P.M.[※21]

ウェンデル・B・レノルズへ
1970年10月24日

親愛なるレノルズ博士

お便りをいただいて、また、わたしが教えようと努めてきたことが多少なりとも実を結んでいるのを知って、たいへんうれしく思います。催眠を教えるのはものすごくむずかしいことで、「あなたの教科書を四苦八苦して少しずつ読み進んでいたとき」と、おっしゃっているのもむりはありません。催眠において本質的なこととは、言語レベル・非言語レベル両方のレベルで、直接的・間接的な、さらに多様な方法を駆使して、相手に考えを伝達することなのですが、わたしはそのことを明らかにしようとして、あなたにもまして四苦八苦しながら、遅々として進まぬ努力を重ねたからです。子どもに対して「8時に寝なさい」と言うのと、「おまえはいつ寝たいのかい、8時15分前かな、それとも8時かな？」と聞くのとでは、まったく違います。いずれにせよ、子どもは8時に寝なさいというメッセージを受け取りますが、聞かれた場合には、自分が選ぶのだと考えます。

　正常な生後6ヵ月の赤ん坊は親を出し抜く、とはよく言われることですが、わたしは8人の子どもの父親ですから、それが真実であることを知っています。生後6ヵ月の赤ん坊は、「わたしがこの子に食べさせようとしているこんなどろどろ、いったいだれが飲み込めるかしら？」と言っている母親の表情を見ます。そして、その表情を完璧に読み取って、「どろどろ」をぺっと吐き出します。母親は、子どもがどんなによく彼女の顔色を読んでいるかを知りません。いやそれどころか、子どもが彼女の顔色を読めるということすら知りません。催眠において、われわれは考えや理解を相手に伝達したいわけですが、すべての考えや理解は、さまざまに組み合わせられ、さまざまに取り合わせられたいろいろな意味を含み、多くの意味を帯びているのです。

　シェイクスピアには"fast"という言葉が出てきます。競馬場のトラックを走る馬は速い。馬が杭につながれると逃げられない。馬はカタツムリに比べて敏速だ。男女が不品行をして身持ちが悪い。絶食して体重を落とす。"fast"という言葉には数えきれないほどの意味があり、それは"fast"という言葉が口にされるときの口調、"fast"という言葉が口にされるときの場面等々によってもたらされるのです。

　わたしの講義の録音テープについては、フローレンス・シャープにお聞きになるのがいちばんです。わたし自身は、自分のテープなど聞くに耐えませんし、文字化したのを読むのもごめんです。論文を書くときは、述べたいこ

とを確実に述べたと思えるまで20回ほども丹念に書き改めることがよくありますが、印刷されたら最後、二度と読む気になれません。妻は、ときどき出所を明かさずに、いくつかのパラグラフを読めとわたしに言います。それをするのを格別の楽しみにしている息子もいます。そして、わたしがそのパラグラフを読んで、ほんとうにわかって物を書いている人がいるものだと思ってすっかり感心していると、自分の書いたものだと知らされて、ただもうばつの悪い思いをするばかり、なんてことが一度ならずありました。ショアとオーン（Orne）の『催眠に関する精選図書（*Selected Readings in Hypnosis*)』と、ジェイ・ヘイリーの『戦略的心理療法』が、もしかするとあなたのお役に立つかもしれません。

別便にて、『催眠と治療の高等技法』についている著書目録には載っていない別刷りを数部お送りします。

またお便りをくださるとうれしいです。

敬具

ミルトン・H・エリクソン, M.D.

編集者注：ジェフリー・ザイクは、あるときエリクソンの講義の録音テープを聞いて、エリクソンに自分のした講義を聞いたことがあるかとたずねた。エリクソンはないと答えて、こう言った。「大体が、わたしは中身を教えたんじゃないんだ。〔学ぼうという〕意欲を起すことを教えたんだよ」

エリクソンは、本人の選択に任せることを非常に重視し、1970年10月24日付のウェンデル・レノルズへの返信の第1パラグラフで、このことを彼独特の言い回しで伝えている。催眠や心理療法において用いられる影響力を持つ言葉の無意味な側面は、この「選択」ということを伝達している。そうすると、そのコミュニケーションの受け手は、反応の形を決定する余地が与えられる。ところが、この手のコミュニケーションには応諾という前提が埋め込まれている。エリクソンが指摘しているとおり、受け手側の自分がコントロールしているという感覚は保たれる一方で、応諾が得られるのである。

手紙の第2パラグラフで、エリクソンは、たとえ送り手本人がそのメッセージを意識

していなくても、非言語的メッセージが持ちうる影響力を強調している。これはおそらく、利用できる教材（講義、図書、録音テープ）が「あまりにも不十分なように思えます」というレノルズの言葉に応じたものだったのだろう。エリクソンはいつも、催眠を巧みに使いこなすには、言語的要素と、言語を越えた要素と、対人関係的要素とを複合させることが必要だ、と主張していた。ことによると、エリクソンは、レノルズが力を入れれば催眠の真価をより完璧につかめたと感じられるだろうと思った領域（非言語的な影響力）に、レノルズの注意を引こうとしていたのかもしれない。

　第3パラグラフは、やや無関係な話である。エリクソンは、個々の単語が持つ複数の意味を論じることがよくあった（たとえば、『ミルトン・エリクソンの心理療法セミナー』〔Zeig, 1980, p.173-174〕を見よ。同じように"run"を説明している）が、ここでは故意に"fast"という言葉を選んだ、というのはありそうなことだ。これはひょっとすると、ぐいぐい押して急いで関係をつけたがる傾向があるように見えるレノルズへの、間接的なコミュニケーションだったのかもしれない。レノルズが自分の手紙を何度も読み返すだろう、とエリクソンが確信していたことはほぼ間違いない。なんといっても、彼はエリクソンの教えを「つぶさに」学ぼうとしていたのだから。

　全体として、間接的な方法（indirection）が、この手紙でエリクソンの述べているテーマである。この手紙とそれに続くレノルズとの文通において、彼は催眠コミュニケーションの多様性を力説している。これは、1960年代・70年代に催眠において支配的であった傾向の対旋律をなしていた。標準化や形式の尊重に向けてなおいっそう努力するのが当時の大勢だったからだ。エリクソンはアプローチの個別性を主張し、催眠の均質化に反対しようとした。

ウェンデル・レノルズより
1970年11月10日

親愛なるエリクソン博士

　1970年10月24日付のお手紙をいただいて、ほんとうにうれしかったです。いったいお返事などいただけるものだろうか、せめて著書目録だけでもいただければよいが、と思っておりました。それがこうしてお手紙をいただけたのですから、うれしくてたまりませんでした。

　わたしの仕事はおもに足の手術[※22]です。過去15年から20年のあいだに、

外科の技術は見直され、改良されて、患者に多くのことを提供できるようになりました。ところが、1つたいへん困った障害がありまして、それがためにわれわれの援助を進んで受け入れる患者が減少し、ひとたび外科手術がおこなわれると、患者・医師ともども、つくづく業を煮やしてしまうのです。術後、患者は過度の腫脹と不快をきたし、それによって回復期間が長引いてしまうのです。患者は、手術前には、これで足の異常というやっかいな悩みから解放されると思って喜びますし、完治してしまえば同じように手術の結果を喜びます。しかし、胆嚢発作のときのように気分が悪いわけではなし、足が腫れていてふだんの靴はきゅうくつで履けないのが不便だという以外、不自由なわけでもありませんから、術後いくらもたたないうちに極度にこらえ性がなくなり、いらいらして文句ばかり言うようになるのです。同じ程度の手術でも上肢の場合ですと、歩きまわっても傷つくことはないし、重力がかかっているわけでもないので、こんなふうに回復期が長引くことはめったにありません。

　ですが、われわれの扱う患者のみんながみんな、この問題を抱えるわけではありません。時折、腫脹も不快もきたさず、ごく短期間のうちにふだんの靴を履けるようになる患者がいるのです。わたしの好奇心をそそったのは、足の手術後、並外れて急速な回復を遂げるこの人たちでした。40代半ばに軍務についていたとき催眠に接したこと、宗教儀式の最中に自分の身体に針やナイフを刺して平然としている東洋の人々や、無菌法時代以前のエズデイル（Esdale）の体験[※23]について、チーク博士のお話をうかがったことで、この好奇心はさらにふくらんできました。見ていると、術後ほとんど不自由に悩まない患者というのは、受けたばかりの手術のことをあまりくよくよ考えず、不安や心配や敵意をほとんど抱くことのない、落ち着いた、バランスのとれた人々のようでした。

　「平均的な患者」を、この人たちと同じように短期間で回復できるようにしてあげる方法を見つけられたら、と思いました。ふつうの儀式的な誘導をして、痛みが消えて早くよくなる、と直接あからさまに暗示する伝統的な催眠は、そこそこ有効ではありました。でも、その結果は期待していたほど患者に満足を与えるものではありませんでしたし、しかもこの種の援助はしばしば患者に拒絶されます。病院では、「科学的方向づけ」から逸脱している

としてこっぴどく批判されました。わたしの受けてきた講習や講義の大部分は、オカルトに対する患者の抵抗や、彼らの必要を満たす自分自身の才覚の乏しさを回避するのにほとんど役立ちませんでした。

　術後の回復が長引く患者を、いかにしてすみやかに滞りなく社会復帰する患者に転換させる（convert）か？「移行させる（shifting）」と言ったほうが適切かもしれませんが、わたしはなんとかしてその手がかりを見いだそうと、あなたの教科書をほんとうに「四苦八苦して少しずつ読み進んで」いたのです。二度目か三度目にあなたの混乱技法を探求していたとき、はっと思い当たりました——すべての誘導が混乱技法なのだ、と。どの患者にも、注意をいっそう集中しようとするあまり意識状態を変えてしまう前に、次はどうなるんだろうと思ってためらう瞬間、部分的に見当識を失う瞬間があるように思えます。もし、注意を引きつけられ、協力的に待ち設けているこの状態が、ほんとうにトランス誘導に共通して見られる特徴であるならば、伝統的な儀式的手法など必要ありませんし、オカルトに対する患者の嫌悪を避けて通れるでしょう。

　今日、わたしは、『アメリカ臨床催眠学雑誌』1966年1月号に載っている、散りばめ技法の使い方に関するあなたの論文を読み返していました。あなたは末期癌の患者に対して、トマトの発芽と生長の話をしておられるのですが、それを読みながら、自分も催眠の控えめな使い方をよく理解して、もっと患者の期待に応えて、手術からの回復を援助できるようになれないものだろうか、とあらためて思わざるをえませんでした。

　あなたならわたしの患者たちにこういうことをしておやりになれるにちがいありませんし、自分もこういうことができるようになりたいと心底から思います。ご推薦いただいた本は読むつもりですが、あなたがこんなにもよく解明していらっしゃることを、ほかの人々がわかっていないと思います。わたしの仕事はあなたのお仕事ほど複雑ではありませんから、あなたの教えの一部を部分的にでも理解できるようになれば、今はごくわずかの患者しか享受することのできない、すみやかで苦痛のない回復を、ひょっとしたらすべての患者に与えられるかもしれないと思うのです。

　お便りをくださったことと、さらに読むべき本をご推薦くださったことに、もう一度、感謝申し上げます。また、ふたたびご講義を聞かせていただく機

会を得られればたいへんありがたく存じます。

敬具

ウェンデル・B・レノルズ, D.P.M.

ウェンデル・B・レノルズへ
1970 年 11 月 21 日

親愛なるレノルズ博士

　催眠技法は、「注意を引きつけられ、協力的に待ち設けている状態」をもたらす、ある基本的要因を共通して持っている、というお考えは全面的に正しいです。古臭い儀式的な言語常同症や、トランス誘導では催眠者が積極的な役割を担うのだという思い込みもまた、同じように全面的に誤っています。催眠者は、さまざまな指示を差し出して、受動的な役割を務めるだけで、その指示のなかから被験者自身が選択するのです。

　もちろん、儀式的な同じ文句を長々と唱えて、被験者を（ついでに自分自身も）へとへとにさせて、トランス状態を引き起こすこともできますが、その場合、被験者は自分の責任と関与の程度や重要性に関して、少々混乱したままになってしまいます。

　これらが正しく理解されないことによって、多くのことが達成されないままになってしまうのです。

　催眠の使用をいっそうむずかしくするのは、催眠を使って奇跡がおこなえるという思い込みです。どういうことかと言いますと、患者は苦痛や不快を味わいたくないと思います。医師も患者に苦痛や不快を味わわせたくないと思います。両者が見落としているのは、ユートピアなどというものは願望的思考の世界にしか存在しない、ということです。患者と治療者がともにはっきりと理解しなければならないのは、保護という肝要な目的のためには、多少の苦痛や不快を保持することが絶対に必要だ、ということなのです。

　今わたしは、遺伝性の神経疾患を抱えている博士課程の学生に、感覚がないのは生命や手足にとって重大な危険なのだ、ということを教えるのに苦労しているところです。聡明な青年なのに、この点についてののみこみの悪さはあきれるほどです。

あなたの患者たちの場合、問題は、あなたのほどこした手術によって得たものを、しっかりとうまく保護するのを可能にしてくれるだけの苦痛や不快を、確実に保持するように教えることです。さらに、あなたの患者たちは、手術した足を最大限に使いこなす方法を見いだすために、痛みや不快に耐える十分な力を保持する必要があります。そうすれば、どういう使い方をしていないか、どういう使い方は不適切か、どういう使い方をまだ身につけていないかを発見し、修復された足をいっそう手際よく使いこなせるようになるからです。

言い替えれば、痛みをなくすことよりむしろ適量の痛みを保持することの大切さを、徹底的に銘記させるのが望ましいのです。それができたら、「もちろん、過度の痛みや過度の不快は容易になしですませることができる。足の不自由というハンディキャップには、かりそめの利点もあるので、長引かせたいという気持ちがあれば別だが」という考えをさりげなく提示します。

わたしは、このこと全体を、わかりやすくおおざっぱに説明しているのです。あなたが患者に提示するときには、きめ細かく気配りしながらやってください。痛みを持ちたくないという姿勢を、必要なだけの痛みを持っているかどうか心配する姿勢に変えることには、痛みを持続しにくくする効果があります。ごく軽いトランスで、ほんとうに十分です。あらゆる望ましい利益が確実に得られる、ということだけを強調するのです。

患者は、十分な痛みを持っていないのではないかと気をもむことができます。そして、有能な催眠者ならば、ほんのかすかな痕跡程度でも十分すぎるくらいだということを、かならず証明することができます。そして、その痛みが十分に長く続かないかもしれないと心配し始め、それから必要とされる最長の時間をごく短く限定し始め、それから、ちゃんとした短い反射による調節を可能にするだけ強く痛みが再発しないことを心配し始め……といった具合に続けるのです。

言葉、抑揚、間の取り方、不確かさは、経験に基づく行動に影響を与えるための優れた手段です。

またいつでも遠慮なくお手紙をください。

敬具
ミルトン・H・エリクソン, M.D.

さまざまな文通相手

ウェンデル・レノルズに宛てたエリクソンの最初の手紙（1970年10月24日付）は、モザイクふうで、講義調になったり逸話調になったりしながら、さまざまなテーマを取り上げている。2通目の11月21日付の手紙は、もっと直線的で要を得ている（『わたしは、このこと全体をわかりやすくおおざっぱに説明しているのです』とエリクソンも述べているとおり）。痛みというテーマについて、エリクソンは自分の豊富な体験に基づいて書いている。彼には慢性的な痛みがあったが、それをうまくあしらうテクニックを身につけて、それでもなお驚くほど活動的な生活を送っていた。ここでエリクソンは、患者の思考を導いておいて、「あなたにとって適量の痛みとはどのくらいの痛みか？」というような、思いもかけないひねりを加える、という手法をレノルズに手ほどきしている。こうして患者は、エリクソンの述べているとおり、痛みを捨てるという考えより、保持するという考えで頭がいっぱいになる（エリクソンは痛みに関して広範囲にわたって書いており、『エリクソン全集第Ⅳ巻――革新的催眠療法』〔Erickson & Rossi, 1980〕の、そっくり1つの部がこのテーマに当てられている）。エリクソンは、経験に基づく行動に影響を与えるには言葉や抑揚などを用いる、というレノルズへの最初の返信のテーマを繰り返しているセンテンスで、2通目の手紙を結んでいる。

ウェンデル・B・レノルズより
1971年5月4日

親愛なるエリクソン博士

　前のお手紙で、「いつでも遠慮なく」お手紙をさしあげてよいと言ってくださいました。よろしければそうさせていただきます。近ごろわたしは、自分自身の情緒的外傷と取り組んでおりまして、その外傷のせいで他人の問題が遠く感じられます。仕事に戻るように努めたいと思います。

　最後にお手紙を交わしたのが、はるか1970年の11月21日だとは信じられない気がします。あるいはご記憶かもしれませんが、足の手術においてもっとも大きな障害となるのは、足にした手術というと、患者はなんでも極端に軽く見て、現実にはありえないような短期間で治るものと決めてかかることです。実際には、ほとんどの場合、事実は正反対なのです。理由はいろい

ろありますが、その1つは、歩きまわっているあいだに手術した部位がたえず傷つけられることです。ところが、多くの症例で見られる、そのひどい腫脹や機能の低下が起こらない人々もいるのです。通例は長くかかる回復期を経ないですむこの人たちは、わたしのような素人の目にも、並外れて調和のとれた人柄のように映ります。一般にこの人たちは、やたらな不安を抱かずに手術の体験を受け入れ、回復の過程は自然な治癒の進行に任せて、自分は日々の仕事に精を出しています。また、回復に法外な時間のかかる人たちは、ささいな感覚をいちいち気に病んでくよくよし、回復期のあいだきわめてゆっくり起こる変化を逐一細かく観察する、心配性で自信のない人のように見えます。

　性格型によって現実の生理的な回復過程が変わるように見えることから、また、エズデイルが何十年も前にした仕事の話や、若き日のチークが中国で見たという、自分で自分の手足を切断してもなんともない人々の話を聞いたことから、さらに、あなたの文献の、事実上舌を嚙み切ったも同然なのに医療処置を受けずに治った学生運動選手に関する記述[※24]を読んだことも相まって、わたしは、催眠で奇跡をおこなう可能性ではなく、患者の情緒的気質や基本的な性格型は回復の生理とどのような関係があるのか、どうすればその性格のよりよい部分を、催眠その他の治療者が実施する便宜によって強調できそうか、ということのほうに好奇心を抱くようになりました。つまり、わたしが頭を悩ませている問題とはこういうことなのです。患者の情緒的気質や基本的な性格型は、術後の回復とどのような関係があるのか？　手術した部位に結びついている性格をもっとよく理解することが、その人の手術からの回復をどのように促進するのだろうか？　そしてもちろん、これらの好奇心には、同時に、これらの好奇心に関係して生じる利益が患者のために引き出されなければならない、という考えも絡んでいるわけですから、自分はこれらの利益を患者に提供できるように自らを鍛えられるのか？

　この前のお手紙で、痛みを避けようとするのではなく、多少の痛みはあるのが望ましいし、必要なのだということを患者にわからせ、必要なだけの痛みを必要なだけの期間、保持することのほうに注意を向けさせるようにしたほうがよい、とご示唆いただきましたが、とても勇気づけられるお便りです。患者の異議を受け入れて、それを本人のためになるように利用するあなたの

非凡な技量には、いつも魅了されます。確かに、大部分の治療者は、患者が必要としていることより、望んでいることをしたがりすぎると思います。

どこから手をつけたものか、というか、「ビンから取り出した」規格どおりの薬以外のもので、患者の回復を促進することに手をつけるべきなのかどうか、実のところよくわからないのです。でも、あなたの発表なさったものを読むと、もしあなたの持っておられるような人に影響を与える才能が自分にあったなら、きっとこの人たちの役に立てるだろうに、という考えが繰り返し心に浮かぶのです。もちろん、惰性というのが克服しなければならない現にある力なのですが、わたしは今この壁を乗り越えようとして、フローレンス・シャープ博士からあなたの講義のテープをたくさんお借りして聞いているところです。患者と会話しているも同然のあなたの絶妙なアプローチは、再三再四、オカルトに対する患者の抵抗を巧みに回避し、型破りな技法に対する病院の異議を弱めています。患者にかけた時間のすべてが生産的でむだがなく、ふつうなら多くの時間を必要とする、患者を服従させる過程を短縮したり省いたりしているように見えます。

少々とりとめのない手紙になってしまいましたが、なにしろ今はわたしの頭が少々とりとめのない状態なものですから、いたしかたありません。自分の患者にもっと上質のケアを提供できるようになれるのかどうか、努力に値するものが得られるのかどうか、いや、そもそも得るものがあるのかどうか、自問しているところです。ご意見・ご指導をいただければたいへんありがたく存じます。

ウェンデル・B・レノルズ, D.P.M.

ウェンデル・B・レノルズへ
1971 年 5 月 15 日

親愛なるレノルズ博士
　外科患者を扱ううえで特に重要なことの 1 つは、痛みがあるだろう、と保証してあげることです。患者は進んでそれを信じるからです。彼らの生活と経験のすべてが、痛みと生命とは不可分であることを教えてきたのです。痛むだろうと請け合ってあげれば、彼らは進んであなたの言うことを信じます。

そうすればあなたは、どのくらいの痛みか、どのくらい持続するのが望ましいかという問題に進むことができ、いろいろと教育することができます。最終段階は、手術したところに不必要な力をかけてしまうのを防ぐための警告としてのみ役立つ、最小量の痛みを保持するのが望ましい、と注意してあげることです。

わたしは、麻酔薬が効かなくて激しい痛みに苦しんでいた癌患者を扱うのに、催眠を誘導してから、足の裏にただの感覚消失を起こさせることによって、とても慎重に痛みを取り除きにかかりました。彼女から見れば、自分が踵に耐えがたいかゆみを起こさないので、わたしが失望しているのは明らかでした。わたしは鷹揚に、足の裏の感覚消失でいいことにしてあげました。それから、その感覚消失を足全体に広げ、骨盤を横切って反対側の足まで下ろしました。さらに、両わきから両肩にまで広げて、両腕に下ろしました。さらに、背中の感覚消失と左体側の感覚消失を起こしました。それから、感覚消失を起こした場所すべてに、感覚消失とともに心地よさを置きましたが、右体側の乳房切除術をおこなった場所には心地よさを起こしてあげられないことを謝りました。それどころか、手術した場所には、ひどくいらいらさせられる、蚊に食われたかゆみを残したのですが、癌の痛みはすべて取り除いたのでした。この世に完全なものなどない以上、手術した場所には多少の苦痛を残してあげなければならなかったのです。わたしは彼女の食欲を増進させましたが、のちにはわずかの食物ですぐに満たされる限定的な空腹感を与えることによって、胃の痛みをいくらか取り除いてあげなければなりませんでした。その女性は、2月の26日から8月の上旬まで、あの蚊に食われたかゆみ以外は基本的に痛みのない状態でした。

痛みを除去するにあたっては、手術したところを傷つけないようにするのに間に合うだけの痛みを取っておくように、と患者に注意しなさい。そして、痛みというものは本来、警告信号なのであり、警告が正しく評価されていればなしですますこともできるが、その部分を傷つけないようにするために少しは持っていたほうがいい、と説明するのです。

この説明の、あなたの人となりに合った言い方を組織立てて研究してごらんになったらいかがでしょう。また、腫脹とはどのようなもので、どのような目的に役立つのかということや、必要以上の腫脹は起こさないのが望まし

いということについても、これと同じような説明を考えてごらんになるといいでしょう。注意を確実に引きつけておくために、患者がわれ知らずどれほど大きな腫脹を起こすことか、驚くほどです。

またお便りをいただければうれしいです。

敬具

ミルトン・H・エリクソン, M.D.

———————

　1971年6月11日、ウェンデル・レノルズは、自罰的な患者について質問し、エリクソンの「苦行療法」という技法に関心を示した。

　これに対して、エリクソンは、患者の自罰的な衝動を再構成（リフレイム）して治療的拘束に入れる方法を説明している。さらに、エリクソンが苦行を複雑なダンスの1つのステップとして提示し、どのように利用しているかにも注目するとよい。この技法を使えば必然的に症状が改善されるというわけではない。患者がそれまでは自覚していなかった潜在能力に気づくのを助けるのは、指示を与える過程なのである。

　苦行を提示するとき、エリクソンは懲罰的ではなかったが、明確できっぱりとしたやり方で示した。懲罰的に持ち出された苦行には、温かく示された苦行ほど治療的な力がないかもしれないからだ。

ウェンデル・B・レノルズより
1971年6月11日

親愛なるエリクソン博士

　傷がなかなか治らないことに対する患者の不安を、皮膚がきちんとした修復作業をするのに間に合うだけの時間をかけて、ゆっくり治ってくれるかどうかという不安に転換する、というあなたの案を使わせていただきました。とても効果があります。

　この患者たちは今、修復の全生理的過程が起こるのに間に合うだけの腫脹が残っているかどうかに、とても注意深く目を配っています。ところが、依然として、自己処罰的行動に精魂傾けているように見える患者たちがいるの

です。多くの場合、いくつもの手術を経験した患者か、これまで事故に会いがちだった患者で、繰り返し、文字どおり自分を罰しているように見えます。時折、わたしは患者にこの話を切り出して、長期にわたる過去の障害が罪悪感を中心として展開する生理的な後くされを生んでいるのではないか、と言ってみたことさえあります。そのような直接教えるやり方は、なんにもなりませんでした。繰り返しいつまでも自分を罰する習慣をやめるように教えるとき、あなたならどのようになさるのでしょう。

このところ、前に勧めてくださったジェイ・ヘイリーの『戦略的心理療法』を、もう一度楽しく読み返しています。症状行動の1次的利得はその関係のルールを設定することだという考え方は、わたしが最近教えられたことの逆です。これは2次的利得、もしくは副産物だと考えられていたのですから。ヘイリー氏が指摘しておられるとおり、患者側の用いるテクニックの1つは、ことごとく医者の裏をかいて怒らせることで、その場合、ゲームは終わりです。この種の行動は、エリック・バーン（Eric Berne）が『人生ゲーム入門（Games People Play）』（訳注：交流分析の古典的教科書）で提示している題材を思い出させます。われわれは、たとえその結果が望ましくないものであっても、結果を予測できるようにするために事実上支持できない状況を進んで存続させる、というのはとても興味深い考えです。心理療法以外の領域でも、患者が治療場面を支配しようとしてやっきになっているところでは、きっとこういうことが起きているにちがいありません。そして心理療法の場合と同じように、患者が事態を支配してしまったら、疑いなく、当の本人が不利益をこうむることになります。治療的パラドックスを作り出すのは、言うまでもなくむずかしい目標ですが。

わたしが特におもしろいと思ったのは、床磨きの嫌いな老紳士が、不眠症を克服するためだったのですが、眠るよりはむしろ一晩中床磨きをしなさいと命じられる話です〔Haley, 1973〕。これと似たような状況で、手術から回復したあとやたら何回も診てくれと言ってきかない患者に対して、わたしは足を水に漬けさせ、手術した場所に軟膏をよくすりこませ、いろいろな体操をさせることを始めました。患者が診察にくるたびに、この体操に変更を加えて前より複雑にしました。これがみごとに効を奏して、再診の回数が減りました。

習慣的に自分を罰しようとするのをやめさせることに関して、ご示唆をいただければありがたく存じます。次のお便りを楽しみにお待ちしています。

敬具

ウェンデル・B・レノルズ, D.P.M.

ウェンデル・B・レノルズへ
1971年7月10日

親愛なるレノルズ博士

　6月11日付のお手紙については、どうやったら自分の答えを正確に言い表わせるものかわかりません。自己処罰的処置を強要する患者は、その人のことをよく知る必要があります。というのは、あなたが現にしていらっしゃるようなことに精通していれば、望んでいる以上に早く治るとか、望んでいる以上に苦痛なしに治るとか、望んでいる以上に好ましい治り方をするといった自己処罰的処置を提案して、外科的に治ること自体を罰にしてしまえるからです。あまりにもすみやかに、あまりにもみごとに、あまりにも苦痛なしに治ってしまうと、患者は自罰をだまし取られることになりますが、奪い取られることは罰だからです。ミュンヒハウゼン症候群[※25]の患者や、何度も手術を受けている患者を扱うのに、わたしはときどき、手術を受けることより取り上げられることのほうがかえっていい罰だ、と納得させます。

　29回も大きな開腹手術を受けた患者のことが思い浮かびますが、どれ1つとして必要な手術ではありませんでした。彼は、若い外科医を捜し出しては、総体的な症状をよく勉強しておいて、大手術をするようにうまく説き伏せたのです。ある外科医の紹介でわたしに会いにきて2年後、健康状態は良好でしたが、手術を受ける口実が見つからないのを嘆いていました。しかし、自己処罰的なやり方をやめさせるためには、患者をよく知り、その人が自分についてどのように考え、どのように感じているかを知らなければなりません。これはあなたにとってすばらしい研究分野になるはずです。

　何年も前ですが、わたしは顔と手と前腕一面にイボのある若い女性を診ました。女性は、イボを焼灼によって電気針で外科的に取り除いてもらうため、皮膚科専門医にかかるのに足りるだけのお金を稼ぐのに苦労していま

した。どんな方法を使ってもイボはかならず再発しました。とうとう皮膚科専門医は彼女をわたしのところへよこしました。わたしは催眠トランスを誘導し、トランス状態で、次のように言いました。1日4回、一度に20分間、両手をとても熱いお湯ととても冷たい水にちょっとずつ交互に浸さなければならない。また、1日4回、一度に20分間、熱くした布と氷水に浸した布を交互に顔に当てなければならない。そして、これをやっているうちに、だんだんとこの指示に従うことに関心がなくなり、やがてはすっかり忘れてしまって、忘れてしまったということにすら気づかないだろう、と。

　その後女性は結婚しましたが、彼女の息子は、8歳までの8年間、一晩も欠かさずおねしょをしていました。女性は考えられるかぎりの罰をすべて試したあげく、自分がかつてイボを患っていたこと、わたしがイボへの関心をなくさせたことを思い出し、おねしょへの関心をなくさせてもらうために息子を連れてきました。わたしは少年に言いました。8年間もベッドを濡らし続けてきたんだから、いまさら濡らさないことを覚えるのはむずかしいし、たとえきみがとても聡明で頭のいい子で、孤独や一人遊びが好きでも、たくさんのことを学ぶには時間が必要だよ。もしかすると、いちばんいい方法は、本を1ページずつ書き写すことかもしれないね。数週間たたないうちに、少年は3週間続けておねしょをしないでいるようになりました。それからときどきベッドを濡らすようになり、とうとう4夜続けて濡らし始めたとき、母親はもう一度レッスンに連れてきました。もう少ししたら母親に電話して、2回目のレッスンのあと息子がどうしているか、聞こうと思っています。わたしは少年にこう言ったのです。きみは綴り方を知らないたくさんの単語を綴れるようにならなくてはならないけど、その前に、前よりずっと上手に書けるようになっていたよね。そして、もっと速く書くことを覚えたし、一日中書いていられるようになったし、遊ぶ時間の逃がし方を学んだんだよね、と。この方法は慢性の夜尿症にとても効果的でした。

敬具
ミルトン・H・エリクソン, M.D

外国の文通相手

1990年代の初めに亡くなったジュリオ・ディットボーン（Julio Dittborn）は、南アメリカの催眠における指導的な人物であった。1959年11月23日付の手紙で、エリクソンは、アメリカ臨床催眠学会が発足後まもなくにして収めた驚くべき成功を詳しく述べている。アメリカ臨床実験催眠学会（SCEH）とその海外支部につきまとっていた問題に、彼が気をもんでいたことは明らかだ。エリクソンはこの国際学会の将来を絶望視していたが、同学会は一流の組織になっている。また、SCEHが財政的・政治的危機を切り抜けられるかどうか疑問視していたが、こちらも存続している。

結局のところ、アメリカ催眠学術会議（American Boards of Hypnosis）は、時代の寵児と言えるほどの立場を確保し、今日では医業、心理学、歯科医業、ソーシャルワークの各部会が活動している。

エリクソンの言っている「詐欺的な機械」とは「脳波シンクロナイザー」のことで、次の2通の手紙のなかで説明されている。

ジュリオ・M・ディットボーンへ
1959年11月23日

親愛なるジュリオ

前にお便りをいただいてからずいぶんになります。久しくお便りが途絶えていることをとても残念に思います。

ASCHのめざましい発展と成長を知ったら喜んでくださるでしょう。投票権を持つ会員はおよそ2,000人で、40の州と行政区にわたっています。それからもちろん、諸外国におよそ1,200人の特別会員がいます。

また、科学の学会というものは、何年間もどうにかやってきたあとでさえ、財政難でつぶれてしまうことが少なくありませんが、それを無事切り抜けたということも喜んでくださるでしょう。われわれは2年間で2万ドルの積立金を貯めましたし、来年度の収入は3万ドルを越えるでしょう。この積立金

は、特別研究員制度、奨学金制度、教育活動、研究助成金や賞の設立、それに国際交流の促進や講座運営基金に当てようと計画しています。

ジャーナルのほうも同じようにめざましい成功を収めており、単に採算がとれているだけでなく、5千ドルの蓄えができました。科学ジャーナルというのは通常、何年間も資金援助を必要とするものですから、これは瞠目すべきことです。このすべてが、われわれの学会が、さいわいにもプロの科学者の世界の要求を十分に満たしたということ、そしてまた、現下の満たされていない必要を同じように十分に満たすジャーナルを発展させたということを証明するのに役立っています。われわれ ASCH はこの好運を大いに喜びとし、あなたにもこの喜びを共にしていただければと思います。

残念なことに、たとえ2つの催眠学会が並び立つ余地があるとしても、SCEH は（わたしもその会員なのですが）遺憾ながら、ますます多くの難問にぶつかっています。この10月に、わたしは SCEH の破綻が間近に迫っていることを知って心を痛めました。その時点で、1959年度の支出をまかなうために、1960年度の会費の徴収と寄付や贈与の要請を始めなければならなかったのです。それは、SCEH の性急で強引なリーダーシップのもたらした結果でした。あまりにも野心的で、あまりにも多くのことを約束しすぎ、新しい冒険的な企てによってリーダーシップを維持しようとやっきになってきたために、次々と災難が起きているのです。

いわゆる「催眠学術会議」は去る3月、アメリカ医師会から公式声明において非常に好ましくないとみなされ、アメリカ歯科医師会からもアメリカ心理学会からも信用されていません。この会議は SCEH の指導者たちの私的な企画であり、学会は無関係だったのですが、それでもこれによって SCEH の威信は傷つきました。

さらに、特に熱心な指導者の1人が、SCEH の代表としてある詐欺的な機械を後援し、アメリカ医師会に対してでたらめの説明をしましたが、医師会はのちにその機械を信用できないとしました。彼はまた、SCEH のジャーナルにその機械に関する詐欺的な論文を発表しました。またもやいっそう威信が失墜し、脱会者が出ました。

さらに、大喝采で迎えられた早計な国際学会の設立があり、新しい「国際」学会の責任ある地位がたくさん与えられました。そのあとで、この組織を支

える資金はごく限られたものであること、国際学会などではなく、諸外国に催眠学会ができるまでのあいだ、それらの国々の「代表」に学会を構成させるという合意であることがわかりました。たとえば、わたしのある外国の友人は、"ISCEH（訳注：国際臨床実験催眠学会）"の母国代表に指名されており、自分の学会の「特別代表」として合衆国を訪問することになっています。しかし、彼は催眠を使っている同国人を1人も知りませんし、その「学会」がいつ設立されるかも知らないのです。混乱はこればかりではありません。SCEHの多くの会員が、ISCEHを支持する見返りに公的重要性のある同一の地位を約束され、これがばれた結果、SCEHの会員のあいだに大きな憤りが広がりました。

　さらに、SCEHの古くからの会員の多くが文学士号ないし文学修士号しか持っておらず、しかもその一部は心理学の学位ですらないという事実が、SCEHに対する不信をぐんと増す原因となりました。というのも、SCEHの指導者たちは、博士号とわずか2年間の催眠の経験しか持っていない者の入会を認めているとして、かねてからASCHを厳しく批判していたからです。ASCHに対するその批判が、SCEHにずしりとはね返ってきたのです。

　そして今、ミルトン・V・クライン〔SCEHが後援しているジャーナルの編集長〕がPh.D.の称号のもとに物を発表してきましたが、実際の学位はEd.D.（訳注：Doctor of Education）であることがわかり、この詐称がさらに批判的な反響を呼んでいます。

　SCEHは、今はなんらかの奇跡によって生き残っているかもしれませんが、そのジャーナルともども、破綻に瀕しているのです。

　この不幸な事態を残念に思いますが、わたしはASCHのほうの仕事に追われどおしなので、大した力になれません。おまけに、ASCHがめざましい成長を遂げたことで、自分たちの学会のひどい失墜を目の当たりにしているSCEHの指導者たちにとって、わたしはとうてい歓迎されない存在になってしまっていますし。SCEHを救い、できることならなにか重要な地位を与えるために、なんらかの手が打たれればいいのにと思います。SCEHの指導部は十分な情報を得ていませんし、大勢の有能な人々の関心とエネルギーはASCHに吸い上げられているため、前途は心もとなく思えます。

　ずいぶん長々と書いてしまいましたが、SCEHの現況と、ASCHならびに

そのジャーナルが成長発展を遂げ、プロの科学者の世界に受け入れられている現況を、知っていただいたほうがよいと思ったのです。個人的なお便りもいただけず、編集に関わる連絡もないのを悲しく思っております。万事順調で、催眠のご研究のほうでも進歩し続けていらっしゃることを心からお祈り申し上げます。

敬具

ミルトン・H・エリクソン, M.D.

――――――

1960年1月7日、オーストラリア、メルボルン市のエインズリー・ミアーズ医学博士（Ainslie Meares, M.D.）は、『アメリカ臨床催眠学雑誌』の「編集長宛」に次のように書いた。

> 貴誌10月号掲載の書評の1つで、ある著者が、たとえば、患者を催眠に入れる前につねに本人の同意を得るべきであり、自らの決断をよく検討し、必要ならそのことに関して助言を得るための時間を与えるべきだ、と主張しているという理由で非難されております。
>
> 書評子はなかなかいんぎんに、この著者が一風変わった考え方をしているのは地理的に孤立しているためかもしれない、とほのめかしております。

最後に、ミアーズはこうたずねている。「貴誌の読者はほんとうに、本人の全面的な同意なしに催眠に入れることが適切だと考えておられるのでしょうか？　どなたかにお答えいただきたいものです」

ミアーズは、オーストラリアで最初に催眠を使い始めた人々の1人である。エリクソンを知っており、エリクソンの側も彼を知っていたのは確実なので、宛名にエリクソンの名を挙げていないことや手紙の調子から、彼が腹を立てていたことがうかがえる。しかしエリクソンは、はぐらかすことなく、説得力のある論拠を示して巧みに答えている。

インフォームド・コンセントに関するエリクソンの議論は、1960年代にそうであったのと同じくらいに、今日の実践にとっても有意義である。アメリカ心理学会の倫理基準

は、インフォームド・コンセントを義務づけている。精神科医やソーシャル・ワーカーのような他の職種では、同じように明示されているわけではない。現在の APA（訳注：アメリカ心理学会）の基準に従えば、エリクソンの見解は正しくない。しかし彼の議論には、明確な価値がある。倫理とインフォームド・コンセントに関してさらに知りたい方は、ザイク（1996）をごらんいただきたい。

　さらに注目すべき点は、問題になっている書評が、ミアーズの著書、『催眠絵画法──象徴的描画の治療的利用の研究（Hypnography: A Study in the Therapeutic Use of Symbolic Paintings）』に関するもので、これを書いたのがバーニー・ゴートン医学博士だったということだ。『アメリカ臨床催眠学雑誌』1959 年 10 月号に掲載されたその書評は混沌としたもので、ミアーズの方法は限定的で権威主義的だと批判していた。ゴートンはエリクソンの被保護者（プロテジェ）であった。

　ミアーズが立腹したのは次の下りである。

　　これは、それさえなければ価値のある著作なのだが、驚くほど論争を招くような、疑問を招きやすい言説を多々含んでおり、書評子としてはそれらに同意しかねるのである。たとえば、この著者の考えでは、患者に知らせて、事前に同意を得ることなしに催眠に入れるのは、「不正直」だという。いわく、「治療を始める前に、患者に催眠のことを話して、〔本人の〕同意を得なければならない……けっしてその同じ日に治療にとりかかるべきではない……治療開始前に、いくつの確認事項が必要となりそうか、どの程度の費用がかかりそうかについて、見積もりのようなものを提示するべきである。最初にこうした事柄について話し合いもしないで、患者が催眠に同意してくれるものと当て込むのは、明らかに間違っていると言えよう」。……本書に関してなされうるおもな批判は、ミアーズ博士が、自分の著作を催眠療法ならびに一般的な催眠技法の分野の既存の文献と調和させる手間をかけなかった、ということである。このように時流に投ずる機略を欠くことになったのは、著者が地理的に孤立しているせいかもしれない。……

エインズリー・ミアーズへ
1960 年 2 月 23 日

親愛なるミアーズ博士

「貴誌の読者は、ほんとうに、患者の全面的な同意なしに催眠に入れることが適切だと考えておられるのでしょうか？」とたずねていらっしゃいます。

お答えします。催眠は、医業や歯科医業の実践において明確な価値を持つ科学的な方法論です。それは、特化されたものではなくて、望ましい目標を達成するための手続きの一方法なのです。

催眠は、人が人に対しておこなう、というようなものではありません。催眠者は教示を与え、被験者は反応することを学ぶ、協力しておこなう冒険的事業なのです。協力なくして催眠はありえません。ですから、あらたまって全面的な同意を求めるのは、儀礼的な形式尊重にすぎないのです。健康診断が完了したうえは、患者のケアについて指示を与えることは、正式な同意を求めることと本質的に同じです。患者が医師を捜し当ててくるということは、その医師の持てるかぎりの技能と知識を発揮して、専門的に治療してもらえるものと当てにしている、ということを示しています。このことは、催眠以上に効果的かつ徹底的に患者の意識状態を変えてしまう、麻酔剤や鎮静剤の投与にも当てはまります。よほど特別な事情のもとででもないかぎり、内科医は、麻酔剤を投与する際の適切な手続きとして、あらたまって全面的な同意を求めたりしないでしょう。同意は状況に内在しているのです。

催眠が最適最良の方法だという断定について言えば、同じことが、経口投与にするのか、皮下注射にするのか、静脈注射にするのかという問題や、さまざまに作用するさまざまな薬品全体のなかのどれを選ぶか、量や期間はどれくらいにするかという問題にも当てはまります。これは正式の同意を得るような問題でしょうか？　それとも医師は、本人が十分な知識を持っているわけでもない事柄について決定する責任を患者に負わせたりせずに、専門家としての判断を下すべきでしょうか？

一般の人々は、催眠をほとんど理解していません。それどころか、医業に携わっている人々の大部分も嘆かわしいほどに無知です。知識の乏しい、あるいは誤った知識を持っている患者に、本人の自発的な協力を頼みとする処置への同意を求めても意味がないでしょう。催眠を理解できるように教育するか、さもなければ、医学的指導に対する無意味な反応を甘受するかしかないでしょう。

現状では、催眠の利用には、物々しさや仰々しさ、無意味な儀式や迷信的な習わしがむやみやたらにまといついています。わたしの意見では、医師は次のように言えば患者をうまく扱えるのです。「診察の結果、あなたは喉にひどい感染症を起こしていて、コンバイオティック（combiotic）と呼ばれる新しい薬[※26]による治療が効くだろうということがわかりました。ですから、その薬を注射できるように、腕を肩のところまで出してくださいますか」

　患者が腕を出してくれれば、医師は苦労して「感染症」という言葉の意味を説明するまでもないし、抗生物質による治療について教育的な話をして聞かせるまでもないし、注射に対する全面的な同意を正式に求めるまでもない、と思います。患者が腕を出してくれれば、その程度の協力が同意なのです。腕を出してくださいという要請は、もっぱら遠回しのほのめかしによって、同意の要請となっていたのです。もともと、それは力を合わせて努力してくださいという要請だったのです——催眠が協同の努力であるのと同じように。

　しかし、催眠についてなんの知識もない患者や、催眠と聞いて悩んでしまいそうな患者に対しては、同意を求めるよりはむしろ説明をしてあげるべきです。そのような説明は、患者の理解力に見合ったわかりやすいものであるべきで、かならずしも科学的な用語を使ったものである必要はありません。そういう形の説明では、ちんぷんかんぷんかもしれないからです。そのようなわけのわかる説明をしたあとで、患者が自分の理解したことについて協力してくれるならば、同意は全面的であるばかりでなく、れっきとした明白なものです。

　　　　　　　　　　　　　　　　　　　　　　　　　　　敬具
　　　　　　　　　　　　　　　　　　　　ミルトン・H・エリクソン, M.D.

──────────

　レオン・シェルトーク（Leon Chertok）は、有名なフランスの精神科医で精神分析家であった。また、20世紀のフランスの催眠における指導的人物でもあった。1955年の末に、ルイス・ウォルバーグの勧めに基づいて、エリクソンに手紙を書いて自己紹介し、訪問させてほしいと頼んだ。2人が会ったのは1966年1月、シェルトークがエリクソ

ンの方法について学ぶためにフィーニクスを訪れたときだった。

　1960年、エリクソンの娘の1人、ベティ・アリスがパリへ行き、シェルトークを訪ねた。同年夏、エリクソン夫人は、エリクソンのある論文の別刷りをシェルトークに送った。1960年8月10日付の手書きの手紙で、シェルトークはベティ・アリスに会えてうれしかったと言い、エリクソン夫人に別刷りの礼を述べた。追伸で、催眠技法に関する章を執筆中で、1928年に手浮揚法を記述しているとしてエリクソンを引用しようとしているのだが、正確な引用文がわからない、と述べた。そこで、1960年9月1日付のエリクソンの返信が書かれたのである。

　アメリカ臨床催眠学会で活躍していた産科医、ラルフ・W・オーガスト宛のエリクソンの手紙を思い起こしてほしい（p. 395を見よ）。あれもまた手浮揚に関するものだった。

レオン・シェルトークへ
1960年9月1日

親愛なるシェルトーク博士
　話は単純です。1923年の春、わたしは初めて催眠の実験研究をおこないました。当時ウィスコンシン大学の心理学の準教授だったクラーク・L・ハルがたいへん興味を持ち、その夏のあいだじゅう催眠現象の研究を続けて、彼が9月に開講する大学院生のゼミで院生たちに報告するように準備してはどうか、と提案してくれました。
　これが実行されたのです。わたしがその夏のあいだに興味を持ったもののなかに、自動書記を始めとする観念運動活動がありました。自動書記はトランス状態の被験者によってなされていたので、書くような手の動きを暗示してトランスを誘導できないだろうか、という考えが浮かびました。この技法は多くの新しい被験者でうまくいったものの、自動書記というのは、ほとんどつねにものすごく時間のかかる面倒な誘導法です。でも、紙の上で鉛筆の先が上か下に動くだろうと暗示するのはとても簡単ですし、わたしはすぐにこれを手の浮揚に変えました。たくさんのヴァリエーションを編み出しましたが、結局は、どんな種類の観念運動活動も優れた誘導法になるということがわかりました。しかし、さまざまのヴァリエーションのなかでも、手浮揚は、被験者も自分の目で見て参与できるので、おそらくもっとも優れた方法

と言えましょう。

　さらに、わたしは何年も前から別の形の観念運動活動を使っています。これは、講演をしていると、しばしば聴衆のなかに、こちらに同意するかしないかで無意識にそうそうとうなずいたり、いやいやと首を振ったりする人がいるのを見て思いついたものです。このことから、未経験の抵抗する被験者に質問をして、こう説明するようになったのです。それはあなたの「無意識の心」だけが答えられる質問で、その答えはあなたが意識で考えていることと一致するかもしれないし、しないかもしれない。答えは、黙ってうなずくか、首を振るという形をとるだろう。自分の頭がどちらの動き方をするかを見るには辛抱強く待たなければならないだろう、と。それから質問をします──「あなたの無意識の心は、あなたが催眠トランスに入れるようになると思いますか？」。すばやくうなずいたり首を振ったりするのは、例外なく意識的な反応です。ときには被験者自身も気づかないほど、ゆっくりとそっとうなずいたり首を振ったりするのは、「無意識」からの直接のコミュニケーションで、それを利用してカタレプシーを誘導し、それからトランスの深化にとりかかることができます。

　同じようなやり方で、未経験の被験者や抵抗する被験者に、次のように言うこともあります。右手が挙がれば「はい」、左手が挙がれば「いいえ」ということだ。そしてどちらかの手が挙がれば、それがあなたの無意識の心だけが答えられる質問に対するあなたの無意識の心の答えなのだ、と。それから、さきほどの質問か、なにかほかの同じような質問をすることができます。どちらの手が挙がるかにかかわりなく、被験者は手浮揚を起こすためにトランス状態に入ります。これは、催眠を望んでいるのに、トランスを誘導しようとするとどうしても抵抗してしまう被験者に、しばしば役に立つ技法です。

　あるいは、両手をただ腿の上に置いておいて、あなたの「無意識の心」がどちらの手を先に挙げるか、辛抱強く待って見てみてください、と言うこともあります。手浮揚が起こると同時にトランス状態になりますから、反対側の腕でカタレプシーを示してみせ、それからトランスの深化に移ります。このようにしても、あからさまなトランス誘導手続きに対する抵抗を避けて通ることができます。

　こんなわけで、わたしの手浮揚法事始めは、1923年の夏にまでさかのぼ

るのです。これを使った最初の被験者が、あなたの友人であり、わたしの妹であるバーサだとお聞きになったら、なおのこと興味深く思われるでしょう。

これに言及しているわたしの初期の出版物のことですが、実際のところ重要視するほどのものではないと思います。それ自体は1857年ごろに、あるフランスの学者が詳しく報告した、むかしからよく知られている観念運動活動の現象を、単純に利用したものにすぎません。正確な参考文献は知りません。

当時ウィスコンシン大学の心理学教授だったジャストローが、自分の発表したオリジナルの研究が、ずっとむかしのフランス人の研究とほとんど同じだということに気づいたときの狼狽ぶりを思い出します。

ベティ・アリスがあなたにお目にかかる機会を持てたことをうれしく思います。そのことを長い楽しい手紙に書いてきました。

敬具

ミルトン・H・エリクソン、M.D.

──────────

腕(手)浮揚は、一般に、催眠被験者に解離した観念運動行動を体験させる「なるほど納得(convincer)」技法として用いられる。この方法では催眠者は、被験者に対し、腕が軽く感じられ、あまりにも軽いので、意図的に努力しなくても自然に上に挙がるだろう、という暗示を与える。このとおりのことが起こると、催眠がどのようにして意志の働きによらずに観念を身体運動に変換しうるかを、被験者は身をもって体験する。エリクソンはよく、腕浮揚を誘導法として利用した。1960年9月1日付のレオン・シェルトーク宛の手紙では、彼の用いたヴァリエーションの一部が述べられている。腕浮揚は、なんらかの形でいくつかの催眠感受性テストに組み入れられているが、特に有名なのは催眠誘導プロファイル(Hypnotic Induction Profile HIP)である(Spiegel & Spiegel, 1978を見よ)。

エリクソンのラルフ・オーガスト宛の手紙もまた、腕浮揚を話題にしていた。加えて、混乱技法の起源は自分の書いた2つの論文だ、と述べていた。その手紙の追伸でエリクソンの言っている「それ以前の言及」とは、『実験催眠』(LeCron, 1952)所収の『深催眠とその誘導』である。「われわれのジャーナル」に掲載された1959年の論文とは、『アメリカ臨床催眠学雑誌』, 2, 3-21 の、『さらに臨床的な催眠技法──利用法(Further

Clinical Techniques of Hypnosis : Utilization Techniques)』である。のちにエリクソンは、『催眠における混乱技法』(『アメリカ臨床催眠学雑誌』, 6, 183-207) を書いた。

―――――――

　アルゼンチンに催眠学会を創設した、アルゼンチン人精神科医のイサック・ギューベル (Isaac Gubel) は、アメリカ臨床催眠会議 (American Council of Clinical Hypnosis) の通信編集員を務めていた。彼はまた、1959 年に創刊された『ラテン・アメリカ臨床催眠学雑誌（La Revista Latino Americana de Hipnosis Clinica)』の創刊時の編集長でもあった。

―――――――

　前にも述べたとおり、エリクソンは催眠を守ろうとしてつねに警戒を怠らず、この専門分野の体面を汚させまいと頑固なまでに努力した。脳波シンクロナイザーなるものが登場したときも、この装置と臨床催眠とのあいだにあるとされている関係を払拭するために行動を起こした。それに続く2通の手紙は、詐欺的だと考えたうたい文句によって催眠が汚されないようにするために、彼がどこまで尽力したかを示すよい例だ。最初の手紙では、問題の機械に関する専門家仲間からの問い合わせに答えているらしい。第2の手紙では、自分の懸念に対し、合衆国食品医薬品管理局の注意を喚起している。

イサック・ギューベルへ
1962 年 5 月 11 日

親愛なるイサック
　脳波シンクロナイザーは、S.W. シュナイダー氏が開発・製作したものです。氏は「エンジニア」と自称していますが、確かめえたかぎりでは、大学の学位など一切持っていません。神経学や脳波記録法や心理学や医学や催眠についてまったく知識がないのは確実です。
　ウィリアム・クローガー博士が、シュナイダー氏と共著で、『国際臨床実験催眠学雑誌』1959 年 4 月号に掲載されている論文を書きました。この論

文は、問題の装置に関していろいろと途方もない主張をしていますが、要は、存在しもしない因果関係論を根拠に実用的に設計された装置を説明しているものです。熱烈な売り込み屋たちでさえ、どんな作用をすることになっているのかを被験者が知らない場合には、効果の70パーセントが失われる、と認めているほどです。クローガー博士は、脳波記録法および神経学の訓練や教育を受けていませんし、この装置の助けを借りて、または借りずに、分娩させたという産科患者の数について彼の申し立てていることは、公然と、かなり不正確であると言われています。

この論文が掲載された直後に、非常に高い価格で、脳波シンクロナイザーの宣伝・売り込みが精力的におこなわれました。何人もの内科医が、多数発表されているという科学論文についてクローガー博士とシュナイダー氏に問い合わせましたが、一様に黙殺されるか、はぐらかされるかでした。クローガー博士に対する、彼が扱ったと主張している症例の数に関する問い合わせも同様でした。

この装置は、初めおよそ300ドルで売り出されました。何度も証明されてきたとおり、なにか印象的なデザインのちかちかする光に、同じような適当な暗示を補ってやれば、この価格のほんの何分の1かでまったく同じ効果が得られるでしょうに。

しかし、あのたった1つの論文に支えられて、この2人の売り込み屋は、倫理的ではあっても軽率な科学刊行物に、再三再四、まんまと広告を掲載してのけました。いずれの場合も、故バーニー・ゴートン博士やレナード・ラヴィッツ博士のような医師たちの猛烈な抗議に会い、謝罪とともに、それ以後の号からは広告が引っ込められました。

その後、『アメリカ医師会雑誌』に寄せられたある質問に対して、この装置の売り込み屋の1人が、問題の装置に対する熱烈な宣伝文句を並べてコラムで回答しました。アメリカ医師会に抗議の手紙が殺到した結果、こういう公式声明が出されるに至りました。

「閃光や点滅する光による催眠誘導については、『アメリカ臨床催眠学雑誌』1962年4月号に掲載されたハラック・マコード博士の論文にもご留意願いたいと思います。マコード博士は、敏感な患者ではてんかん発作が誘発される危険性があり、ことによるとそれが催眠状態と間違われるかもしれな

い、と指摘しています」
　この情報がお役に立てばと思います。

敬具

ミルトン・H・エリクソン, M.D.

合衆国食品医薬品管理局御中
1962年5月31日

ご一同様
　イリノイ州スコーキーで製作され、州間通商で直売および代理店販売され、また海外にも販売されている機械があり、その名を脳波シンクロナイザーと言います。
　脳のアルファ波に作用するとされ、そのように宣伝されており、医療目的で催眠を誘導するのに使われるということになっております。
　アメリカ医師会はこの器械を認めておりませんし、有能な権威がいかさまとみなしております。わたし自身がこの機械装置を観察したところでも、アルファ波に作用することなどなく、医療目的で催眠を誘導するのを助けることも断じてない、と結論づけざるをえません。
　ウィリアム・クローガー医学博士が科学論文と称するものを発表しており、この器械を実験的に使用したところ成功であった、と述べています。しかしながら、わたし自身の知っている事実からして、言及されている時期に、報告の基礎になっているという広範な研究をおこなうに足るだけの期間、クローガー博士がシカゴ市に滞在していたとは考えられません。加えて、その研究がおこなわれたとされているシカゴのエッジウォーター病院は、発表論文の申し立ての裏づけを拒んでおります。
　わたしは、その器械を製作・販売している会社の持ちぬしで、「何百もの科学論文」が器械の価値を証明している、と宣伝しているシュナイダー氏に手紙を書きました。その科学的参考文献を請求しても、上記の当てにならない論文以外、なにも出てきませんでした。
　内科医や歯科医に対し、催眠を治療法として用いる際の有用な補助的手段である、と虚偽の宣伝広告がなされている詐欺的な装置として、この器械を

調査するのが望ましいと考えます。

敬具

ミルトン・H・エリクソン, M.D.
アメリカ精神医学・神経学協議会認証医

ここで引き合いに出されている文献は以下のとおり。

『催眠誘導を助ける電子装置：予備的報告（An Electronic Aid For Hypnotic Induction : A Preliminary Report)』ウィリアム・クローガーとシドニー・A・シュナイダー(William S. Kroger and Sidney A. Schneider)
掲載されたのは、
『国際臨床催眠学雑誌』1959年4月号、Vol. Ⅶ, No.2. p.93-99

イサック・ギューベルへ
1970年11月1日

親愛なるイサック

　なにぶん活動が制約されているものですから、お返事が遅くなって申しわけありません。1919年の脊髄前角灰白質炎で脊椎がかなり変形してしまったのですが、見栄を張って両肩を同じ高さに保っていたので、外見にはわからなかったのです。でも、長く生きていれば、いずれは脊椎関節炎になって車椅子から離れられなくなるだろうということは、医学部時代からとうにわかっていて、1965年にそのとおりになりました。今や、脊椎関節炎に、神経根炎に、筋炎に、腱鞘炎を抱えており、おまけとして痛風の気まであるというわけです。さいわいにして催眠の知識があるおかげで、痛みや不快感は最小限に抑えておけますが。

　開業からはほぼ完全に引退し、興味のある患者やむかしの患者をときどき診ているだけです。右腕の筋肉が萎縮し、顔面の筋肉も右側が萎縮してしまったため、言葉がよく話せなくなってしまいました。ですから、もう物を書いたり講演したりすることはできません。でも、わたしには人生を楽しむ無

限の力があって、いつかはとずっと心に決めていたとおり、読書の遅れを取り戻そうとしています。

下の2人の子ども、ロクサーナとクリスティーナはもう少しで大学を卒業しますし、ベティとわたしは、新居の暮らしを楽しんでいます。2人とも「シルバー族」におさまるのはいやなので、30代40代で楽しんでおくべきだったのにしそびれたことで、できることはなんでもやって楽しんでいます。

催眠における活動について言えば、合衆国のさまざまな地域のみならず、英国、スウェーデン、チェコスロヴァキア、フランス、シンガポールなどから大勢の訪問者がありますし、ブエノスアイレスまで含め、世界中のいろいろなところから手紙を受け取ります。このまえの日曜日は、エルサルヴァドルからきた国際射撃競技大会の出場者が、不安を軽減するために、催眠の助けを借りに立ち寄りましたし、昨日は、テニスの選手権争奪戦に出場する選手が同じ目的でやってきました。

むかしの患者で、アメリカ室内装飾家協会の元会長だった人が、引越し祝いとして新居の室内装飾を引き受けてくれて、ベティは、長年のあいだに世界中のありとあらゆるところからいただいて集まった品々を配置して、のんびり楽しんでいます。この品々は大事にしまってあったのですが、引っ越してみるまで、わたしたちもこんなにたくさんあるとは思っていませんでした。パキスタンのタクシーの警笛まであって、わたしは家中どこにいる人でも呼び寄せることができます。わたし宛の著者のサイン入りの本のコレクションに含まれているもので、印刷中に著者が亡くなってしまったために、サインの入っていないのが1冊あります。それは、西部の古いゴーストタウンのいくつかの歴史と、それらの町を築いた開拓者の物語です。そのうちの1章が、わたしの父と母、父とそのパートナーが開いた鉱山、そしてロッキー山脈のシエラネヴァダ地帯にあったその鉱山の近くに作られた、わたしの生まれた鉱山町について書かれているのに気づいたときは、びっくりしました。母も丸太小屋で生まれたのですが、わたしの生まれた丸太小屋ときては、山肌自体を壁面の1つにしていましたし、わたしの揺りかごは、ダイナマイトの箱でできていました。母は94歳、父は97歳と半で亡くなりました。

そう言えば、ジェット機でフィーニクスからシカゴへ向かっていたとき、当機は高度37,000フィートを飛行中、対地速度は時速650マイル、というパ

イロットのアナウンスが拡声器から流れてきました。わたしはスチュワーデスを呼びとめて、パイロットに伝えさせました。わずか3週間で、ネヴァダ州のグレイト・ソルトレイク砂漠を越えて、幌馬車で150マイルを旅したことのある乗客がこの機に乗っていること、そしてそれは、これよりはるかにおもしろい旅だったということを。

　1969年の8月に、エリクソン家は家族の集いを催しましたが、19人の孫全員が出席しました。8人の子どもたちのなかでまだ結婚していないのは、4人の娘のうち下の2人です。

　直接お目にかかっておしゃべりできたらなあと思いますが、かなわぬことなので、せめてもの代わりに、このとりとめのない思い出話の手紙を書きました。もし合衆国西部においでになることありましたら、立ち寄ってくださるととてもうれしいです。小さなゲストハウスがありますので、いつでも、1日なり数日なり、お時間の許すかぎり滞在していただけます。

　日本のジョーゼフ・シバタ博士^{※27}が、バルセロナ大会についての簡単な報告書を送ってくれました。あんなに大勢の参加者があって、科学的知識の交換への関心が盛り上がり、大会が大成功を収めたことをほんとうにうれしく思います。

敬具
ミルトン・H・エリクソン, M.D.

――――――――

　エリクソンは、世界中の専門を同じくする人々から意見や助言を求められ、倫理的な催眠の振興を促進するために、多くの国々の専門家を援助しようと努めた。その結果として、多くの国際学会から感謝状を受けたし、大勢の海外の有名な専門家たちと交際があった。ブラジルの歯科医、ラウル・アイテルバーグ（Raul Eitelberg）に宛てた1963年3月13日付の手紙は、彼が世界的な規模の誠実な目的のために催眠を唱道したことを示すよい例だ。

ラウル・アイテルバーグへ
1963年3月13日

親愛なるアイテルバーグ博士へ

　アメリカ臨床催眠学会を代表する公的な資格において*、合衆国では、催眠が正規の処置として歯科医に用いられており、多くの州立大学や私立大学の歯学部でカリキュラムの一部として教えられている、と申し上げられることをうれしく思います。もし十分な資格を持った教官をそろえることができれば、さらに多くの歯学部や医学部で教えられることでしょう。アメリカ合衆国でおこなわれた最初の大学の講座にわたしが参与していたとお聞きになったら、興味深く思われるかもしれません。1923年、ウィスコンシン大学でのことでした。その後1937年に、ミシガン州デトロイトにあるウェイン州立大学で、医学部における初の催眠の講座を指導し、1945年、アメリカ精神医学会は、イリノイ州シカゴでおこなわれた年次大会において、すべての医学部で同様の科目が教えられるのが望ましい、と勧告しました。

　科学の進歩はのろいもので、訓練を受けた教官の数が不足しているため、そのような授業ができるのはまだ数校のみです。

　わたし自身は、催眠を教えることに関して、25以上の医学部や歯学部で（その目的のために特に招かれたゲストとして）講演してきましたが、そういう講演をおこなっている人はほかにも大勢おり、わたしはその1人にすぎません。このことからも、科学的な歯学や医学の方法としての催眠に対する関心がますます高まっているということが、きっと多少おわかりいただけるでしょう。

　1958年9月、アメリカ医師会は、催眠は医業や歯科医業に適したまっとうな科学的方法である、と公式に発表しました。

　催眠はアメリカ臨床催眠学会に所属している歯科医に広く使われておりますし、合衆国中のいたるところに、アメリカ臨床催眠学会とは別の、歯科医に催眠の使用法の訓練をおこなっている公認のれっきとした歯学会がいくつもあります。

　合衆国中のさまざまな裁判所の見解は、歯科医および内科医による催眠の使用は支持しているものの、歯科医や内科医でない者による使用は認めず、

---

　*編集者注：当時、エリクソンは『アメリカ臨床催眠学雑誌』の編集長であった（1957-1968）。彼はまた1957年に創設されたASCHの初代会長でもあった。

罰則さえ課しています。

　カナダもまたさまざまな州で、催眠を歯科医と内科医に限定し、公共の娯楽のための使用を禁じる特別立法を可決しています。また、カナダ独自の医学と歯学の学会があり、いずれも公認の正規の学会で、歯科医と内科医に催眠の使い方を教えています。

　1923年にまでさかのぼる経験から、そしてまたアメリカ精神医学・神経学協議会(The American Board of Psychiatry and Neurology)認証医として、かつてウェイン州立大学で14年間にわたって精神医学の教授を務めた者として、いくつかの公認の主要な学会の名誉会員として、特に申し上げますが、催眠が医業はもとより歯科医業においても有益な科学的方法だということは、幅広い経験と、この目で見てきたことに裏づけられたわたし自身の確信なのです。

　あなたのお国のA・C・ド・モラエス・パソス（A.C. de Moraes Passos）博士ならびにオスカル・ファリーナ（Oscar Farina）博士が編集なさった別刷り論文集、"Aspectos Atuais da Hipnologia"[※28]が入手できれば、その本にかなりの情報が載っているかもしれません。

　この本には、ポルトガル語に翻訳されたアメリカ医師会の公式声明はもちろん、ブラジルの法的状況についての要約が載っており、あなたならわたしよりはるかによくお読みになれるでしょう。

　合衆国には、臨床実験催眠学会という学会がまだ残っています。会員数はおよそ300で、その一部は、歯科の方法としての催眠を積極的に推進している、組織された協議会に加入していない歯科医たちです。しかし、彼らにしても、けっして催眠の使用に反対しているわけではありません。ただ、催眠の歯科での使用を、大学の医学部・歯学部の権威や、協議会に加入しているすべての専門学会の協力にゆだねればいいものを、そうはしないで、自分たちの支配を促進しようとしているだけなのです。

　言うまでもなく、医術における催眠の使用に心から賛成しておられるピウス教皇のお言葉は、あなたもよくご存じにちがいありません。

　この手紙の写しを、Doctor of Medical Dentistry のローレンス・ミルトン・ステイプルズ博士（Laurence Milton Staples）に送ります。この学位は、もっと一般的な学位である Doctor of Dental Surgery と同じですが、一部の

大学で授与されるものです。博士は、歯学における催眠の認知度を高めたという点でも、合衆国全土で均質な歯科催眠がおこなわれるようにするために、歯学会連絡協議会（Council of Dental Societies）を組織したという点でも、大いに功績を認められるに値する人です。現在、この協議会の会長を務めておられます。

さらに情報をお望みであれば、博士も手紙を書いてくださるものと存じます。

敬具

ミルトン・H・エリクソン，M.D.

アルフォンソ・カイセドへ
1963年12月10日

親愛なるカイセド博士

わたしを国際ソフロロジーおよび心身医学会（International Society of Sophrology and Psychosomatic Medicine）の理事会の一員として認めるとのお便り、たいへんうれしく思います。このような栄誉と特権をたまわりましたことに厚く感謝申し上げます。

アメリカ臨床催眠学会は、直接提携しているもの、ラテン・アメリカ臨床催眠連盟（La Federacion Latino Americana de Hipnosis Clinica）を通して提携しているものと、さまざまな国々の多くの専門学会と緊密な関係を持っておりますが、わたし自身は国際的な団体作りの推進には、非常にためらいがあります。

臨床実験催眠学会が数年前にそのような国際学会作りに乗り出したのですが、そのやり方というのが、単にそういうものを作ると公表しておいて、さまざまな国々の孤立した一個人をその国の代表に指名するというものでした。こうして1960年には、彼らの人名簿によれば、全世界の会員総数はカナダ、合衆国を入れてわずかおよそ230人、うち200人は合衆国内の居住者でした。このいわゆる国際臨床実験催眠学会は、ニューヨーク市に住む6人ほどの小グループに握られており、彼らは自分たちの選んだ人々を肩書きだけの役員に指名しましたが、自分たち自身が支配していました。わたしは臨床実験催

眠学会の会員ではありますが、国際臨床実験催眠学会への加入は断りました。どこの国でもそうでしょうが、医術の国際的組織は、民主的に創設され、多数の国々に学会ができてから発展させるのが望ましい、というのがアメリカの指導的な科学者たちの強い思いです。ですから、〔カイセドの団体の〕理事会と役員の方々のお名前を拝見して、たいへんうれしく思いました。

　この分野でがんばっている多くの国々が代表となっていますし、個々人はその代表制に則って選ばれています。

　アメリカ臨床催眠学会は、多くのさまざまな外国の学会と対等の関係で提携しておりますが、それは目先の利益のためではなく、やがてはできるであろう真に国際的な代表制組織のことを考えて、その基礎を築くためなのです。

　イサック・ギューベル博士の創刊し編集しておられるジャーナルを、この新組織の公式機関誌にという提案がなされ、承認されたことを知って、たいへんうれしく思います。同じようにして、母国語としてであれ、母国語に加えてであれ、英語に精通している会員や団体のみなさまに、『アメリカ臨床催眠学雑誌』を別の公式機関誌として受け入れていただきたいと存じます。すでにお気づきかもしれませんが、ギューベル博士とわたしは、スペイン語ででも英語ででも読んでいただけるようにするために、一度ならず、同じ論文を同時に発表してまいりました。

　本部がナンシーに置かれたことも、たいへんうれしく思います。歴史的にふさわしい場所ですからね。

　お気づきかもしれませんが、ヨーロッパや、南アメリカや、さらに遠い国々における、人間行動の心理学的原理や心身医学の概念の進歩に関する知識が、北アメリカに住む者にはあまり伝わってこないことをわたしは心から残念に思っており、かねてからその思いを編集者の意見としてたびたび表明してまいりました。

　同じ専門家で友人でもある、日本の九州大学の教授、ゴサク・ナルセ博士（Ph.D., M.D.）[※29] は、心理学ならびに心身医学における、東洋の知と西洋の知の交流の促進をめざして努力しておられます。この目標に向けてめざましい成果を上げておられます。わたしは『催眠学研究（*Japanese Journal of Hypnosis*）』の通信編集員に指名されていますが、ナルセ博士も、われわれとともにこの国際的な取り組みに加わることに、大いに関心を持たれるであ

ろうと確信しております。

　英国の催眠の指導者とは以前にもしばらく文通していたことがありますが、今また手紙をやりとりしています。あちらの学会は組織がしっかりしていて、研修も学会自体の発展も着実に前進しています。

　チェコスロヴァキアの学会ともつねに手紙のやりとりがあり、会合の模様を知らせてくれています。最近、創設者のハスコヴェッツ博士から、この分野の研究成果を発表しているソヴィエトおよび東ヨーロッパの大勢の科学者の住所氏名のリストをいただいたところです。

　今までのところ、ヒプノーシス（アメリカで催眠という意味で広く知られているこの用語を使わせていただきます。"ソフロロジー" という用語は、語源的にも意味の深い、ふさわしい言葉なので、わたしは大好きですが[※30]）と心身医学とを結びつけた国際的な大会や会議は開かれたことがありません。合衆国の心身医学の諸学会は、そのような大会を支持するものと確信しております。

　力説させていただきたい考えが1つあるのですが、それはアメリカ臨床催眠学会が学会として正式に加入している、世界精神保健連盟（World Federation for Mental Health）[※31] の趣旨です。彼らの例にならって、「心理学とソフロロジーと心身科学のための国際**連盟**」をぜひご提案申し上げたいのです。これは単なる提案にすぎません。"Society" という言葉は、一部の人には、排外的といいますか、地理的に限定するような含みがあるかもしれないので。でも、これはごく瑣末な点です。

　それよりも重要なのは、知識を深め、お互いの理解を交換し合い、変化・発展しつつある人間の価値と欲求の世界の、広がりゆく地平に参入してくる新しい概念を虚心坦懐に検討すること、それをこの新たな組織の第1の目標に掲げてはどうかということです。

　ご都合がつき次第、ぜひまたお便りをください。

敬具
ミルトン・H・エリクソン, M.D.

スペインと南アメリカでは、"ソフロロジー"という言葉が催眠と同じ意味で使われていた。アルフォンソ・カイセド（Alfonso Caycedo）はスペインにも南アメリカにも居を構えており、両地域における催眠の使用に少なからず好ましい影響を及ぼした。

1964年、有名なフランスの麻酔学専門医、ジャン・ラスネル医学博士（Jean Lassner, M.D.）は、パリにおいて催眠に関する独自の集会を開き、国際的な催眠の名士が多数これに出席した。エリクソン夫人によると、夫妻はこの集会で、第1次世界大戦前に催眠に関する基礎的な研究をおこなったハンガリーの内科医、セレンツ・ヴォルゲッシ（Serenc Volggesi）に会ったという。彼は、オルダス・ハクスリーの弟、ジュリアン・ハクスリーが発起人となってロンドン動物園でおこなわれた研究に基づき、「動物の催眠」に関する教科書を書いた。

ジャン・ラスネル医学博士へ
1965年10月19日

親愛なるラスネル博士
　お手紙をさしあげるのが遅くなってしまいましたが、先ごろシカゴからお手元に届いた航空小包が、その埋め合わせになればと思います。また、『アメリカ臨床催眠学雑誌』の10月号を航空便でお送りするよう出版社に頼んでおきます。この埋め合わせの品は、標準文献の一部にするのがいちばんだと思ったのです。
　パリではいろいろとご親切にしていただき、ほんとうに感謝しております。いっそもっとお世話になって、あのような楽しい思い出をもっとたくさん作ってもよかったのにと思うくらいです。
　パリから戻ったあと、病気が再発して、一度入院しなければなりませんでした。あんまりたくさん病名がついていて、こっけいなくらいです。なにしろ、脊髄前角灰白質炎が原因となって生じた筋肉のアンバランスによる緊張からくる脊椎の関節症に、多数の骨棘による激痛をともなう神経根炎と、筋炎と、腱鞘炎に、痛風性の関節炎に、リンとカルシウムの血中比率の逆転（今は正常に復しました）と尿酸値の上昇（今は正常）ですからね。今は、自分の足で歩きまわるのは家のなかだけで、それ以外は車椅子のお世話になっています。でも、それはそんなに制約になってはいません。

アメリカ臨床催眠学会の第8回年次大会は大成功でした。参加者数は、350から400のあいだだったと思います。大会後のワークショップには、200人の参加がありました。土壇場になって、イリ・ハスコヴェッツ（Jiri Hoskovec）博士の論文発表が加わったと知ったら興味深く思われるでしょう。博士は、ペンシルヴェニア州ベスレヘムにあるリーハイ大学で1年間、教育と研究に携わるため、ちょうどアメリカ合衆国に到着したところでした。

　ところで、カナダのあるジャーナルが、わたしがパリで発表した論文を掲載したがっています。わたしは、あなたが出版する予定にしていらっしゃるもののなかに、これも含まれることになると思う、と話しました。その場合、もしフランスでの優先的な掲載に不都合がなければ、あの論文をよそに掲載することを認める許諾状を送っていただけますか？

　定期刊行物をいつもどうもありがとうございます。わたしについて書かれた記事、とてもうれしかったです。ベティも、93歳になる母と96歳になる父も、とても喜んでおりました。両親は10月21日に74回目の結婚記念日を迎えます。

　わたしたちは、第4回世界精神医学会議（World Congress of Psychiatry）に出席するため、1967年にスペインに行く計画を立てています。今年よりもっとずっと長く、ヨーロッパ滞在を楽しもうと考えています。〔2人は実際にその旅行をした〕

　もう1つありました。ASCHの国際関係委員会は、パリでの特別セッションにおいて、可能ならば、国際会議に登録した人全員に、ジャーナルを献本として特別郵便で送ることを満場一致で議決しました。登録した内科医に学会の存在と目的を知ってもらうためであるという手紙をつけるか、あとから送るかしてもよいでしょう。

　住所氏名の一覧表を送っていただくことは可能でしょうか？

敬具

ミルトン・H・エリクソン, M.D.

患 者

　1962年9月11日付のこのＢ夫人宛の手紙が、どのような事情で書かれることになったのかは不明である。ことによるとこの女性は患者だったのかもしれないし、専門家仲間の妻だったのかもしれない。
　親が子に語りかけるようなエリクソンの口調に注目してほしい。しかし、彼は指示するだけでなく、たしなめ、励ましてもいる。さらに、治療においてと同様、手紙を書くときにも間接的なやり方をとっていることに注目してほしい。手紙の文脈のなかで、自分の言おうとしていることを十分理解させるために物語を語り、相手の連想をより建設的な土俵へとそっと導いている。

Ｂ夫人へ
1962年9月11日

親愛なるＢ夫人
　今ごろは結婚式も終わって、だいぶ緊張も解けていらっしゃることと思います。
　さて、とても大切なことをお話ししたいと思います。
　命とは本来危ういもので、死を恐れても、あまり得るものはありません。多くの人々は、どうにも防ぎようのないことで心の平安をすり減らしているのです。
　Ｂさんと結婚したとき、あなたはあるがままの彼を受け入れたのです。もし彼が脳卒中に見舞われて麻痺してしまい、その後の30年間、寝たきりになっていたとしても、あなたは忠実なよき妻でいたでしょう。でも、Ｂさんの欠点がそういう種類のものであってほしいと思いますか？　そういうものなら非難なさらないでしょうに、それより小さな欠点をあなたは非難していらっしゃるのです。
　おっしゃるとおり、彼はわがままです。でもそれはわたしも同じだし、あ

なたも同じ、だれでもみんな同じです。なかには人よりもっとわがままな人もいます。でも、わがままと寛容とは、しばしば対になっているもの。人はあるがままに受け入れるしかないのです。自分以外の人間からとても望ましいものを手に入れようとするからには、代価を支払わなければなりません——しばしば、とても割に合わない代価を。

　Bさんは飛行機事故で死ぬでしょうか？　保険会社は、風呂場のほうがはるかに危険性が高いと断言しています。彼は車の運転をあきらめるべきでしょうか？　実際には、そのほうが飛行機よりよっぽど危険なのですがね。

　わたしのとても親しい友人で、夫に飛行機に乗るのをやめさせた女性がいました。離婚になる前に、わたしはそれを克服させました。それからまもなく、夫は幹線道路での事故で亡くなりました。友人はこう言っています、「ありがたいことに、わたしは恐怖症を克服した。さもなかったら、もしわたしが克服しなかったら、あのときあの人は車なんか運転していないで、飛行機に乗っていたかもしれないのにって、死ぬまで思い続けたでしょうけど。だけど、わたしは恐怖症を克服したし、あの人は車でも飛行機でも選べるんだから、あのとき車に乗ったのは運命のさせたことで、わたしのさせたことじゃない、ってわかっていたの」と。

　だから、ね、折り合いをおつけなさい。

敬具
ミルトン・H・エリクソン, M.D.

　エリクソンがT一家との文通を始めた理由については、記録がない。T博士はアメリカ臨床催眠学会で活動していたと見え、エリクソンとのあいだに専門上の関わりがあったことは明らかだ。

　しかし、T一家に宛てて書かれた手紙は、専門的な手紙ではない。むしろ治療的な手紙であり、家族全体を対象とした治療の手段として手紙が使われたはしり、と言っていいのかもしれない。家族療法の一環として手紙を使うというこの技法は、ナラティブ派の心理療法家、マイケル・ホワイト（Michael White）とその仲間が近年発展させてきたものである。

文通はＴ夫人に宛てた手紙から始まっている。しかし、それは彼女１人に向けられたものではない。家族の資質を出し合わさせるための、いくつもの「バンク・ショット[*32]」を含んでいる。

"Ｔ"夫人へ
1963年3月6日

親愛なるＴ夫人

　これは、物事をもう少し説明して、明確にして、文書の形に書き留めて、あなたがそれを忘れてしまったり、変えてしまったり、記憶のなかの重要な部分を無視してしまったりしないようにするための手紙です。

　まず最初に、イチゴを食べるとぶつぶつのできる人がいます。イチゴにはなんの問題もないのですが、なかにはイチゴにアレルギーのある人がいて、そういう人は、全身の小さなぶつぶつから大きな膨疹や蕁麻疹まで、あらゆるものができる可能性があり、意識を失うことすらあります。ほかの多くのよい食物にも同じことが言えます。

　さて、アレルギーやアレルギー反応は実にたくさんあって、程度もさまざまなら起こる場所もさまざまです。たとえば、わたしは手術台の上で、腹腔内に、それも腹腔内だけに、巨大な蕁麻疹ができるのを見たことがあります[*33]。それは外科手術の最中で、ある薬物が投与されたときのことでした。その巨大蕁麻疹のために、患者は危うく命を落とすところでした（これらの医学用語はＴ博士が説明してくれます）。アドレナリンのおかげで患者は命をとりとめましたが、２年後に別の外科医がこの患者の手術をし、同じ事態が起こりました。

　のちに患者を慎重に検査したところ、ある薬物が例外なく重篤な腹腔内アレルギー反応（巨大蕁麻疹）を引き起こすということがわかりましたが、でも、腹腔内だけに起こるのでした。

　これはみんな、次に申し上げなければならないことを、あなたとＴ博士に理解していただくための前段の説明のつもりです。

　それはこういうことです。そして単にこれだけです。つまり、Ｔ博士はアルコールにアレルギーがあるのです。アルコールは彼の脳に中毒性のアレル

ギー反応を引き起こします。筋肉はリラックスさせてくれるかもしれませんが、脳のなかでは、脳皮質に「小さなぶつぶつ」や「膨疹」や「蕁麻疹」を引き起こすのです。ほら、脳皮質は外胚葉に由来していて、皮膚も目もそうですよね（Ｔ博士が説明してくれます）。ほとんどのアレルギー反応は外胚葉組織に生じ、内胚葉組織ではそれほど多くなく、中胚葉組織ではさらにまれです。

　アルコールにごく限られた耐性しかないＴ博士がそれを摂取すると、脳内にアレルギー反応が起こり、その結果として、あなた方がいやというほどご存じの、ああした行動をとってしまうのです。このタイプのアレルギー反応を見きわめられる人は、医者でもめったにいません。

　Ｔ夫人、あなたはどうしたものか、無意識のうちに、アルコールの入っているＴ博士と入っていないＴ博士が別人であることを見抜いていました。入っていないときの彼は、よいところはいっぱいあるものの、医学に打ち込みすぎ、あまりにも猛烈にあまりにも長時間働きました。そしてあなたを全面的に信頼できることを知っていたので、自分は医業に専念していて、あなたには「家庭業」をあてがいました。飲んでいないときには家庭業の手伝いもしましたが、アルコールでリラックスしていたために、それに関しては大して訓練や経験を積むことはありませんでした。

　次の問題は、ぶつぶつや膨疹や蕁麻疹はどれくらい持続するものか、ということです。わたしもアレルギーがあるので、経験からわかっています。疲れきって熟睡しているときでも、とるにたりない１匹の蚊にほんのぽっちり刺されただけで目が覚め、身体中に小さなぶつぶつが出て、何時間も消えず、むかむかや吐き気が12時間かそれ以上続くこともあります（率直に言って、わたしは蚊が嫌いです。恐れています）。ベティに聞いてごらんなさい。新婚旅行のとき、蜂が自分でなく彼女を刺したというのでわたしがどんなに喜んだか。こっけいで、おかしいです。とりわけ、わたしが心底胸をなでおろして、そいつがぼくでなくてきみを刺してくれてよかったよ、と言ったときの、彼女のぎょっとした様子といったら。新婚旅行の最中に花嫁に向かって言うには、結構なせりふですものね。わたしは急いで、もしぼくが刺されていたら、きみはぼくを病院へかつぎこまなければならなかっただろう、と説明しなければなりませんでした。病院で新婚休暇を過ごしたがる人なんてい

やしませんよね。

　でも、T博士のことに話を戻しましょう。数年前、彼が1杯やるところを初めて目にしたとき、アルコールに対してアレルギーのある人だということがわかりました。でも、彼以外の医者も含めて、アルコール・アレルギーの人に接した経験がありましたし、つかつかと歩み寄って、あなたは酒に手を触れてはいけません、などと言えるものではありません。T博士とわたしの共通の友人で、独特のひどいアルコール・アレルギーの男がいます。最初の1杯をやると、世界中にこんないやなやつはいないというくらい、徹底して攻撃的で感じの悪い男になってしまうのです。彼の攻撃性には尋常でないものがあったので、わたしはなんとか説得して、実験をしてもらうことにしました。彼のホテルの部屋で、最初に生のウィスキーをトリプルで飲み、3分から5分待って、次にグラス1杯の水を飲むように説き伏せたのです。飲む直前に食事をしていた場合は、5分から10分待ち、それから少なくともグラス2杯の水を飲まなければなりません。このようにして、1回分の酒に対するアレルギー反応を中和するのです。ですから、彼は、今では腕時計を見て、ウィスキーのトリプルと水をグラスに2杯、たくさん氷が入っている場合には3杯注文し、ウィスキーをきゅっと飲んだら、時計で適切な時間を見はからってその水を飲みます。そのうえで、たまにもっと飲みたいと思ったときには、飲み明かしてもいいのです。でも、今ではけっしてウィスキー単独では飲もうとしません。

　でも、T博士のアレルギーはそういうアレルギーではありません。1杯飲み、2杯飲み、3杯飲むと、アレルギー反応が視床下部と大脳に（両方に、つねに両方に）、24時間も残ってしまうのです（これは、あなたの話と、本人の話と、〔息子さん〕の話と、前夜飲んだとわかっている日にわたし自身がT博士を観察した結果をもとにして言っているのです）。

　なぜわたしが今までになにか手を打たなかったのかですって？　求められてもいない助言などしても、信じてもらえないし、ときにはかえって事態を悪くするだけだからです。今は求められているわけですし、あなた方も数ヵ月にわたって、アルコールの入っていないT博士と入っているT博士は大違いだということを学んできました。

　アルコールは人体にどれくらいのあいだ残るのでしょう？　さまざまです。

わたしの患者で、トムコリンズ（訳注：ジンを主体とするカクテル）を1杯、たった1杯飲んだだけで、アルコールとアルコールの酸化生成物が体内に3週間残留することがわかった人がいます。4週間たてばアンタビュース（訳注：抗酒薬の商品名）を服用してもだいじょうぶですが、1杯のトムコリンズまたはシングルのウォッカかウィスキーを飲んで、その3週間後にアンタビュースを服用すると、3日間寝込んでしまうのです。

アルコールとアルコールの酸化生成物が、T博士の組織にどれくらいのあいだ残るのかはわかりませんが、12時間以上残るのは間違いないと思います。確認する手立てはないのですが、残っているという証拠をこの目で見たと言ってもいいくらいです。

これが、アルコールに──ビール、ワイン、ウィスキー、はてはチェラコル咳止めシロップに至るまで、一切のアルコールにT博士が永遠に別れを告げるべきだと申し上げる理由です。

申し上げたいことは、これでよく理解していただけたと思います。

次はT夫人、あなたにです。人は人、そしてあなたとお子さんたち一人ひとりが別々の人間なのです。

子どもたちを守り、かばい、世話をやきすぎ、心配しすぎてきたと言って、あなたを非難するつもりは微塵もありません。だれかがなにかをしなければならなかったのですし、事を分けて話してくれる人もいなかったのですから。

あなたが誠実にりっぱにやってこられたということは、ほめられてしかるべきです。

いまや事態は変わるのです。これからはアルコール抜きのT博士が父親になり、母親──父親──保護者──甘やかし屋──弁解屋──その他、状況次第でなんにでもならざるをえなかったあなたは、ただの母親になるのです。

いますぐ、あなた方は〔息子さん〕と〔娘さん〕という重荷を背負って出発するのです。〔娘さん〕──タバコを吸う15歳の悪ガキ。わたしがこう呼んでいたと、あの子に言ってくださってもいいですよ。大人になったことを**証明する**ためにタバコを利用するんじゃなくて、大人になって吸えるようになるまで待つ、素直で愛らしい15歳の少女と**わたしは呼びたい**のに、タバコを吸う15歳の悪ガキなんですから。彼女はまだ大人になっていません──それは本人もわかっているし、あなた方もわかっています──わたしも

わかっています。くだらないタバコでだまされるのは、よっぽどの愚か者だけです。

　同じことが〔息子さん〕にも言えます。彼は育ちのいい、いい意味で育ちのいい、弱冠18歳の紳士であり、ほんとうは、時計も読めず、交通信号の意味もわからず、自分より資質の劣る級友と同じくらい勉強に身が入らないふりをしている、無責任なぐずの悪ガキではありません。彼ほどの**頭脳にも条件にも恵まれていない**少年たちが、もっとよい成績をおさめていることをあなた方はご存じですし、本人もあなた方が知っているということを知っています。それどころか、自分より頭の悪いやつに自分よりよい成績を取らせるには、かなりの計算が必要です。やはり医者の息子で、非常に才気のある若者をわたしは知っています——診察したので知っているのです。同学年には彼のほかに1,297人いました。自分を入れて1,298人のその学年最下位で最後を飾るには、本気で頭をローギアに入れて、あまりガソリンを使わないようにして、ブレーキ・ペダルを踏み続けなければならなかったことがおわかりになるでしょう。それをやりながらなおかつ卒業するには、ほんとうの頭脳が必要でした。最初の学年でトップであった者が、ハイスクールの2年目、3年目、4年目を最下位で通してのけるには、とことん頭を使ったはずだとわたしが指摘したとき、若者はすぐに、ほんとうにばかを見たのは自分自身にほかならないことを悟りました。

　この若者は、一人ぼっちで長いドライブをすることや、スピードを出して、300回以上切符を切られていても当然なのに、たった1回しか切られていないことや、運転から得られる力の感覚に強迫的な関心を抱いていることを誇りに思っていましたが、きみの頭をハイギアに入れて、思いきりアクセルを踏みつけ、そのことから強迫的な関心と誇りと力を得なさいと言うと、ただちにわたしの言わんとしたことを理解しました。

　さて、〔息子さん〕には、友愛会に入るのに十分な成績をとるのに1学期あります。申し上げなければならないことはこれだけです。つまり、もし空港に着くのが遅れて、予定していた飛行機に間に合わなかったとしたら、わたしは断じてカウンターへ行って、逃した便の切符をもう1枚買ったりしない、ということです。〔息子さん〕は、その友愛会行きの便に搭乗するのに、ほんの1学期だけ遅れたのです。まあ、時間と労力をかけるだけの値打ちの

あるものを得たいと思ったら、正直に苦労して手に入れることです。〔息子さん〕よりできの悪い少年たちにそれができたのなら、彼は、その友愛会行きの便の自分の席は売り切れてしまったんだということ、それは自分が「ノーショウの乗客※34」になるのを選んだからだ、ということを認めたほうがいいのです。

〔息子さん〕に捨てぜりふをもう1つ。このあいだわたしの患者が仮釈放になり、ちょっとおしゃべりをしに立ち寄って、こう言いました。3年間、刑務所暮らしをしてみて確信したが、大部分の受刑囚と同じくらい、あるいはそれ以上に悪いことをしたのに、大手を振って歩いていて刑務所に入ったことのない連中が大勢いる、と。わたしは、それはそのとおりだと思うが1つつけ加えたい、と言いました。つまり、どの受刑囚も、同じように悪いことをしたのに自由に歩き回っている連中以上に、刑務所に入るために奮励努力したのだ、と。そして、刑務所に入らないでいるためになら、そんなにがんばらなくてもすんだのに、刑務所行きが絶対確実になるようにするために、彼がどんなに懸命に励んだか、指摘してやりました。

さらにこうもつけ加えました。成功という名のはしごのてっぺんでは、競争などほとんどないが、下のほうではたいへんな競争があるのだ、と。

今度は、T夫人とT博士のことに戻りましょう。子どものこづかいはいくらにするか、どんなものを着せ、どんなパーティーや活動に参加させるか、どんな興味の対象を持たせるかを決めるのはだれでしょう——あなた方ですか、それとも近所の人たちですか？ わたしは、家族会議の場で、両親の思慮深い導きによって決めるのが望ましい、と思います。それ以外にどのようにして、正しい判断や正しい価値観とはどういうものかということを、子どもたちに教えられるでしょう？ プエルトリコの大学で男子部学生部長代理をしているわたしの息子は、自分より年上の家族全員に、もう大きな男の子なんだからお人形さんで遊んでいるのはおかしいと言われたときのこと、そしてそのとき感じた激しい憤りを今でも覚えています。でも同時に、自分より年上で賢い人たちが、どうしてそんなにひどい間違いを犯すことができるんだろう、とふしぎに思ったことも覚えています。当時でさえ、その事態には、なにか自分には理解できないことがあるということがわかったのです。

そして今度は〔もう1人の娘さん〕、つまり、だんまりうさちゃんの番です。

わたしはあの子に、ほんの面白半分に、ちょっとそこに座って、だんまりうさちゃんだということを証明してみせてほしいのです。わたしとしては、あの子がだんまりうさちゃんでは**ない**ことに賭けてもいいです。わたしの賭けを受けて、正真正銘、本物のだんまりうさちゃんだということを証明してごらん、そうわたしはあの子に挑みます。わたしは容易なことではごまかされない、と注意してやってください。あの子は本物の証拠を見せたほうがいいですね。見せかけの証拠じゃなくて、わたしが信じられるような正真正銘の証拠をね。

お父さんやらだれやらが、だんまりうさちゃんと呼んでいるということは証拠にならないし、頭の切れる子ならだれだって悪い成績をとることができます。だから、あの子にわたしがこう言っていると伝えてください。わたしは、きみがだんまりうさちゃんではないことに賭けるし、わたしはいつだって賭けに勝つんです。そしてもしきみが、だんまりうさちゃんだということを証明できるほど頭が切れるなら、きみの負け。だって、口が利けないということを証明して、賭けを持ち出したわたしより頭が切れることを示せるくらい、頭が切れるわけだから。

だから、さあ、だんまりうさちゃん、仕事にかかって、最善を尽くして自分がだんまりうさちゃんだということを証明してごらん。できっこないから。

さて、T夫人、この手紙は秘書がタイプで打ってくれます。ベティの目には触れません。でも、あなたと、T博士と、〔息子さん〕、そしてわたしにはほんとうに愛らしい若いレディに見えるし、またそんなふうにふるまってもくれる、悪ガキの〔上の娘さん〕は、この手紙を読むことができますし、それについて話し合うこともできます。だんまりうさちゃんに関しては、あの子に関係のあるところだけを読ませておあげなさい。まちがいなく、親として、あなた方には、わたしの言おうとしていることを理解できるだけの経験の下地を持っていない者とは話し合わない事柄を選ぶ責任がおありです。たとえば、アレルギーとか、蕁麻疹とか、アンタビユースとか、親の責任といったようなことです。

考えてみると、みなさんがこの手紙を受け取ったあとで、次の方々からお手紙がくるような気がしてきました。

1．だんまりうさちゃん
2．悪ガキのアン
3．自分に対する責任という負債が、頭のはるかうえまできている〔息子さん〕
4．ほかの人のためを考えて働きすぎのT夫人
5．**アレルギーのあるT博士**

　どの手紙も、テキサス・サイズの膨大なのも困りますが、ロードアイランド・サイズのやたら短いのもだめですよ[※35]。
　そしてどれかのなかで、特に悪ガキの〔上の娘さん〕の手紙では、わたしをとびっきりテキサスふうのあだ名で呼んでいなければなりません。へんな名前を考え出すのはわたしの専売特許ではないことを示すためにね。もしわたしの手紙が彼女をうんざりさせるだけだったら、やむをえません、中くらいのサイズで手を打ちますから、わたしをやりこめてごらんなさい。どうです、これ以上親切な申し出はないでしょう？

敬具
ミルトン・H・エリクソン，M.D.

"T"夫人へ
1963年3月15日

親愛なるT夫人
　〔上の娘さん〕と〔息子さん〕とT博士から、りっぱで分別のある、うれしいお便りを受け取りました。うれしいといいますのは、自分をよくわかっていること、自分自身や他人に誇りと喜びをもたらす存在でありたいと願っていることを、それらの手紙がはっきり示していたからにほかなりません。「なにより肝心なのは、自己に誠実であれということだ、そうすれば、夜が昼につづくように間違いなく／他人に対しても忠実にならざるをえまい」[※36]
　T博士がわたしの手紙をきちんと受け止めてくださったことを、ほんとうにうれしく思います。診察室の秘密の場所にしのばせておけるように、カーボンコピーをお送りしました。

T夫人、今度はちょっとむずかしい話になります。わたしが理解していないなどとお思いになってはいけません。理解しています。わたしには1923年にまで遡る、豊富な経験があるのですから。

　わたしの申し上げることを、注意深くていねいに読んでいただきたいのです。そしてそうしながら、わたしの判断が正しいんだろうか、どうなんだろうかとよくよく考えてみていただきたいのです。間違っていると決めつけないで、どうかむしろ正しいという証拠を捜してください。

　ご自分のなさったことをやりぬくために、あなたは驚異的な性格の強さを発揮してこなければなりませんでした。これをするには、すぐには気づかない危険がともなっていました。それが今あなたの注意を促したいと思っていることなのですが、T夫人、あなたはたいへん勇敢な方で、ニューオーリーンズでお話ししたとき、わたしの話にちゃんと耳を傾けてくださいました。お三方のように、自尊心を冷酷に剥ぎ取られることを甘受できる人はめったにいません。

　この目で見てきたことから間違いないと思っているのですが、物事をまとめておくのに、自分の力を行使することの一部として、あなたは知らず知らずにとはいえ、事実上、家庭生活においてズボンを身につけざるをえませんでした※37。確かに、それはそうせざるをえなかったのですが、どういうときに家族のズボンを脱いで、**おかあさん**のきれいなドレスを身につけたらいいのかについて、あなたには知識もなかったし、助言してくれる人もいませんでした。T博士の家族のズボンの使い方は往々にして間違っていたので、子どもたちは家族のズボンの真髄を母親に結びつけるようになりました。そうなると、必然的に、本来はT博士に要求するべきことがあなたに求められるようになり、状況の力によって、あなたはご自分の性格の強さのある側面を過度に強調するようになってしまったのです。

　さて、わたしが明確にしたいのはこういうことです。これから先、T夫人は細心の注意と無限の努力を傾けて、ご自分の、目をみはるような——いいですか、目をみはるような、ですよ——女らしさを、家族のズボンよりはるかにはっきりと目に見えるようにするのです。わかりやすくご説明しましょう。〔上の娘さん〕が大きくなって、軟弱男と結婚してほしいですか？　それとも、おかあさんの女らしさを見習って、一人前の男と結婚してほしい

ですか？　息子さんが、彼を尻に敷いてみじめな思いをさせるような、支配的な妻と結婚してほしいですか？　それとも、強さを女らしさの陰に秘めておける、芯の強い、女性らしい女性を好きになってほしいですか？　そのような強さなら役立つでしょうし、間接的に、ゆるやかに、息子さんの力を発揮させてくれるでしょう。

　あなたはT博士によき医者という役割を強いてきましたが、よき夫やよき父親の役割を果たさせる方法はご存じなかったのです。

　わたしの意のあるところをご理解くださって、可憐な女性の目と純粋に女性らしい女性の導きによって、事態をよく見てくだされればと思います。

　お便りをお待ちしています。

敬具

ミルトン・H・エリクソン, M.D.

"T博士"より
1963年10月3日

親愛なるミルトン

　妻とわたしは、何ヵ月も前から、サンフランシスコで開かれるASCHの大会に行こうと計画していたのですが、今や不可能となってしまいました。

　〔娘〕と〔息子〕2人の大学の費用が、心づもりしていた額の倍以上かかっているのです。2人とも〔南西部のある大学〕に入学しました。あの子たちに手紙を書いてやってください。あなたからお便りをいただけば喜ぶでしょう。

　わたしは元気にやっています。懸命に働いていますし、酒は飲んでいません。妻が4月にあなたへのお手紙に書いたあの2回以外、しくじっていません。つい「隠れ飲み」してしまうのすら、もういやです。自分が飲まなくなるまで、友人たちがあんなに大酒を飲んでいるとは、ついぞ思ってもみませんでした。ここ5日間で、妻とわたしは三晩外出しました。ある晩はカントリー・クラブでのダンスとカクテル。別の晩は弁護士の友人の家で、友人はニューヨーク市からきた夫婦をもてなしていました（カクテルつきで）。そして昨晩は近所のお宅での夕食（とカクテル）でした。

酒はあまりにも生活の一部になっていたので、気にも留めていなかったのです。この三晩の外出のときも、わたしはコカコーラを飲んで、頭を曇りのない状態に保っていました。

もう１つ気づいたのは、わたしのあの元気いっぱいの性格や、にこぽん（パーティーの花形）の部分は、「ウィスキーの乗り」だったんだということです。飲んでいる仲間に囲まれていると居心地が悪いのは相変わらずですが、「いや結構！」を言うたびに、自分がいっそう強くなったような気がします。今では、緊急で病院に呼び戻されても「酒臭い息」を詫びる必要がないので、とても気分爽快です。

当然ながら、妻と子どもたちも以前より元気にやっています。前より親密になり、わたしのほうも身近に感じます。彼ら全員に頭を下げ、わたしが原因で味わわせてきた過去の不愉快な出来事を根に持たないでほしい、と頼みました。おいそれとはいかない過大な要求だということはよくわかっていますし、**すべて**が許されるわけはないと思うときもあって、そういうときは持てるかぎりの論理と理解を動員するように努めています。

もっと宗教的な生活を送ることが自分の飲酒問題に対する答えだと考えて、1962年10月10日に、所属しているバプティスト教会で、あらためてイエス・キリストに命を捧げました。この宗教的体験をしてからはずっと気持ちが落ち着きましたし、以前よりまともな人間になっているのがわかります――でも、スコッチはずっとちびちびやっていたのです。

あなたのわたし（そして妻）への関わりが、この悪い習慣を断ち切らせてくれたのだ、ということが今はよくわかります。

ミルトン、あなたがしてくれたことに幾重にも感謝したいです。

ただ、次にお目にかかったときに、もう少し力をお借りしたいのです。ここ数ヵ月インポテンツになっていまして、「わたしらしくない」のです。心理的なものにちがいなく、おそらくは罪責感の抑圧からきているのでしょう。原因がなんであれ、あなたの援助が要るのは確かです。

ベティによろしく。そして**われわれ**の大会で共通の友人に会ったら、わたしからよろしくと伝えてください。

ああ、'64年にスイスでおこなわれる国際大会には、われらがASCHの代表として派遣されたいものです。

敬具
"T博士"

"T"博士ならびに"T"夫人へ
1963年10月16日

親愛なるT博士ならびにT夫人

　すでにお聞き及びのことと思いますが、われわれのよき友であり専門家仲間であったトロイ・シェイファー（Troy Shafer）博士の突然の死によって、大会は悲しみに暮れました。われわれみな、どんなにか寂しくなるでしょう。

　しかし、この不幸のために幕開けは悲しいムードに包まれたものの、年次大会は、いろいろな点でかつてない大成功でした。みんな、あなたがいないのをとても残念がっていました。

　あいにくわたしは、息子さんと娘さんにお便りする時間がなかったのですが、わが家の犬、ロジャー・ドラセットが、たいへん親切にも長い楽しい手紙を書いてくれました。親切とは言っても、書いているあいだ、わたしはせっせと彼のわがままを聞いて、元気づけてやらなければなりませんでした。

　ではあなたも、実に多くの人々が、人生の喜びをすっかり酒に頼っていることにお気づきになったのですね。真の人間関係や親交の代わりに、ウィスキーの乗りに頼るなんて、おそろしいことだと思います。

　あなたの特別な問題に関してですが、一般に、過去のアルコール依存症に対する罪責感から一過性に起こる、典型的な心因性のものであると断言できます。アルコール依存症があまりにも長期に及べば、器質性の問題になりますが。ですから、びくびくしたり気をもんだり心配したりなさらずに、思いがけなくふいに訪れる、うれしい驚きを辛抱強く待ってください。そうなるはずですから。

　12月の3日か4日、あるいはその両日、ミシシッピ州のジャクスンで鑑定証人として法廷に立つことになっています。セントルイス、メンフィス、ジャクスン、ニューオーリーンズ、ボーモント、ヒューストン、ダラスで連続講演をすることになるかもしれないので、それをこの旅行とつなげるようにしてみるつもりです――行ったりきたりになりますが。

両親の72回目の結婚記念日のため、土曜日にミルウォーキーに向かって出発します。いやはや72回とは、よくもまあ長い時をいっしょに過ごしてきたものです。

　孫たちのことをおたずねでしたね。ほんの15と3分の1人です——男の子が8人、女の子が7人、そしてベティ・アリスの今度生まれる子どもはまだ不明——1人目は男の子でした。

ではまた

ミルトン・H・エリクソン, M.D.

訳 注

※1：ナルコレプシーとは、傾眠発作、カタプレキシー（情動刺激によって誘発される筋脱力発作）、入眠幻覚、睡眠麻痺を主な徴候とする疾患。

※2：ウォルバーグに宛てた1942年6月15日付の手紙（第Ⅲ章）で言及されているのと同じ脚注。真の退行においては、被験者にとっての現在に属する催眠者や催眠場面も存在しなくなるため、催眠者は被験者との会話に参入するのがむずかしくなる。この障害を乗り越えるためには、被験者が10年前に退行しているとしたら、催眠者は10年前の被験者が知っていた人物になる必要がある。「（催眠者は）あなたが知っていて、好意を持っていて、信用していて、話しているだれか」であると暗示されると、被験者の無意識が自動的に当時に属するだれかを選ぶ、とエリクソンは述べている（*A Transcript of a Trance Induction With Commentary*, 1959）。

※3：フルトンは1807年に最初の実用的な蒸気船の試運転に成功した。人々はこの小汽船を「フルトンの愚挙」と呼んだ。ライト兄弟は1903年に人類初の動力飛行機の試験飛行に成功した。

※4：エレナ・ポーター作の小説、『ポリアンナ』に由来する。幼くして両親を亡くした少女ポリアンナが、貧しい牧師であった父親の教えを受け継いで、あらゆる物事の喜ばしい側面を捜すという「喜びの遊び」を支えに、けなげに生きていくという物語。転じて、愚かしいほどの楽天家を指す。

※5：アプトン・シンクレア（1878〜1968）は社会運動にも関わった小説家で、1904年シカゴ屠殺場の調査に加わり、そのときの観察をもとに『ジャングル』を書いた。

※6：1968年に朝鮮民主主義人民共和国に拿捕されたアメリカの情報収集船のことか。

※7：市街地のさまざまな場所に何種類かの宛先を書いた封書を多数置いておき、拾った人が投函してくれるかどうかによって、宛先に記された人や組織に対する地域住民の「態度」を測定しようという技法。

※8：1965年のエリクソンの論文によれば、1950年代の初め、2人は、ハクスリーが被験者となって、軽いトランスや、中等度のトランスや、深いトランスや、「深い内省」状態においてさまざまな実験をおこないながら討論し、それぞれのノートに記録した。その実験と討論をもとに、卓越した記憶再生力と文才の持ちぬしであるハクスリーが共同論文を書くことになり、2人のノートはハクスリーの手元に残された。しかし、当然ながら、被験者を務めていたハクスリーの行動に関してはエリクソンの記録のほうがより完全であったので、エリクソンがその部分をもとに別に論文を書き、あとでハクスリーの書いたものに組み入れてもいいだろうという話になり、一部のページはエリクソンが持ち帰った。ところが、ハクスリー宅が巻き込まれたカリフォルニアの火災によって2人のノートも焼失、それどころか被害があまりにも甚大であったため、この企画は話題にするのもはばかられるところとなった。1963年にハクスリー

が亡くなったので、エリクソンは手元に残っていたページをもとに、この論文を書くことにしたという。

※9：Deep Reflection. 同じ論文によると、ハクスリー自身が、日ごろ著述に先立って考えをまとめるために実践していたもので、自ら仮にこう名づけていた。頭を垂れ、目を閉じ、身体の力を抜き、外界からどんどん深く引きこもっていくが、物理的現実や見当識を失うことはなく、関係のないものはすべてわきへよけておいて、自分の関心のある事柄に完全に没入する。この状態を乱されることなく、「自動的に」考えを書き留めたり、電話や玄関のベルに適切に対応することができたという。

※10：のちのウェイン群立総合病院、エロイーズ病院のことと思われる。ここでは「11,000床の病院」と述べられているが、『ミルトン・エリクソン 子どもと家族を語る』のなかで、ヘイリーに問われてエリクソン自らが説明しているところによると、エロイーズは、もともとは群立貧民救済農場であったが、次第に精神病の患者が集まるようになり、エリクソンが精神医学研究教育部門の部門長として採用された当時で、3,000人以上の精神障害者がいた。そのほかに貧民救済農場のメンバーが3,000人から5,000人、総合病院の病床数が1,500、「総人口でいうと、7,000から11,000人の間を移ろっていたことになります」と述べられている。エリクソンがここに勤めていたとき、一家は病院の敷地内に住んでいた。

※11：エイブラハム・マズローは1967年にAPAの会長に選出された。

※12：新たな法令によって事業権などが規制される場合に、その法令の事業や団体への適用除外を認めた条項。

※13：米国の事業家・女優・著述家。

※14：big mouth には「おしゃべり」の意味がある。

※15：フロイトの自宅でおこなわれていた水曜会にゲストとして招かれた人々のなかに、ジョーンズとともにブリルの名が挙がっている。

※16：イギリス出身の精神分析医。精神分析を英語圏に広めるのに貢献し、フロイトの伝記を書いた。

※17：身体各部間の動作の協調。

※18：『アンコモンセラピー』には、1970年11月10日付のレノルズの手紙で、「末期ガンの患者を相手にトマトの発芽と成長について話して」いるとして言及されている実例が詳しく紹介されている。そのなかで、エリクソン自身が、散りばめ技法とは「くだけた会話のような話し方ですが、ある言葉なり語句なりを特に強調して効果的な暗示にするというものです」と述べている。

※19：この行は前後で改行されて、編集者の注釈であることを示すイタリック体になっているため、「以下の手紙」とは、次の段落を指すかのように受け取れる。しかし、*"Ericksonian Psychothrapy, Vol.1 : Structures"* を見ると、このイタリック体の部分も含めて、「わたしが初めてミルトン・エリクソンと出会ったのは……」から始まり、「……『初期のころ』を参照してください」で終わる文全体が、"A Session with Milton Erickson" と題するセクターの論文なので

ある。また、本書のイタリック体の部分では、「以下の手紙」を説明する数語が抜けているが、セクターのオリジナルの文では、「起こったことは、やりとりされた以下の手紙（p.606-615）に要約されています」となっている。"Structure"の第37章は、セクターのこの比較的短い文と、彼が自己催眠においておこなった自動書記の写しと、この自動書記とともにエリクソンに送った10月26日付の手書きの手紙の写し（本書には収められていない）と、それに対するエリクソンの11月5日付の手紙（本書に収められているもの）の写しとで構成されており、「以下の手紙」がその2つの手紙を指していることは明らかだ。

　10月26日付の手紙で、セクターは、シカゴでのワークショップの折にエリクソンに催眠に入れてもらったセッションについて述べ、質問をしている。それによると、トランス体験について話し合ったあとで、エリクソンが黒板にチョークで複数の縦線を描き、黙ってセクターにチョークを渡すと、彼はそれらの線を横切る横線を描いた。エリクソンはふたたび同じような縦線を描いて、チョークを渡した。セクターは、前とは違ったことをするように求められていると感じたが、それがなにかわからなかったので、自然に出てくるものに任せようと思ったところ、やはり同じ線を引いたという。これは、そのトランスで与えられた後催眠暗示に反応しておこなわれた行動であった。エリクソンが手紙の最後で図云々と言っているのは、このとき黒板に描いた図を、セクターが手紙のなかで再現したものを指している。また、セクターは、「きみは完全な健忘をともなった後催眠行動をした。のちに手紙を書いて、そのなかでこの後催眠行動に言及するであろう」という意味のことを、このセッションでエリクソンに言われた、とも述べている。エリクソンが「それが、実際のところあなたが手紙を書いてしたことなんじゃありませんか？」と言っているのは、そのことを指しているものと思われる。つまり、10月26日付の手紙もまた後催眠暗示に従って書かれたのだ。

※20：Doctor of Surgical Chiropody（chilopodyについては原注を参照のこと）
※21：Doctor of Podiatric Medicine、足病学専門医。
※22：足といってもfoot、すなわち足首から下の部分である。2003年第76回日本整形外科学会特別企画の『日本の整形外科を考える』のなかで、「アメリカの足治療師は、20年前までは外反母趾や嵌入爪だけを扱っていた」と述べられている。
※23：フォレストの"Hypnotism A Hystory"によれば、エズデイルは、1800年代の半ば、東インド会社に雇われてベンガルの病院に勤務していたスコットランド人の外科医。インドにいた6年間に、インド人患者に対しメスメル式無痛法を用いて、261の大手術を含む数千の手術をおこなったと報告した。その後まもなくエーテル麻酔の発見によりこの方法は廃れた。
※24：「実験催眠と臨床催眠：同じ現象なのか違う現象なのか？」（『ミルトン・H・エリクソン全集　第2巻』所収）
※25：身体症状を前景に出す虚偽性障害。自分の疾病を中心とした空想虚言で、詐病の場合のように現実的な利得ではなく、患者役割を取ること自体が目的と

なっている。ミュンヒハウゼンとは、R・E・ラスペ作『ほら吹き男爵の冒険』の主人公の名。

※26：combiotic という単語は、わたしの調べた英和辞典には載っておらず、身辺の内科医や薬剤師も聞いたことがないと言っているが、獣医学関係のサイトにはたくさん出てくる。注入可能なペニシリンとジヒドロストレプトマイシンの調合抗生剤らしく、1996年の論文に、既存の複合薬の再認可に対する食品医薬品管理局の要求が厳しくなったためここ数年手に入らない、と書かれている。エリクソンの時代には人間にも使われていたのであろうか。

※27：柴田クリニックの院長、柴田出博士。1970年のバルセロナ大会で司会を務められたそうである。

※28：「睡眠学の今日的な見地」くらいの意味であろうか。ポルトガル語の辞書で hypnologia をひくと「睡眠学」と出ており、「催眠術」ないし「催眠学」は hipnotismo となっているのだが、睡眠学関係の論集で催眠が扱われているということがあるのだろうか。ポルトガル語がおわかりの方にお教えいただければありがたい。

※29：動作訓練や自己コントロール法などで有名な成瀬悟策博士。このくだりを見つけてお手紙をさしあげたところ、エリクソンとのちょっとしたエピソードを書き添えたお返事をくださったが、お許しを得て、最後の一文を引用させていただく。「エリクソンは本当に私とは意見が一致していたし、偉かったが、奥様がもっと偉くて美人でした」

※30：1960年に、スペインの精神科医アルフォンソ・カイセド博士が、人間の意識の構造や変化を研究するソフロロジーの基礎を拓いた。Sophrology とは、調和・安定を意味するギリシャ語の SOS、心・意識を意味する PHREN、研究・学術を意味する LOGOS を組み合わせた造語。

※31：1948年に創設された国際的な非営利団体で、世界会議が2年ごとに各国持ち回りで開催されている。日本では1993年に初めて開催された。

※32：ビリヤードで、玉をクッションに当てる突き方のこと。

※33：皮膚科医の羽白誠先生におたずねしたところ、腹腔内に蕁麻疹の現象が起こるときは粘膜の充血と浮腫になり、この場合、蕁麻疹とは言わないそうである。しかし、エリクソンは、素人であるT夫人にわかりやすく話すために蕁麻疹と言っているのだろう。このあとの脳皮質うんぬんも同様。

※34：座席を予約しておいて、キャンセルもせず最後まで現われない人のこと。

※35：テキサスはアメリカ最大の州、ロードアイランドは最小の州であるところから。なお、次の段落にテキサスふうという表現があるが、『ランダムハウス英和大辞典』によれば、この州名の起源は「友だち」を意味するインディアンの言葉で、「フレンドシップ」が州の標語になっているとのことだから、ひょっとしたらエリクソンはそれを踏まえて言っているのかもしれない。

※36：シェイクスピア作、『ハムレット』、第1幕第3場より。白水社刊、小田島雄志訳から引用させていただいた。

※37：wear the pants には、家庭での主導権を握るという意味があるが、ここで

はきれいなドレスと対照されているので、そのまま「ズボンを身につける」と訳した。

むすび

　26年間、言い替えれば半生を、わたしはミルトン・エリクソンの研究にかけてきたが、それでもまだ彼の正体はつかめない。彼の業績の精髄を説明すること、伝えること、いや、その真価を十分に理解することすら、至難の業である。

　エリクソンを調べるレンズは、たくさんある。彼の学術的遺産は、いまだ解明し尽くされていない。それは彼について、また彼がもとになって生まれた研究について書かれた100冊もの本のなかで、けっして十分にではないが発掘されてきた。オーディオ・テープがある。ビデオ・テープがある。利用できる素材は豊富にある。

　さらに人間エリクソンの存在がある——それは、これまでは学術的遺産以上にとらえどころのない領域だった。本書に収められた手紙は、エリクソンの個人として専門家としての生涯に、新たな光を投じる。不屈の意志とエネルギーを持ち、並々ならぬ実体と全一性を備えた男として、その姿が浮かび上がってくる。倫理にもとるおこないを暴くとき、彼は筋道を立てて攻撃した。コミュニケーションにおいては、細部にまで気を配った。彼の書く手紙は文学だった。ごく若輩のころから、すでに達人中の達人であった。心理療法、人類学、心理学、医学、催眠——多くの分野の指導者が彼の知恵を借りようとした。

　エリクソンは小柄だったが、等身大以上に生きた人であった。多くの並外れた資質を持っていた。人間の他者に対する関わり方や反応の仕方は、一人ひとりで異なることを熟知していた。きちょうめんでいてひょうきん、自信に満ちていて楽観的であった。さらに、どこでなにに出くわそうと、それを活かして利用することができた。

　わたしは、20世紀後半のおもだった治療者のほとんどを研究してきた。

一部ながら名を挙げれば、ウィタカー（Whitaker）、サティア（Satir）、ミニューチン（Minuchin）、チェキン（Cecchin）、マダネス、ポルスター夫妻（the Polsters）、グールディング夫妻（the Gouldings）、マスターソン（Masterson）、カーンバーグ（kernberg）、ロジャーズ（Rogers）、エリス（Ellis）、ベック（Beck）、ヘイリー、ボウエン（Bowen）といった人々と会い、あるいはいっしょに仕事をしてきた。これらすべての人々に感謝している。日々の実践のなかで、彼らの輝かしい貢献から学んだ方法を使わない日はないほどだが、それでもなお、わたしはつねにエリクソンに立ち戻る。彼の幅広さこそは、わたしをとらえて離さないものだ。彼は考えられるかぎりに多様な患者の心をとらえ、深い影響を与えることができた。

　わたしは1979年にエリクソン財団を設立した。エリクソン博士夫妻は初代の理事であり、わたしの先妻シェロン・ピータースもそうであった。それ以来、財団は、数えきれないほどのトレーニング・プログラムやワークショップを催してきた。世界中に80を越える提携研究機関を生んできた。わたしは、海外で、最低でも月に2回は講演をおこなっている。これまでに6大陸の35近い国々で教えてきた。こんなことが可能になったのも、1973年に、アリゾナ州フィーニクスのイースト・ヘイワード通り1201番地の玄関を入り、ポリオのためにさまざまな制約を受けていながら、無限の英知と、人生をあますところなく生きぬく無限の力を持った、車椅子の男と出会ったからである。

　共同編集者であるブレント・ギアリー（Brent Geary）とわたしは、長年にわたってエリクソンの手紙に没頭してきた。たくさんのことを学んだ。エリクソンの豊かさと深さに驚嘆した。心を動かされ、精神を高揚させられた。その旅は、ローマの大広場を歩き、そこに歴史を残した先人の足跡をたどるのにも似て、不気味さすら覚える、啓発される旅だった。20世紀の催眠の歴史の多くは、エリクソンの手紙のなかにたどることができる。

　わたしは、運動亢進型麻痺とでもいうような奇妙な状態で暮らしている。エリクソンの遺産の集大成を保存し、その過程で、ひょっとしたらなにかちょっぴりつけ加えようと努力しながら、旅をし、教え、執筆している。だが、この務めをまっとうすることなどできようはずもなく、それを思うと無力感で麻痺してしまうのだ。エリクソンの一部は、不鮮明なままであろう。遺産

の一部は失われてしまうであろう。しかし、多くの部分は、著作やビデオを通して、弟子やそのまた弟子やこれから弟子になる人々を通して、生き続けるであろう。そして今、書簡集の第1巻が、エリクソンと専門家仲間や友人たちとのあいだで交わされた私的な対話へと読者をいざなう。わたしの果たした役割？　それは、歴史の別の側面をほんのちょっぴりつけ加えたことだ。

ジェフリー・K・ザイク, Ph.D.
アリゾナ州フィーニクス
ミルトン・H・エリクソン財団所長

References

Bandler, R., & Grinder, J. (1975). *Patterns of the hypnotic techniques of Milton H. Erickson, Vol. 1*. Cupertino, CA: Meta Publications.

Bateson, G., Jackson, D., Haley, J., & Weakland, J. (1956). Toward a theory of schizophrenia. *Behavioral Science*, 10, 521-564.

Bateson, G., & Mead, M. (1942). *Balinese character: A photographic analysis*. New York: New York Academy of Sciences.

Bateson, G., & Mead, M. (1976, Summer). Interview with Bateson. *CoEvolution Quarterly*.

Berne, E. (1954). *Games people play*. New York: Grove Press.

Brenman, M. (1942). Experiments in the hypnotic production of anti-social and self-injurious behavior. *Journal of Psychiatry*, 5, 49-61.

Brenman, M., & Gill, M. (1947). *Hypnotherapy: A survey of the literature*. New York: International Universities Press.

Cohen, S. B. (1963). Brain damage due to penicillin. *Journal of the American Medical Association*.

Conn, J. H. (1982). The myth of coercion under hypnosis. In J. K. Zeig (Ed.), *Ericksonian approaches to hypnosis and psychotherapy* (pp. 357-367). New York: Brunner/Mazel.

Cooper, L. (1948). Hypnosis: 1. *The Bulletin, Georgetown University Medical Center*, 16, 214-221.

Cooper, L., & Erickson, M. H. (1954). *Time distortion in hypnosis: An experimental and clinical investigation*. Baltimore: Williams & Wilkins.

Cooper, L., & Erickson, M. H. (1959). *Time distortion in hypnosis: An experimental and clinical investigation* (2nd ed.). Baltimore: Williams & Wilkins.

Cooper, L., & Erickson, M. H. (1982). *Time distortion in hypnosis: An experimental and clinical investigation* (2nd ed.). New York: Irvington.

Crasilneck, H. B., & Hall, J. A. (1985). *Principles and applications:* (2nd ed.). Orlando, FL: Grune & Stratton.

Erickson, E. M. (1962). Observations concerning alterations in hypnosis concerning visual perceptions. *American Journal of Clinical Hypnosis*, 5(2), 131-134.

Erickson, E. M. (1966). Further observations of hypnotic alteration of visual perception. *American Journal of Clinical Hypnosis*, 8(3), 187-188.

Erickson, H., Tamlin, E., & Swain, M. (1983). *Modeling and meta-modeling: A theory and paradigm for nursing*. Englewood Cliffs, NJ: Prentice-Hall. (Reprinted 1998. Austin, TX:

EST.)

Erickson, M. H. (1935). A study of an experimental neurosis hypnotically induced in a case of ejaculatio praecox. *British Journal of Medical Psychology,* 15, pt. 1, 34-50.

Erickson, M. H. (1938). A study of clinical and experimental findings on hypnotic deafness: 1. Clinical experimentation and findings. *Journal of General Psychology,* 19, 127-150, 151-167.

Erickson, M. H. (1939a). An experimental investigation of the possible antisocial use of hypnosis. *Psychiatry: Journal of the Biology and Pathology of Interpersonal Relations,* 2(3), 391-414.

Erickson, M. H. (1939b). The induction of color blindness by a technique of hypnotic suggestion. *Journal of General Psychology,* 20, 61-89.

Erickson, M. H. (1944). The method employed to formulate a complex story for the induction of an experimental neurosis in a hypnotic subject. *Journal of General Psychology,* 31, 67-84.

Erickson, M. H. (1952). Deep hypnosis and its induction. In L. M. LeCron (Ed.), *Experimental hypnosis* (pp. 70-114). New York: Macmillan.

Erickson, M. H. (1954). Special techniques of brief hypnotheraphy. *Journal of Clinical and Experimental Hypnosis,* 2(12), 109-129.

Erickson, M. H. (1958a). Naturalistic techniques of hypnosis. *American Journal of Clinical Hypnosis,* 1(1), 3-8.

Erickson, M. H. (1958b). Pediatric hypnotherapy. *American Journal of Clinical Hypnosis,* 1, 25-29.

Erickson, M. H. (1959). Further clinical techniques of hypnosis: Utilization techniques, *American Journal of Clinical Hypnosis,* 2, 3-21.

Erickson, M. H. (1963). Hypnotically oriented psychotherapy in organic brain damage. *American Journal of Clinical Hypnosis,* 6(2), 92-112.

Erickson, M. H. (1964a). The confusion technique in hypnosis. *American Journal of Clinical Hypnosis,* 6(3), 183-207.

Erickson, M. H. (1964b). A hypnotic technique in resistant patients: The patient, the technique, and its rationale and field experiment. *American Journal of Clinical Hypnosis,* 7, 8-32.

Erickson, M. H. (1964c). Hypnotically oriented psychotherapy in organic brain disease—an addendum. *American Journal of Clinical Hypnosis,* 6(4), 361-362.

Erickson, M. H. (1965a). Special inquiry with Aldous Huxley into the nature and character of various states of consciousness. *American Journal of Clinical Hypnosis,* 1, 14-33.

Erickson, M. H. (1965b). Experimental hypnotherapy in Tourette's disease. *American Journal of Clinical Hypnosis,* 7, 325-331.

Erickson, M. H. (1966). The interspersal hypnotic technique for symptom correction and pain control. *American Journal of Clinical Hypnosis,* 6(8), 198-209.

Erickson, M. H. (1967). Laboratory and clinical hypnosis: The same or different phenomena? *American Journal of Clinical Hypnosis,* 9, 166-170.

Erickson, M. H. (1973). A field investigation by hypnosis of sound loci importance in hu-

man behavior. *American Journal of Clinical Hypnosis,* 16(2), 147-164.
Erickson, M. H., Hershman, S., & Secter, I. (1961). *The practical application of medical and dental hypnosis.* New York: Julian Press.
Erickson, M. H., & Hill, L. B. (1944). Unconscious mental activity in hypnosis—sychoanalytic implications. *Psychoanalytic Quarterly,* 13(1), 60-78.
Erickson, M. H., Huston, P. E., Shakow, D. (1934). A study of hypnotically induced complexes by means of the Luria technique. *Journal of General Psychology,* 11, 65-97.
Erickson, M. H., & Kubie, L. S. (1939). The permanent relief of an obsessional phobia by means of communications with an unsuspected dual personality. *Psychoanalytic Quarterly,* 8(4), 471-509.
Erickson, M. H., Kubie, L. S. (1940). The translation of the cryptic automatic writing of one hypnotic subject by another in trance-like dissociated state. *Psychoanalytic Quarterly,* 9(1), 51-63.
Erickson, M. H., & Kubie, L. S. (1941). The successful treatment of a case of acute hysterical depression by a return under hypnosis to a critical phase of childhood. *Psychoanalytic Quarterly,* 10(4), 583-609.
Erickson, M. H., & Rossi, E. L. (1979). *Hypnotherapy, an exploratory casebook.* New York: Irvington.
Erickson, M. H., & Rossi, E. L. (1980a). *The collected papers of Milton H. Erickson, M.D., Vol. I : The nature of hypnosis and suggestion.* New York: Irvington.
Erickson, M. H., & Rossi, E. L. (1980b). *The collected papers of Milton H. Erickson, M.D., Vol. II: Hypnotic alteration of sensory, perceptual, and psychophysiological processes.* New York: Irvington.
Erickson, M. H., & Rossi, E. L. (1980c). *The collected papers of Milton H. Erickson, M.D., Vol. III: Hypnotic investigation of psychodynamic processes.* New York: Irvington.
Erickson, M. H., & Rossi, E. L. (1980d). *The collected papers of Milton H. Erickson. M.D., Vol. IV: Innovative hypnotherapy.* New York: Irvington.
Erickson, M. H., & Rossi, E. L. (1981). *Experiencing hypnosis: Therapeutic approaches to altered states.* New York: Irvington.
Erickson, M. H., & Rossi, E. L. (1989). *The February man.* New York: Brunner/Mazel.
Erickson, M. H., Rossi, E. L., & Rossi, S. (1976). *Hypnotic realities: The induction of clinical hypnosis and forms of indirect suggestion.* New York: Irvington.
Estabrooks, G. H. (1943). *Hypnotism.* New York: Dutton.
Fisher, C. (1953a). Studies on the nature of suggestion, Part I: Experimental induction of dreams by direct suggestion. *Journal of the American Psychoanalytic Association,* 1, 222-255.
Fisher, C. (1953b). Studies on the nature of suggestion, Part II: The transference meaning of giving suggestions. *Journal of the American Psychoanalytic Association,* 1, 406-437.
Gill, M., & Brenman, M. (1959). *Hypnosis and related states: Psychoanalytic studies in regression.* New York: International Universities Press.
Gilligan, S. G. (1986). *Therapeutic trances: The cooperation principle in Ericksonian hypnotheraphy.* New York: Brunner/Mazel.

Gilligan, S. G. (1997). *The courage to love: Principles and practices of selfrelations psychotherapy*. New York: Norton.

Gorton, B. (1959, October). Review of the book *Hypnography: A study in the therapeutic use of symbolic painting*. *American Journal of Clinical Hypnosis*, 2(2), 102-104.

Grinder, J., DeLozier, J., & Bandler, R. (1977). *Patterns of the hypnotic techniques of Milton H. Erickson, Vol. II*. Cupertino, CA: Meta Publications.

Haley, J. (Ed.). (1967). *Advanced techniques of hypnosis and therapy: Selected papers of Milton Erickson, M.D.* New York: Grune & Stratton.

Haley, J. (1973). *Uncommon therapy: The psychiatric techniques of Milton H. Erickson, M.D.* New York: Norton.

Haley, J. (Ed.), (1985). *Conversations with Milton H. Erickson, Vols. I-III*. New York: Triangle Press.

Hilgard, E. R., Crawford, H. J., & Wert, A. (1979). The Stanford hypnotic arm levitation induction and test (SHALIT): A six-minute hypnotic induction and measurement scale. *International Journal of Clinical and Experimental Hypnosis*, 27(2), 11-124.

Hull, C. (1933). *Hypnosis and suggestibility: An experimental approach*. New York: Appleton-Century.

Huxley, A. (1932). *Brave new world*. New York: Harper & Brothers.

Huxley, A. (1954). *The doors of perception*. New York: Harper & Brothers.

Huxley, A. (1956). *Heaven and hell*. New York: Harper & Brothers.

Kroger, W. S., & Schneider, S. A. (1959, April). An electronic aid for hypnotic induction: A preliminary report. *International Journal of Clinical and Experimental Hypnosis*, 8(2), 93-99.

Kuhn, L., & Russo, S. (1947). *Modern hypnosis*. New York: Psychological Library.

Lankton, S. R., & Lankton, C. H. (1983). *The answer within: A clinical framework of Ericksonian hypnotherapy*. New York: Brunner/Mazel.

Latane, B., & Dorley, J. A. (1969, Summer). Bystander "apathy." *American Scientist*.

LeCron, L. M. (Ed.). (1952). *Experimental hypnosis*. New York: Macmillan.

LeCron, L. M., & Bordeaux, J. (1947). *Hypnotism today*. New York: Grune & Stratton.

Lustig, H. (Producer) (1975). *The artistry of Milton H. Erickson, M.D.* (videotape recording). Haverford, PA: Herbert Lustig, Ltd.

McCord, H. (1962, January). A note on photic stimulation, hypnosis and epilepsy. *American Journal of Clinical Hypnosis*, 4(3), 185-186.

Mead, M. (1928). *Coming of age in Samoa: A psychological study of primitive youth for western civilization*. New York: Morrow.

Mead, M. (1930). *Growing up in New Guinea*. New York: Morrow.

Mead, M. (1935). *Sex and temperament in three primitive societies*. New York: Morrow.

Mead, M. (1977). The originality of Milton Erickson. *American Journal of Clinical Hypnosis*, 20, 4-5.

Milgram, S. (1963). Behavioral study of obedience. *Journal of Abnormal and Social Psychology*, 67, 371-378.

Milgram, S. (1965a). Some conditions of obedience and disobedience to authority. *Human*

Relations, **18**, 57-76.

Milgram, S. (1965b). The lost letter technique: A tool of social research. *Public Opinion Quarterly,* **29**, 437-438.

O'Hanlon, W. H., & Hexum, A. L. (1990). *Uncommon casebook: The complete clinical work of Milton H. Erickson, M.D.* New York: Norton.

Orne, M. T. (1962). Anti-social behavior and hypnosis: Problems of control and validation in empirical studies. In G. H. Estabrooks (Ed.), *Hypnosis: Current problems.* New York: Harper & Rowe.

Pattie, F. (1968, January). Review of the book *Franz Anton Mesmer: Physician extraordinaire. American Journal of Clinical Hypnosis,* **10**(3), 225-226.

Reiter, P. (1958). *Anti-social or criminal acts and hypnosis.* Copenhagen: Monkogaard Press.

Rosen, H. (1959). Foreword in L. Cooper & M. H. Erickson, *Time distortion in hypnosis: An experimental and clinical investigation* (p. ix). Baltimore: Williams & Wilkins.

Rosen, H. (1982). *My voice will go with you: The teaching tales of Milton H. Erickson.* New York: Norton.

Rosenhluth, A., Weiner, N., & Bigelow, J. (1943). Behavior, purpose, and teleology. *Philosophy of Science,* **10**, 18-24.

Rowland, L. W. (1939). Will hypnotized persons try to harm themselves or others? *Journal of Abnormal and Social Psychology,* **34**, 114-117.

Rowland, L. W. (1943). *Hypnotism.* New York: Dutton.

Schilder, P., & Kauders, O. (1927). Hypnosis. Washington, DC: Nervous and Mental Disease Monograph, No. 46.

Spiegel, H., & Spiegel, D. (1978). *Trance and treatment: Clinical uses of hypnosis.* New York: Basic Books.

Weitzenhoffer, A. M. (1957). *General techniques of hypnotism.* New York: Grune & Stratton.

Weitzenhoffer, A. M. (1960, April). Unconscious or co-conscious? Reflections upon certain recent trends in medical hypnosis. *American Journal of Clinical Hypnosis,* **2**(4), 177-196.

Weitzenhoffer, A. M. (1989). *The practice of hypnotism, Vol. 1.* New York: Wiley.

Weitzenhoffer, A. M., & Hilgard, E. R. (1959). *Stanford hypnotic susceptibility scales (SHSS), Forms A and B.* Palo Alto, CA: Consulting Psychologists Press.

Weitzenhoffer, A. M., & Hilgard, E, R. (1962). *Stanford hypnotic susceptibility scales, Form C.* Palo Alto, CA: Consulting Psychologists Press.

Wells, W. R, (1941). Experiments in the hypnotic production of crime. *Journal of Psychology,* **11**, 63-102.

Wolberg, L. R. (1945). *Hypnoanalysis.* New York: Grune & Stratton.

Wolberg, L. R. (1948). *Medical hypnosis.* New York: Grune & Stratton.

Zeig, J. K. (Ed.). (1980). *A teaching seminar with Milton H. Erickson, M.D.* New York: Brunner/Mazel.

Zeig, J. K. (1982). The myth of coercion under hypnosis. In J. K. Zeig (Ed.), *Ericksonian*

approaches to hypnosis and psychotherapy (pp. 355-367). New York: Brunner/Mazel.
Zeig, J. K. (1985a). Ethical issues in Ericksonian hypnosis: Informed consent and training standards. In J. K.Zeig (Ed.), *Ericksonian psychotherapy, Vol. 1: Structure* (pp. 459-473). New York: Brunner/Mazel.
Zeig, J. K. (1985b). *Experiencing Erickson: An introduction to the man and his work.* New York: Brunner/Mazel.
Zeig, J. K. (1988). Phenomenological approach to therapeutic hypnotic induction and symptom utilization. In J. K. Zeig & S. R. Lankton (Eds.), *Developing Ericksonian therapy: State of the art* (pp. 353-375). New York: Brunner/Mazel.
Zeig, J. K. (1992). The virtues of our faults: A key concept of Ericksonian therapy. In J. K. Zeig (Ed.), *The evolution of psychotherapy: The second conference* (pp. 252-266). New York: Brunner/Mazel.
Zeig, J. K. (1997). Experimental approaches to clinical development. In J. K. Zeig (Ed.), *The evolution of psychotherapy: The third conference* (pp. 161-177). New York: Brunner/Mazel.

訳者あとがき

　本書は、2000 年に出版された"The Letters of Milton H. Erickson"の全訳である。
　訳者がエリクソンの名前を初めて耳にしたのは、神田橋條治先生の公開スーパーヴィジョンの場で、コミュニケーションの名手として言及されたとき。ほんの二言、三言であったが、神田橋先生の言葉がしばしばそうであるように、それも時がくるまで頭の片隅にしまわれていて、あるとき書店で見かけたザイクの解説書をふと手にとる気になって、わたしはエリクソンと出会った。そして、わけがわからないながらも魅了された。
　その後、たまたま『アンコモンセラピー』の翻訳に参加させていただく機会があり、そのとき、いわばヘイリーの匂いとでもいうようなものがわたしにはじゃまに感じられて、エリクソンのなまの記述を翻訳してみたいと思うようになった。書簡集の翻訳のお話をいただいたときは一も二もなく飛びついてしまったが、当時は論文集の翻訳もまだ出ていなかったし、手紙文という特殊な形式である。それを英語に関しても催眠に関しても素人のわたしが翻訳しようというのだから、いささか無謀な話だった。
　とはいえ、なんの強みもなかったわけではない。なによりもエリクソンに魅せられている。言っていることがすんなり理解できるときもできないときも、彼はいつでもわたしのなかに wondering（ロッシ）を引き起こす。その感じが楽しい。
　もう 1 つは、「利用」や「許容」や「逆説」など、エリクソンを特徴づける多くのものが、表現や背景こそ違え、長年にわたる神田橋先生の公開スーパーヴィジョンのなかで、具体例を通じて学び、慣れ親しんできたものであったことだ。
　そんなわけで、英語も催眠も勉強しながら、そして周囲の人々にあつかましく援助を求めながら、作業を進めることになった。
　作業を進めるにつれて自分の日本語のあやしさを痛感することになったが、親しい友人であり、ことばの研究家である山田みどりさんが、第一読者となってわかりにくいところを指摘したりアイデアを提供してくれた。彼女はまた、英語で暗礁に乗り上げたときにも相談に乗ってくれ、どちらの場合もわたしが納得いくまで気長につき合ってくれた。さらに、2 人がかりでも答えが出ないときは、山田さんの兄上である明雄さんにお知恵を拝借した。このお 2 人の援助がなかったら、少なくともこのレベルの翻訳は実現できなかった。
　また、翻訳家の今井幹晴さんが、ベイトソンがお好きということで第Ⅱ章を手

伝ってくださった。

　催眠に関しては、さいわい、1999年にアメリカ臨床催眠学会の姉妹学会として日本臨床催眠学会が誕生していたので、絶好の研修の機会を得ることができた。研修でお世話になったのはもとより、用語のことなどで個別にご指導いただいた高石昇先生や大谷彰先生に深く感謝している。

　ほかにも、一人ひとりお名前を挙げることはしないが、多くの方々に助けていただいた。しかし、原文のすべてに目を通したのはわたしだけであり、言うまでもなく文責はすべてわたしにある。知識や語学力の不足を補うために、言及されているエリクソンの論文にはできるだけ目を通すようにした。エリクソンがお墓のなかでひっくり返るようなたぐいの間違いは犯していないと思う（願わくは）が、もしそのような間違いがあったら、それは努力が足りなかったせいではなく、現時点でのわたしの能力の限界によるものである。発見した方にはぜひご教示願いたい。

　最後に、現在では、精神分裂病は統合失調症というよりふさわしい名称で呼ばれている。それを言えば、今日、母親のコミュニケーションのとり方で統合失調症の発症を説明できると考える人もいないだろうし、いくつか出てくる他の病名も、なじみのないものになりつつあるか、すでに目にしたことのない表現だったりする。「ご主人」というような言葉に抵抗を感じる方もおられるかもしれない。しかし、そうした呼称の変化自体が時代を反映していると思うので、敢えてエリクソンの時代の雰囲気を伝える言葉を使った、ということをここでお断りしておきたい。また、さまざまな団体名が出てくるが、多くは想像に基づいて名づけるしかなかったので、英語の名称も記しておいた。

田中　由美子

[訳者略歴]

田中　由美子　たなか　ゆみこ
上智大学院文学研究科教育学専攻　修士課程修了
現在、医療法人西川病院　臨床心理士

ミルトン・H・エリクソン書簡集

2008年10月20日　第1版　第1刷

編　者	ジェフリー・K・ザイク
	ブレント・B・ギアリー
訳　者	田中由美子
発行者	吉田三郎
発行所	㈲二瓶社
	〒558-0023　大阪市住吉区山之内2-7-1
	TEL 06-6693-4177　FAX 06-6693-4176
印刷所	亜細亜印刷株式会社
装　幀	森本良成

ISBN 978-4-86108-050-0 C3011